Exercício da advocacia e lavagem de capitais

Exercício da advocacia e lavagem de capitais

COORDENAÇÃO Heloisa Estellita

Copyright © Heloisa Estellita

Direitos desta edição reservados à
Editora FGV
Rua Jornalista Orlando Dantas, 37
22231-010 | Rio de Janeiro, RJ | Brasil
Tels.: 0800-021-7777 | 21-3799-4427
Fax: 21-3799-4430
editora@fgv.br | pedidoseditora@fgv.br
www.fgv.br/editora

Impresso no Brasil | *Printed in Brazil*

Todos os direitos reservados. A reprodução não autorizada desta publicação, no todo ou em parte, constitui violação do copyright (Lei nº 9.610/98).

Os conceitos emitidos neste livro são de inteira responsabilidade dos autores.

1ª edição — 2016; 1ª reimpressão — 2017.

COORDENAÇÃO EDITORIAL E COPIDESQUE
Ronald Polito

REVISÃO
Marco Antonio Corrêa e Victor da Rosa

CAPA, PROJETO GRÁFICO DE MIOLO E DIAGRAMAÇÃO
Ilustrarte Design e Produção Editorial

Ficha catalográfica elaborada pela
Biblioteca Mario Henrique Simonsen/FGV

Exercício da advocacia e lavagem de capitais / Heloisa Estellita (Coord.). - Rio de Janeiro FGV Editora, 2016.
396 p.

Inclui bibliografia.
ISBN: 978-85-225-1841-8

1. Direito penal econômico. 2. Lavagem de dinheiro. 3. Ética jurídica. 4. Advocacia. I. Estellita, Heloisa. II. Fundação Getulio Vargas.

CDD – 341.5

Sumário

Apresentação   7
    Heloisa Estellita

Advocacia e lavagem de capitais: considerações sobre a conveniência
    da autorregulamentação   11
    Heloisa Estellita

Parte I
Medidas de prevenção à lavagem de dinheiro e os advogados
como sujeitos obrigados: experiência estrangeira

1. A situação nos países-membros e associados ao Mercosul   45
    Bianca de Britto Festino

2. A regulamentação na Inglaterra   65
    Caio Almado Lima

3. A experiência canadense   89
    Fábio Roberto Barros Mello

4. A situação na Itália   119
    Marcella dos Reis Manes

5. A regulamentação portuguesa   137
    Luis Gustavo Veneziani Sousa

6. A inclusão do advogado como sujeito obrigado no combate
   à lavagem de dinheiro: a experiência espanhola   157
   Theodoro Balducci de Oliveira

Parte II
Advogados e lavagem de capitais no Brasil: estudo de casos

1. Estudo de casos acerca da advocacia consultiva e do recebimento
   de honorários maculados   201
   Alvaro Augusto Macedo Vasques Orione Souza

2. O exercício da advocacia e os pontos de conexão com o delito
   de lavagem de capitais: análise de dois casos examinados
   pelo Tribunal Regional Federal da 3ª Região   229
   Bruno Garcia Borragine

3. Análise de caso examinado pelo Tribunal Regional Federal
   da 4ª Região   295
   Eduardo Ferreira da Silva

4. Análise de casos examinados pelo Tribunal Regional Federal
   da 5ª Região   331
   Fernando Barboza Dias

5. Análise de casos examinados pelo Superior Tribunal de Justiça   367
   Lara Mayara da Cruz

Sobre os autores   393

Apresentação

Os temas "lavagem de capitais" e "exercício da advocacia" se cruzam em três pontos principais: a intervenção (criminosa ou não) do advogado na prática de crime de lavagem de capitais, o dever de reportar operações suspeitas e sigilo profissional, e o recebimento de honorários maculados.

Fatos revelados recentemente em diversas fases de uma das mais famosas operações da Justiça Federal e a convocação de uma advogada para prestar esclarecimentos em CPI sobre os honorários recebidos pela prestação de serviços de defesa em investigação criminal colocaram às escâncaras o quanto esses temas estão entrelaçados e são atuais, reavivando a importância de a eles retornar, especialmente com a pena acadêmica, mais serena e tendencialmente ponderada.

Entre esses três pontos de contato, o dos honorários maculados já foi objeto de publicação de autoria de Rodrigo Sánchez Rios na série do GVlaw em parceria com a editora Saraiva.[1] Os dois pontos restantes formam o objeto desta publicação: intervenção do advogado na prática de lavagem de capitais e dever de reportar operações suspeitas.

A obra que o leitor tem em mãos é produto de mais de dois anos de trabalho no âmbito do curso de Pós-Graduação em Direito Penal Econômico do GVlaw, da FGV DIREITO SP. A pesquisa se dividiu em dois grandes eixos, que se refletem nas duas partes da publicação.

A primeira parte analisa a disciplina do dever de comunicar operações suspeitas em países europeus e da América Latina, fomentada, no Brasil, pela alteração feita na Lei nº 9.613/1998, em 2012, para incluir "as pessoas físicas ou jurídicas que prestem, mesmo que eventualmente, serviços de assessoria, consultoria, contadoria, auditoria, aconselhamento ou assistência, de qualquer natureza, em operações" determinadas entre as pessoas obrigadas às medidas de

---

[1] SÁNCHEZ RIOS, Rodrigo. *Advocacia e lavagem de dinheiro*: questões de dogmática jurídico-penal e de política criminal. São Paulo: Saraiva, 2010. (Direito penal econômico. GVlaw)

controle e prevenção (artigo 9º, parágrafo único, inciso XIV), o que reacendeu o debate em torno da sujeição dos advogados a tais obrigações.

Nesta parte, o leitor encontrará cinco textos sobre a experiência estrangeira no âmbito das medidas de prevenção à lavagem de dinheiro que têm os advogados como sujeitos obrigados. Bianca de Britto Festino trata dos países-membros e associados ao Mercosul; Caio Almado Lima cuida da regulamentação na Inglaterra; Fábio Roberto Barros Mello cuida da experiência no Canadá; Marcella dos Reis Manes trata da Itália; Luis Gustavo Veneziani Sousa, de Portugal; e Theodoro Balducci de Oliveira se dedica à regulamentação espanhola.

Esse tema foi objeto de debates na mesa-redonda realizada na FGV DIREITO SP, em 2012, que reuniu profissionais das mais diversas áreas do direito e das carreiras jurídicas.[2] Estiveram presentes, além dos autores da presente obra, Antenor Madruga, Antonio Gustavo Rodrigues, Ary Oswaldo Mattos Filho, Celso Vilardi, Eurico Marcos Diniz de Santi, Flávio Cruz, Francisco Satiro, Lie do Carmo, Luciano Feldens, Marcelo Costenaro Cavali, Marco Aurélio Greco, Oscar Vilhena, Pierpaolo Cruz Bottini, Rodrigo de Grandis, Rodrigo Sánchez Rios, Sérgio Rosenthal e Theodomiro Dias Neto.

A segunda parte se dedica ao exame de casos de apuração de crimes de lavagem de capitais envolvendo, como suspeitos ou acusados, também advogados. Procurou-se compreender se atos típicos do exercício da advocacia estariam sendo vistos como prática — em autoria ou participação — de crimes de lavagem. Aqui o leitor encontrará estudos de casos localizados em tribunais brasileiros: Tribunais Regionais Federais e Superior Tribunal de Justiça. Em cada um dos textos, os autores esclarecem sobre os critérios que justificaram a seleção do caso analisado. Para esta publicação, tomou-se o cuidado de anonimizar os casos, posto que o que se pretende é compreender quais condutas de advogados foram vistas como possíveis contribuições à prática de crimes de lavagem de capitais e, principalmente, testar se concepções acerca das condutas neutras poderiam oferecer soluções justas aos casos analisados. Alvaro Augusto Macedo Vasques Orione Souza analisou um caso do TRF da 2ª Região; Bruno Garcia Borragine analisou dois casos do TRF da 3ª Região; Eduardo Ferreira da Silva analisou um caso do TRF da 4ª Região, Fernando Barboza Dias, um do TRF da 5ª Região; e Lara Mayara da Cruz os examinados pelo STJ.

---

[2] A íntegra do encontro está disponível online: <www.youtube.com/watch?v=8atMmH4sb4Y>.

Todos os trabalhos foram revistos por seus autores ainda no ano de 2015, com o que se pretendeu entregar ao público a versão mais atualizada possível sobre cada um dos temas tratados.

Como capítulo inicial, publico uma versão revista, adaptada, ampliada e atualizada de alguns textos já publicados e que aborda, essencialmente, o tema do dever de comunicação pelos advogados, os fundamentos da conveniência de uma possível autorregulamentação e as medidas voluntárias que já podem ser adotadas. A ideia da publicação do texto atualizado é não só a de unir, em uma só obra, meu pensamento ao de meus orientandos, o que muito me honra, mas também entregar ao leitor um texto que contemple o recente Guia de detecção e prevenção da lavagem de capitais para advogados publicado pela International Bar Associaton no apagar das luzes de 2014, e a recentemente editada 4ª Diretiva Europeia sobre Lavagem de Capitais. Tanto o guia como a nova diretiva dão testemunho enfático da atualidade e dimensão que o tema desta obra tomou no tempo presente.

Sinto-me particularmente privilegiada por ter podido conviver com esses alunos, ora autores, no decorrer desses anos, e a publicação desta obra é a realização de um sonho conjunto. Minha gratidão especial e meu orgulho emocionado.

Tanto a publicação deste livro como a realização das orientações dirigidas e da mesa-redonda não teriam sido possíveis sem o empenho, apoio e entusiasmo de todos os responsáveis, nesses anos, pelo curso de Pós-Graduação em Direito Penal Econômico, pela Coordenação do GVlaw, na pessoa de Emerson Ribeiro Fabiani e Maria Cecília de Araújo Asperti, pelos responsáveis pelo Núcleo de Metodologia e Ensino, especialmente na pessoa de Marina Feferbaum, pelo Departamento de Publicações e de Eventos, na pessoa de Catarina Helena Cortada Barbieri, e, de uma forma geral, por aqueles que, representando a essência da FGV DIREITO SP, sempre apoiaram essas iniciativas no âmbito institucional, Ary Oswaldo Mattos Filho e Oscar Vilhena Vieira, e no âmbito do curso na GVlaw, Arnaldo Malheiros Filho, Celso Vilardi, Flávia Rahal e Theodomiro Dias Neto, na pessoa dos quais presto minha homenagem à Escola.

Heloisa Estellita
São Paulo, 1º de outubro de 2015

Advocacia e lavagem de capitais: considerações sobre a conveniência da autorregulamentação[1]

Heloisa Estellita

1. Introdução

Os temas da lavagem de capitais e do exercício da advocacia tocam-se, principalmente, em três pontos principais: (a) a intervenção (criminosa ou não) do advogado na prática de crime de lavagem de capitais, (b) o dever de reportar operações suspeitas e sigilo profissional, e (c) o recebimento de honorários maculados. Cada um desses temas suscita questões próprias e quero aqui me limitar a alguns aspectos dos pontos "a" e "b".[2]

---

[1] Trata-se de versão revista, adaptada, ampliada e atualizada do texto: ESTELLITA, Heloisa. (Ainda sobre) o exercício da advocacia e a lavagem de capitais: dever de reportar operações suspeitas e intervenção do advogado em operações de lavagem. In: MALAN, Diogo; MIRZA, Flávio (Coord.). *Advocacia criminal, direito de defesa, ética e prerrogativas*. Rio de Janeiro: Lumen Juris, 2014. p. 181-207.

[2] Sobre o recebimento de honorários maculados, ver SÁNCHEZ RIOS, Rodrigo. *Advocacia e lavagem de dinheiro*: questões de dogmática jurídico-penal e de política criminal. São Paulo: Saraiva, 2010. (Direito penal econômico. GVlaw). Confira-se, ainda, a decisão do ministro Ricardo Lewandowski nos autos do HC 129.569/STF, medida cautelar, 30 de julho de 2015.

2. Serviços legais e lavagem

Que serviços legais podem compor processos de lavagem de capitais é um truísmo que, de tão amplamente reconhecido, levou o FATF/Gafi a incluir os *legal professionals* no âmbito de suas recomendações. Duas razões justificam o uso de serviços jurídicos para compor o processo de lavagem: a *necessidade* da participação de advogados na realização de certas operações e o *acesso a ferramentas legais* necessárias aos processos de ocultação e dissimulação da origem, destinação, localização, propriedade do capital criminoso.[3, 4]

Não por outra razão, a União Europeia, desde a Diretiva 2005/60/CE, incluiu os advogados entre as pessoas obrigadas às medidas de prevenção contra a lavagem de capitais e financiamento do terrorismo, diretiva esta já incorporada por diversos países da EU, merecendo destaque a recente edição da Diretiva EU 2015/849, de 20 de maio de 2015, que reforça as medidas de prevenção à lavagem e tem particular impacto no setor da consultoria tributária. Nas Américas, não se tem notícia da instituição de tal obrigação, mas destacam-se Canadá e Estados Unidos da América como países que adotaram normas deontológicas ou de observância voluntária para a classe dos advogados.

Em relatório publicado em 2013, o FATF/Gafi analisou mais de uma centena de casos nos quais serviços legais (e/ou notariais) foram utilizados em processos de lavagem de capitais,[5] o que dá uma boa mostra da magnitude e da frequência de tais ocorrências.[6]

Em novembro de 2014, a International Bar Association (IBA), a American Bar Association (ABA) e o Council of Bars and Law Societies of Europe (CCBE)

---

[3] FATF/GAFI. *FATF report*: money laundering and terrorist financing vunerabilities of legal professional. Paris: FATF, jun. 2013. p. 4. Em jurisdições nas quais os advogados administram contas bancárias de clientes, há esta razão adicional.

[4] A literatura é inabarcável e encontra-se generosamente indicada em SÁNCHEZ RIOS, Rodrigo. Perturbáción de las relaciones sociales: asesoramiento legal y la nueva ley brasileña de blanqueo de capitales. *Revista General de Derecho Penal*, n. 19, maio 2013.

[5] FATF/GAFI. *FATF report*, op. cit.

[6] O mesmo ocorre na Espanha, conforme testemunho de Sánchez-Vera Gómez-Trelles: "En las denominadas 'operaciones' contra el blanqueo de capitales, cada vez es más habitual, empero, la imputación de letrados en ejercicio, como pretendidos colaboradores en los supuestos delitos de blanqueo de capitales cometidos por terceros, a quienes habrían asesorado ilícitamente. En particular, suele tratarse de abogados que prestan asistencia técnica en materia mercantil y fiscal" (SÁNCHEZ-VERA GÓMEZ-TRELLES, Javier. Blanqueo de capitales y abogacía: un necesario análisis critico desde la teoría de la imputación objetiva. *InDret* — Revista para el Análisis del Derecho, Barcelona, n. 1, p. 4, jan. 2008). Ver estudos publicados na segunda parte desta obra.

— as quais cobrem, juntas, mais de um milhão e meio de advogados — publicaram um guia para advogados detectarem e prevenirem a prática de lavagem de capitais no exercício da profissão, cujas recomendações estão assentadas no dever ético que pesa sobre tais profissionais de não darem suporte ou mesmo facilitarem qualquer atividade criminosa e nas específicas regulamentações, já adotadas em diversos países, estendendo a tais profissionais as medidas de prevenção antilavagem.[7]

No Brasil, sabe-se, formal ou informalmente, de dezenas de investigações e ações penais em curso envolvendo advogados e clientes em acusações de lavagem de capitais, algumas delas analisadas na segunda parte da presente obra. Em muitos casos, os advogados são investigados ou acusados em função de sua intervenção em determinadas transações financeiras, societárias ou imobiliárias.[8,9]

---

[7] INTERNATIONAL BAR ASSOCIATION; AMERICAN BAR ASSOCIATION; COUNCIL OF BARS AND LAW SOCIETIES OF EUROPE. A lawyer's guide to detecting and preventing money laundering. nov. 2014. Disponível em: <www.anti-moneylaundering.org/AboutAML.aspx>.

[8] Não é possível ter sequer uma estimativa aproximada do número de casos envolvendo advogados como investigados ou acusados da prática de crimes de lavagem de capitais, seja pelas dimensões continentais de nosso país, seja pela ausência de dados disponíveis em sistemas de informação dos órgãos encarregados da persecução penal, seja, ainda, pelo fato de tais feitos tramitarem sob segredo de justiça devido às técnicas de investigação empregadas, como a quebra de sigilo bancário, e que impõem a preservação da intimidade dos envolvidos. Todavia, alguns casos podem ser parcialmente conhecidos a partir de discussões postas para exame perante tribunais regionais e superiores, como se constata nos estudos publicados na segunda parte desta obra; outros tiveram suas denúncias veiculadas por periódicos nacionais com versão online. As denúncias oferecidas no âmbito das diversas fases da Operação Lava-Jato podem ser acessadas em site especialmente criado pelo Ministério Público Federal; algumas dessas denúncias contemplam imputações a advogados por contribuições a processos de lavagem de capitais e até mesmo corrupção.

[9] Cummings e Stepnowsky produziram interessante estudo empírico acerca do envolvimento de advogados em casos de lavagem trazidos à Corte federal de apelação norte-americana do "Second Circuit" (CUMMINGS, Lawton P.; STEPNOWSKY, Paul T. — My borther's keeper — an empirical study of attorney facilitation of money-laundering through commercial transactions. *Journal of the Professional Lawyer*, ABA, 2011). Em 2009, ano objeto da pesquisa, 93,5% das condenações por lavagem de capitais foram obtidas por meio de acordos ("plea") com o órgão acusador (p. 30, nota 118). Os autores limitaram a análise às condenações do "Second Circuit" por concentrar a maior parte das condenações. Quanto às transações utilizadas para a lavagem, a maior parte envolveu transferências bancárias (*wire transfers*), instrumentos monetários (*monetary instruments*) e outros tipos de transações bancárias (*other bank transactions*) (p. 34-35). Os 40 casos foram analisados sob o ponto de vista do envolvimento (voluntário ou involuntário) de advogados nas transações utilizadas para a lavagem. Os casos apresentando algum tipo de envolvimento de advogados representaram 25% do total de casos analisados; dentro desse número, em 10% dos casos os advogados foram acusados pela prática de lavagem junto com os clientes por terem se envolvido voluntariamente; em 5%, os advogados foram mencionados como facilitadores ou presentes quando da transação, mas não acusados; em 7,5%, os advogados não foram mencionados, mas seus

3. As Recomendações 22 e 23 do FATF/Gafi

Em 2003, ao rever suas Recomendações,[10] o FATF/Gafi incluiu os advogados no rol das pessoas obrigadas a adotar medidas de prevenção à lavagem de capitais e ao financiamento do terrorismo, em conformidade com as Recomendações 22 e 23. Nas notas explicativas a esta última recomendação, esclareceu que os advogados não estão obrigados a declarar as operações suspeitas, quando as informações que possuem hajam sido obtidas em situações sujeitas a segredo profissional ou cobertas por privilégio profissional estabelecido por lei, competindo a cada país determinar as matérias sujeitas a sigilo ou privilégio profissional. Tais áreas de proteção envolvem, normalmente, as informações recebidas dos clientes na apreciação jurídica de sua situação ou as recebidas quando os profissionais defendem ou representam o cliente em processos judiciais, administrativos, de arbitragem ou de mediação. Por fim, nos países cuja legislação obriga os advogados a reportarem operações suspeitas, o órgão prevê que tais relatórios podem ser enviados ao respectivo órgão regulador da profissão, o qual será, então, incumbido de cooperar com a unidade de inteligência financeira local.[11]

---

serviços requeridos para a transação; e, em 2,5%, os advogados não foram mencionados, nem eram requeridos para a transação, mas havia alta probabilidade de que estivessem envolvidos (p. 36).

[10] Observa Gallant que as Recomendações do FATF acabaram se tornando "de facto *international standards*" por força das estratégias de *compliance* do grupo: a avaliação mútua e a elaboração da lista de países não cooperantes (GALLANT, Michelle M. *Lawyers and money laundering regulation*: testing the limits of secrecy in Canada. Disponível em: <http://ssrn.com/abstract=2336219>. p. 5). Tais normas, porém, como apontado pela autora, padecem de déficit democrático, sequer sendo produto de um processo de elaboração aberto à participação dos atores internacionais: "*Forged in international forums, international law generally suffers from a democratic deficit, its machinations typically not subject to the constraints that shape the contents of national laws. In the case of money laundering, the standard applicable to lawyers is not the product of international negotiation but results from the influence of an even less democratically accountable actor, the Financial Action Task Force. The FATF may play a critical role in harmonizing a global approach to money laundering regulation. The standards it advocates, however, are not the product of open participatory international law—making. Nor are their recommendations subject to scrutiny for their consistency with the general principles of the rule of law. No courts, apart from national courts when adjudicating upon national implementation, assess the merits of the FATF recommendations. It warrants mention that the failure to sufficiently account for rights, or constitutionally enshrined rules of law, proved particularly acute in the context of the forging of terrorist finance norms, some of which were defeated in national courts precisely for their failure to adequately balance rights with the interest in preventing terrorist finance*" (p. 16).

[11] FATF/GAFI. *Padrões internacionais de combate ao branqueamento de capitais e ao financiamento do terrorismo e da proliferação*: as recomendações do Gafi. Paris: FATF, fev. 2012. p. 86.

Em síntese, o órgão recomenda:
a) a sujeição dos advogados aos deveres de diligência relativos à clientela e ao dever de conservação de documentos;
b) somente quando prepararem ou efetuarem operações para seus clientes: b.1) na compra e venda de imóveis; b.2) na gestão de fundos, valores mobiliários ou outros ativos do cliente; b.3) na gestão de contas bancárias, de poupança ou de valores mobiliários; b.4) na organização de contribuições destinadas a criação, exploração ou gestão de sociedades; e b.5) na criação, operação e gestão de pessoas coletivas ou de entidades sem personalidade jurídica e compra e venda de entidades comerciais;
c) a sujeição dos advogados aos deveres de estabelecimento de controles internos de prevenção à lavagem e ao financiamento do terrorismo e de comunicação de operações suspeitas, sem alertar ao cliente sobre tal fato, quando, agindo em nome ou por conta de um cliente, efetuem uma das operações indicadas no item "b" que seja suspeita da prática desses crimes;
d) a obrigação de comunicação de operação suspeita não se aplica às informações obtidas do cliente em situações sujeitas a segredo profissional ou cobertas por privilégio profissional estabelecido por lei;
e) cada Estado determinará o âmbito das informações sujeitas a segredo ou sigilo profissional, entendendo-se que, normalmente, neste âmbito estão alocadas as informações que os advogados recebem ou obtêm de seus clientes ao apreciarem sua situação jurídica, quando o representam ou defendem em processos judiciais, administrativos, de arbitragem ou de mediação;
f) que os Estados estão autorizados a determinar que as comunicações de operações suspeitas sejam feitas à ordem profissional, desde que esta coopere com a unidade de inteligência financeira local;
g) que a tentativa de dissuadir o cliente de prosseguir em atividade ilícita não constitua quebra do dever de não alertar o cliente (*tipping-off*).

4. A decisão da Corte Europeia de Direitos Humanos no caso *Micuad × France*

Um dos principais desafios da sujeição dos advogados ao dever de comunicar operações suspeitas é o de compatibilizá-lo com o dever de sigilo profissional inerente ao exercício da advocacia. Na União Europeia, desde a Diretiva 2005/60/CE, a matéria é regulada pelos países que compõem o bloco, e a última judicial de que se tem notícia sobre o possível conflito entre esses deveres esteve a cargo da Corte Europeia de Direitos Humanos, a qual, em 6 de dezembro de 2012, pronunciou-se sobre a internalização da regulação europeia na França, no caso *Michaud v. France*.[12]

Nesse caso, o requerente arguiu que a transposição, em França, da Terceira Diretiva sobre lavagem de capitais (2005/CE/EC, de 26 de outubro de 2005) colocou os advogados sob a obrigação de comunicar operações suspeitas de seus clientes, o que conflitaria com o disposto no artigo 8º da Convenção Europea de Direitos Humanos, na medida em que a confidencialidade profissional e o privilégio advogado-cliente seriam uma decorrência do direito à privacidade da vida, da família e da correspondência, garantido em tal dispositivo convencional. A Corte não discute que, efetivamente, o artigo 8º fundamenta uma reforçada tutela do sigilo profissional da relação advogado-cliente, o que está justificado pelo fato de que

> aos advogados está assinado um fundamental papel em uma sociedade democrática, o de defender litigantes. Assim, os advogados não podem exercer essa tarefa essencial se não estão aptos a garantir àqueles que estão defendendo que suas trocas de informações permanecerão confidenciais. É a relação de confiança entre eles, essencial para o cumprimento daquela missão, que está em jogo. Indiretamente, mas necessariamente dependente disso, está o direito de todos a um processo justo, incluindo o direito das pessoas acusadas de não se incriminarem.[13]

Considerando que, de fato, o privilégio profissional do advogado é um dos pilares da administração da justiça em uma sociedade democrática, ponderou a Corte que não se trata, porém, de direito inviolável, podendo ser afastado por meio de lei quando houver proporcionalidade na interferência.[14] Duas conside-

---

[12] Uma análise mais detida e à luz da regulação espanhola pode ser vista em COCA VILA, Ivo. El abogado frente al blanqueo de capitales ¿Entre Escila Y Caribdis? Comentario a la sentencia Del Tribunal Europeo de Derechos Humanos de 6 de diciembre de 2012 (Tedh 12323/11). Caso Michaud contra Francia. *Indret*, n. 4, 2013.

[13] CORTE EUROPEIA DE DIREITOS HUMANOS. *Michaud v. France*, 6 dez. 2012. p. 36, tradução livre. Daí que afirme, a seguir: "119. *This additional protection conferred by Article 8 on the confidentiality of lawyer-client relations, and the grounds on which it is based, lead the Court to find that, from this perspective, legal professional privilege is specifically protected by that Article*" (p. 36).

[14] Ibid., parágrafos 126 e ss., p. 38-19.

rações levaram os magistrados a reputar proporcional a interferência no caso de comunicação de operações suspeitas de lavagem.

De um lado, o fato de que se aplica somente ante específicas operações — bastante parecidas com as ora previstas na legislação brasileira, posto que fruto da mesma inspiração, a Recomendação do Gafi —, nas quais tomam parte advogados *para* e *por* seus clientes, ou quando os auxiliam na preparação ou execução dessas transações. Nesses casos, a obrigação de comunicação diz respeito a tarefas dos advogados que "são similares àquelas executadas por outros profissionais sujeitos à mesma obrigação, e não ao papel que eles desempenham defendendo seus clientes".[15] Ademais, a regulamentação nacional expressamente exclui as atividades relacionadas com os procedimentos judiciais (antes, durante ou depois do litígio), incluindo aconselhamento para iniciar ou evitar procedimentos judiciais. Daí ter concluído a Corte que "a obrigação não afeta, portanto, a essência do papel de defesa do advogado, o qual, como dito, forma a verdadeira base do privilégio legal profissional".[16]

De outro, a Corte considerou relevante o fato de a legislação francesa — certamente seguindo a Recomendação do Gafi examinada no início deste trabalho — ter criado um "filtro" protegendo o privilégio profissional, qual seja, o de que as comunicações de operações suspeitas sejam enviadas ao presidente do Conselho dos Advogados do Conseil d'Etat ou da Corte de Cassação ou, ainda, ao presidente da Associação de advogados da qual for membro. Isso implica dizer que, na verdade, quando o advogado faz a comunicação a tais órgãos, não está violando o sigilo profissional.[17] Tais órgãos, após exame da comunicação e de se certificarem de que há operação suspeita e de que a informação não foi obtida em áreas não sujeitas à lei de lavagem, é que enviarão a notícia à Unidade de Inteligência Financeira francesa (Trafcin). Por isso, concluiu a Corte: "a obrigação de advogados de comunicar operações suspeitas, tal qual praticada em França, não constitui uma interferência desproporcional no privilégio profissional dos advogados".[18, 19]

---

[15] Ibid., parágrafo 127, p. 36, tradução livre.
[16] Ibid., parágrafo 128, p. 36, tradução livre.
[17] Ibid., parágrafo 129, p. 36.
[18] Ibid., parágrafo 131, p. 37, tradução livre. O requerente também havia arguido a incompatibilidade da comunicação com o direito fundamental de não autoincriminação; todavia, a Corte não conheceu do pedido nesse ponto, posto que essa seria a violação de um direito de outrem, que não o do requerente (ver parágrafo 134, p. 40).
[19] A conclusão oposta chegou a Suprema Corte canadense, ver Michelle M. Gallant. *Lawyers and money laundering regulation*, op. cit., p. 15.

Em suma, neste caso e nos limites da arguição que lhe foi apresentada, concluiu a Corte Europeia de Direitos Humanos que o sigilo profissional é garantia de um processo justo, pilar da sociedade democrática, e que é inviolável ali onde esteja em jogo o papel de defesa do advogado. Todavia, a obrigação de comunicar operações suspeitas não constitui uma interferência desproporcional na atividade profissional dos advogados quando estes não estejam atuando na defesa (em sentido amplo) de seus clientes.

5. A repercussão das Recomendações 22 e 23 na legislação brasileira

As Recomendações 22 e 23 repercutiram na legislação brasileira a partir das alterações introduzidas na Lei nº 9.613/1998 pela Lei nº 12.683, de 2012.

Houve a ampliação do rol das *pessoas sujeitas aos mecanismos de controle,* para incluir:

> XIV — as pessoas físicas ou jurídicas que prestem, mesmo que eventualmente, serviços de assessoria, consultoria, contadoria, auditoria, aconselhamento ou assistência, de qualquer natureza, em operações:
> a) de compra e venda de imóveis, estabelecimentos comerciais ou industriais ou participações societárias de qualquer natureza;
> b) de gestão de fundos, valores mobiliários ou outros ativos;
> c) de abertura ou gestão de contas bancárias, de poupança, investimento ou de valores mobiliários;
> d) de criação, exploração ou gestão de sociedades de qualquer natureza, fundações, fundos fiduciários ou estruturas análogas;
> e) financeiras, societárias ou imobiliárias; e
> f) de alienação ou aquisição de direitos sobre contratos relacionados a atividades desportivas ou artísticas profissionais. [art. 9º, par. único]

Comparando o teor da Recomendação do Gafi com o dispositivo, temos o seguinte quadro:

Gafi — Recomendação 22, "d"	Lei nº 9.613/1998, art. 9º, par. único, XIV
compra e venda de imóveis	de compra e venda de imóveis
gestão de fundos, valores mobiliários ou outros ativos do cliente	de gestão de fundos, valores mobiliários ou outros ativos
gestão de contas bancárias, de poupança ou de valores mobiliários	de abertura ou gestão de contas bancárias, de poupança, investimento ou de valores mobiliários
organização de contribuições destinadas à criação, exploração ou gestão de sociedades	de criação, exploração ou gestão de sociedades de qualquer natureza, fundações, fundos fiduciários ou estruturas análogas
criação, operação e gestão de pessoas coletivas ou de entidades sem personalidade jurídica e compra e venda de entidades comerciais	compra e venda de imóveis, estabelecimentos comerciais ou industriais ou participações societárias de qualquer natureza
	financeiras, societárias ou imobiliárias
	de alienação ou aquisição de direitos sobre contratos relacionados com as atividades desportivas ou artísticas profissionais

6. A posição da OAB

Como relata o Gafi, em muitas das operações mencionadas no novo inciso XIV, os serviços de advogados ou são necessários para sua realização, ou o acesso a ferramentas legais é essencial para sua efetivação. Pense-se, quanto ao aspecto da necessidade, no que dispõe o §2º do artigo 1º do Eoab: "Os atos e contratos constitutivos de pessoas jurídicas, sob pena de nulidade, só podem ser admitidos a registro, nos órgãos competentes, quando visados por advogados". Quanto ao aspecto da essencialidade de ferramentas legais adequadas, pense-se em operações de compra e venda de imóveis ou societárias. Nessas operações, uma das formas de assessoria ou consultoria que se pode prestar é a jurídica. O que afasta (uma parte da) a assessoria prestada por advogados da incidência do dispositivo[20]

---

[20] No mesmo sentido, Rodrigo Sánchez Rios. Perturbación de las relaciones sociales, op. cit., p. 27; também na Espanha a sujeição se deu não com base em condição profissional, mas em função do objeto da atividade, como observa COCA VILA, Ivo. La posición jurídica del abogado: entre la confidencialidad y los deberes positivos. In: SILVA SÁNCHEZ, Jesús-Maria (Dir.); MONTANER FERNÁNDEZ, Raquel (Coord.). *Criminalidad de empresa y compliance*: prevención y reacciones corporativas. Barcelona: Atelier, 2013. p. 295.

é a disciplina do Eoab e, ainda, o disposto no artigo 14, *caput* e §1º, da Lei nº 9.613/1998.[21]

A OAB já se pronunciou pela inaplicabilidade da Lei nº 9.613/1998 aos advogados, especialmente sob o a ótica da incompatibilidade entre o sigilo profissional e o dever de comunicar operações suspeitas.[22] Na ocasião, sugeriu a relatora que o órgão elaborasse uma cartilha, a ser distribuída às seccionais, informando os advogados sobre sua não sujeição aos mecanismos de controle da lavagem de capitais e, ainda, comunicando às comissões de prerrogativas sobre seus deveres de prestar assistência a quaisquer advogados e sociedades de advogados que viessem a ser, de qualquer forma, compelidos a cumprir tais regras.[23]

7. A ADI nº 4841

Como o inciso XIV, do parágrafo único, do artigo 9º, da Lei nº 9.613/1998, abarca profissionais liberais das mais variadas especialidades, posto que aplicável a todo aquele que prestar, "mesmo que eventualmente, serviços de assessoria, consultoria, contadoria, auditoria, aconselhamento ou assistência, de qualquer natureza", naquelas operações, ingressou a Confederação Nacional das Profissões Liberais (CNPL) com Ação Direta de Inconstitucionalidade no STF, que tomou o número ADI 4841,[24] sob relatoria do ministro Celso de Mello. Pede-se a declaração da inconstitucionalidade do artigo 2º da Lei nº 12.683/2012, que

---

[21] "Art. 14. É criado, no âmbito do Ministério da Fazenda, o Conselho de Controle de Atividades Financeiras — COAF, com a finalidade de disciplinar, aplicar penas administrativas, receber, examinar e identificar as ocorrências suspeitas de atividades ilícitas previstas nesta Lei, sem prejuízo da competência de outros órgãos e entidades.
§1º As instruções referidas no art. 10 destinadas às pessoas mencionadas no art. 9º, para as quais não exista órgão próprio fiscalizador ou regulador, serão expedidas pelo COAF, competindo-lhe, para esses casos, a definição das pessoas abrangidas e a aplicação das sanções enumeradas no art. 12."
[22] ORDEM DOS ADVOGADOS DO BRASIL. Órgão Especial do Conselho Pleno. *Consulta*: Processo n. 49.0000.2012.006678-6/CNECO. Rel. Daniela Teixeira. Brasília, 20 de agosto de 2012. Um resumo dos argumentos que estão na base de tal entendimento pode ser visto em GRECO, Marco Aurélio. Lei de lavagem de dinheiro e exercício da advocacia. In: SILVEIRA, Renato de Mello Jorge; RASSI, João Daniel (Org.). *Estudos em homenagem a Vicente Greco Filho*. São Paulo: LiberArs, 2014. p. 421-422, o qual, porém, tem entendimento oposto ao sustentado pela OAB Federal.
[23] ORDEM DOS ADVOGADOS DO BRASIL. Órgão Especial do Conselho Pleno. *Consulta*, op. cit., p. 19.
[24] O feito eletrônico é de livre acesso no site do tribunal (<www.stf.jus.br>).

deu nova redação aos artigos 9º e 10 da Lei nº 9.613/1998, incluindo os profissionais liberais entre as pessoas sujeitas a mecanismos de controle. O argumento central é o de que o sigilo profissional que rege as relações desses profissionais com seus clientes — invocando-se inclusive (mas não apenas) o Eoab — seria quebrado com a obrigação de comunicação de operações suspeitas, o que, diante dos direitos fundamentais elencados em incisos do artigo 5º da CF, feriria os princípios constitucionais da proporcionalidade e da proibição de excesso. A OAB requereu que o feito não fosse examinado sob a ótica dos advogados, posto que a autora da ação não teria legitimidade para os representar.

A PGR manifestou-se duas vezes: uma por ocasião da decisão sobre o pedido liminar,[25] e a segunda, em parecer final, em junho de 2013. Ao enfrentar o mérito, neste último documento, opina pela improcedência da ação. Ressaltando que o novo inciso XIV (art. 9º, par. único) nada mais é do que a reprodução da Recomendação 23 do Gafi, observa que a linguagem normativa preserva o sigilo profissional quando os advogados estiverem a examinar situação jurídica ou a defender ou representar cliente em processo judicial, administrativo, de arbitragem ou mediação. Após assentar que o sigilo profissional é uma das espécies do sigilo da esfera da intimidade, protegido constitucionalmente (art. 5º, X, CF), entende não ser absoluto, tanto que pode ser quebrado desde que com "justa causa", como expressamente afirmado no artigo 34, VII, do Eoab, e também por norma do Conselho Federal de Contabilidade, do Conselho Federal de Administração e do Conselho Federal de Engenharia, Arquitetura e Agronomia. Dado que o dispositivo não atinge a advocacia ligada à administração da justiça — o que, se ocorresse, de fato atingiria o núcleo dos princípios ínsitos ao devido processo legal —, não vê maltrato ao princípio da proporcionalidade e ao da proibição de excesso quando se imponha aos profissionais liberais, inclusive advogados, a comunicação de operações suspeitas de lavagem (sérios indícios da prática de lavagem de capitais). Desde a apresentação deste parecer, em junho de 2013, o feito encontra-se concluso ao ministro relator.

Razão assiste à OAB em seu pedido de que o julgamento não inclua o exercício da advocacia. Sem pretender professar indevida superioridade profissional, fato é que a advocacia, mais que outras profissões alcançadas pelo novo inciso XIV, está intimamente ligada à possibilidade de exercício de direitos fundamen-

---

[25] O ministro relator não decidiu sobre tal pedido, preferindo atribuir ao feito a celeridade própria do procedimento abreviado previsto no artigo 12 da Lei nº 9.969/1999 (decisão de 20/3/2013).

tais ligados ao devido processo legal,[26] o que afirmo sem desconhecer que o dispositivo da Lei nº 9.613/1998, por sua literalidade, não se aplica à advocacia contenciosa, o que, todavia, ainda comporta zonas cinzentas na forma como regulada a matéria em nosso direito positivo. Parece-me, por isso, salutar que a discussão, se tiver de ser feita perante o Supremo Tribunal Federal, seja-o em sede própria para esse ramo profissional dada a essencialidade da advocacia para a administração da justiça, algo que se colhe não só de nosso texto constitucional (art. 133, CF), mas também de instrumentos internacionais consagradores de direitos humanos fundamentais,[27] que colocam a possibilidade de defesa técnica, escolhida pelo investigado/acusado, como um dos pilares de um processo justo, e pois, como dado estrutural das sociedades democráticas.

8. Atividades privativas da advocacia e sujeição aos mecanismos de controle da Lei nº 9.613/1998

Ainda que se entenda que o dever de comunicação possa vir a ser aplicado aos advogados, o disposto no inciso XIV, do par. único, do art. 9º, da Lei nº 9.613/1998 exclui, por sua letra, o dever de comunicação em qualquer atividade litigiosa. É da letra do dispositivo que ele não se aplicaria aos serviços ligados ao contencioso, mas apenas a atividades de assessoria e consultoria jurídicas nas operações (a) de compra e venda de imóveis, estabelecimentos comerciais ou industriais ou participações societárias de qualquer natureza; (b) de gestão de fundos, valores mobiliários ou outros ativos; (c) de abertura ou gestão de contas bancárias, de poupança, investimento ou de valores mobiliários; (d) de criação, exploração ou gestão de sociedades de qualquer natureza, fundações, fundos fiduciários ou estruturas análogas; (e) financeiras, societárias ou imobiliárias; e (f) de alienação ou aquisição de direitos sobre contratos relacionados com as atividades desportivas ou artísticas profissionais.

---

[26] Interessante o paradoxo apontado por Greco: "O advogado é indispensável à administração da justiça (CF/88, art. 133) e se no exercício da profissão, cuja dignidade e honra deve resguardar, toma conhecimento de sérios indícios de um crime contra a administração da justiça praticado ou vias de ser praticado pelo seu cliente ele deve manter sigilo? Entendo que não!" (Marco Aurélio Greco. Lei de lavagem de dinheiro e exercício da advocacia, op. cit., p. 427).
[27] Ver o artigo 8, n. 2, d, da Convenção Americana de Direitos Humanos, e art. 14, n. 3, b, do Pacto Internacional sobre Direitos Civis e Políticos, quanto ao direito do réu de escolher seu defensor.

Aqui, a Lei nº 9.613/1998 foi até mais generosa do que o próprio Eoab, posto que não alcança serviços prestados naquelas operações que sejam objeto de qualquer representação litigiosa, judicial ou administrativa.

O disposto no artigo 1º, inciso I, Eoab, refere-se exclusivamente à "postulação a qualquer órgão do Poder Judiciário e aos juizados especiais" para fins de alcance da regulação do sigilo e da inviolabilidade. Mas a norma deve ser interpretada em conjunto com dispositivos constitucionais e com a própria finalidade de representação em "controvérsia" em sentido amplo. Se a razão de ser desses direitos/deveres está aliada indubitavelmente à possibilidade de exercício de direitos garantidos aos cidadãos inerentes ao devido processo legal, é evidente que outras formas de contencioso devem ser abarcadas pelo sigilo/inviolabilidade. A Constituição Federal estende as garantias da ampla defesa e do contraditório a todos os litigantes, em processo judicial ou administrativo, e aos acusados em geral (art. 5º, LV). Onde houver, pois, *litigantes* e *acusados em geral*, a atividade do advogado deve ser coberta pelo sigilo e pela inviolabilidade, o que implica dizer que tanto o contencioso administrativo (sancionador, disciplinar, tributário, do mercado de capitais, bancário etc.) como a arbitragem e a mediação também são searas onde o advogado exerce atividade privativa da advocacia, sobre ele pesando o dever de sigilo e a garantia de inviolabilidade.[28]

De qualquer forma, seria salutar uma reforma no Eoab para estender expressamente os deveres de sigilo e o direito à inviolabilidade sempre que o advogado estiver atuando, por ou para seu cliente, em processos judiciais e administrativos, mediações e arbitragens, ou estiver aconselhando-o relativamente a qualquer dessas formas de solução de litígios. Isto porque a avaliação da situação jurídica do cliente — antes, durante ou depois do litígio — está intimamente ligada ao contencioso (entendido no sentido amplo anteriormente proposto) e deve ser abrangida pelo sigilo e pela inviolabilidade.

Nesse sentido, é expressa a 3ª Diretiva da União Europeia sobre Lavagem de Capitais,[29] em seu artigo 23º, parágrafo n. 2:

---

[28] No mesmo sentido, ver Marco Aurélio Greco. Lei de lavagem de dinheiro e exercício da advocacia, op. cit., p. 422.

[29] DIRETIVA 2005/60/CE DO PARLAMENTO EUROPEU E DO CONSELHO de 26 de outubro de 2005 relativa à prevenção da utilização do sistema financeiro para efeitos de branqueamento de capitais e de financiamento do terrorismo.

2. Os Estados-Membros não são obrigados a impor as obrigações previstas no n.º 1 do artigo 22.º aos notários, membros de profissões jurídicas independentes, auditores, técnicos de contas externos e consultores fiscais no que diz respeito às informações por eles recebidas de um dos seus clientes ou obtidas sobre um dos seus clientes quando estes estiverem a determinar a situação jurídica do mesmo ou a exercer a sua missão de defesa ou de representação desse cliente num processo judicial ou a respeito de um processo judicial, mesmo quando se trate de conselhos prestados quanto à forma de instaurar ou evitar um processo, independentemente de essas informações terem sido recebidas ou obtidas antes, durante ou após o processo.

Tal dispositivo recebeu regulamentação em Portugal excluindo o dever de comunicação de operações suspeitas no

> contexto de avaliação da situação jurídica do cliente, no âmbito de consulta jurídica, na missão de defesa ou representação em processo judicial ou administrativo, ou arbitragem, ou a respeito de processo judicial ou administrativo, ou arbitragem, incluindo o aconselhamento relativo à maneira de propor ou evitar um processo, bem como as informações obtidas antes, durante ou depois do processo. [adaptação do texto da Lei 25/2008, art. 35, Portugal]

Também na Espanha os advogados obrigados estão dispensados dos deveres de comunicação e cooperação quando estiverem a determinar a posição jurídica do cliente, quando prestem assessoria pré-contenciosa ou quando exercitem defesa técnica processual.[30]

A mesma lógica que subjaz à inclusão da avaliação da situação jurídica do cliente em face de possível ou existente demanda contenciosa (no sentido amplo acima descrito) subjaz ao fornecimento de pareceres e opiniões legais sobre e para emprego em demandas dessa natureza. Tanto o advogado que é consultado pelo cliente para evitar ou compreender as possibilidades de litígio

---

[30] Para Coca Vila, reportando-se à disciplina espanhola, dispensados tais deveres, remanescem os demais: identificação formal e real das pessoas envolvidas, obtenção de informação sobre o propósito e a índole da relação de negócios, monitoramento contínuo da relação, aplicação de medidas de diligência devida, exame de operações suspeitas, abstenção de execução de operação que, após exame detido, seja suspeita de estar relacionada com a lavagem ou com o financiamento do terrorismo (Ivo Coca Vila. La posición jurídica del abogado, op. cit., p. 297).

(como parte ativa ou passiva) como o que o representa em litígio e contrata serviços de parecerista para emitir parecer ou opinião legal acerca de questões ligadas ao litígio em curso ou potencial só poderão bem desincumbir-se de desempenhar tais tarefas se puderem contar com todas as informações relativas ao caso e, por tal razão, as garantias do sigilo e da inviolabilidade são essenciais à prestação de serviços pelos profissionais advogados.[31]

Em sentido similar, mas com superior precisão, Bottini propõe uma classificação dos serviços que podem ser prestados por advogados para fins de identificar sua submissão ou não aos deveres impostos pelos artigos n°s 10 e 11 da Lei nº 9.613/1998. Dividindo-os entre *advogados togados*, *advogados de consultoria jurídica para litígios*, *advogados de consultoria ou assessoria jurídica estrita* e *profissionais de consultoria ou operação extrajurídica*, exclui da incidência das medidas de controle e prevenção à lavagem os três primeiros grupos porque abarcados pelos deveres de sigilo e direito de inviolabilidade previstos no Oeab.[32] O último, porém, submete-se à disciplina da Lei nº 9.613/1998, já que, ao agir "como administrador de bens, mandatário para representação não processual, como gestor de negócios" ou prestar consultoria em questão não jurídica, exerce atividade não abrangida pelo Eoab[33] e estaria sujeito às normas veiculadas na Resolução nº 24 do Coaf.

A classificação parece dar uma resposta satisfatória à pergunta sobre quais atividades estariam, ou não, submetidas aos mecanismos de controle.

9. Advogados de consultoria ou assessoria jurídica estrita e intervenção na prática do crime de lavagem de capitais

Essas considerações pouco ou nada dizem, ainda, sobre o âmbito do ponto de conexão indicado como "a" no início deste texto: a intervenção (criminosa ou não) do advogado na prática de crime de lavagem de capitais, especialmente delicada no que diz respeito aos *advogados de consultoria ou assessoria jurídica estrita*, entendidos como os que "analisam a situação jurídica do cliente ou da

---

[31] Ver Marco Aurélio Greco. Lei de lavagem de dinheiro e exercício da advocacia, op. cit., p. 422.
[32] BOTTINI, Pierpaolo Cruz; BADARÓ, Gustavo Henrique. *Lavagem de dinheiro*: aspectos penais e processuais penais. Comentários à Lei 9.613/1998, com as alterações da Lei 12.683/2012. 2 ed. São Paulo: Revista dos Tribunais, 2013. p. 138-144.
[33] Ibid., p. 144.

operação por ele pretendida, limitando-se à análise ou aconselhamento jurídico, sem relação direta com um litígio",[34] com relação aos quais, quando prestam seus serviços nas operações indicadas no inciso XIV, embora não sujeitos às medidas de controle, poderão eventualmente contribuir objetivamente para a prática de lavagem de capitais por seu cliente.

É nessa seara que se discute se a conduta profissionalmente adequada poderia ser considerada contribuição típica à prática delituosa do cliente do advogado, punível, pois, segundo as regras do artigo nº 29, *caput,* do CP, ou não.

A sofisticação e a delicadeza do tema das *condutas neutras* evidenciam o quanto seria temerário abordar o assunto nos limites desta contribuição.[35] Pretendo, então, apenas avançar alguns argumentos em favor da seguinte tese: muito embora os advogados não estejam, no presente quadro legislativo, sujeitos às medidas de controle da Lei nº 9.613/1998, uma autorregulação da OAB poderia ajudar a separar as condutas neutras das contribuições típicas, ali onde os *advogados de consultoria ou assessoria jurídica estrita* prestem serviços nas atividades listadas nas alíneas do inciso XIV, do parágrafo único, do artigo 9º da Lei nº 9.613/1998.

---

[34] Ibid., p. 138.

[35] Vasta a literatura sobre o tema. Destaco, contudo, no Brasil, o livro de GRECO, Luís. *Cumplicidade através de ações neutras*: a imputação objetiva na participação. Rio de Janeiro: Renovar, 2004, com farta referência bibliográfica; GRANDIS, Rodrigo de. Exercício da advocacia e o crime de "lavagem" de dinheiro. In: DI CARLI, Carla Veríssimo; MENDONÇA, Andrey Borges de (Org.). *Lavagem de dinheiro*: prevenção e controle penal. Porto Alegre: Verbo Jurídico, 2011. p. 115-146; LOBATO, José Danilo Tavares. *Teoria geral da participação criminal e ações neutras*: uma questão única de imputação objetiva. Curitiba: Juruá, 2009; SILVEIRA, Renato de Mello Jorge; SCHORSCHER, Vivian Cristina. A lavagem de dinheiro e o livre exercício da advocacia: condutas neutras e a indagação quanto à jurisprudência condenatória. *Ciências Penais*: Revista da Associação Brasileira de Professores de Ciências Penais, São Paulo, v. 2, n. 2, p.143-167, jan./jun. 2005; ILLG, Matias. Planejamento tributário: estamos diante de uma conduta neutra? In: FRANCO, Alberto Silva; LIRA, Rafael de Souza (Coord.). *Direito penal econômico*: questões atuais. São Paulo: Revista dos Tribunais, 2011. p. 277-297; GRECO FILHO, Vicente; RASSI, João Daniel. Lavagem de dinheiro e advocacia: uma problemática das ações neutras. *Boletim IBCCRIM*, São Paulo, v. 20, n. 237, p. 13-14, ago. 2012; SARCEDO, Leandro; MASSUD, Leonardo. O exercício da advocacia e a lavagem de capitais: panorama brasileiro. In: OLIVEIRA, William Terra de (Org.) et al. *Direito penal econômico*: estudos em homenagem aos 75 anos do professor Klaus Tiedemann. São Paulo: LiberArs, 2013. p. 263-289; RASSI, João Daniel. *Imputação das ações neutras e o dever de solidariedade no direito penal*. São Paulo: LibersArs, 2014, sobre advocacia e lavagem, ver especialmente p. 205 e ss.; DIAS, Fernando Gardinali Caetano. Recebimento de honorários maculados e os crimes de lavagem de dinheiro e de receptação: análise sob a perspectiva das ações neutras. *Revista Brasileira de Ciências Criminais*, São Paulo, v. 22, n. 110, p. 147-174, set./out. 2014; além, evidentemente, das já multirreferidas obras de Rodrigo Sánchez Rios.

Simplificando a questão, considere-se que condutas neutras "são contribuições a fato ilícito alheio não manifestamente puníveis",[36] cuja punibilidade, ou não, deve ser aferida já no âmbito do tipo objetivo,[37] recorrendo-se aos subsídios da imputação objetiva, especificamente ao pressuposto da *desaprovação jurídica* do risco.

A questão central, parece-me, não diz respeito ao pressuposto lógico anterior da *criação do risco*.[38] Depõe nesse sentido o próprio dispositivo legal sob exame, que elenca especificamente aquelas operações diante do risco comprovado de que possam servir de meio para a lavagem de capitais,[39] o que, de qualquer forma, deverá ser comprovado em cada caso concreto. Mas uma vez comprovado, será no âmbito da *desaprovação jurídica* do risco criado pela contribuição do advogado interveniente[40] naquelas operações que a questão da regulação normativa da atividade entrará em jogo, apta a desempenhar um relevante papel, que é o de contribuir para o juízo de delimitação acerca da desaprovação, ou não, do risco criado pela contribuição. Onde houver um *standard* de procedimento profissional,[41] estabelecendo o que é adequado profissionalmente, a adequação ou não a tal *standard* terá impactos na relevância penal da conduta, sendo, pois, determinante[42] para a decisão acerca da punibilidade da contribuição dos *advogados de consultoria ou assessoria jurídica estrita*.

---

[36] Luís Greco. *Cumplicidade através de ações neutras*, op. cit., p. 110.

[37] Ver PERÉZ MANZANO, Mercedes. Neutralidad delictiva y blanqueo de capitales: el ejercicio de la abogacía y la tipicidad del delito de blanqueo de capitales. In: BAJO FERNÁNDEZ, Miguel; BACIGALUPO, Silvina (Ed.). *Política criminal y blanqueo de capitales*. Madri: Marcial Pons, 2009. p. 144.

[38] Ver também Luís Greco. *Cumplicidade através de ações neutras*, op. cit., p. 119.

[39] Sobre a constatação empírica do papel dos advogados em tais operações, consulte-se o estudo de casos no INTERNATIONAL BAR ASSOCIATION; AMERICAN BAR ASSOCIATION; COUNCIL OF BARS AND LAW SOCIETIES OF EUROPE. *A lawyer's guide to detecting and preventing money laundering*, op. cit., p. 39 e ss.

[40] Sobre a elaboração de parecer jurídico, situação que difere um pouco da ora contemplada, ver João Daniel Rassi. *Imputação das ações neutras e o dever de solidariedade no direito penal*, op. cit., p. 212-214.

[41] Interessante que Hassemer tenha assentado sua fundamentação sobre a atipicidade das condutas neutras também sobre a ideia de "adequação profissional" (ver Ricardo Robles Planas. Las "conductas neutrales" en derecho penal, op. cit., p. 198). Críticas em Luís Greco. *Cumplicidade através de ações neutras*, op. cit., p. 52-54.

[42] Pérez Manzano entende que somente *standards* de conduta estabelecidos pelo legislador têm o condão de criar critérios determinantes sobre a atipicidade ou não das contribuições não manifestamente puníveis. Quando, ao contrário, não há legislação específica a respeito, mas, sim, normas de autorregulação — como sucederia com um *guia voluntário de boas práticas* —, tais normas não se podem considerar definitivos limites ao risco permitido (Mercedes Peréz Manzano. Neutralidad

10. Autorregulamentação do exercício da advocacia?

A OAB poderia desempenhar um papel importante nessa seara autorregulando os procedimentos *standard* dos advogados intervenientes na qualidade de consultores ou assessores jurídicos nas operações listadas no inciso XIV, a fim de estabelecer o risco permitido na prestação de serviços em tais operações, âmbito dentro do qual a conduta do advogado seria objetivamente atípica.[43]

Veja-se, neste livro, a experiência do Canadá.[44] Ali, a Federação das Ordens Profissionais de Juristas impugnou judicialmente preceitos da Lei de Lavagem de Dinheiro e do respectivo regulamento que ampliavam aos advogados e consultores jurídicos os deveres de cadastros de clientes, registro de operações e comunicação de operações. Em medida judicial que pedia a declaração de inconstitucionalidade ou de interpretação que excluísse a classe dos advogados, arguiu-se que tais obrigações contrariavam o direito à liberdade, garantido no artigo 7º da Constituição canadense, do qual decorreriam as garantias da confidencialidade, que deve reger a relação advogado-cliente, do dever de lealdade do advogado para com seu cliente e, por fim, da independência da advocacia. Em novembro de 2001, foi concedida a primeira liminar suspendendo tais exigências para os advogados. Seguiu-se, então, um movimento nacional (não acolhido por Quebec) de adoção da *"no cash rule"*, limitando o recebimento em espécie de valores até o teto de 7.500 dólares canadenses, seja a título de honorários, seja para a prática de atos em favor do cliente. Em 2008, a Federação adotou um código deontológico estabelecendo regras para a identificação de clientes, cuja finalidade é assegurar aos advogados o conhecimento das pessoas para as quais estão prestando seus serviços; foi igualmente estabelecido um sistema de auditoria, realizado por fiscais da federação nos escritórios de advocacia, a fim de verificar o cumprimento dessas duas grandes regras deontológicas: "*no cash rule*" e identificação de clientes.[45]

---

delictiva y blanqueo de capitales, op. cit., p. 174-176). Como, porém, na Espanha, os advogados já são pessoas obrigadas pela legislação de prevenção à lavagem, tal regulação específica modifica e determina os limites penais do risco permitido.

[43] Estou bem acompanhada quanto ao papel da OAB nesta seara; ver: BADIN, Luiz Armando et al. Advocacia e lavagem: é preciso desfazer alguns mal-entendidos. *Conjur*, 3 jul. 2014, e também Marco Aurélio Greco. Lei de lavagem de dinheiro e exercício da advocacia, op. cit., p. 422.

[44] Conferir, adiante, o texto de Fábio Roberto Barros Mello.

[45] Informação adicional em Michelle M. Gallant. *Lawyers and money laundering regulation*, op. cit.

Em 27 de setembro de 2011, sobreveio a primeira decisão, da Corte Suprema da Colúmbia Britânica, declarando a inconstitucionalidade da aplicação dos dispositivos aos advogados, especialmente fundada na desproporcionalidade da medida. A Corte tomou em consideração o fato de que o órgão regulamentador da advocacia tinha cumprido seu papel institucional ao criar normas deontológicas para evitar e, em sendo o caso, até mesmo punir profissionais que facilitassem a prática da lavagem de capitais. Segundo Mello,[46] a experiência canadense demonstra o quanto foi importante a iniciativa da classe dos advogados na instituição de autorregulação para o desfecho da decisão judicial favorável. A autorregulação esteve na base do juízo de ponderação de proporcionalidade, tendo a Corte concluído que, diante de tais normas deontológicas, não seria proporcional que se submetesse a classe dos advogados às obrigações decorrentes da legislação de prevenção e combate à lavagem de capitais.

Nos Estados Unidos da América, os advogados não estão sujeitos às obrigações legais de prevenção da lavagem. Ressaltando as iniciativas internacionais, mas igualmente a pressão exercida sobre o governo federal para que adote legislação obrigando os advogados, a American Bar Association (ABA), já em 2013, lançou um *Guia voluntário de boas práticas* convocando os advogados a adotarem, voluntariamente, a abordagem de risco em suas relações com clientes, a fim de evitar a necessidade de regulamentação federal dos profissionais legais na matéria.[47]

A par de explicar as etapas da lavagem de capitais e os modos de financiamento do terrorismo, o guia se baseou especialmente nas Recomendações do FATF/Gafi relativas aos advogados, assim como no RBA Guidance for Legal Professionals, produzido em 23 de outubro de 2008, para orientar os advogados quanto à abordagem baseada no risco das operações. Parte-se da lista de transações elencadas na Recomendação nº 22, "d", das Recomendações do FATF, para expor os fatores de riscos em categorias: a) riscos ligados ao país ou à área geográfica; b) riscos ligados ao cliente; c) riscos ligados ao serviço prestado; d) variáveis que podem afetar o risco; e) controles para clientes de alto risco; e f) protocolo básico para a aceitação e avalição de clientes.

Os fatores de risco servem para orientar o advogado quanto à intensidade do "*customer due diligence*" (CDD) — padrão, reduzido ou especial — a ser

---

[46] Ver o texto de Fábio Roberto Barros Mello, nesta obra, primeira parte.
[47] AMERICAN BAR ASSOCIATION. Voluntary good practices guidance for lawyers to detect and combat money laundering and terrorist financing. April 23, 2010. p. 3.

desenvolvido pelo advogado no momento de aceitar um novo cliente ou dar continuidade a uma representação já em andamento. A recomendação final do guia para o caso de o advogado encontrar-se diante de um cliente que apresente riscos inaceitáveis de estar contratando os serviços do advogado para a lavagem de capitais ou financiamento do terrorismo é a de recusar o caso ou renunciar à representação já em andamento.[48] Nem toda análise do risco do cliente levará, todavia, a tal procedimento; havendo riscos aceitáveis, o advogado deve implementar controles apropriados à prevenção do uso de seus serviços para a prática de tais crimes, quando, então, poderá aceitar o cliente ou continuar a representação.

Em 2013, conforme referido alhures, o FATF/Gafi publicou uma lista de indicadores, ou "*red flags*", específicos para a área dos serviços legais e notariais, extraída da análise de dezenas de casos nos quais a lavagem de capitais envolveu tais serviços.[49] Os indicadores, que se assemelham aos adotados nos Estados Unidos e na Espanha,[50] estão divididos em quatro grupos: (a) indicadores relativos ao *cliente*, (b) indicadores relativos à *origem dos fundos*, (c) indicadores relativos à *escolha do advogado*, e (d) indicadores relativos à *natureza dos serviços*.

Dentro do grupo dos indicadores relativos ao *cliente* (a), destaco os seguintes: o cliente mostrar-se demasiadamente relutante ou evasivo sobre sua identidade, sobre o beneficiário final, sobre a origem dos valores, sobre a razão da transação, ou sobre o quadro total no qual se insere a operação; de estar usando um agente ou intermediário sem uma razão plausível; de evitar contato pessoal sem justa causa, recusar fornecer informações ou documentos usualmente requeridos para a operação; de ser pessoa politicamente exposta ou ter com ela relações de negócio privadas; de fornecer documentos falsos ou falsificados; de ser conhecido por ter sido condenado ou estar sendo investigado por crimes que gerem bens, direitos ou valores, ou estar relacionado com as pessoas nessas condições ou envolvidas com atos de terrorismo; de mostrar-se incomumente familiarizado com procedimentos de prevenção à lavagem ou questionar repetidamente sobre tais procedimentos; de as partes na transação serem residentes ou

---

[48] O que já deve ser feito no atual quadro normativo nacional, como registra Marco Aurélio Greco. *Lei de lavagem de dinheiro e exercício da advocacia*, op. cit., p. 424.
[49] FATF/GAFI. *FATF report*, op. cit., p. 77-82. A seguir, relaciono, a título ilustrativo, alguns dos indicadores de cada grupo já em tradução livre.
[50] Como se colhe de documento recentemente divulgado pelo Consejo General intitulado "Catálogos ejemplificativos de operaciones de riesgo de blanqueo de capitales y financiación del terrorismo". Disponível em: <www.abogacia.es/>.

terem sede em países com alto risco segundo o FATF/Gafi; de aparição repetida da mesma parte em transações em um curto período de tempo; de tentativas de dissimular o real proprietário ou as partes na transação.

Quanto ao grupo relativo à *origem dos fundos* (b), são indicadores a quantia desproporcional de fundos privados, cheques ao portador ou valores em espécie, especialmente quando inconsistentes com o perfil socioeconômico da pessoa natural ou jurídica; a presença de um terceiro provendo os valores para a transação ou os honorários sem conexão aparente ou explicação legítima; fundos recebidos ou remetidos a país estrangeiro sem conexão aparente entre o cliente e o país ou fundos recebidos ou remetidos a países de alto risco; cliente usando múltiplas contas ou contas estrangeiras sem justa causa; despesas privadas custeadas por uma companhia ou governo; bens adquiridos com dinheiro em espécie e imediatamente usados como garantia para empréstimos; requerimento para mudança do procedimento de pagamento originariamente estabelecido, especialmente quando os instrumentos de pagamento sugeridos não são apropriados para a prática comum da transação; financiamento oferecido por pessoa ou entidade que não é uma instituição de crédito sem razão lógica ou econômica; aumento de capital oriundo de país estrangeiro com o qual a pessoa jurídica não tem relacionamento ou é país de alto risco; operações financeiras de alto valor requeridas por companhias recém-criadas quando não justificado o porte das operações por um propósito corporativo ou outra razão justificável; grandes injeções de capital desproporcionais ao negócio ou ao tamanho ou valor da empresa no mercado, sem razão lógica.

No grupo dos indicadores relativos à *escolha do advogado* (c), merecem destaque a contratação de profissional distante seja do cliente, seja do local da transação, sem uma razão legítima ou econômica que a justifique; contratação de profissional que não tem experiência na área de especialidade da operação; cliente disposto a pagar honorários em valor muito acima do usual sem uma razão legítima; cliente que troca de advogado muitas vezes em curto período de tempo ou que tem múltiplos advogados sem uma razão legítima; o serviço buscado pelo cliente foi recusado por outro profissional.

Finalmente, no âmbito dos indicadores relativos à *natureza dos serviços* (d), destacam-se: transações não usuais porque inconsistentes com o tamanho, tempo de existência, ou atividade da pessoa jurídica ou natural envolvida; diferenças significativas entre o preço declarado e o valor real da transação; cliente envolvido em transações não usuais para sua profissão ou atividades empresariais, ou que contrata serviços legais cuja natureza, objeto ou propósito desconhece; cliente que pretende criar ou adquirir pessoa jurídica com duvidoso objeto social ou com objeto social não relacionado com suas atividades comerciais ou de outra natureza; cliente que muda frequentemente a estrutura legal de pessoas jurídicas, solicita urgência na realização da transação sem justificativa, ou requer a apresentação a instituição financeira para garantir facilidades na execução da transação; cliente que pretende a criação de estruturas complicadas de propriedade sem razão legítima ou econômica; envolvimento de estruturas em múltiplos países sem relação aparente com o cliente ou a transação e sem razões legítimas ou econômicas; aquisição de valores mobiliários em diversas companhias em um curto período de tempo com elementos em comum (como um ou diversos sócios, investidores, diretores etc.) sem uma explicação lógica; ausência de documentação que dê suporte aos fatos narrados pelo cliente, às suas transações anteriores ou às atividades de sua empresa; transações imobiliárias "*back to back*" com aumento significativo no preço de aquisição; mudanças de orientação não justificadas, especialmente se feitas de última hora; complexidade intensa da transação ou das estruturas utilizadas que resulte em encargos, tributários ou de outra natureza, maiores do que aparentemente necessário; a representação é buscada para a administração de bens sob condições não usuais sem uma explicação que a justifique; investimentos em imóveis sem qualquer conexão com o local onde estão tais propriedades e/ou sem qualquer vantagem financeira na operação; litígio resolvido por acordo de forma incomumente rápida ou fácil, sem/ou com quase nenhum envolvido do advogado contratado para tanto.

No guia publicado juntamente pela International Bar Association (IBA), pela American Bar Association (ABA) e pelo Council of Bars and Law Societies of Europe (CCBE), a abordagem baseada em risco é retomada[51] e complementada por uma análise geral da aplicabilidade das 40 Recomendações aos advogados, com indicações de ações sugeridas especificamente para esses profissionais.[52]

---

[51] INTERNATIONAL BAR ASSOCIATION; AMERICAN BAR ASSOCIATION; COUNCIL OF BARS AND LAW SOCIETIES OF EUROPE. *A lawyer's guide to detecting and preventing money laundering*, op. cit., p. 28 e ss.
[52] Ibid., p. 14 e ss.

11. A 4ª Diretiva relativa à prevenção da lavagem de capitais da União Europeia

Em 20 de maio de 2015, o Parlamento Europeu aprovou a 4ª Diretiva relativa à prevenção da lavagem de capitais (Diretiva UE 2015/849), que deverá ser implementada pelos Estados-membros até 26 de junho de 2017.[53]

Sob o ponto de vista do exercício da advocacia e seus pontos de contato com o tema da lavagem, a diretiva amplia ainda mais o âmbito dos prestadores de serviços jurídicos sujeitos às medidas de prevenção e acolhe algumas regras que já tinham sido implementadas na regulação doméstica de alguns países da UE.

Ela impõe aos membros de profissões jurídicas independentes, quando participarem em operações financeiras ou societárias, mas, especialmente, quando prestarem serviços de consultoria tributária (art. 2º, 3, a), que se submetam às medidas de prevenção à lavagem: identificação do cliente, manutenção de registros e comunicação de operações suspeitas. A isenção da obrigação de comunicação — mas não das demais medidas preventivas — está prevista para as informações que esses profissionais recebam antes, durante ou após um processo judicial, ou durante a apreciação da situação jurídica de um cliente, isenção já prevista nas diretivas anteriores e objeto da célebre decisão da Corte Europeia de Direitos Humanos no caso *Michaud × France*, anteriormente comentada. A consultoria jurídica continua a estar sujeita ao segredo profissional, salvo quando o profissional participar de atividades de lavagem, prestar consultoria para tal finalidade ou souber que o cliente solicita seus serviços justamente para tais efeitos.

Junto com a referência expressa aos consultores tributários, a diretiva se refere expressamente aos crimes tributários como "atividade criminosa" para fim de lavagem de capitais. Como no âmbito da UE a definição dessa modalidade de crime tem de atender às particularidades locais, já que a competência para definir crimes e cominar penas mantém-se com os Estados-membros, a Diretiva aponta as infrações de natureza tributária que deverão ser consideradas "atividade criminosa", cujo produto pode ser objeto de lavagem, ou crimes fiscais relacionados com impostos diretos e indiretos que sejam puníveis com pena ou medida de

---

[53] Mais informações em ESTELLITA, Heloisa. Exercício da advocacia e a nova regulação europeia. *Conjur*, 21 ago. 2015.

segurança privativa de liberdade de duração máxima superior a um ano ou pena mínima superior a seis meses.

A inclusão expressa dos consultores tributários no rol das pessoas obrigadas, juntamente com a determinação de harmonização no sentido da inclusão do crime fiscal como antecedente da lavagem,[54] tornará o ambiente de prestação de serviços jurídicos em certas operações financeiras, imobiliárias e societárias extremamente delicado, como, aliás, já está ocorrendo no Brasil. Muitas vezes, o juízo acerca da suspeita de prática de um crime tributário é particularmente sofisticado e/ou sujeito ao acesso a informações sigilosas, às quais não têm acesso sequer os profissionais jurídicos. Some-se a isso que, no âmbito da UE, não se permite às pessoas obrigadas a conclusão da operação suspeita[55] — como se permite no Brasil, a meu ver de forma mais sábia e eficiente — para sua posterior análise e comunicação, o que exige do profissional, muitas vezes, grande rapidez na formação de um juízo acerca da suspeição da operação, o que pode levar a açodamento.

O artigo 34 é produto claro das recomendações do FATG-Gafi anteriormente analisadas e prevê que os Estados-membros podem estabelecer duas limitações ao dever de comunicação de operações suspeitas no que diz respeito aos consultores fiscais e membros de profissões jurídicas independentes: de um lado, esses profissionais estão isentos dessa obrigação sempre que as informações recebidas do cliente ou sobre o cliente o tenham sido no decurso de apreciação de sua situação jurídica ou na defesa desse cliente em processos judiciais ou a respeito de processos judiciais, abarcando, inclusive, aconselhamento sobre como instaurar ou evitar tais processos, e independentemente de a informação ter sido obtida antes, durante ou depois do processo; de outro, o direito local poderá designar um organismo de autorregulação da profissão como autoridade competente para receber as comunicações de operações suspeitas, em substituição à unidade de inteligência financeira nacional, medida que, como dito, foi adotada em Portugal, por exemplo.

---

[54] Alguns países europeus ainda não incluíram o crime tributário como antecedente da lavagem, como ocorre na Alemanha, por exemplo (ver §261 StGB). No Brasil, a reforma feita em 2012 na Lei nº 9.613/1998 aboliu o rol taxativo de crimes antecedentes, com o que valores oriundos de quaisquer infrações penais podem ser objeto do crime previsto em seu artigo 1º.

[55] A nova Diretiva relativiza parcialmente, pela primeira vez, essa regra ao dispor que, caso a abstenção da operação seja impossível ou suscetível de comprometer os esforços para atuar contra os beneficiários, as pessoas obrigadas podem executar a operação e informar imediatamente a autoridade competente (art. 35º, 2).

12. À guisa de conclusão: adoção voluntária de medidas de prevenção

O panorama aqui apresentado, observado em conjunto com os demais textos que compõem esta obra, aponta para a conveniência de uma autorregulamentação da advocacia para prevenir que essa atividade seja abusivamente instrumentalizada para a prática de lavagem de capitais.

Sintoma da conveniência de tal medida é que, no já referido Guia de 2014 da IBA, ABA e CCBE, em ao menos duas passagens, há recomendação expressa aos advogados para que, mesmo não estando sujeitos legalmente a medidas de prevenção e controle da lavagem de capitais, observem as recomendações a fim de minimizar os riscos de incorrerem em responsabilização civil e criminal e, ainda, que, diante de uma situação duvidosa, considerem fazer a comunicação de operação suspeita à unidade de inteligência financeira local quando isso não implicar violação do sigilo profissional cliente-advogado.[56]

Evidentemente que uma possível autorregulamentação nacional deverá levar em conta as particularidades de nossa ordem legal, sempre tendo em conta que seu escopo é a proteção jurídica dos profissionais.

Submetidos ao ambiente jurídico do Brasil, os indicadores apresentados poderiam ser um bom ponto de partida para a eventual elaboração de ao menos alguns *standards* profissionais para os *advogados de consultoria ou assessoria jurídica estrita* no sentido de identificar situações de risco de lavagem que demandassem especial atenção ou, no limite, a recusa na prestação dos serviços pretendidos.

A OAB poderia desempenhar aqui um papel-chave na elaboração de "indicadores nacionais" e no estabelecimento de padrões de diligência que protegessem os advogados de indevidas imputações de prática de lavagem quando da prestação legítima de seus serviços, inclusive compondo um órgão com função consultiva na matéria habilitado a auxiliar os advogados que se vejam diante de situações duvidosas e lhes fornecer orientações de como proceder para atuação dentro da legalidade.[57]

---

[56] INTERNATIONAL BAR ASSOCIATION; AMERICAN BAR ASSOCIATION; COUNCIL OF BARS AND LAW SOCIETIES OF EUROPE. *A lawyer's guide to detecting and preventing money laundering*, op. cit., p. 19 e 37.
[57] Tal a recomendação contida no Guia da IBA, ABA e CCBE (ibid., p. 38), inclusive com a ilustração de um caso no qual foi requerido consentimento para continuidade da transação (Caso 16, p. 47).

Sem prejuízo da atuação da OAB e em linha com a recomendação do Guia de 2014 da IBA, ABA e CCBE, algumas medidas já podem ser espontaneamente adotadas pelos advogados, especialmente os que prestem serviços nas operações indicadas no artigo 9º, par. único, inc. XIV, da Lei nº 9.613/1998, para prevenir o uso de seus serviços para a prática de crime de lavagem de capitais e para se proteger de eventuais investigações por contribuição em tais práticas criminosas.

Quanto à natureza do serviço a ser prestado:
- Elaboração de contrato formal de prestação de serviços assinado pelo cliente
- Especificação do objeto do contrato da forma mais precisa possível tendo em conta:
  - Se se trata de contratação de defesa em procedimento administrativo, judicial, de mediação ou arbitragem
  - Se se trata de aconselhamento preventivo para evitar litígio
  - Se se trata de aconselhamento posterior a litígio
  - Se se trata de assessoria jurídica em operações:
    - de compra e venda de imóveis, estabelecimentos comerciais ou industriais ou participações societárias de qualquer natureza;
    - de gestão de fundos, valores mobiliários ou outros ativos;
    - de abertura ou gestão de contas bancárias, de poupança, investimento ou de valores mobiliários;
    - de criação, exploração ou gestão de sociedades de qualquer natureza, fundações, fundos fiduciários ou estruturas análogas; financeiras, societárias ou imobiliárias e; e
    - de alienação ou aquisição de direitos sobre contratos relacionados com atividades desportivas ou artísticas profissionais.

É particularmente importante a segregação de atividades reguladas e não reguladas por parte de advogados que também exerçam atividades não privativas da advocacia sujeitas às medidas de prevenção e já objeto de regulamentação, como é o caso, por exemplo, dos agentes imobiliários, dos contadores etc. Nesses casos, pode se tornar impossível, na prática, separar o que seja o serviço legal do serviço de intermediação imobiliária, ou de contadoria. Em caso já apreciado pelo TRF da 1ª Região, uma sociedade de advogados que prestava assessoramento para a compra e vendas de imóveis impetrou mandado de segurança para ver-se excluída da incidência da obrigação de comunicar operações suspeitas alegando sigilo profissional e ausência de regulamentação pelo órgão próprio (OAB). A Corte negou o pleito ao argumento de que tais atividades, não sendo típicas da advocacia, não estão acobertadas pela inviolabilidade constitucional (art. 133, CF), nem mesmo pelo sigilo profissional (art. 2º, §3º, da Lei nº 8.906/1994), sujeitando-se, assim, às disposições de regulamentação de medidas de prevenção à lavagem de capitais editadas pelo órgão regulador.[58]

Quanto ao cliente:
- Identificação do cliente e dos beneficiários finais das pessoas jurídicas envolvidas na prestação de serviços
- Identificação de pessoas politicamente expostas e da origem dos recursos das operações nas quais o serviço legal será prestado
    - É recomendável que o estabelecimento ou a manutenção de relação profissional com tais pessoas seja submetido aos administradores do escritório de advocacia
- Compreensão clara da relação de negócios, finalidade e resultado final desejados pela transação para a qual os serviços estão sendo contratados
- Se não for possível a identificação satisfatória, não estabeleça relação profissional ou interrompa a prestação de serviços
- Em operação envolvendo pessoa jurídica domiciliada em jurisdições consideradas pelo Grupo de Ação contra a Lavagem de Dinheiro e o Financiamento do Terrorismo (Gafi) de alto risco ou com deficiências de prevenção e combate à lavagem de dinheiro e ao financiamento do terrorismo ou países ou dependências consideradas pela Secretaria da Receita Federal do Brasil (RFB) de tributação favorecida e/ou regime fiscal privilegiado; ou operação envolvendo pessoa jurídica cujos beneficiários finais, sócios, acionistas, procuradores ou representantes legais mantenham domicílio em jurisdições consideradas pelo Gafi de alto risco ou com deficiências estratégicas de prevenção e combate à lavagem de dinheiro e ao financiamento do terrorismo ou países ou dependências consideradas pela RFB de tributação favorecida e/ou regime fiscal privilegiado, deve-se analisar com mais atenção a natureza dos serviços contratados e solicitar maior documentação acerca da identificação das pessoas envolvidas, jurídicas e físicas.

---
[58] TRF 1ª Região, Apelação Cível n. 2007.34.00.004227-1/DF, rel. des. fed. Daniel Paes Ribeiro, j. 22/3/2010. Na época, a resolução em vigor ainda era a editada pelo Coaf, todavia, atualmente, rege a matéria a Resolução nº 1.336, de 2014, do Cofeci.

Quanto à manutenção de registros:
- Manutenção dos documentos de identificação do cliente, dos documentos utilizados na operação, os de contratação e a correspondência, inclusive eletrônica, por CINCO anos após a conclusão da transação ou o fim do relacionamento com o cliente

Quanto ao estabelecimento de controles internos:
- Treinamento dos advogados da equipe quanto aos riscos envolvidos na prestação de serviços legais nas operações indicadas na Lei nº 9.613/1998
- Indicação de profissional ou grupo de profissionais (interno ou externo) incumbido de receber consultas dos membros do escritório
- Indicação de profissional ou grupo de profissionais internos incumbidos de aprovar relacionamento profissional com clientes cujas atividades indiquem necessidade de especial atenção (pessoas politicamente expostas, por exemplo)

Em caráter complementar, pode-se considerar a regulamentação nacional aplicável às demais pessoas obrigadas tendo o artigo 9º, par. único, inc. XIV, da Lei nº 9.613/1998, como ponto de referência, especialmente quanto aos indicadores de anomalias ("*red flags*").[59] Essa medida é recomendável, posto que, na maioria das operações indicadas no dispositivo, atuarão também outras pessoas obrigadas, como contadores, agentes imobiliários, instituições financeiras, as quais utilizarão as respectivas regulamentações para eventualmente comunicar a operação. Em caso de comunicação, exoneratória para os obrigados, o alvo de eventual apuração poderá justamente ser o advogado, posto que interveniente não obrigado à comunicação. Daí que, em hipótese de operação suspeita em conformidade com os padrões desses outros obrigados, é recomendável detida análise e, se o caso, recusa da prestação do serviço.

Referências

---

[59] Setor Imobiliário, Resolução COFECI n. 1.336/2014; Assessores etc., Resolução Coaf n. 24/2013; Contadores, Resolução CFC n. 1.445/2013. As listas de indicadores de anormalidade do Bacen (Carta-Circular 3.542/2012) e da CVM (Instrução CVM n. 301/1999 + Parecer de Orientação CVM n. 31/1999) contêm informações relevantes, úteis e bastante detalhadas.

Referências

AMBOS, Kai. La complicidad a través de acciones cotidianas o externamente neutrales. *Revista de Estudos Criminais*, Porto Alegre, v. 3, n. 10, p. 23-32, 2003.

AMERICAN BAR ASSOCIATION. *Voluntary good practices guidance for lawyers to detect and combat money laundering and terrorist financing*. April 23, 2010. p. 3.

BADIN, Luiz Armando et al. Advocacia e lavagem: é preciso desfazer alguns mal-entendidos. *Conjur*, 3 jul. 2014. Disponível em: <www.conjur.com.br/2014-jul-03/advocacia-lavagem-preciso-desfazer-alguns-mal-entendidos>.

BLANCO, Hernán. El nuevo art. 303.1 del código penal y la represión de condutas neutrales. *Revista de Derecho Penal y Procesal Penal*, Buenos Aires, n. 12, p. 2045-2064, dez. 2012.

BLANCO CORDERO, Isidoro. *El delito de blanqueo de capitales*. 3. ed. Cizur Menor (Navarra): Aranzadi, 2012.

BOTTINI, Pierpaolo Cruz; BADARÓ, Gustavo Henrique. *Lavagem de dinheiro*: aspectos penais e processuais penais. Comentários à Lei 9.613/1998, com as alterações da Lei 12.683/2012. 2. ed. São Paulo: Revista dos Tribunais, 2013.

____ et al. Advocacia e lavagem: é preciso desfazer alguns mal-entendidos. *Conjur*, 3 jul. 2014. Disponível em: <www.conjur.com.br/2014-jul-03/advocacia-lavagem-preciso-desfazer-alguns-mal-entendidos>.

CARO JOHN, José Antonio. La impunidad de las conductas neutrales: a la vez, sobre el deber de solidariedad mínima en el derecho penal. *Nueva Doctrina Penal*, Buenos Aires, n. 2, p. 421-450, 2005.

CHAVES, Daiane. A complexidade do papel do advogado na luta contra o branqueamento de capitais (mandamentos da diretiva comunitária e a crise na relação cliente/advogado em razão do sigilo profissional). In: SILVA, Luciano Nascimento; BANDEIRA, Gonçalo Nicolau Cerqueira Sopas de Melo (Coord.). *Lavagem de dinheiro e injusto penal*: análise dogmática e doutrina comparada luso-brasileira. Curitiba: Juruá, 2009. p. 41-57.

COCA VILA, Ivo. La posición jurídica del abogado: entre la confidencialidad y los deberes positivos. In: SILVA SÁNCHEZ, Jesús-Maria (Dir.); MONTANER FERNÁNDEZ, Raquel (Coord.). *Criminalidad de empresa y compliance*: prevención y reacciones corporativas. Barcelona: Atelier, 2013. p. 287-318.

____. El abogado frente al blanqueo de capitales ¿Entre Escila Y Caribdis? Comentario a la sentencia del Tribunal Europeo De Derechos Humanos de 6 de diciembre de 2012 (Tedh 12323/11). Caso Michaud Contra Francia. *Indret*, n. 4, 2013.

CORTE EUROPEIA DE DIREITOS HUMANOS. *Michaud v. France*, 6 dez. 2012.

CUENCA GARCÍA, María José. Reflexiones sobre los actos neutrales y la cooperación delictiva desde los criterios de la imputación objetiva. *Revista Penal*, Valencia, n. 32, p. 141-152, jul. 2013.

CUMMINGS, Lawton P.; STEPNOWSKY, Paul T. My brother's keeper — an empirical study of attorney facilitation of money-laundering through commercial transactions. *Journal of the Professional Lawyer*, 2011.

DIAS, Fernando Gardinali Caetano. Recebimento de honorários maculados e os crimes de lavagem de dinheiro e de receptação: análise sob a perspectiva das ações neutras. *Revista Brasileira de Ciências Criminais*, São Paulo, v. 22, n. 110, p. 147-174, set./out. 2014.

ESTELLITA, Heloisa. (Ainda sobre) o exercício da advocacia e a lavagem de capitais: dever de reportar operações suspeitas e intervenção do advogado em operações de lavagem. In: MALAN, Diogo; MIRZA, Flávio (Coord.). *Advocacia criminal, direito de defesa, ética e prerrogativas*. Rio de Janeiro: Lumen Juris, 2014. p. 181-207.

____. Exercício da advocacia e a nova regulação europeia. *Conjur*, 21 ago. 2015. Disponível em: <www.conjur.com.br/2015-ago-21/heloisa-estellita-exercicio-advocacia--regulacao-europeia>.

____ et al. Advocacia e lavagem: é preciso desfazer alguns mal-entendidos. *Conjur*, 3 jul. 2014. Disponível em: <www.conjur.com.br/2014-jul-03/advocacia-lavagem--preciso-desfazer-alguns-mal-entendidos>.

____; WUNDERLICH, Alexandre. Sigilo, deveres de informação e advocacia na Lei de Lavagem de Dinheiro. In: PASCHOAL, Janaína Conceição; SILVEIRA, Renato de Mello Jorge (Coord.). *Livro homenagem a Miguel Reale Júnior*. Rio de Janeiro: G/Z, 2014. p. 17-30.

FATF/GAFI. *Padrões internacionais de combate ao branqueamento de capitais e ao financiamento do terrorismo e da proliferação*: as recomendações do Gafi. FATF: Paris, fev. 2012.

FATF/GAFI. *FATF report*: money laundering and terrorist financing vunerabilities of legal professional. FATF: Paris, jun. 2013.

GALLANT, Michelle M. *Lawyers and money laundering regulation*: testing the limits of secrecy in Canada. Disponível em: <http://ssrn.com/abstract=2336219> ou <http://dx.doi.org/10.2139/ssrn.2336219, 2013>.

GÓMES-JARA DÍEZ, Carlos. El rol del abogado frente al blanqueo de capitales: ¿garante del estado o defensor del cliente? *Boletim IBCCRIM*, São Paulo, v. 20, n. 237, p. 11-12, ago. 2012.

GRANDIS, Rodrigo de. Exercício da advocacia e o crime de "lavagem" de dinheiro. In: DI CARLI, Carla Veríssimo; MENDONÇA, Andrey Borges de (Org.). *Lavagem de dinheiro*: prevenção e controle penal. Porto Alegre: Verbo Jurídico, 2011. p. 115-146.

GRECO, Luís. *Cumplicidade através de ações neutras*: a imputação objetiva na participação. Rio de Janeiro: Renovar, 2004.

GRECO, Marco Aurélio. Lei de lavagem de dinheiro e exercício da advocacia. In: SILVEIRA, Renato de Mello Jorge; RASSI, João Daniel (Org.). *Estudos em homenagem a Vicente Greco Filho*. São Paulo: LiberArs, 2014. p. 421-429.

GRECO FILHO, Vicente; RASSI, João Daniel. Lavagem de dinheiro e advocacia: uma problemática das ações neutras. *Boletim IBCCRIM*, São Paulo, v. 20, n. 237, p. 13-14, ago. 2012.

GUZMÁN, Nicolás. Conductas neutrales y participación en el delito: apuntes sobre el estado actual de la discusión. In: GUZMÁN, Nicolás (Coord.); PASTOR, Daniel

R. (Dir.). *Problemas actuales de la parte general del derecho penal*. Buenos Aires: Ad-Hoc, 2010. p. 275-326.

ILLG, Matias. Planejamento tributário: estamos diante de uma conduta neutra? In: FRANCO, Alberto Silva; LIRA, Rafael de Souza (Coord.). *Direito penal econômico*: questões atuais. São Paulo: Revista dos Tribunais, 2011. p. 277-297.

INTERNATIONAL BAR ASSOCIATION; AMERICAN BAR ASSOCIATION; COUNCIL OF BARS AND LAW SOCIETIES OF EUROPE. *A lawyer's guide to detecting and preventing money laundering*. nov. 2014. Disponível em: <www.anti-moneylaundering.org/AboutAML.aspx>.

LOBATO, José Danilo Tavares. *Teoria geral da participação criminal e ações neutras*: uma questão única de imputação objetiva. Curitiba: Juruá, 2009.

MASSUD, Leonardo; SARCEDO, Leandro. O exercício da advocacia e a lavagem de capitais: panorama brasileiro. In: OLIVEIRA, William Terra de (Org.) et al. *Direito penal econômico*: estudos em homenagem aos 75 anos do professor Klaus Tiedemann. São Paulo: LiberArs, 2013. p. 263-289.

MELLO, Fábio Roberto Barros. *Advocacia e lavagem de dinheiro*: a experiência canadense. Trabalho de conclusão de curso (especialização em direito penal econômico) — Escola de Direito de São Paulo, Fundação Getulio Vargas, 2012.

ORDEM DOS ADVOGADOS DO BRASIL. Órgão Especial do Conselho Pleno. *Consulta*: Processo n. 49.0000.2012.006678-6/CNECO. Rel. Daniela Teixeira. Brasília, 20 ago. 2012.

PERÉZ MANZANO, Mercedes. Neutralidad delictiva y blanqueo de capitales: el ejercicio de la abogacía y la tipicidad del delito de blanqueo de capitales. In: BAJO FERNÁNDEZ, Miguel; BACIGALUPO, Silvina (Ed.). *Política criminal y blanqueo de capitales*. Madri: Marcial Pons, 2009. p. 169-206.

RASSI, João Daniel. *Imputação das ações neutras e o dever de solidariedade no direito penal*. São Paulo: LibersArs, 2014.

____; GRECO FILHO, Vicente. Lavagem de dinheiro e advocacia: uma problemática das ações neutras. *Boletim IBCCRIM*, São Paulo, v. 20, n. 237, p. 13-14, ago. 2012.

ROBLES PLANAS, Ricardo. Imputación en la empresa y conductas neutrales. In: SILVA SÁNCHEZ, Jesús-María; MIRÓ LINARES, Fernando (Dir.). *La teoría del delito en la práctica penal económica*. Madri: La Ley, 2013. p. 439-460.

____. Las "conductas neutrales" en derecho penal; la discusión sobre los limites de la complicidad punible. *Revista Brasileira de Ciências Criminais*, São Paulo, v. 16, n. 70, p. 190-228, jan./fev. 2008.

SÁNCHEZ RIOS, Rodrigo. Perturbación de las relaciones sociales: asesoramiento legal y la nueva ley brasileña de blanqueo de capitales. *Revista General de Derecho Penal*, n. 19, p. XX, maio 2013.

____. *Advocacia e lavagem de dinheiro*: questões de dogmática jurídico-penal e de política criminal. São Paulo: Saraiva, 2010. (Direito penal econômico. GVlaw)

SÁNCHEZ-VERA GÓMEZ-TRELLES, Javier. Blanqueo de capitales y abogacía: un necesario análisis critico desde la teoría de la imputación objetiva. *InDret* — Revista para el Análisis del Derecho, Barcelona, n. 1, jan. 2008.

SARCEDO, Leandro; MASSUD, Leonardo. O exercício da advocacia e a lavagem de capitais: panorama brasileiro. In: OLIVEIRA, William Terra de (Org.) et al. *Direito penal econômico*: estudos em homenagem aos 75 anos do professor Klaus Tiedemann. São Paulo: LiberArs, 2013. p. 263-289.

SILVEIRA, Renato de Mello Jorge; SCHORSCHER, Vivian Cristina. A lavagem de dinheiro e o livre exercício da advocacia: condutas neutras e a indagação quanto à jurisprudência condenatória. *Ciências Penais*: Revista da Associação Brasileira de Professores de Ciências Penais, São Paulo, v. 2, n. 2, p. 143-167, jan./jun. 2005.

VILARDI, Celso Saches et al. Advocacia e lavagem: é preciso desfazer alguns mal-entendidos. *Conjur*, 3 jul. 2014. Disponível em: <www.conjur.com.br/2014-jul-03/advocacia-lavagem-preciso-desfazer-alguns-mal-entendidos>.

WUNDERLICH, Alexandre; ESTELLITA, Heloisa. Sigilo, deveres de informação e advocacia na Lei de Lavagem de Dinheiro. In: PASCHOAL, Janaína Conceição; SILVEIRA, Renato de Mello Jorge (Coord.). *Livro homenagem a Miguel Reale Júnior*. Rio de Janeiro: GZ, 2014. p. 17-30.

Parte I

Medidas de prevenção à lavagem de dinheiro e os advogados como sujeitos obrigados: experiência estrangeira

1

A situação nos países-membros e associados ao Mercosul[1]

Bianca de Britto Festino

O Gafi foi formado com o propósito de promover, desenvolver e coordenar as políticas para combater a lavagem de dinheiro no mundo, e o Grupo de Ação Financeira da América do Sul (Gafisud) segue esse mesmo intuito, porém com relação aos países situados na América do Sul, objeto deste estudo. O Gafisud é uma organização intergovernamental de base regional que pertence à rede internacional de órgãos dedicados à prevenção e combate à lavagem de dinheiro e financiamento ao terrorismo. O núcleo desta rede é o Gafi, que conta com 36 países-membros e oito grupos regionais como órgãos associados.[2] Todos os países abordados neste estudo são membros do Gafisud, porém somente a Argentina e o Brasil são membros do Gafi.

Regularmente, o Gafi promove avaliação dos países-membros com base nas 40 Recomendações para o combate e a prevenção à lavagem de dinheiro, expedidas pelo Grupo em 1990 e revisadas em 1996, 2003 e 2012. O conjunto de recomendações foi ampliado em 2001 e, subsequentemente, em 2004, para incluir 9 Recomendações Especiais para a prevenção e o combate ao terrorismo e ao seu financiamento. Desde então, essas recomendações são conhecidas como "40+9 Recomendações do Gafi".[3]

---

[1] Embora o presente texto tenha sido elaborado no início do ano de 2013, recebeu revisões, a última delas em janeiro de 2015.
[2] GAFISUD. Disponível em: <www.gafisud.info/quienes.php>. Acesso em: 12 maio 2012.
[3] FATF RECOMENDATIONS. Disponível em: <www.fatf-gafi.org/topics/fatfrecommendations/documents/internationalstandardsoncombatingmoneylaunderingandthefinancingofterrorismproliferation-thefatfrecommendations.html>. Acesso em: 12 maio 2012.

A Recomendação nº 22 refere-se à obrigação do advogado de cumprir com certos requisitos específicos relacionados com a aplicação do princípio "conheça seu cliente". As Recomendações nºs 10, 11 12, 15 e 17 exigem dos profissionais, incluindo advogados, a realização de procedimentos de dever de vigilância relativo à clientela (*customer due diligence* — CDD),[4] tais como identificação e verificação da identidade de seus clientes, quando participa, em nome deste, nas transações indicadas na Recomendação nº 22, d.

Além disso, a Recomendação nº 23 exige dos advogados "[...] comunicar operações suspeitas sempre que, agindo por conta de um cliente ou para um cliente, efetuarem uma operação financeira no quadro das atividades descritas na Recomendação 22 (d). [...]".

Em 2003, ao rever suas Recomendações, o Gafi incluiu os advogados no rol das pessoas obrigadas a adotar medidas de prevenção à lavagem de capitais e ao financiamento ao terrorismo. Essas alterações foram feitas por meio das Recomendações nºs 22 e 23.

O objeto de nossa análise, portanto, será verificar se os países-membros e associados ao Mercosul têm seguido as recomendações do Gafi.

1. Argentina

Na Argentina, os crimes de lavagem de dinheiro estão dispostos na Lei nº 25.246, publicada em 2000, e o artigo 20 dessa lei menciona quem são os sujeitos obrigados, que possuem o dever de informar operações suspeitas à respectiva UIF,[5] pessoas físicas e jurídicas, porém não menciona o advogado.

Em 2004, um projeto de lei foi apresentado ao Congresso Nacional propondo a inclusão do advogado como sujeito obrigado a comunicar operações suspeitas, mas acabou não sendo aprovado.

Deve-se notar que o Congresso Argentino, em 21 de junho de 2011, promulgou a Lei nº 26.683, que alterou a Lei de Lavagem de Dinheiro, porém, não

---

[4] Nota de tradução: "CDD" é a abreviatura da expressão inglesa *customer due diligence*, que se optou por manter, por fazer parte do acervo linguístico dos utilizadores e aplicadores das Recomendações do Gafi.
[5] UNIDAD DE INFORMACIÓN FINANCIERA. Argentina, 2012. Disponível em: <www.uif.gov.ar/>. Acesso em: 12 maio 2012.

incluiu os advogados na lista de profissionais que devem comunicar operações suspeitas à respectiva UIF.

Atualmente, há outro projeto de lei no Congresso, incluindo os advogados como sujeitos obrigados à Lei de Lavagem de Dinheiro. Já foi aprovado pelo Senado, mas a aprovação pela Câmara dos Deputados ainda está pendente e não há indicação clara a respeito de seu desfecho.

Conforme Roberto Durrieu, a possível inclusão dos advogados como pessoas obrigadas traz à baila um debate acerca dos princípios constitucionais da inviolabilidade da defesa em juízo (artigo 18 da Constituição Nacional Argentina) e do direito da cidadania que, por conhecer essa informação, e a fim de prevenir casos de lavagem de dinheiro, justifica que o direito ao sigilo profissional seja restringido.[6]

A possível inclusão dos advogados deverá medir o correto e justo alcance que se deve conceder ao princípio do sigilo profissional.

No atual quadro jurídico argentino, um advogado que revelar informações confidenciais a respeito de um cliente poderá ser enquadrado no artigo 156 do Código Penal. Esse artigo estabelece uma pena à pessoa que revelar, sem justa causa, informações sigilosas que podem causar danos, particularmente se essa informação é originada no conhecimento devido ao seu papel, profissão, emprego, arte ou ofício.

Em matéria de segredo profissional, a lei que regula o exercício da profissão de advogado na cidade de Buenos Aires declara expressamente que é dever do advogado "lealmente respeitar o sigilo profissional, salvo com autorização por parte do interessado", bem como seu direito a manter sigilo. O Código de Ética dos Advogados Públicos da Cidade de Buenos Aires elabora esse dever, afirmando que o advogado deve "respeitar estritamente o sigilo profissional e se recusar a responder perguntas que possam violar o segredo". Eles só são isentos dessa obrigação quando autorizados pelo seu cliente ou em caso de sua própria defesa.[7]

Nesse sentido, o projeto mais importante apresentado no Congresso sugere, como indicado na Recomendação nº 23 já descrita anteriormente, a inclusão de advogados como pessoas obrigadas a informar à Unidade de Inteligência Finan-

---

[6] DURRIEU, Roberto. *El lavado de dinero en la Argentina*. Análisis dogmático y político-criminal de los delitos de lavado de activos de origen delictivo (ley 25.246) y financiamiento del terrorismo. Buenos Aires: LexisNexis S.A., 2006. p. 81.

[7] CÓDIGO de ética. Argentina, Buenos Aires, 1987. Disponível em: <www.cpacf.org.ar/formularios/codigoetica.pdf>. Acesso em: 3 nov. 2012.

ceira ("FIU") operações suspeitas, para alertar sobre a relação do profissional que teve com seus clientes. A sugestão seria acrescentar o parágrafo 21 ao artigo 20 da Lei nº 25.246, "[...] advogados ao aconselharem ou executarem as transações para os seus clientes sobre o manuseio de dinheiro, títulos, vendas de imóveis ou bens de outros clientes, gestão de conta bancária, organização de contribuições destinadas à criação ou gestão de caracteres legais ou venda de entidades comerciais".[8]

2. Bolívia

O Decreto Supremo nº 24.771, de 31 de julho de 1997, em seu artigo 23, enumera, no rol de sujeitos obrigados, as pessoas jurídicas públicas ou privadas que desempenham algumas atividades de corretagem e serviços auxiliares financeiros; atividades de intermediação no mercado de ações e relacionadas com esse mercado; e as atividades de seguradoras, mediadores e auxiliares de seguro.

Os sujeitos obrigados mencionados devem reportar as operações suspeitas diretamente à respectiva Unidade de Investigação Financeira,[9] de acordo com os padrões estabelecidos por ela, consoante o disposto no artigo 30 do mesmo decreto.

Os artigos 10 e 11 do Código de Ética para o exercício da Advocacia (D. L. 11.788/1974) dispõem que o sigilo profissional é tanto um dever quanto uma obrigação para o advogado. A confidencialidade só cessará nos casos previstos no artigo 12, entre os quais: um advogado, quando acusado pelo próprio cliente, terá o direito de divulgar o sigilo profissional em defesa da verdade ou, senão, no caso de o cliente confidenciar a seu advogado que tem a intenção de cometer um crime, este não se encontrará protegido pelo sigilo profissional, e o advogado terá a obrigação de divulgar essa intenção, a fim de evitar a prática da ação criminosa e proteger as pessoas que se encontrarem em perigo.

---

[8] *"[...] abogados cuando asesoren o ejecuten operaciones para sus clientes concernientes al manejo de dinero, valores negociables, compraventa de bienes raíces u otros activos del cliente, manejo de cuentas bancarias, organización de aportes para la creación o administración de personajes jurídicos o compraventa de entidades comerciales".* DURRIEU, Roberto. El abogado frente al lavado de dinero. Argentina, 2004. Disponível em: <www.estudiodurrieu.com.ar/articulo_2004_07_01.html>. Acesso em: 12 maio 2012. Tradução nossa.

[9] UNIDAD DE INVESTIGACIONES FINANCIERAS. Bolívia, 2012. Disponível em: <http://uif.asfi.gob.bo/Main.aspx>. Acesso em: 12 maio 2012.

Na Bolívia, os advogados são obrigados ao cadastramento na sua entidade de classe (Colegio de Abogados) e se submetem aos seus Regulamentos.[10]

Não existe legislação vigente, nem projeto de lei que estabeleça diretamente aos advogados, quando no exercício de suas atividades, a obrigatoriedade de reporte de situações ou operações atípicas das quais tomem conhecimento em virtude de sua profissão.

3. Chile

A principal legislação que trata de lavagem de dinheiro é a Lei nº 19.913, que foi publicada no *Diário Oficial* em 18 de dezembro de 2003, e sofreu algumas modificações pela Lei nº 20.393, em 2009.

O artigo 3º dessa lei estabelece quem são as pessoas que têm o dever de comunicar. Os advogados não estão incluídos nesse rol, ou seja, não têm obrigações específicas diretamente de reportar qualquer transação de seus clientes, mesmo que suspeitem de envolvimento em atividades de lavagem de dinheiro à respectiva Unidade de Inteligência Financeira.[11]

Advogados, como quaisquer outros cidadãos chilenos, estão sujeitos às disposições legais, incluindo as emanadas da Lei de Lavagem de Dinheiro, em conformidade com suas atividades profissionais, se direta ou indiretamente envolvidos em lavagem de dinheiro ou mesmo na facilitação desse processo em favor de terceiros, mas como coautores ou partícipes, tal qual sucede em qualquer país que tenha criminalizado a lavagem.

De acordo com o disposto nos artigos 27 e 28 da Lei nº 19.913, um advogado estará sujeito às sanções financeiras e/ou prisão se esconder a origem de qualquer tipo de bens, sabendo ou reconhecendo que eles foram obtidos como resultado de atividades terroristas, tráfico de drogas ou outros delitos previstos na lei. Os artigos também detalham consequências criminais, para qualquer pessoa considerada culpada de tomar parte em qualquer associação criada com o objetivo de facilitar a lavagem de dinheiro.

---

[10] LEGISLACIÓN del abogado. Bolívia, 1986. Disponível em: <www.icalp.org.bo/web/2008-01-14/legislacion-del-abogado.htm>. Acesso em: 12 maio 2012.
[11] UNIDAD DE ANÁLISIS FINANCIERO. Chile, 2012. Disponível em: <www.uaf.cl/>. Acesso em: 12 maio 2012.

Em decorrência da gravidade do crime de tráfico de drogas, a entidade de classe dos advogados do Chile, em maio de 1998, emitiu um guia de boas práticas, com sete recomendações[12] para seus advogados, e depois o atualizou em maio de 2014, inserindo também a questão da Prevenção e Combate à Lavagem de Dinheiro, com diversos critérios.

De acordo com o Código de Ética, os advogados têm a obrigação de sigilo profissional. Consoante o disposto no artigo 7º, quando exigido de um advogado, por lei ou pela autoridade competente, informar ou depor sobre um assunto sujeito a sigilo, este deve procurar que seja reconhecido o seu direito de sigilo profissional.[13]

A inscrição na Ordem dos Advogados não é obrigatória, mas voluntária e, consequentemente, só poderão ser fiscalizados os comportamentos éticos e aplicadas sanções a seus advogados-membros.

4. Colômbia

Seus advogados não têm obrigações específicas em matéria de prevenção à lavagem de dinheiro. No entanto, profissionais da área jurídica, assim como quaisquer outros cidadãos, estão sujeitos às disposições gerais do Código Penal Colombiano, Lei nº 599 de 2000,[14] que, em seus artigos 323 a 327, impõe penas de prisão e financeira para aqueles que lavam dinheiro ou aqueles que assistem, escondem ou encobrem os lavadores de dinheiro.

Na Colômbia, para se tornar um advogado, basta apenas um diploma universitário da Faculdade de Direito, não tendo nenhum outro requisito, tal como um exame avaliador. Além disso, não existe no país uma entidade de classe oficial para os advogados.[15]

---

[12] "Recomendaciones en materia de lavado de dinero y tráfico de estupefacientes" (COLEGIO DE ABOGADOS, 2012).
[13] CÓDIGO de ética. Chile, 2011. Disponível em: <www.abogados.cl/cgi-bin/procesa.pl?plantilla=/contenido_detalle.html&idcat=429&nseccion=colegio%20de%20abogados%20%3a%20C%f3digo%20de%20%c9tica%20Profesional>. Acesso em: 3 nov. 2012.
[14] COLÔMBIA. *Código penal*. 24 de julho de 2000. Disponível em: <www.secretariasenado.gov.co/senado/basedoc/ley/2000/ley_0599_2000.html>. Acesso em: 12 maio 2012.
[15] IBA ANTI-MONEY LAUNDERING FORUM. s.l: 2012. Disponível em: <www.anti-moneylaundering.org/>. Acesso em: 12 maio 2012.

Conforme o artigo 1º do Decreto nº 196, de 1971, o advogado possui uma função social, que consiste em "colaborar com as autoridades na conservação e melhoria do sistema legal do país, e fazendo justiça"[16], e sua missão consiste na defesa dos direitos dos cidadãos e da sociedade, podendo representá-los em juízo.

A Lei nº 1.123 de 2007[17] estabelece parâmetros gerais e obrigações para a prática da lei, mas não inclui qualquer obrigação específica no que diz respeito à lavagem de dinheiro. No entanto, em virtude dessa lei, os advogados são obrigados a cumprir a Constituição e a lei com lealdade e a colaborar com o Estado e com a justiça. Além disso, os advogados estão proibidos de promover uma causa ou uma ação que seja claramente contrária à lei, e a aconselhar, patrocinar ou intervir em quaisquer ações fraudulentas que possam ferir interesses de terceiros, do Estado ou da comunidade.

Ainda de acordo com essa mesma lei, os advogados devem manter o sigilo profissional mesmo após a cessação dos seus serviços, ainda que tenham recebido requerimento de alguma autoridade, a menos que tenham uma autorização escrita, caso necessitem fazer revelações para impedir a prática de um crime.

Conforme o contido no relatório de avaliação mútua de 2004 do Gafisud, o governo colombiano tomou medidas para incluir uma gama de obrigações referentes à prevenção à lavagem de dinheiro para advogados. O Ministério das Finanças e a Unidade de Inteligência Financeira[18] estão trabalhando juntos em um projeto de regulação, que incluirá obrigações concretas para os advogados em matéria de lavagem de dinheiro. No entanto, não há confirmação sobre a data em que esse projeto se tornará público. Nenhuma legislação ou regulamentação referente a essa matéria foi aprovada até o momento.[19]

Ainda, de acordo com essa mesma avaliação mútua de 2004, atualmente, para os advogados, não estão normatizados o cumprimento do princípio "conheça seu cliente", nem a obrigação de comunicar operações suspeitas.

---

[16] "La abogacía tiene como función social la de colaborar con las autoridades en la conservación y perfeccionamiento del orden jurídico del país, y en la realización de una recta y cumplida administración de justicia". Tradução nossa.
[17] CÓDIGO disciplinario del abogado. Colômbia, 2007. Disponível em: <www.secretariasenado.gov.co/senado/basedoc/ley/2007/ley_1123_2007.html>. Acesso em: 25 ago. 2012.
[18] UNIDAD DE INFORMACIÓN Y ANÁLISIS FINANCIERO UIAF. Colômbia, 2012. Disponível em: <www.uiaf.gov.co/>. Acesso em: 3 nov. 2012.
[19] IBA ANTI-MONEY LAUNDERING FORUM, op. cit.

5. Equador

Em 18 de outubro de 2005, o governo do Equador aprovou a Lei nº 12, que dispõe sobre o crime de Lavagem de Dinheiro e cria a Unidade de Inteligência Financeira,[20] que é parte do Conselho Nacional Contra a Lavagem de Dinheiro, entidade pública que elabora e aprova os planos para evitar a lavagem de ativos.

Essa lei é complementada pelo Decreto nº 1.328, de 24 de abril de 2006, que contém normas gerais de repressão à lavagem de dinheiro.

Sob essa lei, qualquer pessoa que tenha conhecimento sobre atividades de lavagem de dinheiro deve reportar a informação à Unidade de Inteligência Financeira. Haja vista a lei ser demasiadamente geral, os advogados poderiam estar sujeitos a ela.

Em 2010, a Lei nº 12 foi substituída pela Lei nº 352, que determina em seu artigo 3º quais são os sujeitos obrigados, porém, no rol descrito pela lei, não existe menção à categoria de advogados.

Embora os advogados não tenham obrigações específicas em matéria de prevenção à lavagem de dinheiro, é importante notar que a lei equatoriana reconhece o sigilo profissional, o que significa que, de acordo com o Código de Ética Profissional, os advogados não podem revelar a informação dada a eles por seus clientes, mesmo que a informação exponha o envolvimento de um cliente ou a participação de terceiros em lavagem de dinheiro.[21]

O Código de Processo Penal equatoriano é muito claro ao estabelecer que uma pessoa que conheça um segredo pessoal por causa de sua profissão não tem a obrigação de revelá-lo ao tribunal.[22]

6. Peru

A lei que dispõe sobre a Lavagem de Dinheiro é a Lei nº 27.765, de 27 de junho de 2002. Sofreu duas alterações por meio do Decreto Legislativo nº 986 e da Lei nº 28.355, de 6 de outubro de 2004.

---

[20] UNIDAD DE ANÁLISIS FINANCIERO UAF. Equador, 2012. Disponível em: <www.uaf.gob.ec/>. Acesso em: 3 nov. 2012.

[21] CÓDIGO de ética. Equador, 1969. Disponível em <www.colabpi.pro.ec/index.php/profesional-del-derecho/codigo-de-etica-profesional>. Acesso em: 13 set. 2012.

[22] EQUADOR. *Código de procedimiento penal*. Quito, 17 de março de 2009. Disponível em: <http://http://abogadosecuador.wordpress.com/2009/06/27/codigo-de-procedimiento-penal-2/>. Acesso em: 3 nov. 2012.

Os sujeitos obrigados a comunicar as operações suspeitas estão descritos na lei que trata da Unidade de Inteligência Financeira,[23] que é a nº 27.693, de 12 de abril de 2002, e que também sofreu duas alterações por meio da Lei nº 28.009, de 21 de junho de 2003, e pela Lei nº 28.306, de 29 de julho de 2004. Advogados, em particular, não estão diretamente obrigados a comunicar operações suspeitas. No entanto, de acordo com a legislação, as pessoas físicas ou jurídicas que tenham atividades relacionadas com o mercado de ações, mercado financeiro e de seguros, compra e venda de moeda estrangeira, serviço de correio, notário público, leiloeiro público, joias, metais, moedas, peças de arte e comerciantes de selos postais, entre outros devidamente estabelecidos na lei, têm a obrigação de reportar à UIF quaisquer transações suspeitas de ligação com lavagem de dinheiro ou financiamento ao terrorismo.

O Código de Ética dos Advogados e os Estatutos da Associação dos Advogados estabelecem parâmetros de conduta geral, que incluem o dever profissional de agir com lealdade, veracidade, honestidade, boa-fé, honra e dignidade.[24]

O capítulo III do Código de Ética aborda a questão do sigilo profissional, determinando que o advogado tem o dever de proteger e manter o sigilo profissional na mais absoluta confidencialidade, mesmo que tenha sido requerido por alguma autoridade.

7. Uruguai

A lei que regulamenta o Sistema de Prevenção e Controle à Lavagem de Dinheiro e ao Financiamento ao Terrorismo (Lei nº 17.835/2004) não estabelece que os advogados devam reportar operações suspeitas, caso delas tomem conhecimento.

O artigo 2º da referida lei estabelece que as pessoas físicas ou jurídicas que, em nome e por conta de terceiros, realizarem transações financeiras ou que administrem, de forma habitual, sociedades comerciais quando estas não formem um consórcio ou grupo econômico, terão a obrigação de informar sobre tran-

---

[23] UNIDAD DE INTELIGENCIA FINANCIERA-UIF. Peru, 2012. Disponível em: <www.sbs.gob.pe/0/modulos/JER/JER_Interna.aspx?ARE=0&PFL=0&JER=458>. Acesso em: 3 nov. 2012.

[24] CÓDIGO de ética. Peru, 2011. Disponível em: <www.cal.org.pe/pdf/etica/2012/codigo_etica_abogado.pdf>. Acesso em: 18 set. 2012.

sações que, de acordo com a prática comercial geral da respectiva atividade, podem ser consideradas não usuais.

As operações suspeitas devem ser comunicadas à Unidade de Informação e Análise Financeira (Uiaf) do Banco Central do Uruguai.[25] O país não faz parte do Grupo Egmont.[26]

O Código de Ética do Uruguai (CAU) estabelece que "o advogado deve se abster de praticar qualquer ato suscetível de atentar contra a dignidade da profissão". Também ressalta que "o advogado deve abster-se de aconselhar em qualquer transação, quando considerar que há sinais de que poderiam acarretar a realização ou a ocultação de um ato ilegal".[27]

Além disso, o advogado deve cumprir rigorosamente o sigilo profissional; mesmo que seja a ele solicitada, por uma autoridade pública, a informação, ele pode e deve se opor a fornecê-la.

O artigo 302 do Código Penal estabelece: "[...] a pessoa que, sem justa causa, revelar segredos para o qual ele tinha acesso devido à sua profissão, emprego ou comissão, serão punidos com uma multa [...]".[28]

Conforme o Código de Ética, em apenas dois casos o advogado pode se abster do sigilo profissional: quando existe um conflito entre o advogado e seu cliente e essa informação sigilosa for o meio indispensável para sua própria defesa; e quando o cliente informar a intenção de cometer um crime, caso em que esse dever é deixado para a consciência do advogado que, esgotados outros meios, pode fazer revelações necessárias a evitar um ato ilícito ou para proteger as pessoas em perigo.

Portanto, o advogado que executar esse ato não estará sujeito a qualquer responsabilidade.

---

[25] BANCO CENTRAL DEL URUGUAY. Uruguai, 2010. Disponível em: <www.bcu.gub.uy/Servicios-Financieros-SSF/Paginas/Lavado-de-Activos.aspx>. Acesso em: 10 ago. 2012.

[26] "[...] esse organismo reúne estas UIFs que se encontram regularmente para buscar formas de cooperar entre si, especialmente nas áreas de intercâmbio de informações, treinamento e troca de experiências." (CONSELHO DE CONTROLE DE ATIVIDADES FINANCEIRAS, 2012).

[27] CÓDIGO de ética. Uruguai, 2011. Disponível em: <www.colegiodeabogados.org/2011/cms/descargables/s1340385991m90284900_descargable_02_CodigodeETICA.pdf>. Acesso em: 10 ago. 2012.

[28] "[...] *El que, sin justa causa, revelare secretos que hubieran llegado a su conocimiento, en virtud de su profesión, empleo o comisión, será castigado, cuando el hecho causare perjuicio, con multa [...]*". URUGUAI. *Código penal*. Montevidéu, abril de 1998. Disponível em: <www.parlamento.gub.uy/codigos/codigopenal/cod_pen.htm>. Acesso em: 13 ago. 2012. Tradução nossa.

A entidade de classe dos advogados[29] só pode impor sanções disciplinares aos seus membros. A inscrição nessa entidade não é obrigatória para o exercício da profissão.

8. Brasil

No dia 9 de julho de 2012 foi sancionada a Lei nº 12.683, a qual faz inúmeras alterações relevantes na Lei nº 9.613/1998, buscando incorporar recomendações internacionais acerca do tema e fortalecer o controle administrativo acerca dos setores sensíveis à lavagem de dinheiro.

A modificação na lei a tornou de terceira geração, na medida em que eliminou o rol de crimes antecedentes, de forma que passou a ser considerada lavagem de dinheiro a ocultação ou dissimulação da natureza, origem, localização, disposição, movimentação ou propriedade de bens, direitos ou valores que, direta ou indiretamente, sejam provenientes de qualquer infração penal.

Além disso, foi ampliado o rol de pessoas obrigadas a comunicar operações suspeitas. A Lei nº 12.683 agravou sanções, incluiu a possibilidade de sequestro de bens, mesmo que estejam em posse de terceiros, possibilitando a venda antecipada deste, e previu que a delação premiada pode ser feita a qualquer tempo.

Para o presente estudo, importa a alteração feita no parágrafo único do artigo 9º. Uma vez que as pessoas obrigadas foram definidas, na verdade, a partir de determinados serviços prestados, é de se questionar se os advogados estariam compreendidos pela nova disposição quando prestassem seus serviços nessas operações. Posto que a matéria é muito recente e dados os limites deste trabalho, abordaremos de forma resumida as principais questões em jogo e apontaremos algumas manifestações já publicadas sobre elas.

É inegável que o artigo 9º, parágrafo único, inciso XIV, da Lei nº 9.613/1998, com as alterações introduzidas pela Lei nº 12.683/2012, sofreu influências das tendências internacionais a respeito do tema, especialmente das recomendações do Gafi e das Diretivas 91/308/CEE, 2001/97/CE, 2005/60/CE e 2008/20/CE, emitidas pelo Parlamento Europeu e pelo Conselho Europeu, relacionadas

---

[29] COLEGIO DE ABOGADOS DEL URUGUAY. Uruguai, 2011. Disponível em: <www.colegiodeabogados.org/2011/>. Acesso em: 10 ago. 2012.

com a prevenção da utilização do sistema financeiro para efeitos de lavagem de dinheiro e financiamento ao terrorismo.

A análise do inciso XIV indica que os advogados poderiam estar cobertos pelas obrigações relativas à prevenção da lavagem de capitais na medida em que prestassem seus serviços para as operações descritas nas alíneas do inciso, haja vista que o conceito amplo de "assessoria ou consultoria de qualquer natureza", evidentemente, engloba a atividade de advocacia, eis que o próprio artigo 1º, inciso II, da Lei nº 8.906/1994, define de forma cristalina que são atividades privativas de advocacia "as atividades de consultoria, assessoria e direção jurídicas".

O advogado tem nas obrigações previstas no Estatuto da OAB, assim como no Código de Ética e Disciplina, o dever de abstenção da prática de atos ilícitos, sendo responsabilizado se vier a participar ou contribuir para isso.

As pessoas destinatárias da norma, consoante o disposto no artigo 9º, estão sujeitas às obrigações contidas nos artigos 10 e 11, os quais, em suma, referem-se aos deveres de manutenção de cadastro da clientela, identificação e comunicação de atividade suspeita de lavagem de dinheiro e/ou financiamento ao terrorismo ao Coaf, no prazo de 24 horas, abstendo-se de dar ciência de tal ato a qualquer pessoa, inclusive àquela à qual se refira a informação.

Conforme o artigo 10, inciso IV, as pessoas obrigadas "deverão cadastrar-se e manter seu cadastro atualizado no órgão regulador ou fiscalizador e, na falta deste, no Conselho de Controle de Atividades Financeiras (Coaf), na forma e condições por eles estabelecidas"; daí que, entendendo-se que o dispositivo alcança os advogados, caberia à Ordem dos Advogados do Brasil regulamentar a matéria.

Discute-se se seria constitucional ou não o dever de os advogados comunicarem as operações suspeitas de seus clientes.

8.1 O posicionamento da Ordem dos Advogados do Brasil

A Ordem dos Advogados do Brasil, por meio de processo administrativo,[30] solicitou a manifestação da Comissão Nacional de Estudos Constitucionais acerca

---

[30] BRASIL. Ordem dos Advogados do Brasil. Conselho Federal. *Autos do processo nº 49.0000.2012.006678-6/CNECO*. Consulta — assunto: Lei 12.683/12, sobre crimes de lavagem de dinheiro; Relatora: Daniela Teixeira; Requerente: Presidência do Conselho Federal da OAB, Brasília, DF, 20 de agosto de 2012. Disponível em: <www.oab.org.br/arquivos/lei-de-lavagem.pdf>. Acesso em: 12 out. 2012.

do fato de os advogados estarem ou não sujeitos à lei, pois a eles seriam impostas obrigações que ferem princípios constitucionais que protegem o sigilo profissional, bem como a imprescindibilidade do advogado à Justiça (artigo 133 da Constituição Federal).

A Comissão Nacional de Estudos Constitucionais chegou à conclusão de que a nova lei deve ser interpretada, como todas as demais, de forma sistêmica, prestigiando o conjunto normativo brasileiro, não se aplicando aos advogados em suas relações profissionais com seus clientes, as quais estão protegidas pela garantia do sigilo profissional, nos termos da Lei específica nº 8.906/1994 e do artigo 133 da Constituição da República.[31]

O sigilo é norma fundante da advocacia, sendo inerente à profissão (Estatuto da Advocacia, Lei nº 8.906/1994).[32] Ainda, de acordo com a preocupação legal de preservar o sigilo do advogado, recorde-se que por força do artigo 207 do Código de Processo Penal ele está impedido de depor sobre fatos que soube no exercício da sua profissão. Aliás, a revelação de qualquer segredo profissional, sem justa causa, é crime, conforme o artigo 154 do Código Penal.[33]

Para a OAB, a desproteção da relação de confiança entre o cliente e o advogado viola o art. 133 da Constituição Federal e, ademais, conflita frontalmente com o disposto no art. 26 do Código de Ética, que diz que o "advogado deve guardar sigilo, mesmo em depoimento judicial, sobre o que saiba em razão de seu ofício, cabendo-lhe recusar-se a depor como testemunha em processo no qual funcionou ou deva funcionar"; a quebra desse dever, como se sabe, implica processo administrativo.[34]

> Com base nos argumentos apresentados e, em especial, com fundamento na aprovação unânime dos membros da Comissão Nacional de Estudos Constitucionais, respondo à consulta formulada afirmando que os profissionais da advocacia não se encontram sujeitos aos mecanismos de controle da lavagem de capitais a que aludem os artigos 9, 10 e 11 da Lei 12.683/12.[35]

---

[31] Ibid., p. 5 e 6.
[32] BRASIL. Lei nº 8.906, de 4 de julho de 1994. Disponível em: <www.planalto.gov.br/ccivil_03/Leis/L8906.htm>. Acesso em: 12 out. 2012.
[33] BRASIL. Ordem dos Advogados do Brasil. Conselho Federal. *Autos do processo nº 49.0000.2012.006678-6/CNECO*, op. cit. p. 6 e 7.
[34] Ibid., p. 7.
[35] Ibid., p. 19.

Assim, a OAB se pronunciou pela inaplicabilidade da Lei nº 9.613/1998 aos advogados, especialmente sob a ótica da incompatibilidade entre o sigilo profissional e o dever de comunicar operações suspeitas. A relatora do processo havia sugerido que o órgão elaborasse uma cartilha, a ser distribuída às seccionais, informando os advogados sobre sua não sujeição aos mecanismos de controle da lavagem de capitais, e, ainda, comunicando às comissões de prerrogativas sobre seus deveres de prestar assistência a quaisquer advogados e sociedade de advogados que viessem a ser, de qualquer forma, compelidos a cumprir tais regras.[36]

8.2 A ADI 4248

Em agosto de 2012, a Confederação Nacional das Profissões Liberais (CNPL) propôs uma Ação Direta de Inconstitucionalidade, ADI nº 4248 (Supremo Tribunal Federal, 2012),[37] na qual argui inconstitucionalidade dos artigos 9, 10 e 11 da Lei nº 12.683/2012, no que tange à inclusão dos profissionais liberais no rol dos sujeitos obrigados aos mecanismos de controle, aos deveres de identificação dos clientes, à manutenção dos registros e à comunicação de operações suspeitas.

Em decorrência desses questionamentos, a Procuradoria-Geral da República se manifestou quanto à constitucionalidade dos dispositivos, alegando que a Lei nº 8.906, que dispõe sobre o Estatuto da Advocacia e a Ordem dos Advogados do Brasil, possui cláusulas de exceção, como o artigo 34, VII,[38] não havendo que se falar em inconstitucionalidade, visto que o próprio Estatuto da Advocacia abre exceção quanto à questão do sigilo profissional. Além disso, o artigo 9º, parágrafo único, inciso XIV da Lei nº 12.683/2012, deixa clara a incidência das obrigações de *compliance* somente a algumas atividades da advocacia, tais como as apontadas por Gustavo Henrique Badaró e Pierpaolo Cruz Bottini: "aqueles que colaboram materialmente para consolidar operações financeiras, comerciais,

---

[36] Ibid.
[37] Id. Supremo Tribunal Federal. Ação Direta de Inconstitucionalidade. *ADI 4248*. Relator: Min. Celso de Mello; Requerente: Confederação Nacional das Profissões Liberais — CNPL, Brasília, DF, 23 de agosto de 2012. Disponível em: <www.stf.jus.br/portal/processo/verProcessoAndamento.asp?incidente=4291691>. Acesso em: 30 set. 2012.
[38] "Art. 34. Constitui infração disciplinar: [...] VII — violar, sem justa causa, sigilo profissional."

tributárias ou similares, sem que essa atividade tenha relação direta com um litígio ou um processo".[39]

A PGR frisa o entendimento de Rodrigo de Grandis no sentido de que não alcança a advocacia vinculada à administração da justiça porque, do contrário, se estaria atingindo o núcleo essencial dos princípios do contraditório e da ampla defesa,[40] daí que a PGR opine pela constitucionalidade dos dispositivos, exigindo-se do advogado que comunique ao Coaf as operações previstas no artigo 9º, parágrafo único, inciso "a" a "f", da Lei nº 12.683, sempre que houver sérios indícios do crime de lavagem de dinheiro e/ou de financiamento ao terrorismo.

A PGR manifestou-se duas vezes: uma por ocasião da decisão sobre o pedido liminar, e a segunda, em parecer final, em junho de 2013. Ao enfrentar o mérito, neste último documento, opina pela improcedência da ação. Ressaltando que o novo inciso XIV (artigo 9º, parágrafo único) nada mais é do que a reprodução da Recomendação nº 26 do Gafi, observa que a linguagem normativa preserva o sigilo profissional quando os advogados estiverem a examinar situação jurídica ou a defender ou representar cliente em processo judicial, administrativo, de arbitragem ou mediação.

Conclusão

O Grupo de Ação Financeira Internacional (Gafi) tem o propósito de promover, desenvolver e coordenar as políticas para combater a lavagem de dinheiro no mundo. Divulgou inicialmente 40 recomendações e, posteriormente, a elas agregou outras nove, particularmente voltadas ao financiamento ao terrorismo, para que os países de todo o mundo pudessem incluir tais recomendações em suas legislações, com a finalidade de combater eficazmente a criminalidade crescente.

Entre essas recomendações, está a que sugere a inclusão dos advogados entre as pessoas obrigadas a identificar os clientes, realizar diligências devidas, conservar registros e reportar as atividades suspeitas ao órgão regulador.

---

[39] BADARÓ, Gustavo Henrique; BOTTINI, Pierpaolo Cruz. *Lavagem de dinheiro*: aspectos penais e processuais penais. Comentários à Lei 9.916/1998, com as alterações da Lei 12.683/2012. São Paulo: Revista dos Tribunais, 2012. p. 135.
[40] GRANDIS, Rodrigo de. Considerações sobre o dever do advogado de comunicar atividade suspeita de "lavagem" de dinheiro. *Boletim IBCCRIM*, São Paulo, n. 237, p. 10, ago. 2012.

Verificamos que os países-membros e associados ao Mercosul ainda não incluíram expressamente os advogados entre os sujeitos obrigados a comunicar operações suspeitas.

A Argentina, por seu lado, já possui um projeto de lei, e a Colômbia está estudando a possibilidade de incluir os advogados como sujeitos obrigados em suas legislações. No Chile, preocupada com a crescente criminalidade do tráfico de drogas, a entidade de classe dos advogados elaborou um guia de boas práticas relativo à questão da lavagem de capitais.

No caso do Brasil, porém, as alterações legislativas aprovadas em 9 de julho de 2012 podem atrair os advogados (mesmo que de forma não expressa) para o rol dos sujeitos obrigados a reportar operações suspeitas, haja vista a descrição do artigo 9º, parágrafo único, inciso XIV, da Lei nº 12.683/2012, que inclui a prestação de certos serviços em certas operações que podem ser prestadas por advogados.

Essa alteração na lei tem gerado grandes discussões, pois há quem entenda que os advogados não se incluiriam entre os sujeitos obrigados e em contrapartida há quem defenda essa inclusão. A OAB já manifestou entendimento no sentido de que tal dispositivo não se aplica aos advogados, razão pela qual eles não teriam obrigações perante o Coaf.

Se tal entendimento sofrer alteração, a OAB deverá assumir o papel que lhe quis impor a Lei nº 12.683/2012, regulamentando o modo de atuação dos advogados perante as obrigações de identificação de clientes, manutenção de registros e comunicação de operações suspeitas.

Uma solução intermediária seria, assim como no Chile, a elaboração e a divulgação de um manual de boas práticas profissionais como substitutivo da regulamentação direta de obrigações que, por sua própria natureza, interferem e atingem diretamente o sigilo profissional.

Referências

ARGENTINA. *Lei nº 25.246, de 5 de maio de 2000*. Disponível em: <www.infoleg.gov.ar/infolegInternet/anexos/60000-64999/62977/texact.htm>. Acesso em: 13 abr. 2012.

____. *Código penal*. Disponível em: <www.codigopenalonline.com.ar/codigo_penal_argentino_delitos_contra_la_libertad.html>. Acesso em: 12 maio 2012.

BADARÓ, Gustavo Henrique; BOTTINI, Pierpaolo Cruz. *Lavagem de dinheiro*: aspectos penais e processuais penais. Comentários à Lei 9.916/1998, com as alterações da Lei 12.683/2012. São Paulo: Revista dos Tribunais, 2012.

_____. *Lavagem de dinheiro*: aspectos penais e processuais penais. Comentários à Lei 9.916/1998, com as alterações da Lei 12.683/2012. São Paulo: Revista dos Tribunais, 2013.

BANCO CENTRAL DEL URUGUAY. Uruguai, 2010. Disponível em: <www.bcu.gub.uy/Servicios-Financieros-SSF/Paginas/Lavado-de-Activos.aspx>. Acesso em: 10 ago. 2012.

BLANCO, Hernán. La relación entre el Estado y los obligados en la nueva Ley de Lavado de Activos. *Revista de Derecho Penal y Procesal Penal*, Buenos Aires, n. 11, p. 1867-1880, nov. 2011.

BRASIL. *Constituição Federal*. Disponível em: <www.planalto.gov.br/ccivil_03/constituicao/ConstituicaoCompilado.htm>. Acesso em: 14 out. 2012.

BRASIL. *Lei nº 8.906, de 4 de julho de 1994*. Disponível em: <www.planalto.gov.br/ccivil_03/Leis/L8906.htm>. Acesso em: 12 out. 2012.

_____. *Lei nº 9.613, de 3 de março de 1998*. Disponível em: <www.planalto.gov.br/ccivil_03/leis/L9613.htm>. Acesso em: 12 out. 2012.

_____. Ordem dos Advogados do Brasil. Conselho Federal. *Autos do processo nº 49.0000.2012.006678-6/CNECO*. Consulta — assunto: Lei 12.683/12, sobre crimes de lavagem de dinheiro; Relatora: Daniela Teixeira; Requerente: Presidência do Conselho Federal da OAB, Brasília, DF, 20 de agosto de 2012. Disponível em: <www.oab.org.br/arquivos/lei-de-lavagem.pdf>. Acesso em: 12 out. 2012.

_____. Supremo Tribunal Federal. Ação Direta de Inconstitucionalidade. *ADI 4248*. Relator: Min. Celso de Mello; Requerente: Confederação Nacional das Profissões Liberais — CNPL, Brasília, DF, 23 de agosto de 2012. Disponível em: <www.stf.jus.br/portal/processo/verProcessoAndamento.asp?incidente=4291691>. Acesso em: 30 set. 2012.

BOLÍVIA. *Decreto Supremo 24.771, de 31 de julho de 1997*. Disponível em: <http://medios.economiayfinanzas.gob.bo/VPSF/documentos/Normas/DGSF/DS_24771.pdf>. Acesso em: 13 abr. 2012.

CASANOVAS, Marcelo A. Unidad de información financiera. Marco regulatorio. Sujetos obligados a informar. In: GENÉ, Gustavo et al. *Legitimación de activos ilícitos*. Buenos Aires: Ad-Hoc, 2010. p. 177-317.

CERVINI, Raúl. Nova tipificação da lavagem de capitais no Uruguai. *Boletim IBCCRIM*, São Paulo, v. 8, n. 88, p. 13, mar. 2000.

_____. Primeros comentarios a la Ley 17.016 de 22.10.1998 en los aspectos atinentes a las nuevas tipificaciones del lavado de dinero y las cargas de vigilancia de las entidades financieras. *Revista Brasileira de Ciências Criminais*, São Paulo, v. 7, n. 26, p. 42-57, abr./jun. 1999.

CHILE. *Lei nº 19.913, de 18 de dezembro de 2003*. Disponível em: <www.cicad.oas.org/fortalecimiento_institucional/legislations/PDF/CL/ley_19913.pdf>. Acesso em: 13 abr. 2012.

_____. *Lei nº 20.393, de 2 de dezembro de 2009*. Disponível em: <www.oas.org/juridico/spanish/mesicic3_chl_ley20393.pdf>. Acesso em: 13 abr. 2012.

CÓDIGO de ética. Argentina, Buenos Aires, 1987. Disponível em: <www.cpacf.org.ar/formularios/codigoetica.pdf>. Acesso em: 3 nov. 2012.

CÓDIGO de ética. Chile, 2011. Disponível em: <www.abogados.cl/cgi-bin/procesa. pl?plantilla=/contenido_detalle.html&idcat=429&nseccion=colegio%20de%20abogados%20%3a%20C%f3digo%20de%20%c9tica%20Profesional>. Acesso em: 3 nov. 2012.

CÓDIGO de ética. Equador, 1969. Disponível em: <www.colabpi.pro.ec/index.php/profesional-del-derecho/codigo-de-etica-profesional>. Acesso em: 13 set. 2012.

CÓDIGO de ética. Peru, 2011. Disponível em: <www.cal.org.pe/pdf/etica/2012/codigo_etica_abogado.pdf>. Acesso em: 18 set. 2012.

CÓDIGO de ética. Uruguai, 2011. Disponível em: <www.colegiodeabogados.org/2011/cms/descargables/s1340385991m90284900_descargable_02_CodigodeETICA.pdf>. Acesso em: 10 ago. 2012.

CÓDIGO disciplinário del abogado. Colômbia, 2007. Disponível em: <www.secretariasenado.gov.co/senado/basedoc/ley/2007/ley_1123_2007.html>. Acesso em: 25 ago. 2012.

COLEGIO DE ABOGADOS. Chile, 2012. Disponível em: <www.colegioabogados.cl/>. Acesso em: 23 jun. 2012.

COLEGIO DE ABOGADOS DEL URUGUAY. Uruguai, 2011. Disponível em: <www.colegiodeabogados.org/2011/>. Acesso em: 10 ago. 2012.

COLÔMBIA. *Código penal*. 24 de julho de 2000. Disponível em: <www.secretariasenado.gov.co/senado/basedoc/ley/2000/ley_0599_2000.html>. Acesso em: 12 maio 2012.

____. *Decreto nº 196, de 12 de maio de 1971*. Disponível em: <www.legislacao.org/primeira-serie/decreto-n-o-196-71-138-escrito-regulamento-seguinte-28629>. Acesso em: 13 abr. 2012.

CONSELHO DE CONTROLE DE ATIVIDADES FINANCEIRAS. Unidade de Inteligência Financeira do Brasil. Disponível em: <www.coaf.fazenda.gov.br/links--interessantes/organismos-internacionais/the-egmont-group>. Acesso em: 12 jul. 2012.

D'ALBORA, Francisco J. La ley de lavado de dinero y la obligación de informar operaciones sospechosas o inusuales. *Cuadernos de Doctrina y Jurisprudencia Penal*, Buenos Aires, v. 7, p. 241-251, 2001.

DINIZ, Eduardo Saad; SILVA, Bruna de Castro; BARBOSA, Leonardo Peixoto. Modificações estruturais do sistema penal antilavagem: um novo lugar para a teoria das normas penais? *Boletim IBCCRIM*, São Paulo, v. 20, n. 230, p. 8-9, jan. 2012.

DURRIEU, Roberto. *El lavado de dinero en la Argentina*. Análisis dogmático y político--criminal de los delitos de lavado de activos de origen delictivo (ley 25.246) y financiamiento del terrorismo. Buenos Aires: Lexis Nexis S.A., 2006.

____. El abogado frente al lavado de dinero. Argentina, 2004. Disponível em: <www.estudiodurrieu.com.ar/articulo_2004_07_01.html>. Acesso em: 12 maio 2012.

EQUADOR. *Código de procedimiento penal*. Quito, 17 de março de 2009. Disponível em: <http://http://abogadosecuador.wordpress.com/2009/06/27/codigo-de-procedimiento-penal-2/>. Acesso em: 3 nov. 2012.

____. *Decreto Executivo nº 1328, de 24 de abril de 2006*. Disponível em: <www.oas.org/juridico/mla/sp/ecu/sp_ecu_regla.pdf>. Acesso em: 13 abr. 2012.

_____. *Lei nº 12, de 18 de outubro de 2005*. Disponível em: <www.gafisud.info/pdf/Ecuador_3.pdf>. Acesso em: 13 abr. 2012.

FATF RECOMENDATIONS. Disponível em: <www.fatf-gafi.org/topics/fatfrecommendations/documents/internationalstandardsoncombatingmoneylaunderingandthefinancingofterrorismproliferation-thefatfrecommendations.html>. Acesso em: 12 maio 2012.

GAFISUD. Disponível em: <www.gafisud.info/quienes.php>. Acesso em: 12 maio 2012.

GARCÍA CAVERO, Percy. *Derecho penal económico*. Tomo II: parte especial. Lima: Grijley, 2007.

GOMES, Abel Fernandes. A obrigação de comunicar operações suspeitas. *Revista da Ajufe*, Brasília, v. 21, n. 75/76, p. 37-52, 2004.

GRANDIS, Rodrigo de. Considerações sobre o dever do advogado de comunicar atividade suspeita de "lavagem" de dinheiro. *Boletim IBCCRIM*, São Paulo, n. 237, p. 10, ago. 2012.

IBA ANTI-MONEY LAUNDERING FORUM. s.l: 2012. Disponível em: <www.anti-moneylaundering.org/>. Acesso em: 12 maio 2012.

KEHDI, André Pires de. Projeto de alteração à Lei de lavagem (PLS 209/2003) e o art. 366 do CPP. *Boletim IBCCRIM*, São Paulo, v. 16, n. 186, p. 7, maio 2008.

LAMAS PUCCIO, Luis. Transaciones financieras sospechosas. In: POLÍTICA criminal, derechos humanos y sistemas jurídicos en el siglo XXI: volumen de homenaje al prof. dr. Pedro R. David en su 72. aniversario (21/7/1929). Buenos Aires: Depalma, 2001. p. 413-425.

LAMELA, Héctor D. Pérez. *Lavado de dinero*: doctrina y práctica sobre la prevención e investigación de operaciones sospechosas. Buenos Aires: Lexis Nexis, 2006.

LANGON CUÑARRO, Miguel. Lavado de dinero y política criminal en el Uruguai. *Eguzkilore*: Cuaderno del Instituto Vasco de Criminología, San Sebastian, n. 21, p. 319-339, 2007.

LEGISLACIÓN del abogado. Bolívia, 1986. Disponível em: <www.icalp.org.bo/web/2008-01-14/legislacion-del-abogado.htm>. Acesso em: 12 maio 2012.

OLIVEIRA, William Terra de. Direito penal e prevenção: O controle da lavagem de dinheiro ilícito. *Boletim IBCCRIM*, São Paulo, n. 43, p. 7, jul. 1996.

PACHECO, Lucila L. Lavado de dinero: análisis de la legislación nacional y sus dificultades prácticas con motivo de las reformas introducidas por la ley 26087. *Revista de Derecho Penal y Procesal Penal*, Buenos Aires, n. 11, p. 2203-2215, nov. 2006.

PERU. *Decreto Legislativo nº 986, de 22 de julho de 2007*. Disponível em: <http://spij.minjus.gob.pe/CLP/contenidos.dll/demo/coleccion00000.htm/tomo00020.htm/sumilla00026.htm?f=templates$fn=document-frame.htm$3.0#JD_m34297>. Acesso em: 13 abr. 2012.

_____. *Lei nº 27.693, de 12 de abril de 2002*. Disponível em: <www.uiaf.gov.co/uiafreestructuracion//recursos_user///documentos/normatividad/ley_peru.pdf>. Acesso em: 13 abr. 2012.

_____. *Lei nº 27.765, de 27 de junho de 2002*. Disponível em: <www.gafisud.info/pdf/Per.pdf>. Acesso em: 13 abr. 2012.

_____. *Lei nº 28.009, de 21 de junho de 2003*. Disponível em: <www.gafisud.info/documentos/por/base/Peru/005-Ley%2028009%20-%20Modificaci%F3n%20de%20la%20Ley%20que%20crea%20la%20UIF.pdf>. Acesso em: 13 abr. 2012.

_____. *Lei nº 28.306, de 29 de julho de 2004*. Disponível em: <www.congreso.gob.pe/ntley/imagenes/Leyes/28306.pdf>. Acesso em: 13 abr. 2012.

_____. *Lei nº 28.355, de 6 de outubro de 2004*. Disponível em: <www.oas.org/juridico/spanish/mesicic3_per_ley28355.pdf>. Acesso em: 13 abr. 2012.

PINTO, Ricardo M. El control del lavado de dinero y la cooperación penal internacional en el Mercosur. *Revista de Derecho Penal*, Buenos Aires, n. 1, p. 267-300, 2004.

ROSO, Jayme Vita. O rol dos advogados no combate à corrupção e à lavagem de dinheiro: a experiência brasileira. *Revista do Curso de Direito*, Espírito Santo do Pinhal, v. 3, n. 2, p. 71-74, jun./dez. 2002.

RUEDA, Maria Isabel. *El tiempo.com*. Colômbia, 10 de maio de 2009. Disponível em: <www.eltiempo.com/archivo/documento/CMS-5178015>. Acesso em: 12 set. 2012.

SAAVEDRA, Giovani Agostini. Reflexões iniciais sobre o controle penal dos deveres de compliance. *Boletim IBCCRIM*, São Paulo, v. 19, n. 226, p. 13-14, set. 2011.

SÁNCHEZ RIOS, Rodrigo. *Advocacia e lavagem de dinheiro*. São Paulo: Saraiva, 2010.

SILVEIRA, Renato de Mello Jorge; SCHORSCHER, Vivian Cristina. A lavagem de dinheiro e o livre exercício da advocacia: condutas neutras e a indagação quanto à jurisprudência condenatória. *Ciências Penais*: Revista da Associação Brasileira de Professores de Ciências Penais, São Paulo, v. 2, n. 2, p. 143-167, jan./jun. 2005.

TROVATO, Gustavo Fabián. El delito de lavado de activos en la legislación argentina. In: GUZMÁN, Nicolás (Coord.); PASTOR, Daniel R. (Dir.). *Problemas actuales de la parte especial del derecho penal*. Buenos Aires: Ad-Hoc, 2011. p. 399-415.

_____. La recepción de las propuestas del Gafi en la legislación penal argentina. In: BAJO FERNÁNDEZ, Miguel; BACIGALUPO, Silvina (Ed.). *Política criminal y blanqueo de capitales*. Madri: Marcial Pons, 2009. p. 67-89.

UNIDAD DE ANÁLISIS FINANCIERO. Chile, 2012. Disponível em: <www.uaf.cl/>. Acesso em: 12 maio 2012.

UNIDAD DE ANÁLISIS FINANCIERO UAF. Equador, 2012. Disponível em: <www.uaf.gob.ec/>. Acesso em: 3 nov. 2012.

UNIDAD DE INFORMACIÓN FINANCIERA. Argentina, 2012. Disponível em: <www.uif.gov.ar/>. Acesso em: 12 maio 2012.

UNIDAD DE INFORMACIÓN Y ANÁLISIS FINANCIERO UIAF. Colômbia, 2012. Disponível em: <www.uiaf.gov.co/>. Acesso em: 3 nov. 2012.

UNIDAD DE INTELIGENCIA FINANCIERA UIF. Peru, 2012. Disponível em: <www.sbs.gob.pe/0/modulos/JER/JER_Interna.aspx?ARE=0&PFL=0&JER=458>. Acesso em: 3 nov. 2012.

UNIDAD DE INVESTIGACIONES FINANCIERAS. Bolívia, 2012. Disponível em: <http://uif.asfi.gob.bo/Main.aspx>. Acesso em: 12 maio 2012.

URUGUAI. *Código penal*. Montevidéu, abril de 1998. Disponível em: <www.parlamento.gub.uy/codigos/codigopenal/cod_pen.htm>. Acesso em: 13 ago. 2012.

_____. *Lei nº 17.835, de 29 de setembro de 2004*. Disponível em: <www.parlamento.gub.uy/leyes/AccesoTextoLey.asp?Ley=17835&Anchor=>. Acesso em: 13 abr. 2012.

2

A regulamentação na Inglaterra

Caio Almado Lima

1. Introdução

A experiência objeto deste estudo será a Inglaterra, posto que ali houve mudanças significativas na legislação de prevenção à lavagem de capitais, especialmente no que concerne à comunicação, aos órgãos competentes, de operações de seus clientes que possam caracterizar lavagem de dinheiro, auxiliando no combate a tal delito.

O objetivo principal deste estudo é expor a experiência inglesa, de modo a contribuir com melhor avaliação para eventual regulamentação profissional da classe dos advogados em virtude da entrada em vigor da Lei nº 12.683/2012, que modificou dispositivos da Lei nº 9.613/1998.

Entre as principais mudanças trazidas por referida alteração, está a que possivelmente obriga os advogados a comunicarem condutas suspeitas de seus clientes. Isso porque o novo inciso XIV do parágrafo único do art. 9º da Lei nº 9.613/1998, após a alteração legislativa, pode ser entendido como abarcando o advogado entre as pessoas sujeitas aos mecanismos de controle; assim, além de se ver obrigado a informar condutas suspeitas, o advogado precisaria identificar seus clientes e manter registro dos atos praticados.

O estudo será realizado a partir da legislação inglesa que trata da lavagem de capitais, de forma direta ou incidental, das obrigações do advogado e das regras e penalidades às quais o profissional está sujeito, visando melhor interpretação das normas recentemente introduzidas em nosso ordenamento por meio da experiência estrangeira. Destarte, as leis inglesas que se aplicam aos advogados são: Terrorism Act 2000, Proceeds of Crime Act 2002 (Poca), Serious Organised Crime and Police Act 2005 (Soca) e Money Laundering Regulations 2007.

Entre elas, a mais importante é a Money Laundering Regulations 2007, promulgada no ordenamento jurídico inglês após a Terceira Diretiva da União Europeia sobre Lavagem de Dinheiro, de 2005. Tal lei explicita as situações nas quais o advogado deve comunicar operações suspeitas, bem como os casos nos quais são necessárias medidas de *due diligence* (simplificadas ou avançadas) e exceções da obrigatoriedade de comunicação (como nos casos de informação confidencial e privilegiada), o que será devidamente analisado no presente trabalho.

Para melhor compreensão histórica do tema ora abordado, será feita uma breve digressão histórica acerca das diretivas anteriormente lançadas pela União Europeia e implementadas pela Inglaterra.

Além disso, este trabalho também buscará expor como a legislação é vista e aplicada na Inglaterra, tanto de um ponto de vista crítico como por meio de decisões dos tribunais daquele país.

A partir de todo esse arcabouço, medidas são sugeridas para a regulamentação e fiscalização das práticas impostas pela nova redação da Lei nº 9.613/1998 ao advogado no Brasil, destacando-se o importante papel que incumbirá à Ordem dos Advogados do Brasil nesse novo cenário.

2. As alterações sofridas pela Lei nº 9.613/1998 (Lei de Lavagem de Dinheiro)

2.1 Breves considerações acerca do tipo penal

Lavagem de dinheiro pode ser definida como o método pelo qual os ganhos financeiros obtidos com atividades criminosas são alterados, por um indivíduo, como forma de fazê-los aparentar origem lícita.[1]

O delito de lavagem de dinheiro, embora se trate de um fenômeno socioeconômico antigo, emergiu no cenário jurídico nacional de forma relativamente recente, como decorrência de diversos tratados internacionais que passaram

---

[1] PRADO, Luiz Regis; DOTTI, René Ariel (Org.). *Direito penal da administrção pública*. São Paulo: Revista dos Tribunais, 2011. p. 729. (Coleção doutrinas essenciais: direito penal econômico e da empresa; v. 4).

a exigir um tipo legal de lavagem de dinheiro, visando combater, primordialmente, o tráfico ilícito de entorpecentes e a criminalidade organizada.[2] [3]

Em nosso ordenamento jurídico, o primeiro diploma legal a tratar unicamente do crime de lavagem ou ocultação de bens, direitos e valores, foi a Lei nº 9.613, de 3 de março de 1998, a qual também criou o Conselho de Controle de Atividades Financeiras (Coaf), visando, de acordo com seu art. 14, disciplinar, aplicar sanções administrativas, receber, examinar e identificar as ocorrências suspeitas de atividades ilícitas previstas na lei.[4]

Antes da alteração legislativa inserida pela Lei nº 12.683/2012, o art. 1º da Lei nº 9.613/1998 vigorava com a seguinte redação:[5]

> Art. 1º Ocultar ou dissimular a natureza, origem, localização, disposição, movimentação ou propriedade de bens, direitos ou valores provenientes, direta ou indiretamente, de crime:
>
> I — de tráfico ilícito de substâncias entorpecentes ou drogas afins;
>
> II — de terrorismo e seu financiamento; (Redação dada pela Lei nº 10.701, de 9.7.2003)
>
> III — de contrabando ou tráfico de armas, munições ou material destinado à sua produção;
>
> IV — de extorsão mediante sequestro;
>
> V — contra a Administração Pública, inclusive a exigência, para si ou para outrem, direta ou indiretamente, de qualquer vantagem, como condição ou preço para a prática ou omissão de atos administrativos;
>
> VI — contra o sistema financeiro nacional;
>
> VII — praticado por organização criminosa;

---

[2] Neste sentido, podemos citar: a Convenção das Nações Unidas contra o Tráfico Ilícito de Entorpecentes e de Substâncias Psicotrópicas (Convenção de Viena), de 19 de dezembro de 1988, a Convenção do Conselho da Europa (Convenção de Strasbourg), de 8 de novembro de 1990, e a Diretiva n. 91/308 do Conselho da Comunidade Europeia, de 10 de julho de 1991.

[3] PRADO, Luiz Regis; DOTTI, René Ariel (Org.). *Direito penal da administração pública*. São Paulo: Revista dos Tribunais, 2011. p. 351. (Coleção doutrinas essenciais: direito penal econômico e da empresa; v. 4).

[4] Luiz Regis Prado e René Ariel Dotti (Org.). *Direito penal da administrção pública*, op. cit., p. 706.

[5] BRASIL. *Lei nº 9.613, de 3 de março de 1998*. Disponível em: <www.planalto.gov.br/ccivil_03/leis/L9613.htm>. Acesso em: 15 set. 2012.

VIII — praticado por particular contra a administração pública estrangeira (arts. 337-B, 337-C e 337-D do Decreto-Lei 2.848, de 7 de dezembro de 1940 — Código Penal). (Inciso incluído pela Lei nº 10.467, de 11.6.2002)
Pena: reclusão de três a dez anos e multa. [...]

Devido à necessidade, para caracterização do delito, da existência de valores, bens ou direitos provenientes de crimes antecedentes, conforme os listados na antiga redação do art. 1º, da Lei nº 9.613/1998, a maioria das fontes de pesquisa está de acordo ao afirmar que há pelo menos três fases na conduta criminosa. Para William Terra de Oliveira,[6] em apertada síntese, as três fases são:

a) A primeira delas é a fase de "ocultação", onde o dinheiro obtido diretamente com a atividade criminosa passa por sua primeira transformação, visando conseguir uma menor visibilidade. A criminalidade organizada, principalmente o mercado de droga, produz grandes quantidades de dinheiro em espécie, um alto volume de pequenas notas, além de objetos de valor. Assim, o criminoso necessita transformar esse conjunto de capitais em correspondentes quantias mais manejáveis e menos visíveis. Para tanto, o agente costuma utilizar o sistema financeiro, os bancos, corretores de bolsas, o mercado de joias e obras de arte, as casas de câmbio, enfim, emprega "intermediários" que servirão para "trocar" os valores ilicitamente conseguidos.

b) Com a posse do dinheiro já manipulado, tem início a segunda fase: a "cobertura" ou "fase de controle". O objetivo principal do agente é distanciar ao máximo o dinheiro de sua origem, apagando os vestígios de sua obtenção. Durante todo o tempo o dinheiro é controlado e, para tanto, entra em cena uma complexa rede de operações econômico-financeiras, numa cascata de negócios jurídicos envolvendo pessoas e instituições. São comuns múltiplas transferências de dinheiro, compensações financeiras, manipulação das bolsas, remessas aos paraísos fiscais, superfaturação de exportações etc.

c) Finalmente, o dinheiro deve retornar ao normal circuito econômico: é a chamada "fase de integração". Nesse momento o agente converte o dinheiro "sujo" em capital lícito, adquirindo propriedades e bens, pagando dívidas, constituindo empresas e estabelecimentos lícitos, financiando atividades de terceiros, concedendo empréstimos, além de inverter parte do capital na prática de novos delitos.

---

[6] CERVINI, Raúl; GOMES, Luiz Flávio; DE OLIVEIRA, William Terra. *Lei de lavagem de capitais*: comentários à lei 9.613/98... São Paulo: Revista dos Tribunais, 1998. p. 320-321.

2.2 As modificações inseridas pela Lei nº 12.683/2012

Aos 10 de julho de 2012 entrou em vigor, com sua publicação no *Diário Oficial da União*, a Lei nº 12.683/2012, a qual alterou diversos dispositivos da Lei nº 9.613/1998, ampliando a persecução penal dos delitos de lavagem de dinheiro.

Entre as principais mudanças trazidas, destaca-se a exclusão do rol de crimes antecedentes constantes da antiga redação do art. 1º, da Lei nº 9.613/1998. A partir de então, qualquer infração penal, seja ela crime ou contravenção penal, das quais resultem bens, direitos ou valores, pode servir como antecedente da lavagem de dinheiro.

2.2.1 A polêmica redação dos artigos 9º, 10 e 11, da Lei nº 12.683/2012

Também foi alterada a redação do artigo 9º, da Lei nº 9.613/1998, com a inclusão do inciso XIV em seu parágrafo único, trazendo consigo a polêmica sobre se o advogado estaria entre as figuras responsáveis por também informar aos órgãos competentes pela fiscalização os serviços de assessoria, consultoria, contadoria, auditoria, aconselhamento ou assistência, de qualquer natureza, nas operações listadas na lei.

De acordo com Rodrigo Sánchez Rios,[7] ao analisar as mudanças legislativas internacionais que culminaram com a inclusão do advogado na política criminal destinada à prevenção da lavagem de dinheiro:

> Especificamente em relação à eventual inserção da classe dos advogados na política preventiva, a reflexão resta centralizada no alcance dos diversos documentos internacionais que circundam e traduzem a temática. Nessa ordem, a proposta das orientações se assenta na nítida separação da atividade consultiva e contenciosa da atividade do advogado. Quanto à atividade contenciosa, os enunciados da política criminal são transparentes no sentido da exoneração plena do advogado em total harmonia com suas prerrogativas funcionais. A mesma assertiva

---

[7] SÁNCHEZ RIOS, Rodrigo. A política criminal destinada à repressão da lavagem de dinheiro: o papel do advogado e suas repercussões. In: VILARDI, Celso Sanchez; BRESSER-PEREIRA, Flávia Rahal; DIAS NETO, Theodomiro (Coord.). *Análise contemporânea*. São Paulo: Saraiva, 2009. p. 260.

não encontra idêntico esteio na área consultiva, sobretudo no que tange às especialidades do direito societário e tributário [...].

Apesar de não ser expressa a inclusão do advogado no rol das pessoas obrigadas a comunicar operações suspeitas de seus clientes, essa possibilidade vem atender às 40 Recomendações do Gafi, de 20 de junho de 2003, visando o combate do branqueamento de capitais. Nelas, recomenda-se que advogados, notários e outros profissionais jurídicos independentes sejam sujeitos ao dever de vigilância relativo a seus clientes, à conservação de documentos e à obrigação de comunicar operações suspeitas quando, por conta ou em representação de um cliente, participarem de atividades de compra e venda de bens imóveis, constituição de pessoa jurídica etc.[8] Ademais, continua o autor:[9]

> Muito embora as divergências sobre o tema causem um desconforto à classe dos advogados, uma vez que se procura impor um limitador ao exercício da profissão, é preciso reconhecer que nenhuma classe profissional goza de imunidade absoluta. Neste sentido, as recomendações do Gafi são coerentes ao identificar a atuação de qualquer profissional como possível partícipe ou autor do delito de lavagem, especialmente quando atua em nome ou em sociedade com o agente. Com esse fim, sempre no plano preventivo, o Gafi sugere a imposição ao advogado do dever de vigilância e comunicação de operações suspeitas dos seus clientes (recomendação n. 12, *d*, e n. 16). Entretanto, a própria Recomendação n. 16 desobriga o profissional de comunicar as informações que obtem em situações sujeitas a segredo profissional ou cobertas por um privilégio profissional de natureza legal, leia-se, decorrentes de sua atuação profissional.

Destarte, em um primeiro momento, a atuação inicial das instituições financeiras na ajuda ao combate do delito de lavagem de dinheiro parece não ter sido suficiente para coibi-lo, em decorrência da maior sofisticação para sua prática, passando-se a utilizar de prestação de assessoria jurídica especializada como forma de superar os controles de identificação.[10]

---

[8] Ibid., p. 273-274.
[9] Ibid., p. 287-288.
[10] Ibid., p. 270.

2.2.2 O posicionamento da Ordem dos Advogados do Brasil

Após a promulgação da Lei nº 12.683/2012, dúvidas surgiram entre os profissionais prestadores de serviços jurídicos no que concerne às suas obrigações ante o Coaf, mais notadamente entre os advogados que, repentinamente, se viram diante de uma nova Lei que impõe severas punições[11] àqueles que não cumprirem as disposições de informar os órgãos competentes e o sigilo profissional.

Para dirimir os questionamentos existentes, o Órgão Especial do Conselho Federal da Ordem dos Advogados do Brasil, por sua Comissão Nacional de Estudos Constitucionais, emitiu Parecer (Processo nº 49.0000.2012.006678-6/CNECO) de relatoria da advogada Daniela Teixeira.[12]

---

[11] Art. 12, Lei nº 9.613/1998: "Art. 12. Às pessoas referidas no art. 9º, bem como aos administradores das pessoas jurídicas, que deixem de cumprir as obrigações previstas nos arts. 10 e 11 serão aplicadas, cumulativamente ou não, pelas autoridades competentes, as seguintes sanções:
I — advertência;
II — multa pecuniária variável não superior: (Redação dada pela Lei nº 12.683, de 2012)
a) ao dobro do valor da operação; (Incluída pela Lei nº 12.683, de 2012)
b) ao dobro do lucro real obtido ou que presumivelmente seria obtido pela realização da operação; ou (Incluída pela Lei nº 12.683, de 2012)
c) ao valor de R$ 20.000.000,00 (vinte milhões de reais); (Incluída pela Lei nº 12.683, de 2012)
III — inabilitação temporária, pelo prazo de até dez anos, para o exercício do cargo de administrador das pessoas jurídicas referidas no art. 9º;
IV — cassação ou suspensão da autorização para o exercício de atividade, operação ou funcionamento. (Redação dada pela Lei nº 12.683, de 2012)
§1º A pena de advertência será aplicada por irregularidade no cumprimento das instruções referidas nos incisos I e II do art. 10.
§2º A multa será aplicada sempre que as pessoas referidas no art. 9º, por culpa ou dolo: (Redação dada pela Lei nº 12.683, de 2012)
I — deixarem de sanar as irregularidades objeto de advertência, no prazo assinalado pela autoridade competente;
II — não cumprirem o disposto nos incisos I a IV do art. 10; (Redação dada pela Lei nº 12.683, de 2012)
III — deixarem de atender, no prazo estabelecido, a requisição formulada nos termos do inciso V do art. 10; (Redação dada pela Lei nº 12.683, de 2012)
IV — descumprirem a vedação ou deixarem de fazer a comunicação a que se refere o art. 11.
§3º A inabilitação temporária será aplicada quando forem verificadas infrações graves quanto ao cumprimento das obrigações constantes desta Lei ou quando ocorrer reincidência específica, devidamente caracterizada em transgressões anteriormente punidas com multa.
§4º A cassação da autorização será aplicada nos casos de reincidência específica de infrações anteriormente punidas com a pena prevista no inciso III do *caput* deste artigo".
[12] Disponível em: <www.oab.org.br/arquivos/lei-de-lavagem.pdf>. Acesso em: 14 nov. 2012.

Entre os principais argumentos desenvolvidos no parecer para sustentar a negativa de sujeição dos advogados está o do sigilo profissional: "não se aplica aos advogados, em suas relações profissionais com seus clientes, as quais estão protegidas pela garantia do sigilo profissional nos termos da Lei específica 8.906/94 e pelo artigo 133 da Constituição da República".[13] Outros argumentos são: a) o controle da lavagem de capitais é atividade estatal e a transformação do advogado em delator de seu próprio cliente não parece ser medida dotada de razoabilidade; b) no tocante ao sigilo profissional, importante lembrar que o artigo 207 do Código de Processo Penal impede o advogado de depor sobre fatos que soube no exercício da profissão; c) a revelação de qualquer segredo profissional sem justa causa é crime previsto no artigo 154 do Código Penal; d) o Estado deve garantir a devida observância a princípios constitucionais, mormente aqueles relacionados com a ampla defesa e o contraditório; e) o advogado, de acordo com a Constituição Federal, é essencial à administração da justiça, não no papel de delator de seu cliente, mas sim na defesa dos interesses de seu cliente. Qualquer tentativa de se subverter esse papel estaria eivada de inconstitucionalidade, no entendimento do órgão. Por isso, a conclusão foi a de que as regras previstas nos artigos 9º, 10 e 11 da Lei nº 12.683/2012 não se aplicam aos advogados.

Além disso, foi proposta uma comunicação a todas as seccionais, contendo o esclarecimento de que os advogados não estão sujeitos ao mecanismo de controle dos artigos anteriormente citados. Por fim, sugeriu-se que as Comissões de Prerrogativas estejam aptas a prestar ágil atendimento aos profissionais que se vejam obrigados a cumprir o disposto em referidos dispositivos.

Apesar desse entendimento da Ordem dos Advogados do Brasil, é importante conhecer como outros países enfrentaram a questão da criação das obrigações de prevenção da lavagem de capitais para os advogados, até mesmo para, sendo o caso, reforçar o próprio posicionamento da OAB. Nesse sentido, este trabalho analisará a situação da questão no direito inglês.

---

[13] BRASIL. Ordem dos Advogados do Brasil. Processo nº 49.0000.2012.006678-6/CNECO. Disponível em: <www.oab.org.br/arquivos/lei-de-lavagem.pdf>. Acesso em: 15 set. 2012. p. 5-6.

3. As obrigações impostas aos advogados na Inglaterra

3.1 Breve análise do tipo penal de lavagem de dinheiro na Inglaterra

A definição de lavagem de dinheiro na Inglaterra não possui diferenças relevantes em relação àquela do nosso ordenamento jurídico. O *Anti-money laundering practice note*, divulgado pela The Law Society, em outubro de 2011, órgão representativo dos advogados da Inglaterra e do País de Gales, define a lavagem de dinheiro como:[14]

> Lavagem de dinheiro é geralmente definida como o processo através do qual os proveitos do crime, e a verdadeira posse destes proveitos, são modificados para que o proveito pareça ser de uma fonte legítima. Pelo *Poca*, a definição é mais abrangente. Lavagem de dinheiro pode advir de pequenos lucros de crimes relativamente menos ofensivos, como falhas regulatórias, pequenas sonegações ou fraudes. Uma tentativa deliberada de esconder a posse de fundos ilegítimos não é necessária. Existem três fases na lavagem de dinheiro: inserção, encobrimento e integração. Entretanto, a definição mais ampla de crimes de lavagem de dinheiro no *Poca* inclui até posse passiva de propriedade criminal como lavagem de dinheiro. [tradução nossa]

No que concerne às três fases da lavagem de dinheiro, explica Keith Oliver:[15]

Existem três estágios no processo de lavagem de dinheiro: — Inserção: a disposição de proveitos em forma de dinheiro proveniente de atividades ilegais para conversão em outras formas de bens, que não dinheiro; — Encobrimento: a realização de um número de transações com o único propósito de criar uma estrutura complexa de transações financeiras para encobrir a fonte dos fundos;

---

[14] INGLATERRA. The Law Society of England and Wales. *Anti-money laundering practice note*. Disponível em: <www.lawsociety.org.uk/productsandservices/practicenotes/aml.page>. Acesso em: 24 jun. 2012.

[15] OLIVER, Keith. Money laundering in United Kingdom. In: MACHADO, Maíra Rocha; REFINETTI, Domingos Fernando (Org.). *Lavagem de dinheiro e recuperação de ativos*: Brasil, Nigéria, Reino Unido e Suíça. São Paulo: Quartier Latin, 2006. p. 17.

e — Integração: o retorno dos proveitos à economia, agora originários de uma fonte legítima. [tradução nossa]

A principal lei inglesa que prevê as infrações relativas à lavagem de dinheiro é a The Proceeds of Crime Act 2002 (Poca), a qual serviu para consolidar a legislação existente sobre o delito de lavagem e constrição dos bens advindos do crime, além de melhorar a eficiência do processo de recuperação de tais bens.[16]

Em seu guia prático para advogados, a The Law Society assim caracterizou o Poca:[17]

> Lei de proveitos do crime 2002 (*Poca*). Objeto: *Poca*, alterado, estabelece um número de crimes de lavagem de dinheiro, incluindo: — crimes de lavagem de dinheiro principais. — crimes de deixar de reportar suspeita de lavagem de dinheiro. — crimes de entregar uma revelação de lavagem de dinheiro, revelar uma investigação de lavagem de dinheiro e prejudicar uma investigação de lavagem de dinheiro. Aplicação: *Poca* se aplica a todas as pessoas, apesar de algumas falhas em reportar crimes ou os crimes de revelação somente se aplicam às pessoas que pratiquem atividades dentro do setor regulado.
>
> A Lei de proveitos do crime de 2002 foi alterada, mudando a definição do setor regulado, para que ficasse de acordo com a Lei de Lavagem de Dinheiro de 2007. As atividades que podem interessar ao advogado estão presentes na Seção 9 do *Poca* e tratam da realização de negócios que envolvam: — conselho sobre os assuntos fiscais de outra pessoa por uma sociedade ou advogado; e — serviços legais ou notariais por uma sociedade ou advogado envolvendo a participação em transações de propriedade financeira ou real, relativos a: compra e venda de propriedades reais ou entidades de negócio, administração de dinheiro, valores mobiliários ou outros bens do cliente, abertura ou administração de conta bancária, de poupança ou de valores mobiliários, a organização de contribuições necessárias para a criação, operação ou administração de companhias e a criação ou administração de fundos, companhias ou estruturas similares. [tradução nossa]

---

[16] Maíra Rocha Machado e Domingos Fernando Refinetti (Org.). *Lavagem de dinheiro e recuperação de ativos*, op. cit., p. 19.
[17] INGLATERRA. The Law Society of England and Wales. *Anti-money laundering practice note*, op. cit.

Outra lei importantíssima para o controle de eventual participação dos profissionais do setor regulado em lavagem de dinheiro é a The Money Laundering Regulations 2007, analisada a seguir.

3.2 A atual regulamentação inglesa

A União Europeia, acompanhando a evolução do delito de lavagem de dinheiro em âmbito mundial, por três vezes promulgou diferentes diretivas concernentes ao referido crime, sempre buscando estar de acordo com as recomendações do Financial Action Task Force.[18]

As diretivas supracitadas tiveram início em 1991, como forma de a União Europeia estar de acordo com as recomendações do Fatf. Aplicava-se apenas às instituições financeiras e solicitava que os estados-membros considerassem crime a lavagem de capitais.

A segunda diretiva ampliou as obrigações para abarcar profissionais legais, contadores, auditores, consultores fiscais e agentes imobiliários. Foi incorporada no sistema jurídico britânico pela Proceeds of Crime Act 2002 e pela Money Laundering Regulations 2003.

A última diretiva lançada, em 2005, ainda está em vigor. Estendeu as medidas de *due diligence* aos usufrutuários, reconhecendo que tais medidas podem ser aplicadas com base no risco, além de requerer uma diligência mais detalhada em casos específicos. Entrou em vigor na Inglaterra através da Money Laundering Regulations 2007, além de alterar a Proceeds of Crime Act 2002.[19]

Com a promulgação de referidas diretivas, a legislação inglesa também sofreu alterações para atender aos anseios não somente da União Europeia como também da preocupação mundial com a cada vez maior proliferação do crime de lavagem de capitais.

Em relação ao histórico legislativo, há mais de 20 anos a Inglaterra possui alguma legislação acerca da lavagem de dinheiro. A primeira lei tornava ilegal a lavagem de dinheiro em relação ao tráfico de drogas, já em 1986 (Drug Trafficking Offences Act 1986).

---

[18] O Financial Action Task Force (Fatf) foi criado em 1989 após a reunião do G7 em Paris. Em 1990, o referido órgão lançou 40 recomendações para combater a lavagem de dinheiro.
[19] INGLATERRA. The Law Society of England and Wales. *Anti-money laundering practice note*, op. cit.

Para implementar a primeira diretiva da União Europeia, de 1991, expandiu-se o conjunto de crimes de lavagem de dinheiro, por meio da regulamentação de negócios que, potencialmente, poderiam ser utilizados para tal fim. Referida inserção legislativa ocorreu mediante a Criminal Justice Act 1993 e da Money Laundering Regulations 1993.

A Proceeds of Crime Act 2002 e a Money Laundering Regulations 2003 aumentaram os crimes relacionados com a lavagem de dinheiro, englobando o crime organizado, fraude contra a União Europeia, corrupção e outros crimes graves. A promulgação de referidas leis ocorreu devido à segunda diretiva da União Europeia, de 2001.

Por fim, conforme vimos, a Money Laundering Regulations 2007, bem como as alterações sofridas pela Proceeds of Crime Act 2002 implementaram a Terceira Diretiva de 2005, contribuindo para um efetivo combate ao delito de lavagem, ao prever um extenso rol de profissionais sujeitos ao mecanismo de controle.[20]

Esta última diretiva da União Europcia (2005/60/EC) fez surgir na Inglaterra a Money Laundering Regulations 2007, a qual estabeleceu exigências administrativas para combater a lavagem de dinheiro nos setores sujeitos ao mecanismo de controle, além de delinear o âmbito da aplicação do *due diligence*.

Referida lei visa, principalmente, diminuir o uso de serviços profissionais para a prática do crime em comento. O artigo 3º dispõe que a lei se aplica a profissionais britânicos das seguintes áreas: instituições de crédito, instituições financeiras, auditores, administradores de falência, contadores e conselheiros fiscais, *profissionais legais independentes*, corretores de imóveis, cassinos e revendedores de bens de alto valor.[21]

O Proceeds of Crime Act 2002, em suas Sections 327-330, abarca vários delitos que podem ser cometidos pelo advogado, caso o mesmo participe ou deixe de comunicar os crimes de lavagem de dinheiro.

Não obstante a legislação supracitada, os órgãos de classe ingleses possuem notas práticas de como, e quando, os advogados devem proceder em situações de suspeita de lavagem de dinheiro por parte do cliente, conforme previsto em lei.

---

[20] Maíra Rocha Machado e Domingos Fernando Refinetti (Org.). *Lavagem de dinheiro e recuperação de ativos*, op. cit., p. 44-45.
[21] INGLATERRA. The Law Society of England and Wales. *Anti-money laundering practice note*, op. cit.

A Solicitors Regulation Authority, órgão regulatório da advocacia, possui um manual e um código de conduta, o *The Solicitors Regulation Authority code of conduct 2011*, que obriga os advogados a seguirem a legislação de lavagem de dinheiro, inclusive a de manutenção e registro dos atos.

A The Law Society of England and Wales é o órgão representativo dos advogados na Inglaterra e no País de Gales e visa a oferecer treinamento e aconselhamento aos advogados. Possui um manual completo e detalhado para ajudar os advogados a obedecerem a legislação aplicável à lavagem de dinheiro.

A inclusão da figura *independent legal professional* como um dos profissionais do grupo de controle das atividades fez com que a legislação inglesa fosse considerada uma das mais abrangentes e rígidas para com os advogados. Foi implementado um regime de obrigações aos advogados exponencialmente mais rígido do que o exigido pelo Fatf.[22] Tanto é assim que, desde 2009, o Financial Action Task Force retirou a Inglaterra do grupo dos países que estavam sendo analisados frequentemente e a incluiu no grupo de acompanhamento bienal.[23]

3.3 As obrigações do advogado ante o Money Laundering Regulations 2007

Como visto, o Money Laundering Regulations 2007 instituiu as obrigações que devem ser cumpridas pelos profissionais jurídicos independentes. A The Law Society possui uma nota prática extensa, de 137 páginas, que abarca todos os deveres do advogado diante da citada lei.[24]

Para uma melhor compreensão do termo *"independent legal professional"*, bem como das situações nas quais o mesmo é obrigado a informar as situações que apresentem risco de lavagem de dinheiro, vale extrair o seguinte trecho da nota prática da The Law Society:

---

[22] PATON, Paul D. Cooperation, co-option or coercion? The Fatf lawyer guidance and regulation of the legal profession. *J. Prof. Law*, p. 165-189, 2010. p. 168.

[23] *The Fatf has released the Follow-Up Report to the Mutual Evaluation Report of the United Kingdom, which was adopted in June 2007. In October 2009, the Fatf recognised that the United Kingdom had made significant progress in addressing deficiencies identified in that report, decided that the country should be removed from the regular follow-up process and agreed that it should now report on any further improvements its Anti-Money Laundering/Combating the Financing of Terrorism (AML/CFT) system on a biennial basis.*

[24] Disponível em: <www.lawsociety.org.uk/advice/practice-notes/aml/>. Acesso em: 24 jun. 2012.

Um profissional legal independente inclui uma sociedade ou um profissional solo que, por meio de seu negócio presta serviço legal ou notarial para outras pessoas. Não inclui advogados contratados por autoridade pública ou que trabalham internamente. A lei somente se aplica a algumas atividades do advogado em que há alto risco de ocorrência de lavagem de dinheiro. Assim, ela se aplica quando um advogado participa em transações de propriedade financeira ou real, relativos a: compra e venda de propriedades reais ou entidades de negócio, administração de dinheiro, valores mobiliários ou outros bens do cliente, abertura ou administração de conta bancária, de poupança ou de valores mobiliários, a organização de contribuições necessárias para a criação, operação ou administração de companhias e a criação ou administração de fundos, companhias ou estruturas similares.

Você participará de uma transação ao assistir o planejamento ou execução da transação ou agir para ou em nome do cliente em uma transação.

Atividades cobertas pela lei. Nas atividades, note que: administrar dinheiro do cliente é mais estreito que lidar com ele. Abrir ou administrar uma conta bancária é mais amplo que simplesmente abrir uma conta advogado/cliente. Cobriria a atuação do procurador como beneficiário, advogado ou recebedor. [tradução nossa]

Cumpre aqui salientar que, conforme visto na transcrição, os advogados britânicos, assim como na maioria dos países do Commom Law, exercem atividades de notários. A maioria dos notários é de advogados como qualquer outro e pode exercer normalmente atividades jurídicas, exceto apresentar um caso no tribunal.

As regras aplicáveis ao advogado atuando como notário são basicamente as mesmas aplicadas ao advogado comum: devem manter a fidelidade e o sigilo com seus clientes, assegurar-se de separar seu dinheiro daquele do cliente, além de atuar sob as regras de conduta e disciplina impostas aos advogados em geral.

A maioria dos notários presta serviço para empresas que fazem negócios internacionais, bem como para pessoas físicas nessa situação. Porém, o notário também pode autenticar e testemunhar qualquer tipo de transação ou documento, estejam eles envolvendo negócios ou não.[25]

---

[25] Informações obtidas em: <www.thenotariessociety.org.uk/>. Acesso em: 10 jan. 2013.

Os advogados são obrigados, em certas situações, a exercer a *due diligence* em relação a determinados clientes. Neste diapasão, o site da International Bar Association (IBA) traz informações detalhadas acerca de tais medidas:

> De acordo com o artigo 7 da Lei de Lavagem de Dinheiro de 2007, o advogado deve aplicar medidas de *due diligence* quando ele/ela: estabelecer uma relação de negócios, participar de uma transação ocasional, suspeitar de lavagem de dinheiro ou terrorismo, ou ter dúvida quanto à legitimidade ou adequação de documentos e informações obtidos com o propósito de identificação.
>
> Artigo 5 da Lei de Lavagem de Dinheiro de 2007 expõe que o CDD abrange: identificar o cliente e verificar sua identidade com base em documentos e informações obtidas por meio de uma fonte independente e confiável, identificar, quando há um usufrutuário que não é o cliente, o usufrutuário e tomar medidas adequadas, baseada no risco, para verificar a identidade do usufrutuário de maneira satisfatória e obter informações a respeito da natureza da relação de negócios. [tradução nossa]

Além disso, a Regulation 14 da Money Laundering Regulations 2007 expõe situações nas quais são necessárias medidas de *due diligence* avançadas, como no caso de pessoas politicamente expostas. De outro lado, para alguns clientes, pode ser feita uma diligência simplificada. Por fim, também são exigidas pela lei medidas para continuar monitorando os clientes já existentes e manter registro dos atos por eles praticados.

Quanto ao momento em que o advogado deva comunicar o ato suspeito, de acordo com o site da IBA, assim que qualquer pessoa tenha conhecimento ou suspeita de financiamento terrorista ou lavagem de dinheiro, o *nominated officer* da sociedade deve ser imediatamente comunicado para decidir se será feito um "Suspicious Transaction Report (SAR)" para a Soca.

A Soca corresponde a Serious Organised Crime Agency, órgão criado por meio do Serious Organised Crime and Police Act 2005, e passou a exercer suas funções em 1º de abril de 2006. É o órgão britânico responsável por receber todas as comunicações de suspeita de lavagem de dinheiro (Financial Intelligence Unit).

O *nominated officer*, de acordo com a The Law Society,

> Deve ser suficientemente experiente para tomar decisões de reportar, as quais podem impactar o relacionamento de seu escritório com o cliente e o expor a

sanções criminais, civis, regulatórias e disciplinares. Ele também deve ter responsabilidade suficiente para permitir que se tenha acesso a toda a documentação do cliente, para que sua decisão possa ser baseada em tudo o que o escritório sabe sobre o cliente. [tradução nossa]

Feita a comunicação para o órgão competente, o advogado não pode revelar tal informação para seu cliente. É crime previsto na *section* 333A do Poca qualquer pessoa revelar informação que possa vir a prejudicar uma investigação do crime de lavagem de dinheiro.

Por fim, cumpre analisar o sigilo advogado-cliente. De uma forma resumida, a IBA nos traz as seguintes informações:

> Artigo 330 do Poca especificamente define "circunstâncias privilegiadas" e sua aplicabilidade como uma dispensa por não comunicar uma atividade suspeita. Neste artigo, "circunstâncias privilegiadas" cobrem informações comunicadas para um advogado por um cliente em conexão com o advogado, oferecendo aconselhamento jurídico, por uma pessoa buscando aconselhamento jurídico, ou em conexão com procedimentos legais ou contemplando procedimentos legais. Comunicações não estão sujeitas ao privilégio profissional se são criadas com a intenção ou promovendo um propósito criminal. É irrelevante se a intenção é do advogado, do cliente ou de uma terceira parte. [tradução nossa]

No entanto, apesar dessas circunstâncias privilegiadas, nas quais o advogado não é obrigado a comunicar atividades suspeitas, a linha entre a confidencialidade e a possível prática de ilícito penal é extremamente tênue. Assim, necessário observar as orientações trazidas pela The Law Society:

> Advogados têm o dever de manter as causas de seus clientes confidenciais, e as circunstâncias nas quais eles podem revelar comunicações com os clientes são estritamente limitadas. Entretanto, artigos 327-329, 330 e 332, do Poca contêm previsões para divulgação de informação a ser feita ao Soca. Advogados também têm o dever de total divulgação para com os seus clientes. Entretanto, artigos 333[a] e 342 do Poca proíbem divulgação de informação em circunstâncias nas quais uma SAR foi feita e/ou onde prejudicariam uma investigação existente ou proposta.

LPP (sigilo profissional legal) é um privilégio contra a divulgação, garantindo aos clientes que certos documentos e informações passadas aos advogados não podem ser divulgados em qualquer situação. Reconhece o direito fundamental do cliente de ser sincero com seu conselheiro legal, sem medo de uma posterior divulgação em seu prejuízo. É um direito absoluto e não pode ser suplantado por nenhum outro interesse.

LPP não se estende a tudo o que os advogados têm o dever de manter a confidencialidade. LPP protege apenas aquelas comunicações confidenciais que recaiam sobre um destes dois tipos de privilégio — privilégio de conselho e privilégio de litígio. [tradução nossa]

Os advogados são legal e profissionalmente obrigados a manter sob sigilo as informações de seus clientes. No entanto, em alguns casos específicos, como determinação judicial ou se tratando de possível ocorrência de crime, referido sigilo pode ser relevado.

Apesar disso, conforme visto na transcrição, existe um privilégio denominado *legal professional privilege* que garante o sigilo total de determinados documentos e informações fornecidas a um advogado pelo cliente. Há duas espécies de sigilo irrevogável: *advice privilege* e *litigation privilege*.

O *advice privilege* (privilégio de conselho, em tradução livre) diz respeito ao sigilo da comunicação advogado/cliente quando se tratar de confidencialidade ou com o propósito de buscar aconselhamento jurídico. Importante ressaltar que essa proteção se aplica apenas às comunicações que tratem diretamente de buscar ou fornecer conselhos em um contexto estritamente jurídico, no qual o advogado utilize de suas habilidades, conhecimentos e deveres profissionais.

O privilégio de conselho se estende, ainda, ao aconselhamento dado em transações, sendo acobertados pelo sigilo as comunicações, instruções ou conselhos dados ao cliente, incluindo documentos, desde que relacionados diretamente com a performance profissional do advogado.

Já o *litigation privilege* (em tradução livre, privilégio de litígio) é mais abrangente do que o primeiro sigilo analisado, protegendo qualquer tipo de comunicação feita após o início do litígio ou caso ele esteja em vias de se iniciar. A proteção é conferida às conversas tratadas entre o advogado e o cliente, o advogado e um agente, seja este também advogado ou não, e entre o advogado e uma terceira parte.

As comunicações acima citadas devem ter o único ou predominante propósito de: buscar ou proferir aconselhamento, obter evidências ou informações que levem até tais evidências, sempre em relação ao litígio em si.

Apesar de o sigilo englobar o aconselhamento dado a um cliente visando a evitar alguma prática criminosa ou avisá-lo que determinada ação pode acarretar um processo, o sigilo do *legal professional privilege* não pode ser utilizado para documentos que sejam parte de um ato criminal ou fraudulento por si próprios e para conversas que ocorram visando obter aconselhamento com a intenção de cometer um crime. Nesse ponto, é irrelevante se o advogado tem ou não conhecimento de que está sendo usado para referido propósito.

Por fim, cumpre salientar que, em decisão recente, a Suprema Corte do Reino Unido decidiu, por maioria, manter a jurisprudência que garante o sigilo absoluto do aconselhamento feito por um advogado a seu cliente. No entanto, essa mesma decisão deixou consignado que não é toda consultoria jurídica que possui a garantia do sigilo; referida proteção vale somente quando a orientação é dada por advogado devidamente qualificado, e não por qualquer outro profissional.[26]

A observância de todas as leis inglesas aqui descritas é de fundamental importância para evitar as condenações que estão sendo impostas aos advogados naquele país.[27] É visível a preocupação dos órgãos de classe em manter os profissionais informados e resguardados ante as comunicações que deverão ser feitas à Soca, órgão responsável pelo controle das operações que possam gerar a lavagem de dinheiro.

4. Conclusão: considerações sobre a legislação estudada e a atual legislação brasileira

Após a análise da legislação inglesa em vigor, bem como das recentes alterações sofridas na Lei nº 9.613/1998, por meio da Lei nº 12.683/2012, cumpre-nos ressaltar alguns pontos divergentes entre elas.

---

[26] Disponível em: <http://s.conjur.com.br/dl/decisao-suprema-corte-reino-unido16.pdf>. Acesso em: 26 jan. 2012.
[27] Neste diapasão, são muitos os exemplos: The case of Benjamin Cornelius [2011], RCPO v C [2010] EWCA Crim 97, The case of Anthony Blok [2009], Zambia v Meer Care & Desai [2008] EWCA Civ 1007, Pulvers (a firm) v Chan & Others [2007] EWHC 24006 (Ch), R v Griffiths [2006] All ER (D) 19 (Sep), entre outros. Disponível em: <www.anti-moneylaundering.org/europe/united_kingdom.aspx>. Ver anexo I: Resumo de casos.

O artigo 3º da Money Laundering Regulations 2007 prevê expressamente a aplicação das medidas contra a lavagem de dinheiro aos *independent legal professionals*, além de definir o que seria o referido profissional e em quais casos específicos ele estaria obrigado a comunicar uma suspeita ao órgão competente.

Enquanto a lei britânica prevê sua aplicação ao profissional jurídico, as mudanças sofridas pela Lei nº 9.613/1998 não foram suficientes para sanar a dúvida quanto à sua aplicação ao advogado. Isso porque o artigo 9º, XIV, da citada lei dispõe que os prestadores de serviços de assessoria, consultoria, auditoria, contadoria, aconselhamento ou assistência, de qualquer natureza, estarão sujeitos às disposições legais em determinados casos. Nesse ponto, cria-se uma ambiguidade por não constar, como na legislação britânica, o termo específico *legal*.

Ademais, em outro ponto importante nos parece ser a legislação inglesa mais completa que o ordenamento pátrio. No que diz respeito ao sigilo profissional, o artigo 330 do Poca define as circunstâncias privilegiadas nas quais o advogado não está obrigado a comunicar uma operação suspeita de seu cliente.[28] Além disso, conforme esmiuçado anteriormente, a relação advogado/cliente tem a garantia do sigilo absoluto do *legal professional privilege*, que se divide em *advice privilege* e *litigation privilege*.

Em nosso ordenamento jurídico, o sigilo profissional é previsto em diferentes diplomas legais, como a Constituição Federal, no artigo 133, bem como nos artigos 7º, XIX, e 34, VII, da Lei nº 8.906/1994, e até o Código Penal, em seu artigo 154, prevê um crime de violação de sigilo profissional. Entretanto, não existe regulamentação detalhada acerca de quando o sigilo poderá ser relevado, caso as obrigações da Lei nº 9.613/1998 venham a ser aplicadas ao advogado.

---

[28] *330 Failure to disclose: regulated sector*
(1) A person commits an offence if each of the following three conditions is satisfied.
[…]
(6) But a person does not commit an offence under this section if—
(a) he has a reasonable excuse for not disclosing the information or other matter;
(b) he is a professional legal adviser and the information or other matter came to him in privileged circumstances;
(c) subsection (7) applies to him.
[…]
(10) Information or other matter comes to a professional legal adviser in privileged circumstances if it is communicated or given to him—
(a) by (or by a representative of) a client of his in connection with the giving by the adviser of legal advice to the client,
(b) by (or by a representative of) a person seeking legal advice from the adviser, or
(c) by a person in connection with legal proceedings or contemplated legal proceedings.

Por fim, a diferença que nos parece ser a principal: a The Law Society of England and Wales, entidade representativa dos advogados na Inglaterra e País de Gales, possui uma nota prática extensa e completa para que os profissionais possam se guiar e esclarecer todas as dúvidas atinentes às suas obrigações ante a regulamentação da lavagem de dinheiro daquele país. No Brasil, a Ordem dos Advogados do Brasil (OAB), apesar de ter emitido um parecer que sustenta a não aplicação da lei de lavagem de dinheiro aos advogados, não possui qualquer orientação de como um profissional deve proceder, caso seja compelido a prestar informações sobre seu cliente.

Seria de extrema valia a todos os profissionais do direito que a OAB se preocupasse em elaborar uma cartilha nos moldes daquela publicada pela The Law Society of England and Wales, o que, além de trazer uma enorme tranquilidade aos advogados, ajudaria a guiar todo o sistema legal em relação aos casos que surgirão em um futuro próximo. Isso porque o temor é o de que, ainda que se entenda que os advogados não estão sujeitos às obrigações da Lei nº 9.613/1998, poderão vir a ser acusados de participarem nos crimes de lavagem eventualmente praticados por seus clientes no uso de seus serviços profissionais.

Referências

BRASIL. *Lei nº 9.613, de 3 de março de 1998*. Disponível em: <www.planalto.gov.br/ccivil_03/leis/L9613.htm>. Acesso em: 15 set. 2012.

BRASIL. Ordem dos Advogados do Brasil. *Processo nº 49.0000.2012.006678-6/CNECO*. Disponível em: <www.oab.org.br/arquivos/lei-de-lavagem.pdf>. Acesso em: 15 set. 2012.

CERVINI, Raúl. *Lei de lavagem de capitais*: comentários à lei 9.613/98... São Paulo: Revista dos Tribunais, 1998.

FLOOD, John. *Future directions in the UK legal profession*: life after the Legal Services Act 2007 (Apr. 17-18, 2008). Disponível em: <www.law.georgetown.edu/LegalProfession/documents/FloodWebsitePaper.doc>.

INGLATERRA. Disponível em: <http://s.conjur.com.br/dl/decisao-suprema-corte--reino-unido16.pdf>. Acesso em: 25 jan. 2013.

____. Disponível em: <www.thenotariessociety.org.uk/>. Acesso em: 10 jan. 2013.

____. Disponível em: <www.anti-moneylaundering.org/europe/united_kingdom.aspx>.

____. *Proceeds of crime act 2002*. Disponível em: <www.legislation.gov.uk/ukpga/2002/29/contents>. Acesso em: 24 jun. 2012.

_____. *Serious organised crime and police act 2005*. Disponível em: <www.legislation.gov.uk/ukpga/2005/15/contents>. Acesso em: 24 jun. 2012.

_____. Terrorism act 2000. Disponível em: <www.legislation.gov.uk/ukpga/2000/11/contents>. Acesso em: 24 jun. 2012.

_____. The Law Society of England and Wales. *Anti-money laundering practice note*. Disponível em: <www.lawsociety.org.uk/productsandservices/practicenotes/aml.page>. Acesso em: 24 jun. 2012.

_____. *The money laundering regulations 2007*. Disponível em: <www.legislation.gov.uk/uksi/2007/2157/contents/made>. Acesso em: 24 jun. 2012.

_____. The Solicitors Regulation Authority. *The SRA's new handbook*. Disponível em: <www.sra.org.uk/handbook/>. Acesso em: 24 jun. 2012.

MAUTE, Judith L. Revolutionary changes to the English legal profession or much ado about nothing? *Journal of the professional lawyer*, Chicago, v. 17, issue number 4, p. 1-21, 2006.

OLIVER, Keith. Money laundering in United Kingdom. In: MACHADO, Maíra Rocha; REFINETTI, Domingos Fernando (Org.). *Lavagem de dinheiro e recuperação de ativos*: Brasil, Nigéria, Reino Unido e Suiça. São Paulo: Quartier Latin, 2006.

PATON, Paul D. Between a rock and a hard place: the future of self-regulation — Canada between the United States and the English/Australian experience. *Journal of the Professional Lawyer*, v. 87, p. 96-104, 2008.

_____. Cooperation, co-option or coercion? The FATF lawyer guidance and regulation of the legal profession. *Journal of the Professional Lawyer*, Chicago, p. 165-189, 2010-2011.

PÉREZ, Carlos Martinez-Bujan. El blanqueo de bienes en el códico penal español. In: ÁVALOS RODRÍGUEZ, Constante Carlos; QUISPE VILLANUEVA, Alejandro Emilio (Coord.). *Dogmática penal del tercer milenio*. Lima: ARA Editores, 2008.

PRADO, Luiz Regis. *Direito penal econômico*: ordem econômica, relações de consumo, sistema financeiro, ordem tributária, sistema previdenciário, lavagem de capitais, crime organizado. São Paulo: Revista dos Tribunais, 2011.

PRADO, Luiz Regis; DOTTI, René Ariel (Org.). *Direito penal da administrção pública*. São Paulo: Revista dos Tribunais, 2011. (Coleção doutrinas essenciais: direito penal econômico e da empresa; v. 4).

SÁNCHEZ RIOS, Rodrigo. A política criminal destinada à repressão da lavagem de dinheiro: o papel do advogado e suas repercussões. In: VILARDI, Celso Sanchez; BRESSER-PEREIRA, Flávia Rahal; DIAS NETO, Theodomiro (Coord.). *Análise contemporânea*. São Paulo: Saraiva, 2009. p. 259-290.

_____. *Direito penal econômico*: advocacia e lavagem de dinheiro: questões de dogmática jurídico-penal e de política criminal. São Paulo: Saraiva, 2010. (Direito penal econômico. GVlaw)

STESSENS, Guy. *Money Laundering*: a new international law enforcement model. 2000 Cambridge studies in international and comparative law.

TERRY, Laurel S. An introduction to the financial action task force and its 2008 lawyer guidance. *Journal of the Professional Lawyer*, Chicago, p. 3-67, 2010-2011.

Anexo

Resumo de casos

The case of Benjamin Cornelius [2011]: Um advogado foi condenado a quatro anos e oito meses de prisão por fraude, lavagem de dinheiro e subverter o curso da justiça, em março de 2011. As acusações foram feitas após o advogado Benjamin Cornelius esconder seu relacionamento de amizade com David Richards, um traficante de drogas condenado, e utilizar-se de várias instituições para realizar transações fraudulentas sobre hipotecas no valor de £650.000,00, o que fez com que David adquirisse uma grande quantidade de propriedades. A acusação ainda ressaltou que o advogado não poderia ter atuado para um comprador e garantir o dinheiro ao mesmo tempo.

RCPO v C [2010] EWCA Crim 97: Um advogado e sócio de um escritório era o *"nominated officer"* contra lavagem de dinheiro à época dos fatos e um dos clientes do escritório se utilizou de sua conta na sociedade para fraudulentamente lavar dinheiro. Entretanto, o advogado foi absolvido das acusações devido ao entendimento de que uma demora no julgamento havia causado prejuízo ao direito de um julgamento justo.

The case of Anthony Blok [2009]: Um advogado foi condenado por lavagem de dinheiro (artigo 327 do Poca) e ter aceitado duas sacolas contendo £ 75,000 em notas de £ 50 para efetuar o pagamento em juízo da fiança de seu cliente. As acusações feitas ao cliente eram de fraude em relação a uma lavagem de dinheiro internacional. A quantidade de dinheiro levantada em pouco tempo e o fato da denúncia que pesava contra seu cliente, segundo a justiça, eram suficientes para que o advogado suspeitasse da origem do dinheiro. Além disso, o advogado mentiu sobre não saber a origem do dinheiro.

Zambia v Meer Care & Desai [2008] EWCA Civ 1007: Advogado foi condenado por assistência em lavagem de dinheiro por ter permitido que milhões de libras de dinheiro público da Zâmbia fosse canalizado por meio de sua conta do cliente. No entanto, ele foi absolvido em sede de apelação.

R v Griffiths [2006] All ER (D) 19 (Sep): Advogado foi condenado por não ter reportado uma atividade suspeita em transação imobiliária. De acordo com a justiça, o profissional deveria saber que a propriedade poderia ser um proveito de crime, uma vez que era vendida por um valor muito abaixo do normal.

Pulvers (a firm) v Chan & Others [2007] EWHC 24006 (Ch): Esse caso trata apenas da responsabilidade de sócios em escritório no qual fraude em hipoteca tenha ocorrido e a possibilidade de os mesmos reclamarem contra os empregados que tenham ativamente participado na fraude.

3
A experiência canadense

Fábio Roberto Barros Mello

Abreviaturas

AGC — Advogado Geral do Canadá
Carfc — Centro de Análises de Relatórios Financeiros do Canadá
Coaf — Conselho de Controle de Atividades Financeiras
FOPJC — Federação das Ordens Profissionais de Juristas do Canadá
LLDC — Lei de Lavagem de Dinheiro Canadense
OAB — Ordem dos Advogados do Brasil
OAC — Ordem dos Advogados do Canadá
Oanc — Ordem dos Advogados e Notários de Quebec
SC — Sociedade Canadense
SCCB — Suprema Corte da Colúmbia Britânica

Introdução

A lavagem de dinheiro e o combate ao financiamento do terrorismo têm-se mostrado dois dos maiores desafios da comunidade internacional. Estima-se que a quantidade de dinheiro de origem ilícita em circulação proporcione ganhos de US$ 870 bilhões por ano ao crime organizado.[1] E não é novidade alguma que boa parte — senão a totalidade — desses recursos é fruto de processos de ocultação e de dissimulação de origem ilícita. Com o intuito de salvaguardar o capital em circulação da contaminação com o dinheiro decorrente de atividades

---

[1] Disponível em: <www.onu.org.br/crime-organizado-transnacional-gera-870-bilhoes-de-dolares-por-ano-alerta-campanha-do-unodc/>. Acesso em: 15 ago. 2012.

criminosas, diversos países estão adotando mecanismos jurídicos de combate a essa espécie de crime.

No Brasil, não tem sido diferente. Em 10 de julho de 2012, foi publicada, no *Diário Oficial da União*, a Lei nº 12.683, de 9 de julho de 2012, que altera a Lei nº 9.613, de 3 de março de 1998, visando tornar *mais eficiente a persecução penal dos crimes de lavagem de dinheiro*. A origem parlamentar dessa mudança legislativa foi o Projeto de Lei do Senado nº 209, de 2003 (nº 3.443, de 2008, na Câmara dos Deputados).

Com a alteração e modernização da Lei de Lavagem de Dinheiro, o Brasil passa a integrar o grupo de países que adotam a chamada legislação de terceira geração, em que se acaba com o rol taxativo de delitos antecedentes, passando-se a aplicar a regra da lista aberta. Outra marca da mudança é a ampliação da relação de pessoas obrigadas a participar dos esforços de prevenção e combate ao crime, identificando clientes, mantendo registros de atividades e comunicando operações suspeitas ao Conselho de Controle das Atividades Financeiras (Coaf). Nesse particular, a Lei nº 12.683/2012 promoveu a inclusão do inciso XIV no artigo 9º da Lei nº 9.613/1998, cuja redação pode vir a incluir advogados no grupo de pessoas obrigadas a informar condutas de seus clientes a órgãos públicos.

Muito embora as alterações introduzidas tenham caráter de novidade, em diversos países elas já são realidade há aproximadamente uma década. Um bom exemplo é o Canadá, que introduziu semelhantes institutos no ano de 2001 e que passou por uma série de discussões de particular relevância desde então, ao cabo da qual se acumulou experiência jurídica que merece ser conhecida e estudada.

O presente estudo foi desenvolvido dentro da linha de pesquisa estabelecida pela orientadora, professora doutora Heloisa Estellita, para seu grupo de orientandos do ano de 2012. O grupo dedicou-se à análise do tema do advogado como sujeito obrigado pela legislação de lavagem de capitais em diversos países, a fim de captar experiências estrangeiras significativas.

A experiência objeto deste estudo será a canadense, posto que ali houve alteração da legislação e no âmbito de um país que é signatário de acordos e tratados internacionais de combate ao branqueamento de capitais e ao terrorismo.

Por meio da experiência canadense, espera-se colaborar com o debate sobre a nova lei brasileira, apresentando elementos teóricos e práticos desenvolvidos por operadores do direito naquele país.

O desenvolvimento do trabalho foi realizado por meio de estudo de caso, valendo-se do paradigma que se mostra como referência do assunto no Canadá, que é o acórdão da Suprema Corte da Colúmbia Britânica (SCCB) em que se discutiu a constitucionalidade da Lei de Lavagem de Dinheiro Canadense[2] (LLDC) no tocante ao estabelecimento de obrigações aos advogados. Essa espécie de metodologia foi escolhida por permitir o conhecimento da legislação canadense atinente ao assunto e por favorecer a compreensão de como ela vem sendo pensada e, especialmente, como foi aplicada num caso concreto.

O caso evidencia amplo e profundo debate sobre a legislação canadense de combate à lavagem de dinheiro e de regulamentação da advocacia, passando pela confrontação dela com preceitos e princípios de cunho constitucional. Sob o ponto de vista do direito brasileiro, o conhecimento e o estudo desse caso se mostram pertinentes porque há muita semelhança entre a legislação dos dois países no que diz respeito ao tema, o que sugere que muito do que foi discutido pelos canadenses poderá vir a sê-lo também no Brasil. Além disso, a solução encontrada para o caso em muito interessa e tem a ensinar à advocacia brasileira, sobretudo com a nova perspectiva decorrente das mudanças recentes na Lei de Lavagem de Dinheiro brasileira.

A Suprema Corte da Colúmbia Britânica reconheceu como válida e eficaz a autorregulamentação promovida pela Federação das Ordens de Profissionais de Juristas do Canadá (FOPJC) e declarou que o regime da LLDC não pode ser aplicado aos advogados, em linhas gerais, por violar preceito constitucional que garante o direito à vida, à liberdade e à segurança das pessoas.[3]

1. A decisão canadense[4]

1.1 O problema e a ação constitucional

Em 27 de setembro de 2011, a Suprema Corte da Colúmbia Britânica (SCCB) julgou ação constitucional proposta pela Federação das Ordens Profissionais de Juristas do Canadá (FOPJC), impugnando preceitos da Lei de Lavagem de Di-

---

[2] Proceeds of Crime (Money Laundering) and Terrorist Financing Act, S.C. 2000.
[3] Section 7 of the Charter of Rights and Freedoms.
[4] Federation of Law of Societies of Canada v. Canada (Attorney General), 2011 BCSC 1270.

nheiro Canadense (LLDC) e do Regulamento da Lei de Lavagem de Dinheiro Canadense[5] (Regulamento), que vinculavam e obrigavam advogados e consultores jurídicos a participarem dos esforços de combate ao crime, comunicando atividades suspeitas de lavagem de dinheiro. Atuaram como intervenientes a Ordem dos Advogados e Notários de Quebec (Oanc), a Ordem dos Advogados do Canadá (OAC) e a Sociedade Canadense (SC), ao passo que a defesa dos interesses do governo coube ao Advogado Geral do Canadá (AGC). O caso passou a ser conhecido como *Federation of Law of Societies of Canada v. Canada (Attorney General), 2011 BCSC 1270.*

A FOPJC pleiteou declaração de que os artigos 5(i) e 5(j) da LLDC, ao se referirem a "pessoas e entidades" obrigadas a identificar clientes, guardar registros de operações e a comunicar atividades suspeitas, são incompatíveis com a Constituição canadense, dada a possibilidade de aplicação aos advogados e consultores jurídicos. Ato contínuo, buscou também que esses artigos fossem interpretados de modo a excluir esses profissionais. Pelo mesmo motivo, pleiteou declaração de que os artigos 11.1, 33.3, 33.4 e 59.4 do Regulamento extrapolam a LLDC e que, por tal motivo, são inconstitucionais; de que os artigos 62, 63 e 63.1 da LLDC deveriam ser lidos e interpretados de modo a excluir advogados, assessores jurídicos e escritórios de advocacia; e de que o artigo 64 da LLDC é inconstitucional e sem efeito.

Na defesa dos interesses do governo, o Advogado Geral do Canadá (AGC) argumentou que o parlamento é dotado de competência constitucional para impor aos advogados obrigações relativas ao combate à lavagem de dinheiro e ao terrorismo. Asseverou que a legislação era válida e que foi adotada para combater crime de natureza econômica. Aduziu também que a aplicação dela aos advogados e clientes, ao contrário do que foi defendido pela FOPJC, protegia direitos previstos da Constituição canadense. E concluiu, defendendo a validade da legislação por combater diretamente o flagelo da lavagem de dinheiro, assim como o parlamento havia pretendido.

Em linhas gerais, as questões litigiosas foram as seguintes: a) havia contexto fático para determinar se previsões da Constituição canadense tinham sido contrariadas pela LLDC?; b) era permitido aos intervenientes arguírem matéria não alegada pela FOPJC?; c) os dispositivos legais impugnados, quando aplicáveis aos advogados, aos consultores jurídicos e às sociedades de advogados, contraria-

---

[5] Proceeds of Crime (Money Laundering) and Terrorist Financing Regulation.

vam direito à liberdade previsto nos artigos 7º e 8º da Constituição canadense?; d) essa contrariedade se justificaria diante da previsão de que direitos constitucionais podem ser mitigados em situações especiais, tal como previsto no artigo 1º da mesma Constituição?; e) se a LLDC contrariava a Constituição, o que seria adequado para remediar o problema?

1.2 Contexto fático

A FOPJC é um órgão de coordenação nacional dos profissionais do direito com atuação em 14 províncias e territórios do Canadá. Seus membros são responsáveis por regulamentar e fiscalizar a atuação de 100 mil advogados e 4 mil notários, em Quebec, a fim de atender o interesse público da profissão.[6]

Lavagem de dinheiro e financiamento do terrorismo são temas cujas políticas públicas têm dimensões internacionais. Para combater essa espécie de delito e para ratificar compromissos internacionais, o parlamento canadense elaborou a LLDC, criando comandos específicos para empresas e profissionais que estão expostos à exploração por criminosos que procuram praticar transações ilícitas. Essas obrigações incluem o dever de instituições financeiras e intermediários identificar seus clientes e de verificar transações financeiras, mantendo registros delas. Estabeleceu, também, a obrigatoriedade de implantação de programas internos de combate à lavagem de dinheiro e ao financiamento do terrorismo, bem como a obrigação de reportar alguns tipos de operações ao Centro de Análises de Relatórios Financeiros do Canadá (Carfc).[7]

O objeto da LLDC é estabelecido por meio de três espécies de ações. Primeira: implementar medidas específicas para detectar e combater atividades de lavagem de dinheiro e financiamento ao terrorismo e facilitar investigação e processos, incluindo o estabelecimento de obrigações acessórias relativas ao registro de transações e identificação de clientes. Segunda: responder à ameaça gerada pelo crime organizado, provendo as autoridades de instrumentos legais adequados e eficazes

---

[6] Disponível em: <www.flsc.ca>. Acesso em: 23 set. 2012.
[7] Financial Transactions Report Analysis Centre of Canada. É o órgão de inteligência financeira (FIU) e administrativa que atua independentemente de outros órgãos, como Polícia ou Ministério Público. Foi criado por meio da LLDC para facilitar a identificação, a prevenção e a disseminação de condutas típicas, analisando dados e divulgando-os aos responsáveis pelo combate ao crime. Também é responsável por monitorar a observância e o cumprimento da lei pelas empresas e por profissionais obrigados.

à investigação e ao processo judicial, mas também protegendo a privacidade dos agentes envolvidos. Terceira: favorecer o compromisso internacional assumido pelo Canadá no combate ao crime de branqueamento de capitais e congêneres.

A FOPJC questionou a constitucionalidade da LLDC e do Regulamento dela (em conjunto, chamadas de "Regime") no que concerne à aplicação às profissões jurídicas. Argumentou que o Regime violaria o artigo 7º da Constituição canadense, colocando em risco a liberdade dos advogados e dos clientes, uma vez que não se harmoniza com princípios fundamentais de justiça que garantem (i) a privacidade e a confidencialidade entre advogado e cliente, (ii) o dever de lealdade dos advogados para com seus clientes e (iii) a independência da advocacia.

A principal insurgência foi contra o fato de o Regime impor aos advogados o dever de coletar e guardar informações sobre seus clientes que possam ser úteis às autoridades incumbidas da aplicação da lei penal. A FOPJC argumentou que esse tipo de obrigação transforma os advogados em agentes do Estado, cuja tarefa é a coleta de informações de seus clientes para potencial uso contra eles próprios. Também defendeu que o Regime violaria o artigo 8º da Constituição canadense, ao autorizar que agentes do Carfc realizem buscas em escritórios de advocacia, sem mandado judicial e a qualquer tempo.

Os advogados canadenses foram submetidos às obrigações do Regime em 2001. Nessa data, passou-se a exigir que esses profissionais reportassem ao Carfc as chamadas "transações suspeitas", que eram consideradas aquelas em que haveria elevado nível de probabilidade de estarem relacionadas com a lavagem de capitais e financiamento de ações terroristas, definidas nos artigos 33.3 e 33.4 do Regulamento da LLDC.

Em novembro de 2001, a FOPJC e a Law Society, paralelamente, propuseram as primeiras ações impugnando a constitucionalidade do Regime e buscando medida de natureza cautelar para suspender a aplicação dele aos advogados.

Em 20 de novembro de 2001, na Colúmbia Britânica, foi proferida medida liminar cautelar isentando os advogados e consultores jurídicos da aplicação do artigo 5º da LLDC. Outras decisões em sentido semelhante foram proferidas em Alberta, Ontário, Nova Escócia e Saskatchewan.[8] Seis meses depois, a FOPJC e o AGC concordaram que essas decisões serviam de amostra das questões que

---

[8] Federation of Law Societies of Canada v. Canada (Attorney General), [2001] A.J. No. 1697 (Q.B.); Federation of Law Societies of Canada v. Canada (Attorney General) (2002), 57 O.R. (3d) 383 (S.C.J.); Federation of Law Societies of Canada v. Canada (Attorney General), 2002 NSSC 95; Federation of Law Societies of Canada v. Canada (Attorney General), 2002 SKQB 153.

haviam sido levantadas e concordaram que medida cautelar semelhante àquela de 20 de novembro de 2001 fosse concedida em caráter geral nas outras partes do país em que ainda não havia semelhante decisão judicial.

Como reflexo disso, as ordens de advogados de várias províncias passaram a adotar regras em relação ao recebimento de honorários em dinheiro e à identificação de clientes. Em 2004, a Ordem dos Advogados da Colúmbia Britânica adotou regra deontológica proibindo advogados de sua região de receberem ou aceitarem mais do que $ 7,5 mil em espécie por uma simples transação, seja a título de honorários, seja para a prática de atos em favor do cliente. No mesmo ano, a FOPJC criou semelhante regra que passou a ser conhecida como "No Cash Rule", aplicável quando o advogado pratica atos em nome do cliente e que limita o recebimento de honorários em dinheiro a $ 7,5 mil e o reembolso de despesas a $ 1 mil. Pretendeu-se aumentar as regras aplicáveis às atividades profissionais, para que os advogados não fossem envolvidos em operações de lavagem de dinheiro e/ou de financiamento do terrorismo, mantendo os princípios inerentes às relações entre cliente e advogados. A "No Cash Rule" foi adotada em todo o país, com exceção de Quebec.

Em 2008, a FOPJC avançou, criando regra deontológica chamada "Cliente ID Rule", que determina que os advogados passem a identificar seus clientes, guardando suas informações básicas e aquelas atinentes aos serviços prestados. O propósito dessa norma foi assegurar que os advogados tenham certeza de quem são as pessoas para quem estão prestando serviços.

A partir de então, as ordens de advogados do Canadá começaram a levantar estatísticas e a divulgar dados sobre o cumprimento dessa norma deontológica, passando a auditar seus membros, internamente, em alguns casos e, em outros, por meio de auditores independentes. Os trabalhos são voltados às atividades típicas que se relacionam com a lavagem de dinheiro e objetivam checar o cumprimento das regras de identificação do cliente e de não manipulação de dinheiro em espécie. Os auditores têm acesso livre aos escritórios e arquivos e, em muitos casos, são descobertos casos de não conformidade. Existem vários casos de profissionais que estão sendo processados disciplinarmente por descumprimento dessas normas deontológicas. O objetivo de tal fiscalização é assegurar que as ordens de advogados cumpram seu papel principal na sociedade, que é o de regulamentar a atividade profissional em benefício da satisfação do interesse público.[9]

---

[9] Supreme Court of British Columbia. Federation of Law of Societies of Canada v. Canada (Attorney General), 2011 BCSC 1270. Itens 30-41.

Por fim, em janeiro de 2010, a FOPJC e o AGC concordaram em firmar um documento, isentando as atividades de consultoria jurídica e os escritórios de advocacia das determinações constantes do Regulamento, retroagindo os efeitos desse acordo a dezembro de 2008.

1.3 Teses e argumentos de cada uma das partes

A FOPJC suscitou a inconstitucionalidade da aplicação do Regime aos profissionais do direito, apresentando quatro argumentos. Um: a obrigação de guarda e comunicação de atividades suspeitas imposta aos advogados pela LLDC viola o artigo 7º da Constituição canadense, pondo em risco a liberdade desses profissionais e de seus clientes, ferindo princípios fundamentais de justiça, como (a) a confidencialidade e privacidade entre advogado e cliente, (b) o dever de lealdade dos advogados para com os seus clientes e (c) a independência da advocacia em geral. Dois: as disposições dos artigos 62 a 64 da LLDC violam o artigo 8º da Constituição ao autorizar que agentes do Carfc realizem buscas em escritórios de advocacia, a qualquer momento e sem a existência de ordem judicial. Três: além de ser inconstitucional, o Regime seria desnecessário, porque os profissionais do direito já estariam submetidos ao Código de Ética Profissional, à "No Clash Rule" e à "Cliente ID Rule", normas e regulamentos coercitivos e que demonstram o comprometimento da classe com os esforços da sociedade canadense em combater o crime. Quatro: a decisão mais adequada para o caso reclama declaração de invalidade das previsões do Regime no que diz respeito à aplicação delas aos advogados.

A Ordem dos Advogados do Canadá complementou, afirmando que advogados e escritórios de advocacia compõem a administração da justiça e que o Regime retira essa característica, bem como viola o direito à assistência e à consultoria jurídica, o que iria de encontro ao direito de agir conforme sua própria consciência. A Ordem dos Advogados da Colúmbia Britânica alegou, ainda, que o Regime retira a liberdade dos advogados, incentivando-os a agir de maneira contrária aos princípios de justiça e contra os interesses de confidencialidade, privacidade, lealdade e independência. A Ordem dos Advogados e Notários de Quebec foi no mesmo sentido dos demais, acrescentando apenas que o Regime contraria o preâmbulo da Constitution Act, 1867, porque obriga os advogados a revelar segredos profissionais sem conhecimento e consentimento dos seus clientes, gerando conflito de interesses e impedindo que a advocacia seja exercida com independência.

Do outro lado, o advogado geral do Canadá defendeu que o Regime é válido e que representa obrigação do país perante a comunidade internacional, no sentido de combater o crime de lavagem de dinheiro e o financiamento do terrorismo. Argumentou que o parlamento fez a escolha política de que a legislação fosse aplicada aos advogados de maneira cuidadosa e em respeito à posição que eles ocupam na sociedade. De modo geral, defendeu que a declaração de inaplicabilidade dos artigos 5(i) e 5(j) da LLDC — normas que estabelecem, genericamente, as pessoas e entidades obrigadas às atividades de controle — aos advogados invalida os artigos 33.3, 33.4, 33.5 e 59.4 — lista de atividades suspeitas e que dão ensejo às atividades de controle — e torna sem efeito o artigo 11.1 — obrigação de checar informações pessoais —, todos do Regulamento, e que tiraria a autoridade do Carfc. Finalizou, aduzindo que a validade do Regime decorreria da exceção prevista no artigo 1º da Constituição, por se tratar de limites impostos pela própria lei. No campo processual, arguiu matéria preliminar voltada à falta de contexto fático à impugnação, alegando que ela estaria baseada apenas em mera especulação, o que não seria suficiente para motivar a decisão pretendida.

1.4 Análise das questões jurídicas suscitadas na ação constitucional canadense

1.4.1 Preliminares

A primeira questão preliminar dizia respeito à situação fática concreta sob a qual a ação fora proposta. Enquanto o AGC argumentava que a impugnação não estava baseada num fato e que não passava de mera especulação de como a norma afetaria as profissões legais, a FOPJC defendeu que as partes teriam concordado em suspender a aplicação do Regime, até que a Corte Constitucional se manifestasse, e argumentou que a falta de um caso específico se deu em razão de todas as liminares concedidas ao longo do país, isentando os advogados da aplicação dessa legislação, e do próprio acordo firmado entre as partes. A preliminar foi afastada sob o fundamento de que havia substrato fático suficiente para embasar o julgamento da constitucionalidade da matéria. Foram considerados os depoimentos de 50 pessoas e aproximadamente 15 mil páginas de documentos, evidenciando situações em que houve provas concretas de aplicação das previsões impugnadas.

A segunda preliminar atacava os novos argumentos jurídicos trazidos pelos intervenientes, a fim de reforçar a tese de inconstitucionalidade. O debate girou em torno da possibilidade de se incrementar a discussão, tendo que se analisar também todos esses novos elementos, como a independência do Judiciário, o direito ao aconselhamento jurídico e a violação ao preâmbulo da Constitucional Act, 1867. Por fim, decidiu-se que todos os novos elementos não deveriam ser considerados pela Corte.

1.4.2 Mérito

1.4.2.1 Obrigações de guarda de registros e de comunicação de atividades suspeitas em relação à Constituição canadense

A SCCB entendeu que as obrigações de guarda de informações e de comunicação de atividades suspeitas previstas na Parte 1 da LLDC infringem princípios de justiça de caráter constitucional. A conclusão partiu de três premissas. Primeira: o artigo 7º da Constituição canadense preleciona que todos têm o direito à vida, à liberdade e à segurança pessoal, bem como o direito de não ser privado desses direitos, salvo se em conformidade com os princípios de justiça. Segunda: citando o caso *R. v. Clay*, 2003 SSC 75, (2003) 3 S.C.R. 735 at para. 4, no qual o artigo 7º da Constituição foi analisado, a Corte pontificou que a tarefa dela não estava relacionada com a criação de regras ou limites para a atividade parlamentar, e sim com a investigação de limites exteriores e a constitucionalidade dessas atividades. Terceira: a estrutura analítica de qualquer impugnação, à luz do artigo 7º, exige a demonstração de que a legislação infraconstitucional constitui privação à vida, à liberdade e à segurança pessoal e que essas privações não estão de acordo com os princípios de justiça.

Nesse sentido, a Corte consignou que a primeira alegação da FOPJC seria fácil de ser observada, porque a inconstitucionalidade da LLDC e do Regulamento resultaria da violação da liberdade profissional dos advogados e pessoal dos clientes, que teriam cerceada a autodeterminação de seus atos e a busca de orientação jurídica. Citando o artigo 74 da LLDC, no qual está previsto que a violação consciente de alguns artigos será punida com multa e prisão, reconheceu-se que esse tipo de previsão legal constitui clara privação à liberdade.

O debate apresentado pelas partes foi analisado a fundo. A Corte considerou que o âmago dos argumentos da FOPJC é a ideia de que as previsões impugnadas violam princípios fundamentais de justiça[10] porque infringem o sigilo profissional, o dever de lealdade do advogado para com o cliente e a independência da advocacia. Daí a alegação de que a imposição de obrigações relacionadas com o controle da LLDC transforma os advogados em agentes do Estado, colocando em risco a liberdade dos próprios clientes. Igualmente, levou em conta a contestação apresentada pelo AGC, sobretudo quando ele defendeu que essas obrigações e restrições estariam de acordo com princípios de justiça, que o foco da LLDC em relação aos advogados seria restrito, que não haveria violação aos direitos dos clientes e que obrigações impostas aos escritórios de advogados são as mesmas aplicáveis a toda a sociedade.

Expostos os argumentos de ambas as partes, a Corte passou à decisão propriamente dita, consignando-se que a Suprema Corte do Canadá já havia pacificado entendimento no sentido de que o sigilo entre cliente e advogado constitui um princípio fundamental de justiça e um direito civil de máxima importância para o direito canadense.[11] Complementou, asseverando que esses direitos não são absolutos e que estão sujeitos a exceções. Todavia, ressaltou que devem estar o mais próximo possível dessa qualidade, de modo a garantir a confiança da população e manter a relevância da matéria.

Como razão de decidir, foram citados precedentes extraídos de processos com contexto semelhante. Num caso cujo contexto fático trata da realização de busca em escritórios de advocacia e da cobrança de honorários, o sigilo entre as partes foi privilegiado, ressaltando-se que a proteção decorreria também do princípio criminal que protege as pessoas contra autoincriminação.[12] Noutro, ressaltou-se que o sigilo é inerente ao cliente e que ele é o titular do direito de

---

[10] Segundo a SCCB, para que um princípio seja considerado fundamental de justiça devem estar presentes três requisitos: a) ser um princípio previsto em lei; b) haver consenso de que o princípio é fundamental para a maneira como o sistema é aplicado; c) o princípio é capaz de ser identificado com precisão a ponto de produzir um padrão de medida para se medir privação de liberdade, de vida ou de segurança das pessoas.
[11] Lavallee, Rackel & Heintz v. Canada (Attorney General), 2002 SCC 61, [2002] 3 S.C.R. 209.
[12] Maranda v. Richer, [2003] 3 S.C.R. 193, para. 12.

que todas as comunicações mantidas com seu advogado sejam preservadas em caráter de confidencialidade, sejam elas de natureza administrativa, econômico-financeira ou jurídica.[13] Ressaltou-se que a qualidade e o conteúdo da informação não estão sujeitos a discussões ou questionamentos, de modo que toda ela, sendo produto de aconselhamento jurídico, é protegida por sigilo e não pode ser violada pelo Estado.

Com isso, também se enfrentou e afastou o argumento de que o objeto das normas contra o branqueamento de capitais aplicáveis aos advogados não é propriamente combater o crime, mas assegurar que esses profissionais cumpram com as obrigações que lhes cabem em decorrência dessa espécie de legislação. Em relação a esse ponto, especificamente, a SCCB afirmou que obrigações dessa espécie interferem na relação entre cliente e advogado, porque esses profissionais seriam obrigados a fornecer informações para o Carfc e para outros órgãos com atribuições semelhantes. O sigilo foi adjetivado como um valor fundamental do sistema jurídico canadense e a confidencialidade foi caracterizada como a base dele.

A análise avançou por meio de considerações pormenorizadas a respeito de obrigações previstas no Regulamento da LLDC, ressaltando a Corte que todos os prestadores de serviço jurídico são obrigados a cumprir a obrigação de identificação do cliente quando atuam em transações financeiras (artigo 33.3 do Regulamento). Quanto às previsões da LLDC, destacou a obrigação dos advogados de implantar programas de *compliance*[14] em seus escritórios a fim de garantir o cumprimento das obrigações previstas no Regulamento, havendo um profissional responsável pela execução e cumprimento. Considerou que não existe disposição que limite a aplicação da Parte 1 da LLDC àqueles profissionais ou escritórios que estejam apenas agindo como intermediários financeiros, de modo que, segundo a letra da lei, a aplicação é geral e indistinta. Destacou que a LLDC tem natureza criminal e há previsão de que as informações colhidas pelos advogados sejam acessadas pelos agentes do Carfc, o que faz concluir que ela não protege os interesses dos clientes e fere o princípio da liberdade.

---

[13] Descoteaux v. Mierzwinski, [1982] 1 S.C.R. 860 at 892-893.
[14] No âmbito institucional e corporativo, *compliance* é o conjunto de disciplinas para fazer cumprir as normas legais e regulamentares, as políticas e as diretrizes estabelecidas para o negócio e para as atividades da instituição ou empresa, bem como evitar, detectar e tratar qualquer desvio ou inconformidade que possa ocorrer. Disponível em: <http://pt.wikipedia.org/wiki/Compliance>. Acesso em: 22 ago. 2012.

Ao final, a Corte afastou o argumento de que as obrigações dos advogados seriam pertinentes porquanto eles podem ser utilizados como instrumentos do crime de lavagem de dinheiro, dizendo que, por mais nobre que seja o propósito do legislador, a intervenção não se justificaria por corroer a relação de sigilo entre advogado e cliente, colocando a liberdade das duas partes em perigo. Citando *Maranda v. Richer*, [2003] 3 S.C.R. 193, foi lembrado que o sigilo entre advogado e cliente desempenha papel importante no direito penal e processual penal e na proteção dos acusados. Com base nessas convicções, decidiu-se que os dispositivos legais impugnados caracterizam ofensa ao artigo 7º da Constituição canadense.

1.4.2.2 Violação do artigo 8º da Constituição canadense pelos artigos 62 a 64 do Regulamento da Lei de Lavagem de Dinheiro Canadense

Considerando que as obrigações impostas aos advogados, nos termos da Parte 1 da LLDC, foram consideradas ofensivas às normas de natureza constitucional, reconheceu-se ser desnecessário apreciar a contrariedade do Regime em relação ao artigo 8º da Constituição canadense, na medida em que a ausência de obrigação dos advogados retira toda a competência do Carfc para realizar auditorias nos escritórios. Assim, a matéria ficou prejudicada pela perda de objeto.

1.4.2.3 Razoabilidade e justificativa da Lei de Lavagem de Dinheiro Canadense à luz do artigo 1º da Constituição canadense

A Corte considerou que o artigo 1º da Constituição canadense[15] garante direitos e liberdades nela estabelecidos e sujeitos aos limites estabelecidos em lei, os quais podem ser justificados sob a premissa de uma sociedade livre e justa. Lembrou, também, a existência de precedente jurisprudencial em que a modulação dos efeitos da constitucionalidade foi discutida, sob a premissa de que, quando eventual violação é mínima, os efeitos positivos da medida superam os negativos da violação a direitos e liberdades.

---

[15] Transcrição literal do texto legal: "1. The Canadian Charter of Rights and Freedoms guarantees the rights and freedoms set out in it subject only to such reasonable limits prescribed by law as can be demonstrably justified in a free and democratic society".

Fez-se a análise da controvérsia envolvendo a razoabilidade e a justificativa da LLDC em duas etapas. Na primeira, apontou-se que o início da avaliação estava em considerar se o propósito da legislação justificaria a limitação a direitos e garantias constitucionais. E, na segunda, questionou-se se os efeitos nocivos da mitigação de direitos dessa estirpe haviam sido adequadamente sopesados. Na sequência, lembrou-se de outros precedentes em que a limitação de direitos também havia sido discutida à luz dos artigos 1º e 7º da Constituição canadense, restando o entendimento de que apenas em situações extremas e excepcionais, como guerras, epidemias e outras do tipo, seria admissível a limitação de direitos constitucionais.

Por fim, decidiu-se que as violações não seriam razoáveis nem justificáveis, destacando-se a ofensa ao artigo 7º da Constituição canadense. Afastou-se a alegação de que o Regime se justificaria diante do contexto que envolve o crime de natureza econômica e os compromissos internacionais assumidos pelo Canadá como membro do Grupo Ação Financeira Internacional (Gafi).[16] Por outro lado, a decisão foi proferida, aclamando-se e reconhecendo-se a eficácia das ações afirmativas promovidas pelas ordens de advogados para evitar que os profissionais fossem usados em esquemas de lavagem de dinheiro e financiamento ao terrorismo. Destacaram-se as medidas que obrigam os advogados a identificar seus clientes, que proíbem o recebimento de honorários em dinheiro, que determinam a realização de *compliance*, dizendo-se que elas satisfazem a necessidade de controle da advocacia e que as normas de natureza deontológicas são eficazes para resguardar o bem jurídico tutelado pela LLDC. A decisão foi concluída com a assertiva de que a aplicação das recomendações do Gafi deve ser realizada de acordo com os princípios legais e constitucionais do Canadá, preservando-se o sigilo entre advogado e cliente.

1.4.2.4 Urgência e necessidade da legislação de combate à lavagem de dinheiro

A implementação do Regime foi considerada urgente e necessária pela Corte. A conclusão foi exposta por meio de raciocínio expositivo, no qual se consi-

---

[16] O Gafi é um órgão internacional cuja finalidade é a promoção de políticas de proteção e combate à lavagem de capitais e financiamento ao terrorismo, bem como o órgão trabalha para que os países-membros implementem reformas em suas próprias leis, partindo dele a imposição de obrigações aos advogados e demais espécies de consultores.

derou que a lavagem de dinheiro gera efeitos negativos em toda a comunidade internacional e que deve ser enfrentada. A pertinência da legislação também foi afirmada diante da certeza de que existem ações terroristas de caráter financeiro no Canadá.

1.4.2.5 Proporcionalidade entre os meios de combate à lavagem de dinheiro e o objetivo da legislação

A Corte considerou que o Regime desrespeita o princício da proporcionalidade. A análise partiu de três questionamentos surgidos no caso *R. v. Oakes*, [1986] 1 S.C.R. 103 at 51. São eles: i) há relação entre o objetivo da lei e a violação da Constituição?; ii) as disposições impugnadas prejudicam garantias constitucionais?; iii) atinge-se o objetivo da legislação violando direitos e garantias constitucionais? O enfrentamento dessas três questões passou a ser conhecido como Teste de Oakes. Também foram levados em consideração a vulnerabilidade dos advogados e os compromissos internacionais do Canadá. Outros elementos apontados como razão de decidir foram a certeza de que as recomendações do Gafi, relativas à alteração da legislação dos países-membros, devem ser conciliadas com as normas constitucionais; que países como Austrália e Estados Unidos não cumpriram essas diretrizes; e que não há evidências de que a não aplicação da legislação aos advogados teria afetado o combate ao crime.

De outro lado, ressaltou-se que o Gafi apenas recomenda a atribuição de obrigações de comunicar atividades suspeitas dos advogados que atuem como intermediários em transações econômicas e financeiras, não quando estão prestando serviços regulares da advocacia. Além disso, o próprio Gafi reconhece que medidas de combate à lavagem de dinheiro não podem interferir no sigilo entre advogado e cliente. Ainda nessa linha, igualmente foram sopesadas as boas práticas adotadas pelos órgãos de classe da advocacia e que o objeto da legislação de combate à lavagem de dinheiro e ao financiamento ao terrorismo seria o de assegurar a identificação do cliente e a manutenção de registros, o qual já estaria sendo atingido por meio de regras deontológicas e com a fiscalização dos próprios órgãos de classe. Citando o precedente *Canada (Attorney General) v. Law Society of British Columbia*, a autorregulamentação profissional foi evidenciada como meio de se garantir a independência da advocacia e de se protegerem valores e princípios fundamentais de justiça. Com isso, pontificou-se que a interferência do Regime na relação entre cliente e advogado fere o dever de sigilo e contraria o interesse público.

Avançando na questão, novamente se destacou a eficácia das regras deontológicas na preservação do sigilo profissional e no combate à lavagem de dinheiro. E, nesse contexto, considerou-se que, ao se deixarem a regulamentação e a fiscalização da advocacia para as entidades de classe, estará sendo atendida o mandamento constitucional que prevê a participação de vários níveis governamentais para se atingir o objetivo comum. A eficácia do trabalho realizado pelas ordens dos advogados das províncias foi defendida com base em elementos quantitativos que informam a realização de auditorias periódicas em todos os membros, enquanto o Carfc teria examinado apenas 900 das 75 mil entidades sujeitas à legislação de branqueamento de capitais. O poder das sociedades de advogados para expulsar profissionais de seus quadros, bem como a existência de outras punições mais brandas, foi apontado como elemento coercitivo para que os advogados cumpram as regras deontológicas. Semelhante coercitividade não foi vista no Carfc, que não teria competência para impor sanções penais, podendo apenas comunicar eventual crime à polícia, o que também pode ser feito pelas ordens de advogados.

Analisando a questão sob o foco da harmonia entre os preceitos constitucionais, a Corte concluiu que o artigo 1º *não se aplica para justificar o desrespeito a direitos previstos no artigo 7º*. A decisão foi fundamentada na convicção de que o AGC não apresentou respostas satisfatórias ao Teste de Oakes, não tendo demonstrado que há relação entre o objetivo da lei e a violação da Constituição, bem como que as disposições impugnadas não prejudicam garantias constitucionais e que a única maneira de se atingir o objetivo da legislação seria por meio da violação dessa espécie de direitos.

1.4.2.6 Decisão final e remédio jurídico aplicado

Por essas razões, concluiu-se que o remédio apropriado para a violação da Constituição canadense foi a imposição de interpretação que exclua advogados e escritórios de advocacia da definição de "pessoas e entidades" contidas nos artigos 5 (i), 5 (j), 62, 63 e 63.1 da LLDC e a exclusão do artigo 64 da LLDC e dos artigos 11.1 33,3, 33,4 e 59,4 (1) do Regulamento, por se referirem expressamente aos advogados, assessoria jurídica e a escritórios de advocacia. A Corte declarou a inconstitucionalidade desses preceitos do Regime, aduzindo que eles infringem o artigo 7º e que não se justificam sob a forma do artigo 1º, ambos da Constituição canadense. A medida foi justificada sob o entendimento de que ela preserva os direitos dos advogados e dos seus clientes, respeitando a intenção e os propósitos do legislador.

2. Aspectos gerais da nova lei de lavagem de dinheiro brasileira

A Lei nº 12.683/2012 implementou diversas alterações na Lei nº 9.613/1998, trazendo inovações no regime criminal contra a lavagem de dinheiro. A primeira, e talvez a mais relevante, foi a extinção do rol fechado de crimes antecedentes, passando o delito a ser caracterizado pela ocultação ou dissimulação econômica e financeira de recursos provenientes de infração penal. Se, antes, apenas a prática de alguns crimes específicos configurava a primeira etapa do branqueamento de capitais, agora, todo e qualquer ato ilícito de natureza penal poderá caracterizar o crime, inclusive as contravenções penais.[17] Manteve-se a figura assemelhada correspondente às condutas relativas à conversão do produto do crime em ativos lícitos, os atos inerentes à movimentação desses recursos e importação e exportação de bens com valores adulterados.[18] As penas continuam a ser a reclusão de três a 10 anos e multa.

A par de outras mudanças, interessam a este trabalho aquelas inseridas no Capítulo V, que era denominado *Das pessoas sujeitas à lei*, e passou a ser definido como *Das pessoas sujeitas ao mecanismo de controle*, tendo sido aumentado o rol de pessoas obrigadas à identificação de clientes, manutenção de registros e de comunicação de operações financeiras ao Conselho de Controle de Atividades Financeiras (Coaf), para incluir as pessoas que prestam serviços de assessoria, consultoria, auditoria, aconselhamento ou assistência em operações imobiliárias, de valores mobiliários, bancária, societária e esportiva (artigo 9º, inciso XIV).

A identificação de clientes e a comunicação de operações foram aperfeiçoadas, criando-se a obrigação (i) de adoção de políticas internas e procedimentos compatíveis com o porte e com o volume de informações; (ii) de cadastro no

---

[17] Art. 1º Ocultar ou dissimular a natureza, origem, localização, disposição, movimentação ou propriedade de bens, direitos ou valores provenientes, direta ou indiretamente, de infração penal.
[18] Lei nº 9.613/1998. Art. 1º, §1º.

órgão regulador da respectiva profissão ou, na falta deste, no Coaf; e (iii) de atendimento das exigências temporais e metodológicas desse órgão (artigo 10).

As punições administrativas foram agravadas, passando a multa pecuniária de R$ 200 mil para até R$ 20 milhões, podendo ser aplicada em até o dobro do valor da operação ou do lucro da operação considerada lavagem de dinheiro (artigo 12, inciso II, letras "a", "b" e "c").

3. Os mecanismos de controle previstos na legislação brasileira e a advocacia

A Lei nº 12.683/2012 ampliou o rol de pessoas sujeitas aos mecanismos de controle da lavagem de dinheiro. Com a nova redação do inciso XIV do parágrafo único do artigo 9º, os advogados e escritórios de advocacia podem ser considerados obrigados a identificar seus clientes e a manter cadastro atualizado com informações correlatas; manter registros de transações de que participarem como mandatários ou consultores; e adotar políticas, processos e controles internos à comunicação de operações financeiras ao órgão regulador ou fiscalizador da atividade profissional, que, no caso da advocacia, seria a Ordem dos Advogados do Brasil (OAB).[19]

A possibilidade de inclusão dos advogados surge da utilização de termos amplos e genéricos como prestação de serviço de assessoria, consultoria, contadoria e aconselhamento ou assistência para designar as pessoas que passam a estar obrigadas a agir em consonância com os mecanismos de controle. A controvérsia surge em relação às atividades que, por sua própria natureza, estão diretamente relacionadas com o dever de sigilo e que se desenvolvem no âmbito da confiança, o que se mostraria incompatível com a obrigação de comunicar atividades suspeitas do cliente. É, pois, o caso da advocacia.

A vinculação dos advogados às obrigações próprias dos mecanismos de controle tem origem nas Diretrizes da Comunidade Europeia relativas ao branqueamento de capitais[20] e nas Recomendações do Gafi,[21] que sugerem a inclusão dos

---

[19] Lei nº 9.613/98. Art. 10 e art. 11.
[20] Diretiva 2001/97/CE.
[21] GAFI. As Quarenta Recomendações. [...] 12. O dever de vigilância relativo à clientela e o de conservação de documentos previstos nas Recomendações 5, 6 e 8 a 11 aplicam-se às atividades e profissões não financeiras designadas, nas seguintes situações: [...] d) Advogados [...] 16. As

advogados nos deveres de vigilância e de comunicação de operações suspeitas. A justificativa é a possibilidade de diversas espécies de profissionais atuarem como facilitadores ("*gatekeepers*") do crime, seja funcionando como intermediários financeiros, seja prestando orientação jurídica.[22] A lei brasileira simplesmente recepciona essas recomendações, incluindo o Brasil no grupo de países engajados na repressão contra as práticas de lavagem de dinheiro.

A questão está na harmonização entre as obrigações de combate ao crime e o sigilo profissional inerente à advocacia. É verdade que nenhuma categoria profissional pode estar à margem da lei e gozar de prerrogativas absolutas, estando completamente livre para exercer as atividades a ela relacionadas, ultrapassando os limites da legalidade. Profissões são concebidas e regulamentadas pelo poder público para servir à sociedade e não se mostra aceitável que atuem contra ela ou em sentido oposto ao anseio coletivo de que toda espécie de delito seja combatida. Todavia, é igualmente verdadeira a ideia de que não se podem impor restrições que inviabilizem o exercício de alguma profissão, a ponto de anular completamente os pilares em que ela está amparada. E aqui, mais uma vez, está se olhando a profissão sob o foco do interesse público e não propriamente daqueles que a desempenham. A advocacia está completamente inserida nessa controvérsia, sobretudo depois que a Lei nº 12.683/2012 reformou a Lei nº 9.613/1998.

O segredo e o sigilo sempre vêm seguidos do termo *profissional*, o que, numa primeira análise, pode indicar que se trata de um direito inerente ao advogado. Contudo, a ideia não está relacionada apenas com a liberdade para o exercício da advocacia como ofício ou profissão. Na verdade, o termo é muito mais amplo.

O sigilo e o segredo dizem respeito a fatos e a circunstâncias pessoais do cliente, de sorte que ele é o verdadeiro titular do bem jurídico protegido. Pode-se, aí, imaginar o cidadão como titular imediato, enquanto o advogado seria o mediato. São direitos que decorrem das garantias constitucionais à inviolabilidade da intimidade e da vida privada, da ampla defesa e da liberdade para o exercício de ofício ou profissão, as quais, por se tratarem de direito fundamental,

---

obrigações decorrentes das Recomendações 13 a 15 e 21 aplicam-se às atividades e profissões não financeiras designadas, com as seguintes especificações: a) os advogados [...]; [...] Os advogados [...] que trabalhem como profissionais jurídicos independentes, não estão obrigados a declarar as operações suspeitas se as informações que possuem tiverem sido obtidas em situações sujeitas a segredo profissional ou cobertas por um privilégio profissional de natureza legal.

[22] SÁNCHEZ RIOS, Rodrigo. *Advocacia e lavagem de dinheiro*. São Paulo: Saraiva, 2010. p. 100.

devem ser as mais amplas possíveis. A relação estabelecida entre cliente e advogado é desenvolvida no âmbito da confiança que o primeiro deposita na isenção e na certeza de que tudo o que for transmitido ao segundo será guardado em sigilo e com a proteção do segredo profissional. Sem isso não há advocacia e a administração da justiça fica maculada.

A Constituição da República estabelece que o advogado é indispensável à administração da justiça e que é inviolável por seus atos e manifestações no exercício da profissão, resguardados os limites impostos pela legislação infraconstitucional.[23] Nesta, está previsto que a violação de segredo profissional é crime punido com detenção de três meses a um ano[24] e, ao mesmo tempo, infração disciplinar passível de ser sancionada com censura.[25] A indispensabilidade e a inviolabilidade conferem à advocacia o papel de proteção do cidadão na busca pela justiça, que se dá na defesa em um processo judicial ou na necessidade de orientação jurídica. Isso significa que sigilo e advocacia são, pois, duas faces de um mesmo direito de caráter público, o qual é protegido pela imunidade no exercício da profissão, pela inviolabilidade do local e dos meios de trabalho, bem como pelo segredo profissional. Daí se extrai que a ampla defesa, garantida pela Constituição Federal, suplanta os limites do processo judicial e atinge os atos cotidianos e as atividades privativas da advocacia, como a consultoria, a assessoria e a direção jurídica.[26] Com efeito, parecem estar protegidas toda e qualquer consulta com advogado, seja ele um profissional liberal, um sócio ou associado de uma sociedade ou um advogado integrante de um departamento jurídico de empresa.

Ademais, a obrigação de comunicar atividade suspeita de lavagem criou uma situação ambígua para os advogados: ao mesmo tempo que o artigo 12 da Lei nº 9.613/1998 estabeleceu uma série de punições para aqueles que deixarem de cumprir as obrigações estabelecidas nos artigos 10 e 11, a violação de sigilo caracteriza infração disciplinar e crime de violação de segredo profissional. Essa situação, por si só, não é compatível com a indispensabilidade da advocacia à administração da justiça, pois um conflito de interesses entre o advogado e o cliente limita o acesso deste à defesa de seus interesses e a uma advocacia livre e isenta.

---

[23] Art. 133.
[24] Código Penal. Art. 154.
[25] Art. 34. Constitui infração disciplinar: [...] VII — violar, sem justa causa, sigilo profissional.
[26] Lei nº 8.906/1994, artigo 1º, incisos I e II.

Nesse sentido, Marco Antônio Barros adjetiva como insensatez a pretensão do legislador de obrigar os advogados a denunciar as atividades de seus clientes e inclui o segredo profissional no rol de diretos fundamentais.[27] Vicente Greco Filho e João Daniel Rassi veem o dever de sigilo como uma garantia do exercício profissional e da ampla defesa do cliente, na medida em que a consulta a um advogado não poderia se transformar numa confissão ao futuro delator.[28]

O Conselho Federal da OAB também se manifestou por meio de Parecer da Comissão de Estudos Constitucionais, no qual consignou entendimento de que os advogados não estão obrigados a comunicar atividades suspeitas de seus clientes. O entendimento foi construído à luz dos princípios constitucionais que estabelecem o sigilo profissional e a imprescindibilidade do advogado ao acesso à justiça. Outra questão posta no parecer diz respeito à impossibilidade de preceitos, contidos no Estatuto da Advocacia, que é lei especial, serem revogados pela Lei de Lavagem de Dinheiro, que tem caráter geral. Ao final, recomendou-se, expressamente, que os advogados não façam cadastro no Coaf e que as comissões de prerrogativa profissional atuem na hipótese de os advogados serem compelidos a fazê-lo.[29]

Em agosto de 2012, a Confederação Nacional dos Profissionais Liberais propôs Ação Direta de Inconstitucionalidade perante o STF, requerendo a declaração de inconstitucionalidade do artigo 2º da Lei nº 12.683/2012 no que concerne à nova redação dada aos artigos 10 e 11 da Lei nº 9.613/1998. A ação foi autuada sob nº ADI 4.841 e distribuída ao ministro Celso de Mello.[30]

A interpretação do inciso XIV do parágrafo único do artigo 9º da Lei de Lavagem de Dinheiro deve ser realizada excluindo-se os advogados que estejam exercendo a advocacia. Essa conclusão, aliás, está em consonância com a ressalva existente na Recomendação nº 16 do Gafi[31] e com a Consideração nº 20 da

---

[27] BARROS, Marco Antônio. *Lavagem de capitais e obrigações civil correlatas*. 3. ed. São Paulo: Revista dos Tribunais, 2012. p. 372-373.
[28] GRECO FILHO, Vicente; RASSI, João Daniel. Lavagem de dinheiro e advocacia: uma problemática das ações netros. *Boletim IBCCRIM*, a. 20, n. 237, p. 13-14, ago. 2012.
[29] OAB. Conselho Federal. Autos do processo nº 49.0000.2012.006678-6/CNECO; relatora: Daniela Teixeira; requerente: Presidência do Conselho Federal da OAB; Consulta — assunto: Lei 12.683/12, sobre crimes de lavagem de dinheiro. Disponível em: <www.oab.org.br/arquivos/lei-de-lavagem.pdf >. Acesso em: 12 out. 2012.
[30] Disponível em: <www.stf.jus.br/portal/processo/verProcessoAndamento.asp?incidente=4291691>. Acesso em: 30 set. 2012.
[31] Disponível em: <www.unodc.org/pdf/brazil/Quarenta_Recomendacoes_sobre_Lavagem_de_Dinheiro.pdf>. Acesso em: 12 out. 2012.

Diretiva 2005/60/CE, que expressamente excluem os advogados que detenham informações obtidas em situações próprias do exercício da profissão.

Diferente é a situação dos advogados que atuam como intermediários financeiros ou prepostos do cliente na realização das condutas listadas na norma em questão. Nesse caso, o fato de o agente ser advogado é mera coincidência, já que não se trata de ato próprio da advocacia. Então, não está protegido pelo sigilo, de sorte que a obrigação de comunicar atividade suspeita de configurar lavagem de dinheiro permanece, como, inclusive, consta da ressalva da própria Consideração citada. A propósito disso, Rodrigo Sánchez Rios salienta ser uma tendência na União Europeia a vinculação do advogado que não está exercendo atividades próprias da profissão. Contudo, ressalva quanto ao modo como a atividade é exercida:

> E, nesse ponto, trazemos a imprescindível referência aos postulados deontológicos configuradores da função do advogado como instrumento indispensável à Administração da Justiça. Enquanto o profissional estiver agindo de acordo com esses postulados, não se afigura possível a sua inserção em normativas pertinentes ao branqueamento de capitais.[32]

Dessa forma, tem-se que os advogados, no exercício da advocacia, não podem ser compelidos a comunicar atividades suspeitas de seus clientes.

4. Análise comparativa entre a legislação brasileira e a canadense

O legislador brasileiro se valeu de expediente semelhante ao canadense para designar as pessoas obrigadas aos mecanismos de controle. Em nenhum dos dois países os advogados foram citados textualmente na Lei de Lavagem de Dinheiro. Os artigos 5(i) e 5(j) da lei canadense falam em "pessoas ou entidades" engajadas em negócios, profissões ou atividades descritas no regulamento da LLDC, sem citar a advocacia. Já o inciso XIV do parágrafo único do artigo 9º da lei brasileira dispõe apenas sobre pessoas que prestam serviços de assessoria, consultoria, contadoria, aconselhamento ou assistência: a) de compra e venda de imóveis, estabelecimentos comerciais ou industriais ou participações societárias de qual-

---

[32] Rodrigo Sánchez Rios. *Advocacia e lavagem de dinheiro*, op. cit., p. 123.

quer natureza; b) de gestão de fundos, valores mobiliários ou outros ativos; c) de abertura ou gestão de contas bancárias, de poupança, investimento ou de valores mobiliários; d) de criação, exploração ou gestão de sociedades de qualquer natureza, fundações, fundos fiduciários ou estruturas análogas; e) financeiras, societárias ou imobiliárias; f) de alienação ou aquisição de direitos sobre contratos relacionados com atividades desportivas ou artísticas profissionais.

No Canadá, a vinculação dos advogados foi estabecida por meio dos artigos 33.3 e 33.4 do Regulamento da LLDC,[33] no qual expressamente foi consignado que as obrigações de guarda de registros de transações, de verificação de identidades de clientes e de comunicação de atividades suspeitas, previstas na Parte 1 da LLDC, se aplicam a esses profissionais. Especificamente, o Regulamento estabeleceu que a obrigação decorre da atuação como intermediário financeiro ou quando o advogado prestar consultoria para atos que se relacionam com as atividades dessa espécie, bem como quando receberem honorários decorrentes dessas atividades em valores superiores a $ 3 mil. São chamadas atividades suspeitas que dão ensejo à aplicação da norma e das obrigações.

Além das normas legais, os advogados canadeneses também devem observar regras deontológicas específicas. A "No Cash Rule" limita o recebimento de honorários em dinheiro a $ 7,5 mil e o reembolso de despesas a $ 1 mil, fixando lista de atividades em que ela seria aplicável. Exemplos: quando o advogado se obriga ou pratica atos em nome e no interesse de cliente para receber ou enviar fundos; em atos de compra e venda de seguros, propriedades imobiliárias ou ativos de natureza comercial; ou em transferências de fundos ou de seguros por qualquer meio. E também algumas exceções, tais como: valores recebidos de instituições ou órgãos públicos; a partir de oficial de paz, agência policial; por ocasião da atuação em favor do Estado; nos termos de ordem judicial ou para pagar multa ou penalidade; ou para o pagamento de honorários de outros profissionais, reembolsos de despesas ou fiança, se o pagamento também foi feito em dinheiro.

A segunda é a "Cliente ID Rule" que traz duas obrigações básicas. Primeira: advogados devem identificar todas as pessoas que recebem ou seus serviços, guardando informações básicas como nome, endereço, números de telefone e profissão, se pessoa física, e atividades empresarias, se pessoa jurídica. Existem exceções aos advogados membros de departamentos jurídicos de empresas e aos

---

[33] Proceeds of Crime (Money Laundering) and Terrorist Financing Regulations (SOR/2002-184).

assessores jurídicos que já cumpriram as obrigações num primeiro momento. Segunda: quando os serviços estão relacionados com o recebimento, pagamento e transferências de fundos, a norma determina que os advogados guardem outros documentos, tais como: carteira de motorista, certidão de nascimento, passaporte ou qualquer outro tipo de registro que permita confirmar a identidade do cliente. Todavia, se ele não estiver presente no local da prestação do serviço, a identidade poderá ser confirmada por meio de certidão pública que ateste a identificação visual da pessoa. Todos esses documentos devem ser guardados por seis anos após o fim dos trabalhos.

No Brasil, a vinculação dos advogados aos mecanismos de controle da lei de lavagem de dinheiro decorre de interpretação da norma, pois o legislador utilizou atividades profissionais genéricas[34] — determinados serviços — para identificar as pessoas obrigadas, sendo a advocacia uma das espécies que preencheria os conceitos de assessoria e consultoria. E esse já se mostra como um dos pontos de maior controvérsia das alterações introduzidas pela Lei n° 13.683/2012 na Lei n° 9.613/1993. A Ordem dos Advogados do Brasil já manifestou entendimento de que os advogados não estão sujeitos aos mecanismos de controle previstos nos artigos 9°, 10 e 11 da Lei n° 9.613/1993 e que o sigilo profissional deve ser interpretado de modo amplo.[35] Em contrapartida, Rodrigo de Grandis defende posição intermediária, ressalvando que as medidas de controle se aplicam aos advogados que desempenham atividade consultiva não processual, sustentando a constitucionalidade do novo regime legal.[36]

Ainda não existe qualquer outra espécie de norma legal regulamentando o modo de execução das obrigações relacionadas com os mecanismos de controle. Muito embora o artigo 9° tente especificar as características das pessoas sujeitas ao novo regime, tanto no caso da identificação de clientes e da manutenção de registros (artigo 10) como no da comunicação de atividades suspeitas (artigo 11), não foram especificamente vinculadas a pessoas determinadas. Há apenas referência de que os profissionais deverão manter cadastro próprio no órgão regulamentador da profissão ou, na falta deste, no Coaf.[37] Em suma, trata-se

---

[34] Lei n° 9.613/1993, art. 9°, XIV.
[35] OAB. Conselho Federal. Autos n° 49.0000.2012.006678-6/CNECO; rel.: Daniela Teixeira; reqte: Pres. do Cons. Fed. da OAB; Consulta — assunto: Lei 12.683/12, sobre crimes de lavagem de dinheiro.
[36] GRANDIS, Rodrigo de. Considerações sobre o dever do advogado de comunicar atividade suspeita de "lavagem" de dinheiro. *Boletim IBCCRIM*, a. 20, n. 237, p. 9-10, ago. 2012.
[37] Lei n° 9.613/1998, artigos 9°, IV; 10, III e 14, §1°.

de norma legal em branco, na medida em que não é precisa a destinação dos comandos e, porquanto, depende da manifestação expressa dos órgãos citados, indicando como, quando e onde os cadastros ou as comunicações deverão ser realizados.

No que se relaciona à advocacia, essa circunstância já se apresenta como um impeditivo à aplicação da legislação, uma vez que a OAB, como órgão regulamentador da advocacia,[38] já manifestou entendimento de que a lei não se aplica à classe, o que justificaria a não regulamentação e, consequentemente, a não aplicação das obrigações aos advogados, posto que a Lei de Lavagem de Dinheiro, nesse particular, não é autoaplicável.

De modo geral, a legislação dos dois países é muito semelhante. As peculiariadades canadenses são fruto do tempo de vigência do Regime, uma vez que essa é uma realidade com a qual os juristas canadenses convivem desde 2001. De lá para cá, muito se discutiu e os litígios foram surgindo por todo o país. Paralelamente, a FOPJC produziu normas deontológicas atinentes ao assunto, chamando para si a responsabilidade de regulamentar e de fiscalizar a advocacia canadense, até que se chegasse à decisão da SCCB, solucionando a questão. Considerando que todas essas alterações são fruto de um novo paradigma surgido na comunidade internacional, pode-se imaginar que, no Brasil, o debate e o encaminhamento do assunto poderão passar por semelhante caminho, seja por meio da edição de norma regulamentar expedida pelo poder público, citando expressamente os advogados, seja por meio da pressão da sociedade para que a OAB mude o posicionamento inicialmente adotado e exerça sua função de órgão regulamentador e fiscalizador.

5. As lições extraídas da decisão e da experiência canadense

Nos dois países, a discussão a respeito da legislação de combate ao crime de lavagem de dinheiro tomou contornos constitucionais. No Canadá, a SCCB concluiu pela inconstitucionalidade por violação ao princício da liberdade como expressão do sigilo profissional e da advocacia livre e independente. Diferentemente da Constituição brasileira, a advocacia não está textualmente inserida como função essencial à Justiça na Carta canadense. Não há um dispositivo que

---

[38] Lei nº 8.906/1994, art. 44.

diga que os advogados canadeneses são invioláveis por seus atos e manifestações, desde que dentro dos limites estabelecidos por lei. Então, a construção do raciocínio por meio do qual se concluiu que os advogados não podem ser incluídos como obrigados aos chamados mecanismos de controle teve como cerne o princípio da libertadade, por interferir diretamente na autodeterminação, no respeito e na lealdade do advogado. Subsidiariamente, a interferência no sigilo profissional foi considerada violação do princípio da liberdade, por impedir a livre manifestação do pensamento e por limitar o direito de defesa.

E aqui fica a primeira lição a ser aprendida com a experiência canadense: a relação entre advogado e cliente e o sigilo profissional transcendem a ideia da advocacia como parte do sistema de justiça, estando diretamente relacionados com o princípio da liberdade. Com isso, o debate amplia-se e toda e qualquer intromissão na relação entre cliente e advogado passa a ser encarada como violação a direito e garantia fundamental do cidadão. Olhando a questão sob outro viés, o sigilo é autoaplicável, não exclui outras normas protetivas e tem o caráter de cláusula pétrea.[39]

A decisão da SCCB também demonstrou que não existe liberdade sem responsabilidade. Partindo da análise do princípio da proporcionalidade, o qual é positivado no artigo 1º da Constituição canadense, a Corte entendeu que as violações não se justificariam pelos preceitos e propósitos da LLDC. Malgrado o teor e a extensão dessa parte do debate, cabe ressaltar que se chegou a essa conclusão levando-se em consideração que os órgãos regulamentadores e fiscalizadores da advocacia canadense cumpriram seu papel institucional, criando normas deontológicas, em muitos casos, até mais rígidas do que aquelas impostas pela legislação ordinária e, efetivamente, desempenharam papel fiscalizador das atividades profissionais, aplicando punição quando necessário.

O exemplo citado anteriormente é mais do que oportuno. A experiência canadense pode indicar um caminho para a Ordem dos Advogados do Brasil, no sentido de assumir o papel que lhe quis impor a Lei nº 12.683/2012, regulamentando o modo de atuação dos advogados perante as obrigações de identificação de clientes, manutenção de registros e comunicação de operações financeiras. Outra alternativa seria a elaboração e a divulgação de um manual de boas práticas profissionais como substitutivo da regulamentação direta de obrigações que, por sua própria natureza, interferem e atingem o âmago do sigilo profissional,

---

[39] Constituição Federal, artigo 60, §4º, inciso IV.

maculando a liberdade. A atuação das Ordens de Advogados do Canadá reforçou a importância da autorregulamentação da profissão e a independência da advocacia, valores que também interessam aos brasileiros.

A decisão em que se baseou este estudo representa uma vitória social que suplanta os limites territoriais e culturais do Canadá. Mais do que a satisfação dos interesses de uma classe de profissionais, a prevalência do sigilo e do segredo como valores fundamentais das pessoas vale para todas as sociedades que pretendem ser livres e justas. E o Brasil, certamente, se insere nesse grupo. Sob o ponto de vista da nossa história recente, a importância dos postulados oriundos da decisão proferida pela SCCB faz lembrar que os direitos individuais previstos na Constituição Federal são conquistas de décadas de luta contra regimes totalitários que se sucederam no país. Daí a força da ideia de que direitos e garantias fundamentais como o contraditório, ampla defesa, proibição de autoincriminação e liberdade não podem ser mitigados sob alegação de que há interesse comum à segurança. A respeito desse assunto, os interesses privados devem prevalecer diante do anseio público de combate aos crimes econômicos.

Referências

BADARÓ, Gustavo Henrique; BOTTINI, Pierpaolo Cruz. *Lavagem de dinheiro*: aspectos penais e processuais penais. Comentários à Lei 9.916/1998, com as alterações da Lei 12.683/2012. São Paulo: Revista dos Tribunais, 2012.

BARROS, Marco Antônio de. *Lavagem de capitais e obrigações civis correlatas*. São Paulo: Revista dos Tribunais, 2012.

BRASIL. *Constituição federal*. Disponível em: <www.planalto.gov.br/ccivil_03/constituicao/ConstituicaoCompilado.htm>. Acesso em: 14 out. 2012.

____. *Lei nº 9.613, de 3 de marco de 1998*. Disponível em: <www.planalto.gov.br/ccivil_03/leis/L9613.htm>. Acesso em: 12 out. 2012

CANADA. Supreme Court Of British Columbia. *Federation of Law of Societies of Canada v. Canada (Attorney General), 2011 BCSC 1270*. Disponível em: <http://www.flsc.ca/_documents/BC-Supreme-Court-Sept-27-2011-Federation-v_-Canada--(Attorney-General).pdf>. Acesso em: 12 out. 2012.

____. Supreme Court Of British Columbia. *The Law Society of B.C. v. Canada (Attorney General); Federation of Law of Societies of Canada v. Canada (Attorney General), 2001 BCSC 1593*. Disponível em: <www.blakes.com/pdf/RQM/Fed_of_Law_Soc_v_AGCanada.pdf>. Acesso em: 14 out. 2012.

____. *Canadian charter of rights and freedoms*. Disponível em: <http://laws-lois.justice.gc.ca/eng/charter/page-1.html>. Acesso em: 24 jun. 2012.

_____. Department of Justice. *Proceeds of Crime (Money Laundering) and Terrorist Financing Act (S.C. 2000, c. 17)*. Disponível em: <http://laws-lois.justice.gc.ca/eng/acts/P-24.501/index.html>. Acesso em: 14.12.2012.

_____. Department of Justice. *Proceeds of Crime (Money Laundering) and Terrorist Financing Suspicious Transaction Reporting Regulations (SOR/2001-317)*. Disponível em: <http://laws-lois.justice.gc.ca/eng/regulations/SOR-2001-317/index.html>. Acesso em: 14 dez. 2012.

_____. Department of Justice. *Proceeds of Crime (Money Laundering) and Terrorist Financing Regulations (SOR/2002-184)*. Disponível em: <http://laws-lois.justice.gc.ca/eng/regulations/SOR-2002-184/index.html>. Acesso em: 14 dez. 2012.

_____. Federation of Law Society of Canada. *Model Rule on Cash Transactions*. Disponível em: <www.flsc.ca/_documents/Cash-transactions-2004.pdf>. Acesso em: 14 out. 2012.

_____. Federation of Law Society of Canada. *Model Rule on Client Identification and Verification Requirements*. Disponível em: <www.flsc.ca/_documents/Client-Identification-Dec-2008.pdf>. Acesso em: 14 out. 2012.

_____. Federation of Law Society of Canada. *Anti-Money Laundering Regulation — What Can be Learned From the Canadian Experience* (Presentation) by Ronald J. MacDonald, Q. C. Disponível em: <https://docs.google.com/viewer?a=v&q=cache:pMjnAssV-qQJ:www.anti-moneylaundering.org/Document/Default.aspx%3FDocumentUid%3DDCAA07BE-4378-4F9D-A20C-65D6E61AF6B7+&hl=en&gl=br&pid=bl&srcid=ADGEESgRz71nt9DDAr3t3IosGHbrs9PDT5GZVOn2usvQ0ddiZcUAMHGvX948KcAhTdMBRXHUt6T0O4-VeL1_YS5EcXNB3-PPfdRNXINq_-gkauaaEMokooWW3zc7FDxDXTMQwc9zPl_z&sig=AHIEtbTWioermD81CKR3ZzjZl-bfVInrIw>. Acesso em: 14.10.2012.

GRECO FILHO, Vicente; RASSI, João Daniel. Lavagem de dinheiro e advocacia: uma problemática das ações neutras. *Boletim IBCCRIM*, a. 20, n. 237, p. 13-14, ago. 2012.

INSTITUTO BRASILEIRO DE CIÊNCIAS CRIMINAIS. *Boletim*, São Paulo, a. 20, n.237, ago. 2012.

KENNETH Rijock's Financial Crime Blog. *Canadian Court Rules Lawyers Are Exempt From AML/CFT Reporting Requirements*. Disponível em: <www.rijock.blogspot.com.br/2011/canadian-court-rules-lawyers-are-exempt.html>. Acesso em: 29 maio 2012.

THE LAW Society of Upper Canada. Governance Task Force. Final Report to Convocation December 9, 2005. Disponível em: <www.lsuc.on.ca/media/convdec05governancetaskforce.pdf>. Acesso em: 20 jun. 2012.

MACDONALD, Ronald J. Money laundering regulation — what can be learned from the Canadian experience. *J. Prof. Law*, p. 143-150, 2010. Disponível em: <www.americanbar.org/content/dam/aba/migrated/cpr/pdfs/jpl10_05macdonald.authcheckdam.pdf >. Acesso em: 14 out. 2012.

ORDEM DOS ADVOGADOS DO BRASIL. Conselho Federal. *Autos do processo nº 49.0000.2012.006678-6/CNECO*. Relatora: Daniela Teixeira; Requerente: Presidência do Conselho Federal da OAB; Consulta — assunto: Lei 12.683/12, sobre crimes de lavagem de dinheiro. Disponível em: <www.oab.org.br/arquivos/lei-de--lavagem.pdf>. Acesso em: 14 out. 2012.

PATON, Paul D. Between a rock and a hard place: the future of self-regulation — Canada between the United States and the English/Australian experience. *J. Prof. Law*, v. 87, p. 96-104, 2008.

____. Cooperation, co-option or coercion? The FATF lawyer guidance and regulation of the legal profession. *Journal of the Professional Lawyer*, p. 165-189, 2010.

PÉREZ, Carlos Martinez-Bujan. El blanqueo de bienes en el códico penal español. In: ÁVALOS RODRÍGUEZ, Constante Carlos; QUISPE VILLANUEVA, Alejandro Emilio (Coord.). *Dogmática penal del tercer milenio*. Lima: ARA Editores, 2008.

SÁNCHEZ RIOS, Rodrigo. *Advocacia e lavagem de dinheiro*. São Paulo: Saraiva, 2010.

____. A política criminal destinada à repressão da lavagem de dinheiro: o papel do advogado e suas repercussões. In: VILARDI, Celso Sanchez; BRESSER-PEREIRA, Flávia Rahal; DIAS NETO, Theodomiro (Coord.). *Análise contemporânea*. São Paulo: Saraiva, 2009.

SHEPTYCKI, James. The governance of organised crime in Canada. *The Canadian Journal of Sociology/Cahiers Canadiens de Sociologie*, v. 28, n. 4, p. 489-516, Autumn 2003. Disponível em: <www.jstor.org/stable/3341839>. Acesso em: 10 maio 2012.

TERRY, Laurel S. An introduction to the Financial Action Task Force and its 2008 lawyer guidance. *J. Prof. Law*, p. 3-67, 2010. Disponível em: <http://elibrary.law.psu.edu/cgi/viewcontent.cgi?article=1019&context=fac_works>. Acesso em: 14 out. 2012.

4
A situação na Itália

Marcella dos Reis Manes

Introdução

Desde a década de 1980, a preocupação com o combate à lavagem de dinheiro é enorme em âmbito internacional. Isso porque há estudos que estimam que algo entre 800 mil e 2 bilhões de euros[1] são "lavados" mundialmente por ano.

Diante desse cenário, foram aprovados diversos tratados internacionais e surgiram algumas iniciativas visando intensificar e unificar a luta contra a lavagem de dinheiro, entre as quais a Convenção de Viena em 1988, a formação do Grupo de Ação Financeira Internacional (Gafi) pelos países-membros do G7, em 1989, a Convenção nº 141 do Conselho da Europa em 1990 e as Diretivas Europeias em 1991, 2001 e 2005.

As 40 recomendações do Gafi[2] foram estabelecidas como o mínimo essencial no combate à lavagem de dinheiro e tomadas como referência para a criação dos demais textos jurídicos.

Acompanhando o movimento internacional foi publicada, em 10 de julho de 2012, no Brasil, a Lei nº 12.683, a qual altera a Lei de Lavagem de Dinheiro (Lei nº 9.613/1998), e incluiu, entre outras novidades, os profissionais que prestem serviços de consultoria, assessoria, aconselhamento ou assistência em determinadas operações, o que pode levar a abranger os advogados no rol das pessoas sujeitas aos mecanismos de controle.

A inserção do advogado no rol das "pessoas obrigadas" é medida que já foi adotada pela maioria dos países da Europa, mas que tem gerado uma grande

---

[1] Disponível em: <www1.oecd.org/fatf/NCCT_en.htm>.
[2] Disponível em: <www.faft.gafi.org>.

polêmica, principalmente porque essa determinação impõe uma série de obrigações aos advogados que pode ferir os direitos fundamentais e a proteção do segredo profissional.

Entre os países europeus, a Itália, por meio do Decreto Legislativo nº 231/2007, vem tentando encontrar uma solução para reduzir o conflito entre as obrigações impostas aos advogados e os direitos fundamentais implicados no dever de comunicação de operações suspeitas, protegendo o direito de defesa.

Assim, tendo em vista a experiência italiana na discussão acerca do exercício da advocacia e a lavagem de dinheiro, o objetivo deste trabalho será expor essa experiência de forma a dela aproveitar o que possa ser útil para a problemática que acaba de ser posta em nosso país pela Lei nº 12.683/2012.

1. O histórico da lavagem de dinheiro na Itália

A Itália foi o primeiro país do mundo que criminalizou a lavagem de dinheiro, com a introdução do artigo 648-*bis*[3] no Código Penal, em 1978. A preocupação com o referido crime estava diretamente relacionada com a máfia.

Nesse primeiro momento não se utilizou o termo "lavagem" e apenas alguns crimes precedentes foram abrangidos: furto agravado, extorsão agravada e sequestro com fim de extorsão.[4]

A legislação italiana sobre lavagem de dinheiro reflete a evolução que se verificou no âmbito internacional, muito por força da recepção no direito interno das convenções e diretivas da União Europeia.

A Convenção das Nações Unidas contra o Tráfico Ilícito de Estupefacientes e Substâncias Psicotrópicas, usualmente conhecida como Convenção de Viena, aprovada em 1988, foi o primeiro e principal texto internacional a tratar sobre a obrigatoriedade de se criminalizar a lavagem de capitais.

---

[3] A redação original do artigo 648-bis do Código Penal Italiano: "*Fuori dai casi di concorso nel reato, chiunque compie atti o fatti diretti a sostituire denaro o valori provenienti dai delitti di rapina aggravata, di estorsione aggravata, o di sequestro di persona a scopo di estorsione, con altro denaro o altri valori, al fine di procurare a sé o ad altri un profitto o di aiutare gli autori dei delitti suddetti ad assicurarsi il profitto del reato, è punito con la reclusione da quattro a dieci anni e con la multa da Lire un milione a Lire venti milioni. Si applica l'ultimo comma dell'articolo precedente*".

[4] GODINHO, Jorge Alexandre Fernandes. *Do crime de "branqueamento" de capitais*: introdução e tipicidade. Coimbra: Livraria Almeida, 2001. p. 101.

As disposições da Convenção de Viena foram constituídas, "por um lado, pelos trabalhos da *President's Commission* e, por outro, pela legislação dos Estados Unidos de 1986 sobre branqueamento de capitais".[5]

No mesmo ano, os países do G7,[6] em seu encontro anual, decidiram criar um Financial Action Task Force on Money Laundering (Fatf), traduzida para o português como Grupo de Ação Financeira Internacional (Gafi), com o objetivo de desenvolver e promover políticas nacionais e internacionais de prevenção à lavagem de dinheiro e ao financiamento do terrorismo.[7]

O Gafi apresentou, em fevereiro de 1990, um relatório com 40 recomendações de ações,[8] as quais são, até hoje, adotadas como os princípios básicos, ou seja, o mínimo essencial que todo Estado deveria seguir para combater a lavagem de dinheiro.[9]

Influenciado pela Convenção de Viena e também pelas recomendações do Gafi, em março de 1990, o artigo 648-*bis* do Código Penal italiano foi alterado, passando a ostentar o termo "*riciclaggio*" (em português, reciclagem). O crime de tráfico de drogas foi incluído no rol dos crimes precedentes e houve um agravamento das penas de prisão.

Além disso, a Lei nº 55/1990 introduziu um novo artigo, o 648-*ter*,[10] que "*rappresenta l'ulteriore strumento normativo di lotta al riciclaggio*",[11, 12] no qual foi previsto como lavagem também o emprego de dinheiro, bens ou utilidades de proveniência ilícita. Pode-se dizer, colocado em um contexto evolutivo, que a

---

[5] Ibid., p. 69.
[6] Composto pelos seguintes países: Estados Unidos, Japão, União Soviética, França, Reino Unido, Itália e Canadá.
[7] Disponível em: <www.gtld.pgr.mpf.gov/gtld/lavagem-de-dinheiro/gafi>.
[8] Disponível em: <www.fatf.gafi.org>.
[9] SAADI, Ricardo Andrade. O combate à lavagem de dinheiro. *Boletim do Instituto Brasileiro de Ciências Criminal — IBCCRIM*, a. 20, n. 237, p. 7-8, ago. 2012.
[10] A redação do artigo 648-*ter*: "*Chiunque, fuori dai casi di concorso nel reato e dei casi previsti dagli articoli 648 e 648-bis , impiega in attività economiche o finanziarie denaro, beni o altre utilità provenienti dai delitti di rapina aggravata, di estorsione aggravata, di sequestro di persona a scopo di estorsione, o dai delitti concernenti la produzione o il traffico di sostanze stupefacenti o psicotrope, è punito con la reclusione da quattro a dodici anni e con la multa da Lire due milioni a Lire trenta milioni. La pena è aumentata quando il fatto è commesso nell'esercizio di un'attività professionale. Si applica l'ultimo comma dell'articolo 648*".
[11] Representa um instrumento jurídico adicional para combater a lavagem de dinheiro (tradução nossa).
[12] CERBO, Fabrizzio. *Il riciclaggio di denaro*. Articolo 648-bis del codice penale, 2006. Disponível em: <www.overlex.com/leggiarticolo.asp?id=704>. Acesso em: 19 set. 2012.

legislação italiana tem o mérito de introduzir uma nova conduta punível, com a criação do artigo 648-*ter*.

Em novembro de 1990, foi assinada a Convenção relativa ao Branqueamento, Despistagem, Apreensão e Confisco dos Produtos do Crime, a chamada Convenção nº 141 do Conselho Europa,[13] a qual, além de reforçar a cooperação internacional no combate à lavagem de dinheiro, ampliou o rol de crimes antecedentes.

A Diretiva 91/308/CEE,[14] de 1991, relativa à prevenção da utilização do sistema financeiro para a lavagem de capitais, foi inspirada nas Convenções de Viena e do Conselho da Europa e trouxe partes das orientações definidas pelo Gafi. A diretiva obrigou os Estados-membros a proibirem e punirem a lavagem de dinheiro proveniente do tráfico de drogas e adotar medidas de controle sobre o sistema financeiro, entre elas a obrigação de informar.

Ocorre que grande parte dos Estados-membros já havia subscrito a Convenção de Viena, entre eles a Itália; assim, já havia criminalizado a lavagem de dinheiro. Na prática, a diretiva apenas estabeleceu um prazo para a recepção da norma internamente.[15]

Em 1993, houve uma nova alteração no artigo 648-*bis*, que alargou o rol dos crimes antecedentes, passando a incluir todo e qualquer crime "não culposo". Quanto a crimes não culposos, deve-se entender todos os crimes dolosos e aqueles caracterizados por preterdolo.

A Diretiva 2001/97/CE,[16] do Parlamento Europeu e do Conselho, de 2001, que altera a Diretiva 91/308/CEE, trouxe novas orientações para o combate à lavagem de dinheiro, em especial o:

(i) alargamento da lista dos tipos criminais subjacentes ao crime de branqueamento;

(ii) desenvolvimento e aprofundamento de alguns deveres;

(iii) alargamento das categorias profissionais que ficam sujeitas a deveres de prevenção do crime de branqueamento de capitais. Merece especial destaque o

---

[13] Disponível em: <http://conventions.coe.int/Treaty/en/Treaties/Html/141.htm>.
[14] Disponível em: <http://eur-lex.europa.eu/LexUriServ/LexUriServ.do?uri=CELEX:31991L0308:PT:HTML>.
[15] A Diretiva 91/308/CEE foi recepcionada na Itália pela Lei nº 197, de 5 de julho de 1991.
[16] Disponível em: <http://eur-lex.europa.eu/LexUriServ/LexUriServ.do?uri=CELEX:32001L0097:PT:HTML>.

caso dos advogados e dos solicitadores, uma vez que é aí que se registra porventura a alteração mais pronunciada.[17]

"*Tale passagio há rappresentato uma rivoluzione copernicana nel mondo dele libere professioni, chiamate per la prima volta a svolgere um ruolo attivo nel contrasto al riciclaggio.*"[18]

Referidas inovações, principalmente o aumento do rol das pessoas obrigadas, deram-se em razão do relatório anual do Gafi de 2001, no qual foi apontado que "o âmbito de aplicação das quarenta recomendações deve ser alargado de forma a abranger sete categorias de atividades e profissionais não financeiros", ente eles "os advogados e notários".[19] Na Itália, a Segunda Diretiva foi recepcionada pelo Decreto Legislativo nº 56/2004.

Importante ressaltar que a Diretiva 2001/97/CE, em seu artigo 6-3, desobriga os Estados-membros de aplicarem as obrigações previstas no n. 1 aos notários, profissionais forenses independentes e outros, quando as informações forem recebidas de um dos seus clientes ou obtidas sobre um dos seus clientes no exercício da sua missão de defesa ou de representação desse cliente num processo judicial ou a respeito de um processo judicial.

A inclusão do advogado no rol de pessoas obrigadas a comunicar gerou a instauração do processo C-305/05, que tramitou no Tribunal de Justiça da União Europeia, onde foi suscitada a questão sobre a conformidade da obrigação do advogado de informar às autoridades competentes todos e quaisquer fatos suspeitos que possam ser indício de lavagem de dinheiro, imposta pela Diretiva 91/308/CEE, com o direito comunitário e os princípios fundamentais que este protege.

Após o trâmite do processo, o advogado-geral concluiu que o dispositivo não fere os direitos fundamentais e a proteção do segredo profissional do advogado, desde que exoneradas de toda e qualquer obrigação de declaração as informações obtidas antes, durante ou depois de um processo judicial, ou quan-

---

[17] CANAS, Vitalino. *O crime de branqueamento*: regime de prevenção e de repressão. Coimbra: Almedina, 2004. p. 42.
[18] "Esta alteração representa uma revolução copernicana no mundo dos profissionais liberais, chamados pela primeira vez a desempenhar um papel ativo no combate à lavagem" (tradução nossa). CAPPA, Ermanno; CERQUA, Luigi Domenico; TARANTOLA, Anna Maria (Pref.). *Il riciclaggio del denaro*: il fenomeno, il reato, le norme di contrasto. Milão: Giuffrè, 2012. p. 192.
[19] Ver Relatório Anual do Gafi de 2000-2001, de 22 de julho. p. 17-19. SÁNCHEZ RIOS, Rodrigo. A política criminal destinada à repressão da lavagem de dinheiro: o papel do advogado e suas repercussões. In: VILARDI, Celso Sanchez; BRESSER-PEREIRA, Flávia Rahal; DIAS NETO, Theodomiro (Coord.). *Análise contemporânea*. São Paulo: Saraiva, 2009. p. 60.

do da prestação de consultas jurídicas.[20] Esse aspecto será discutido ao longo do trabalho, especialmente no âmbito das legislações italiana e brasileira.

A Diretiva da União Europeia 2005/60/CE,[21] de 2005, manteve o rol dos sujeitos obrigados, entre eles os advogados, e a preservação do sigilo profissional de natureza legal, estabelecidos na Diretiva 2001/97/CE, bem como acrescentou novas obrigações.

O Decreto Legislativo nº 231/2007 recepcionou a terceira Diretiva na Itália, e foi chamado de "*Legge Antiriciclaggio*", razão pela qual será tratado detalhadamente a seguir.

2. O Decreto Legislativo nº 231/2007

O artigo 3º do Decreto Legislativo nº 231/2007 estabelece os princípios gerais da lei de lavagem de dinheiro que, na realidade, são as novas obrigações estabelecidas na Diretiva 2005/60/CE, que se resumem em: (i) obrigação de identificar a clientela; (ii) obrigação de armazenar informações; e (iii) obrigação de comunicar operação suspeita.

No capítulo III, o Decreto Legislativo nº 231/2007 dedica os artigos 10, 11, 12, 13 e 14 para individualizar os sujeitos destinatários da norma e das obrigações previstas anteriormente. O artigo 12 trata dos profissionais, entre os quais está inserido o advogado, a categoria que interessa ao nosso estudo.

Diferente da Diretiva 2005/60/CE,[22] que é aplicada aos membros de profissões jurídicas independentes, o Decreto Legislativo nº 231/2007 determina expressamente a aplicação aos advogados. No entanto, a aplicação não é geral; o

---

[20] Disponível em: <http://curia.europa.eu/juris/document/document.jsf;jsessionid=9ea7d0f-130d54f26cdc8c5fb42b29237c75c6af67cf6.e34KaxiLc3eQc40LaxqMbN4Oa3qLe0?text=&docid=64724&pageIndex=0&doclang=PT&mode=lst&dir=&occ=first&part=1&cid=2773860>.
[21] Disponível em: <http://eur-lex.europa.eu/LexUriServ/LexUriServ.do?uri=CELEX:32005L0060:PT:HTML>.
[22] Artigo 2º A presente diretiva é aplicável:
[...]
3. Às seguintes pessoas coletivas ou singulares, no exercício das suas atividades profissionais:
a) Auditores, técnicos de contas externos e consultores fiscais;
b) *Notários e outros membros de profissões jurídicas independentes*, quando participem, quer atuando em nome e por conta do seu cliente numa transação financeira ou imobiliária, quer prestando assistência ao seu cliente na concepção ou execução de transacções relativamente à: [...].

decreto especifica em quais casos o advogado estará submetido à lei de lavagem de dinheiro. São eles:

Quando, em nome próprio ou em nome de seus clientes, executar operação de natureza financeira ou de imóveis;

Quando eles assistirem seus clientes na preparação ou execução de transações: (i) a transferência de título de quaisquer direitos reais sobre bens imóveis ou atividades econômicas; (ii) de gestão de fundos, valores mobiliários ou outros ativos; (iii) de abertura ou gestão de contas bancárias, de poupança ou de valores mobiliários; (iv) organização das entradas necessárias à criação, exploração ou gestão de sociedades; (v) de criação, exploração ou gestão de sociedades, empresas, fundos fiduciários ou estruturas análogas.

Caso o advogado esteja praticando uma dessas atividades expostas, ele estará sujeito à lei de lavagem e por isso deverá cumprir as três obrigações estabelecidas.

2.1 A obrigação de identificar a clientela

"Representa a realização inicial de uma série de tarefas que os profissionais devem executar e consiste essencialmente em verificar a identidade do cliente."[23]

A obrigação de identificar a clientela, prevista no artigo 16 do Decreto Legislativo, ocorre em cinco hipóteses taxativas:

a) quando os serviços profissionais estão sujeitos a meios de pagamento ou bens de valor igual ou superior a 15.000,00 euros;
b) quando executar serviços profissionais que levem à transmissão ou manipulação de valores iguais ou superiores a 15.000,00 euros, independentemente de serem realizadas em uma única operação ou em várias operações que aparentem estar ligadas ou fracionadas;
c) sempre que o valor da transação não puder ser determinado ou seja indeterminado;
d) quando há suspeita de lavagem de dinheiro ou financiamento do terrorismo, independentemente de qualquer derrogação, exceção ou liminar;
e) quando há dúvidas quanto à veracidade ou adequação dos dados obtidos anteriormente para a identificação de um cliente.

---

[23] "*Rappresenta l'adempimento iniziale di una serie di compiti che i professionisti devono effettuare e consiste essenzialmente nella verifica dell'identità del cliente.*" (tradução nossa). Ermanno Cappa, Luigi Domenico Cerqua e Anna Maria Tarantola. Il riciclaggio del denaro, op. cit., p. 198.

O advogado deve verificar a identidade do cliente, com base em documentos e dados obtidos de uma fonte confiável e independente, bem como obter informações sobre a finalidade do serviço profissional. Referida obrigação se aplica a todos os clientes novos e também aos clientes antigos.

A obrigação de verificar a clientela não se limita a um controle inicial: o advogado deve verificar constantemente, durante toda a prestação do serviço até sua conclusão. O advogado também deve ter o cuidado de garantir que as operações contratadas pelo cliente durante a relação são compatíveis com as informações que aquele tem do perfil de interesses e atividades comerciais desse.[24]

De acordo com o artigo 23 do Decreto Legislativo, o advogado deve abster-se de prestar ou deve encerrar o serviço quando não puder exercer devidamente sua obrigação de identificar o cliente e quando solicitado a realizar operações para as quais suspeitar que há uma relação com a lavagem de dinheiro ou o financiamento do terrorismo. Nessa segunda hipótese, o advogado deve imediatamente enviar um relatório à Unità di Informazione Finanziario (UIF), semelhante ao Conselho de Controle de Atividades Financeiras (Coaf). Nos casos em que a abstenção não é possível, ou seja, a prestação não pode ser adiada ou a abstenção iria dificultar a investigação, o advogado deve imediatamente informar a UIF após a realização da operação.

Cumpre ressaltar que, nos casos em que o advogado estiver exercendo atividade de defesa ou representação em juízo, este não é obrigado a abster-se de prestar ou terminar o serviço, muito menos de informar a UIF, como será explicado mais detalhadamente nos próximos tópicos.

Excluindo as exceções acima apontadas, caso o advogado não cumpra a obrigação de identificar o cliente, a ele será aplicada umas das sanções penais previstas no artigo 55 do Decreto Legistativo, dependendo da sua ação ou omissão. Se o advogado violar a obrigação de identificar, ser-lhe-á aplicada multa de EUR 2.600,00 a 13.000,00. Se houver falhas ou imprecisões na informação do cliente, poderá ser condenado à pena de prisão de seis meses a um ano e multa de EUR 500,00 a 5.000,00. Havendo falta de informação ou informações falsas

---

[24] "*A tal proposito il professionista dovrà aver cura di verificare che le transazioni stipulate dal cliente nel corso del rapporto siano compatibili con la conoscenza che il professionista ha del profilo personale, delle attività commerciali e del profilo di rischio del proprio cliente.*" (tradução nossa). CAPOLUPO Saverio; CARBONE Michele; STURZO Gaspare. Antiriciclaggio: obblighi per professionisti, intermediari e altri soggetti. Ipsoa, 2008. p. 19.

sobre a finalidade da operação, a pena se agrava, podendo ser a prisão de seis meses a 3 anos, e a multa de EUR 5.000,00 a 50.000,00.

2.2 A obrigação de armazenar informações

A segunda obrigação prevista na lei de lavagem é consequência da primeira, vez que os advogados terão que armazenar todos os documentos e registros de informação que obtiveram para realizar a identificação do cliente.

O artigo 36 do Decreto Legislativo determina que as informações sejam armazenadas prontamente, ou no mais tardar em 30 dias da realização do serviço, e que devem permanecer armazenadas por 10 anos.

Independente do modo de armazenamento escolhido, as datas e as informações devem estar disponíveis, no modelo estabelecido em lei (em série numerada, com rubrica do advogado em todas as páginas e no fim da última folha com a assinatura, sem espaço em branco e rasuras) dentro de três dias do pedido de vista.

O objetivo dessa obrigação é claramente o de impor o armazenamento de todas as informações necessárias para facilitar eventual investigação de crime de lavagem de dinheiro ou de financiamento do terrorismo.

Nesse caso, também foi estabelecida na lei de lavagem uma penalidade ao advogado que não cumprir a obrigação de armazenar informações, ou seja, que omitir informações, armazenar com atraso ou armazenar informações incompletas, que consiste em pena de multa de EUR 2.600,00 a 13.000,00.

2.3 A obrigação de comunicar operação suspeita

A obrigação de comunicar operações suspeitas foi, sem dúvida, a imposição que gerou maior preocupação na categoria de profissionais sujeitos à lei de lavagem, em especial aos advogados. Segundo Claudio Cocuzza, "*La disposizione in esame ha infatti introdotto un obbligo di collaborazione attiva non esente da numerose criticità applicative, soprattuto pe quanto concerne il tema del segreto professionale e del dovere do lealtà nei confronti del cliente*".[25]

---

[25] "Esta disposição introduziu uma obrigação de cooperar ativamente, mesmos com as muitas críticas, principalmente no que diz respeito à questão do segredo profissional e do dever de lealda-

O artigo 41 do Decreto Legislativo nº 231/2007 dispõe que, quando o advogado souber, suspeitar ou tiver motivos razoáveis para suspeitar que está sendo ou foi cometido, ou se está tentando cometer lavagem de dinheiro ou financiamento do terrorismo, deve apresentar um relatório para a UIF. Segundo o mesmo artigo, a suspeita deve ser derivada das características da operação, da capacidade econômica e da atividade exercida pelo cliente, além das informações disponíveis em relatórios.

Ocorre que o conceito de "suspeita" previsto na lei é impreciso, tornando quase impossível o cumprimento da obrigação, vez que os advogados não conseguem ter certeza de quando a operação é suspeita, e assim não sabem se devem ou não comunicar.

A fim de solucionar o problema, o Ministério da Justiça publicou o Decreto Ministerial nº 101, em 16 de abril de 2010,[26] no qual fornece aos advogados uma lista de 51 "indicadores de anomalias" relacionados: (i) ao cliente; (ii) ao tipo de serviço solicitado; (iii) às condições de pagamento pelo serviço; (iv) à forma da constituição e administração de empresas, fundos fiduciários e organizações similares; (v) às transações envolvendo bens móveis ou imóveis registrados; e (vi) às operações financeiras e contábeis.

Importante ressaltar que essa lista de "indicadores de anomalias", mesmo sendo um instrumento muito útil aos advogados, não constitui um rol exaustivo; assim, podem existir situações que não estão previstas mas que deveriam ser comunicadas à UIF.

Em um nova tentativa de tornar objetivo o termo "suspeita", em conformidade com a letra b, do inciso 7º, do artigo 6º,[27] do Decreto Legislativo 231, a UIF elaborou um texto onde dispõe o "modelo e padrão representativo do comportamento anômalo em situações econômicas e financeiras".[28]

---

de para com o cliente" (tradução nossa). Ermanno Cappa, Luigi Domenico Cerqua e Anna Maria Tarantola. *Il riciclaggio del denaro*, op. cit., p. 203.

[26] Ver anexo, também disponível em: <www.giustizia.it/giustizia/it/mg_1_8_1.wp?previsiousPage=mg_2_10&contentId=SDC162926>.

[27] "*Art. 6º Unità di informazione finanziaria*
7. La UIF, avvalendosi delle informazioni raccolte nello svolgimento delle proprie attività:
[...]
b) elabora e diffonde modelli e schemi rappresentativi di comportamenti anomali sul piano economico e finanziario riferibili a possibili attività di riciclaggio o di finanziamento del terrorismo."

[28] Disponível em: <www.compliancenet.it/content/uif-schemi-rappresentativi-di-comportamenti-anomali-riconducibile-all-usura-9-agosto-2011>.

Esses padrões devem ser utilizados pelos advogados juntamente com os índices de anomalias, previstos no Decreto Ministerial nº 101, como ferramenta de orientação no horizonte nebuloso da investigação sobre sua "suspeita".

A questão ganhou em complexidade com a publicação do Decreto Legislativo nº 78, de 31 de maio de 2010,[29] o qual, em seu artigo 36, deu nova redação ao artigo 41 do Decreto Legislativo nº 231/2007, acrescentando o seguinte trecho: "É um elemento suspeito o uso frequente e injustificado de operações em dinheiro, mesmo que não viole os limites previstos no artigo 49, e, em particular, o saque ou pagamento em dinheiro com as instituições financeiras, por um valor igual ou superior a € 15.000"[30].

A infeliz linguagem do artigo 41 levou os advogados a acreditarem que a simples realização de operações em dinheiro com valor igual ou superior a € 15.000 constituía, em si, um motivo de suspeita e por essa razão deveriam ser informadas à UIF.

Assim, para esclarecer o conteúdo normativo da nova redação do artigo 41 e evitar interpretações equivocadas, o Ministério da Economia e Finança publicou a Circular nº 297944,[31] em 11 de outubro de 2010. A circular determina que, independente da formulação da norma, o termo "suspeita" deve ser interpretado sob todo o quadro normativo que trata da obrigação de comunicar.

Na realidade, segundo a Circular, a alteração introduzida pelo artigo 36 do Decreto Legislativo nº 78/2010 não modificou o quadro regulamentar, mas ofereceu aos advogados um elemento valorativo de grande importância, destinado a qualificar melhor a suspeita sobre o cliente ou a operação. Estes percalços deixam claro que identificar se uma operação é ou não suspeita é uma tarefa árdua para todos os profissionais obrigados a comunicar, inclusive o advogado.

Ato contínuo, logo que tiver ciência de que a operação é suspeita, se possível, antes de executá-la, o advogado deve fazer a comunicação à UIF, e não pode divulgar ao cliente que a informação foi comunicada ou que uma investigação de financiamento de terrorista ou de lavagem de dinheiro está sendo ou será realizada.

---

[29] Disponível em: <www.finanze.gov.it/export/download/novita2010/dl_20100531.pdf>.
[30] Original: "*È un elemento di sospetto il ricorso frequente o ingiustificato a operazioni in contante, anche se non in violazione dei limiti di cui all'articolo 49, e, in particolare, il prelievo o il versamento in contante con intermediari finanziari di importo pari o superiore a 15.000 euro*". Tradução nossa.
[31] Disponível em: <www.antiriciclaggioitalia.it/wp-content/uploads/CIRCOLARE-MINISTERO-ECONOMIA.pdf>.

Caso o advogado não comunique à UIF uma obrigação suspeita, ele poderá ser condenado ao pagamento de uma multa, que será fixada de 1% a 40% do valor da operação. Violando a proibição de divulgar a terceiros a comunicação, o advogado poderá ser condenado à pena de prisão de seis meses a um ano e ao pagamento de multa de EUR 5.000,00 a 50.000,00.

Não há dúvidas que essa obrigação, imposta pela lei de lavagem, conflita com os deveres de lealdade e de segredo que o advogado tem para com o seu cliente, deveres estes estabelecidos nos artigos 6 e 9 do Código de Ética dos Advogados.[32]

Para dirimir o conflito, o legislador estabeleceu no inciso II[33] do artigo 12 do Decreto Legislativo nº 231/2007 que a obrigação de comunicar operação suspeita não se aplica aos advogados quando as informações forem obtidas a partir de um cliente ou sobre ele, durante o exame da situação jurídica do cliente ou no exercício de suas funções de defesa ou representação do mesmo em juízo, incluindo conselhos sobre instaurar ou evitar um processo, não importando se as informações foram recebidas ou obtidas antes, durante ou depois de tais processos.

Essa ressalva, já prevista na Segunda Diretiva, visa a tutelar o direito de defesa e do devido processo legal, determinando que toda a informação obtida no âmbito de um procedimento judiciário seja protegida pelo segredo profissional, ou seja, recobre integralmente e sem qualquer limitação todas as situações em que o advogado atua no exercício do patrocínio judiciário.[34]

No entanto, a ressalva não soluciona totalmente o conflito, vez que as consultas extrajudiciais, de acordo com a lei de lavagem, não estão protegidas pelo segredo profissional, devendo o advogado, sempre que a operação se enquadrar nas hipóteses do artigo 12, letra c, do Decreto Legislativo nº 231/2007 e for supeita, nos termos do quadro regulatório, comunicar imediatamente a UIF.

---

[32] Disponível em: <www.altalex.com/index.php?idnot=1497>.
[33] "2. *L'obbligo di segnalazione di operazioni sospette di cui all'articolo 41 non si applica ai soggetti indicati nelle lettere a), b) e c) del comma 1 per le informazioni che essi ricevono da un loro cliente o ottengono riguardo allo stesso, nel corso dell'esame della posizione giuridica del loro cliente o dell'espletamento dei compiti di difesa o di rappresentanza del medesimo in un procedimento giudiziario o in relazione a tale procedimento, compresa la consulenza sull'eventualità di intentare o evitare un procedimento, ove tali informazioni siano ricevute o ottenute prima, durante o dopo il procedimento stesso.*"
[34] Vitalino Canas. *O crime de branqueamento*, op. cit., p. 57.

3. A Lei nº 12.683/2012 (Brasil)

No dia 10 de julho de 2012, foi publicada a Lei nº 12.683, a qual altera significativamente a Lei nº 9.613/1998, conhecida como a lei de lavagem de dinheiro. A "nova" lei busca incorporar as recomendações internacionais acerca do tema, principalmente as propostas pelo Gafi, e visa "tornar mais eficiente a persecução penal dos crimes de lavagem de dinheiro".[35]

Inegável que a Lei nº 12.683/2012 apresenta semelhanças com a Diretiva 2001/97/CE, ambas oriundas da mesma linha de Recomendações do Gafi, e isso não poderia ser diferente, vez que o crime de lavagem de dinheiro é marcado pela nota da internacionalidade, sendo necessário para o combate deste a uniformização das leis.[36]

As principais mudanças impostas pela "nova" lei foram o término do rol de crimes antecedentes e o aumento do rol de "pessoas obrigadas", sendo esta última alteração a que interessa ao presente trabalho, posto que o artigo 9º, parágrafo único, inciso XIV, da Lei nº 9.613/1998, passa a vigorar nos seguintes termos:

> São obrigados a comunicar as pessoas físicas ou jurídicas que prestem, mesmo que eventualmente, serviços de assessoria, consultoria, auditoria, aconselhamento ou assistência, de qualquer natureza, em operações:
> I — de compra e venda de imóveis, estabelecimentos comerciais ou industriais ou participações societárias de qualquer natureza;
> II — de gestão de fundos, valores mobiliários ou outros ativos;
> III — de abertura ou gestão de contas bancárias, de poupança, investimento ou de valores mobiliários;
> IV — de alienação ou aquisição de direitos sobre contratos relacionados a atividades desportivas ou artísticas.

Verifica-se que as hipóteses trazidas pelo artigo são bem semelhantes às da lei italiana, no entanto, diferentemente do que sucede na Itália, o advogado não está incluído expressamente no rol de sujeitos obrigados a comunicar atividades

---

[35] Artigo 1º da Lei nº 12.683/2012.
[36] GRANDIS, Rodrigo de. Considerações sobre o dever do advogado de comunicar atividade suspeita de "lavagem" de dinheiro. *Boletim do Instituto Brasileiro de Ciências Criminal — IBCCRIM*, a. 20, n. 237, p. 9-10, ago. 2012.

suspeitas, razão pela qual há campo para discutir se os advogados passaram a ser sujeitos obrigados ou não.

A preocupação deriva, evidentemente e aqui também, da estreita relação entre os novos deveres impostos pela lei e o dever de sigilo profissional, imposto pelo Estatuto da Ordem dos Advogados do Brasil.[37]

Há quem sustente que tal obrigação jamais poderá ser imposta ao advogado criminalista, sob pena de prejudicar o direito de defesa, admitindo-a, no entanto, aos advogados societários e tributaristas, desde que por meio de regulamentação profissional.[38] Por outro lado, há os que neguem a incidência de tal dever a qualquer advogado[39] e, obviamente, há aqueles que entendem que todos os advogados, independentemente da área em que atuam, devem fazer a comunicação ao Conselho de Controle de Atividades Financeiras (Coaf).[40]

Compartilhando da segunda posição, o Órgão Especial do Conselho Federal da Ordem dos Advogados do Brasil, em consulta realizada pelo presidente nacional da OAB, concluiu

> [...] que a nova Lei deve ser interpretada, como todas as demais, de forma sistêmica, prestigiando o conjunto normativo brasileiro, e, portanto, não se aplica aos advogados, em suas relações profissionais com seus clientes, as quais estão protegidas pela garantia do sigilo profissional nos termos da Lei específica 8.906/94 e pelo artigo 133 da Constituição da República.[41]

Ademais, em resposta à consulta feita pelo presidente da OAB/SP, Marcos da Costa, o Órgão Especial do Conselho Federal da Ordem dos Advogados confirmou seu entendimento de que advogados e sociedades de advogados não

---

[37] ESTELLITA, Heloisa; BOTTINI, Pierpaolo Cruz. Alterações na legislação de combate à lavagem: primeiras impressões. *Boletim do Instituto Brasileiro de Ciências Criminal — IBCCRIM*, a. 20, n. 237, p. 2, ago. 2012.

[38] "O procurador Rodrigo de Grandis afirma que o advogado que atua no contencioso criminal não poderia ter essa obrigação, entretanto, o societário e tributarista sim." Disponível em: <www.conjur.com.br/2011-mai-23/diretiva-comunidade-europeia-obriga-advogado-delatar-cliente>.

[39] "Para o advogado criminalista Alberto Zacharias Toron, o dever de comunicar atividades suspeitas pelo advogado atenta contra a natureza do defensor." Disponível em: <www.conjur.com.br/2011-mai-23/diretiva-comunidade-europeia-obriga-advogado-delatar-cliente>.

[40] PASCHOAL, Luana. *Advocacia em risco — perigo para a ampla defesa — advocacy at risk — danger for the legal defense*. Dissertação (mestrado em direito penal) — Universidade de São Paulo, São Paulo, 2012.

[41] Disponível em: <www.oab.org.br/arquivos/lei-de-lavagem.pdf>.

se incluem entre os prestadores de serviços obrigados a informar suas operações com clientes ao Coaf, conforme prevê a nova lei de lavagem de dinheiro (Lei 12.683/2012).[42]

Nesse sentido, o entendimento é que os advogados e as sociedades de advogados não devem fazer qualquer cadastro no Coaf e nem têm dever de divulgar qualquer dado sigiloso de clientes que lhe foram entregues e confiados no exercício profissional da atividade.

Ocorre que se levarmos em conta as legislações estrangeiras sobre o tema e as recomendações do Gafi, principalmente o relatório da última avaliação do Brasil apresentado em junho de 2011,[43] que cita a não colocação de advogados como "pessoas obrigadas", resta claro que os advogados estariam, sim, incluídos no rol de sujeitos obrigados a comunicar, e caso seja esse o entendimento do Supremo Tribunal Federal, teremos de tratar da questão do direito de defesa e do sigilo profissional.

A Itália seguiu os termos da Diretiva 2001/97/CE isentando os advogados das obrigações previstas na lei de lavagem quando estes estiverem em missão de defesa ou representando judicialmente o cliente. Desse modo, o legislador solucionou, em parte, o debate, protegendo o direito de defesa e do devido processo legal; no entanto, a questão do sigilo profissional ainda não está clara.

Assim, caso se venha a entender que os advogados estão incluídos no rol de sujeitos da lei de lavagem brasileira, a primeira medida a ser tomada deverá ser a isenção deles da obrigação de comunicar, quando atuarem na defesa de seu cliente em um processo judicial ou prestar assessoria/consultoria sobre um procedimento judicial; caso contrário, serão contrariados dispositivos constitucionais.[44] Nesse sentido é o entendimento do Rodrigo de Grandis:

> [...] a comunicação de atividades suspeitas obstará que os defensores conheçam o fato com todas as suas circunstâncias, jamais chegando a descortinar impor-

---

[42] Disponível em: <www.oabsp.org.br/noticias/2012/08/21/8173>.
[43] Disponível em: <www.fatf-gafi.org/documents/repository/mutualevaluationreportofbrazil.html>.
[44] Art. 5º, inciso LIV: ninguém será privado da liberdade ou de seus bens sem o devido processo legal; e o artigo 133: O advogado é indispensável à administração da justiça, sendo inviolável por seus atos e manifestações no exercício da profissão, nos limites da lei.

tante e úteis detalhes para a concretização da defesa judicial, em nítido detrimento do postulado do devido processo legal.[45]

Ocorre que referida medida só protege os advogados do contencioso, não abrangendo os advogados que prestam atividade consultiva e que, aos olhos do artigo 26[46] do Código de Ética dos Advogados, também devem manter o sigilo profissional e a lealdade ao seu cliente.

Conclusão

Conforme demonstrado ao longo deste trabalho, o crime de lavagem de dinheiro é um delito transnacional, intimamente ligado à criminalidade organizada, o que torna difícil o seu combate, razão pela qual vem se buscando praticar uma política criminal internacionalizada, ou seja, um arcabouço legal uniforme, destinado à prevenção e repressão desse crime.

A União Europeia tomou consciência desse problema e criou normas específicas para a luta contra a lavagem de dinheiro, por meio de suas Convenções e Diretivas, as quais foram recepcionadas na Itália, principalmente, em seu Decreto Legislativo 231/2007, conhecido como "*Legge Antiriciclaggio*", que trouxe novas determinações, sendo a mais importante delas a inclusão dos advogados no rol de pessoas obrigadas a comunicar informações suspeitas. Essa imposição gerou uma insegurança, e foi preciso a criação de novas normas pelo governo e pelos órgãos responsáveis, para esclarecerem o que seria uma operação suspeita, quando o advogado deveria comunicar e, principalmente, quando estaria isento dessa obrigação.

Em virtude do conflito entre os deveres da lei de lavagem e os dispositivos do Código de Ética que regulam o dever de lealdade e o segredo profissional, a legislação italiana estabeleceu que os advogados, além de estarem submetidos à lei de lavagem apenas nos casos previstos no Decreto Legislativo 231/2007,

---

[45] Rodrigo de Grandis. Considerações sobre o dever do advogado de comunicar atividade suspeita de "lavagem" de dinheiro, op. cit.
[46] "Art. 26: o advogado deve guardar sigilo, mesmo em depoimento judicial, sobre o que saiba em razão de seu ofício, cabendo-lhe recusar-se a depor, como testemunha em processo no qual funcionou ou deva funcionar."

não são obrigados a comunicar quando estiverem exercendo a missão de defesa ou representando judicialmente o cliente.

O Brasil, buscando se adequar ao panorama internacional de combate à lavagem de dinheiro, publicou a Lei nº 12.683/2012, a qual, alterando a Lei nº 9.613/1998, não incluiu expressamente o advogado no rol de pessoas obrigadas a comunicar, embora tenha incluído a prestação de certos serviços em certas operações que podem ser prestados por advogados (artigo 9º, parágrafo único, inciso XIV). Essa alteração tem gerado grandes discussões, vez que a Ordem dos Advogados do Brasil já manifestou entendimento no sentido de que tal dispositivo não se aplica aos advogados, razão pela qual estes não teriam obrigação de comunicar.

Todavia, se tal entendimento sofrer alteração, entendendo-se que os advogados são sujeitos obrigados pela Lei nº 9.613/1998, a experiência italiana demonstra a importância não só de uma segura e detalhada descrição das operações suspeitas, como a imprescindível edição de regulamentação que reduza ao máximo o conflito entre essas obrigações, o dever de sigilo profissional e o direito de defesa, buscando meios que possam salvaguardar direitos e deveres sem impedir o combate à lavagem de dinheiro.

Referências

CANAS, Vitalino. *O crime de branqueamento*: regime de prevenção e de repressão. Coimbra: Almedina, 2004.

CAPPA, Ermanno; CERQUA, Luigi Domenico; TARANTOLA, Anna Maria (Pref.). *Il riciclaggio del denaro*: il fenomeno, il reato, le norme di contrasto. Milão: Giuffrè, 2012.

CAPOLUPO Saverio; CARBONE Michele; STURZO Gaspare. *Antiriciclaggio*: obblighi per professionisti, intermediari e altri soggetti. Ipsoa, 2008

CERBO, Fabrizzio. *Il riciclaggio di denaro*. Articolo 648-bis del codice penale, 2006. Disponível em: <www.overlex.com/leggiarticolo.asp?id=704>. Acesso em: 19 set. 2012.

CERVINI, Raúl; OLIVEIRA, William Terra de; GOMES, Luiz Flávio. *Lei de lavagem de capitais*. São Paulo: Revista dos Tribunais, 1998.

ESPOSITO, Gianluca. Il riciclaggio del denaro proveniente da attività illecite e la Convenzione del Consiglio d'Europa in ordine alla individuazione, sequestro e confisca dei proventi del crimine (1990). *Archivio Penale*, Roma, n. 4, p. 427-430, abr. 1994.

ESTELLITA, Heloisa; BOTTINI, Pierpaolo Cruz. Alterações na legislação de combate à lavagem: primeiras impressões. *Boletim do Instituto Brasileiro de Ciências Criminal — IBCCRIM*, a. 20, n. 237, p. 2, ago. 2012.

FISICARO, Emanuele. *Antiriciclagiio e terza direttiva UE*: obbligui a carico dei professionisti intermediari finanziari e operati non finanziari allá luce Del D. LGS. 231/2007. Prefazione di Pier Luigi Vigna. Milão: Giuffrè, 2008.

GHIRELLO, Mariana. *Advogado pode ser obrigado a delatar cliente*. Disponível em: <www.conjur.com.br/2011-mai-23/diretiva-comunidade-europeia-obriga-advogado-delatar-cliente>. Acesso em: 20 set. 2012.

GODINHO, Jorge Alexandre Fernandes. *Do crime de "branqueamento" de capitais*: introdução e tipicidade. Coimbra: Livraria Almeida, 2001.

GRANDIS, Rodrigo de. Considerações sobre o dever do advogado de comunicar atividade suspeita de "lavagem" de dinheiro. *Boletim do Instituto Brasileiro de Ciências Criminais — IBCCRIM*, a. 20, n. 237, p. 9-10, ago. 2012.

MACHADO, Maíra Rocha; REFINETTI, Domingos Fernando (Org.). *Lavagem de dinheiro e recuperação de ativos*: Brasil, Nigéria, Reino Unido e Suíça. São Paulo: Quartier Latin, 2006.

ORDEM DOS ADVOGADOS DO BRASIL. *Processo nº 49.0000.2012.006678-6/CNECO*. Disponível em: <www.oab.org.br/arquivos/lei-de-lavagem.pdf>. Acesso em: 1º set. 2012.

ORGANISMO UNITARIO DELL'AVVOCATURA ITALIANA. *Antiriciclaggio, gli obblighi per gli avvocati*: i nuovi indicatori di anomalia per l'individuazione delle operazioni sospette. Disponível em: <www.oua.it/NotizieOUA/scheda_notizia.asp?ID=1115>. Acesso em: 18 jun. 2012.

PASCHOAL, Luana. *Advocacia em risco — perigo para a ampla defesa — advocacy at risk — danger for the legal defense*. Dissertação (mestrado em direito penal) — Universidade de São Paulo, São Paulo, 2012.

REMO, Danovi. *La nuova normativa antiriciclaggio e le professioni*. Milão: Giuffrè, 2008.

SAADI, Ricardo Andrade. O combate à lavagem de dinheiro. *Boletim do Instituto Brasileiro de Ciências Criminais — IBCCRIM*, a. 20, n. 237, p. 7-8, ago. 2012.

SÁNCHEZ RIOS, Rodrigo. A política criminal destinada à repressão da lavagem de dinheiro: o papel do advogado e suas repercussões. In: VILARDI, Celso Sanchez; BRESSER-PEREIRA, Flávia Rahal; DIAS NETO, Theodomiro (Coord.). *Análise contemporânea*. São Paulo: Saraiva, 2009.

VANNINI, Alessandra Rossi. Il riciclaggio: doveri e responsabilità del professionista. *Rivista Trimestrale di Diritto Penale Dell'Economia*, Padova, v. 8, n. 4, p. 1301-1314, out./dez. 1995.

UNIONE TRIVINETA. *La normativa antiriciclaggio per gli avvocati*. Disponível em: <www.ilcaso.it/privacy/antiriciclaggio-28-01-08.pdf>. Acesso em: 18 jun. 2012.

5
A regulamentação portuguesa

Luis Gustavo Veneziani Sousa

1. Introdução

Com o advento da Lei nº 12.683, de 9 de julho de 2012, profundas alterações foram implantadas em nosso ordenamento jurídico na tentativa de tornar os meios de combate à lavagem de dinheiro mais eficazes no Brasil.

A reforma tocou em ponto especialmente delicado, que é o da possível inclusão dos advogados no rol dos sujeitos obrigados a identificação e comunicação na política de prevenção à lavagem *vis-à-vis* a proteção do sigilo profissional.

Traçaremos, assim, um paralelo com a realidade portuguesa, elencando a evolução legislativa e os pontos controversos que se configuraram ao longo dos anos acerca dos questionamentos relacionados com o direito do advogado em manter o sigilo profissional diante de atividade suspeita de "branqueamento de capitais".

2. Histórico do "crime de branqueamento de capitais" e a evolução legislativa em Portugal

O branqueamento de capitais (terminologia portuguesa), em nosso país chamado de "lavagem de dinheiro ou capitais", é prática criminosa que desde a década de 1970 vem sendo combatida por algumas nações.

Somente nos anos 1990, todavia, e especialmente após o ataque terrorista de 11 de setembro de 2001, ganhou especial atenção, com destaque para a comunidade europeia, que se esforçou para tentar evitar o financiamento de grupos terroristas com capitais oriundos de práticas criminosas.

Nesse contexto, ao longo de décadas, as normas antibranqueamento foram consolidadas da seguinte forma, a saber: (i) Convenção de Viena de 1988, que tratava do combate ao Tráfico Ilícito de Estupefacientes e de Substâncias Psicotrópicas; (ii) Declaração de Basileia, de 12 de outubro de 1988, que buscava impossibilitar a utilização do sistema bancário para branqueamento de capitais; (iii) Cimeira de Paris, de 1989, realizada pelos países-membros do G-7 a fim de criar o Grupo de Ação Financeira contra o Branqueamento de Capitais (Gafi); (iv) Convenção de Estrasburgo, de 1990; (v) Primeira Directiva — 91/308/CEE; (vi) Segunda Directiva — 2001/97/CE e (vii) Terceira Directiva — 2005/60/CE.

Guardadas as finalidades e importantes avanços advindos com as regulamentações citadas, mister darmos especial atenção para a criação do Gafi.

Em 1990, logo após a sua criação, o Gafi[1] veiculou suas 40 recomendações, cuja finalidade era o combate às práticas utilizadas para lavagem de dinheiro. De modo a refletir as formas de branqueamento de capitais, tais recomendações foram revistas pela primeira vez em 1996. Todavia, no ano de 2004, com o alargamento dessas orientações a fim de englobar as atividades suspeitas de financiamento às práticas terroristas, houve a aprovação das Nove Recomendações Especiais sobre o Financiamento do Terrorismo.[2]

As 40 primeiras recomendações foram a base para a Primeira, Segunda e Terceira Diretivas Europeias, as quais propiciaram, no caso de Portugal, profundas alterações legislativas ao serem transpostas para o ordenamento jurídico nacional.

No que tange ao sigilo profissional do advogado, foi a Terceira Directiva (2005/60/CE), incorporada no ordenamento jurídico português por meio da Lei nº 25/2008, que trouxe as mais significativas mudanças em função da exigência de comunicação, pelos advogados, das atividades suspeitas de "branqueamento de capitais".

3. Sigilo profissional do advogado em Portugal e a Lei nº 25/2008

Ao tratar do sigilo profissional do advogado em Portugal, a Lei nº 25/2008, em seu art. 4º, alínea "f", item "i" até "vi", elencou rol taxativo dos prestadores de

---

[1] Disponível em: <www.coaf.fazenda.gov.br/downloads/40%20Recomendacoes%20-%20GAFI-FAFT.pdf>.
[2] Disponível em: <www.coaf.fazenda.gov.br/downloads/9%20Recs.pdf>.

serviço que estão sujeitos às disposições legais do referido diploma, entre eles os advogados.

Contudo, o próprio artigo 35 da Lei nº 25/2008, que disciplina os deveres do advogado, dispensa-o da obrigação de comunicação quando estiver avaliando a situação jurídica do cliente, em âmbito de consulta jurídica, assim como na representação em processo judicial, ou a respeito dele, e, ainda, quanto ao aconselhamento referente à propositura ou não de medida judicial.[3]

Apesar de elencar as situações sujeitas à comunicação e aquelas em que há cláusula de exceção, a Lei nº 25/2008 criou certa incompatibilidade com a Lei nº 49/2004 — que define o sentido e o alcance dos atos próprios dos advogados.

Isso porque a Lei nº 49/2004 estabelece que as atividades do advogado vão desde rol taxativo do art. 1º até o exercício de mandato forense e a consulta jurídica.

Esse conflito de normas pode dar causa à mitigação do sigilo profissional do advogado, ainda que este esteja atuando dentro de seus limites profissionais (ou seja, atos privativos estabelecidos pela Lei nº 49/2004), mas que, por não se encaixarem na exceção do art. 35, inciso II, da Lei nº 25/2008, deixa-o obrigado à comunicação, conforme o art. 4º, alínea "f", incisos "i" até "vi", desse diploma.

Seria o caso, por exemplo, do advogado que exerce ato próprio (previsto no art. 1º, inciso 6, alínea "a", da Lei nº 49/2004), consistente na atividade consultiva para criação de uma "holding", cuja intenção é formalizar negócio jurídico a fim de transferir ativos para a nova pessoa jurídica.

Nesse cenário específico, em que pese a cláusula de exceção do art. 35, inciso II, da Lei nº 25/2008, existe uma linha muito tênue a separar o âmbito da consulta jurídica com a execução de atos tidos como essenciais para a posterior "criação", como diz a lei, de "empresas e estruturas análogas", caso em que o advogado pode passar a figurar como partícipe ou coautor do crime de branqueamento de capitais, em função do descumprimento do dever de comunicação, previsto no artigo 4º, alínea "f".

---

[3] Art. 35: "Tratando-se de advogados ou solicitadores e estando em causa as operações referidas na alínea f) do artigo 4º, não são abrangidas pelo dever de comunicação, as informações obtidas no contexto da avaliação da situação jurídica do cliente, no âmbito da consulta jurídica, no exercício da sua missão de defesa ou representação do cliente num processo judicial, ou a respeito de um processo judicial, incluindo o aconselhamento relativo à maneira de propor ou evitar um processo, bem como as informações que sejam obtidas antes, durante ou depois do processo".

Indiscutivelmente, da leitura do texto legal, podemos constatar que a fragilidade do sigilo profissional do advogado fica reservada às atividades consultivas. Imaginemos a criação de uma empresa para gestão de fundos, onde, claramente, o advogado envolvido exerce suas atividades dentro dos limites legais, todavia, sem o seu conhecimento, a estrutura demandada pelo cliente é destinada ao branqueamento de capitais. Em que pese respeitarmos o posicionamento adotado em Portugal, até mesmo em casos dessa natureza, o advogado não deveria ser responsabilizado. De igual modo, não poderia sequer ficar sujeito à comunicação: advogado não exerce papel fiscalizador.

Isso porque, quando atuando dentro dos limites profissionais, ou seja, em consonância com a Lei nº 49/2004, está abarcado pela cláusula de exceção. E não poderia ser diferente: tomemos como base situações voltadas à criação de estruturas societárias e de gestão de fundos no mercado de capitais, onde existem cláusulas de confidencialidade que não possibilitam aos envolvidos revelar as informações que possuem. Como é sabido, muitos advogados são consultados para verificação da viabilidade do negócio, tomando conhecimento de questões estratégicas, às vezes já em estágio de execução avançado, tão somente em função da sua profissão.

Causaria grande insegurança saber que o advogado, ao estudar a viabilidade do negócio plenamente lícito, poderia figurar como verdadeiro propagador de informação relevante e sigilosa ao mercado, por entender que se trata de operação suspeita, não abarcada pelo artigo 35, inciso II, da Lei nº 25/2008.

Logo, o advogado que exerce suas atividades dentro da legalidade, seja no âmbito consultivo ou contencioso, não deveria ficar sujeito à comunicação.

Estaria em situação diversa, porém, o advogado que age como "consultor econômico ou fiscal, fora dos serviços conexos de aconselhamento, do patrocínio ou da defesa, como mero responsável, ou melhor, titular de administração ou de gestão de sociedade, designadamente representante de *off-shore*, ou como empresário ou cidadão".[4] Para esse profissional, entendemos que não há que se falar em segredo profissional, haja vista tratar-se de atuação não privativa do advogado.

Todavia, independentemente do posicionamento adotado, certo é que o advogado, quando sujeito à comunicação, deverá seguir o previsto no artigo 35, da Lei nº 25/2008.

---

[4] Disponível em: <www.oa.pt/Conteudos/Artigos/detalhe_artigo.aspx?idc=117&idsc=9562&ida=27503>.

Assim, o que se busca, nesse ponto, é a harmonização do artigo 35, da Lei nº 25/2008, com a regulamentação relacionada com os procedimentos para quebra do sigilo profissional (Regulamento 94/2006, da Ordem dos Advogados), que estabelece que o segredo somente será afastado após prévia autorização do presidente do conselho distrital, com recurso para o Bastonário, nos termos do art. 87 do Estatuto dos Advogados.

Certamente por isso, a Lei nº 25/2008 admitiu que o advogado, diante de uma situação suspeita, deverá comunicá-la primeiramente ao Bastonário, que por sua vez decidirá se os órgãos de controle deverão ser informados ou não.

Conforme já explicitado, o inciso II, do artigo 35, da Lei nº 25/2008, é claro ao não sujeitar a comunicação das operações referidas no art. 4º, alínea "f", da Lei nº 25/2008, quando obtidas durante consulta e avaliação jurídica, ou no exercício da defesa do cliente. Nesse cenário, o advogado sequer estará obrigado a comunicar o Bastonário para que julgue sobre a necessidade de quebra do sigilo profissional. Vale dizer: em que pese inexistir maior detalhamento no texto legal, parece que pouco importa estabelecer se a atividade anteriormente desenvolvida é consultiva ou contenciosa.

Basta que, diante de qualquer das operações previstas no art. 4º, alínea "f", da Lei nº 25/2008, faça-o dentro dos limites legais do exercício da profissão. Se assim agir, o advogado estará acobertado pelas causas de exclusão do dever de comunicação, previstas no art. 35, inciso II, da Lei nº 25/2008.

3.1 Razões para a manutenção do segredo profissional do advogado

O exercício da advocacia, quer seja contenciosa, quer seja consultiva, tem como pilar central o estabelecimento de um vínculo de confiança.

Não por outro motivo, o segredo deve ser entendido como um dos meios para que esse vínculo entre defensor e cliente seja criado.

Tal condição, exercida dentro de seus limites deontológicos,[5] está voltada à busca da consolidação de um estado democrático de direito, assegurando o

---

[5] Código de Deontologia dos Advogados Europeus — Versão Oficial Portuguesa — Deliberação nº 2511/2007 OA. Disponível em: <www.oa.pt/Conteudos/Artigos/detalhe_artigo.aspx?idc=1&idsc=1244&ida=61807>.
"1.1 — A função do advogado na sociedade:

devido processo legal, o exercício do contraditório e da ampla defesa, bem como o aconselhamento daqueles que aguardam por orientação.

Em outras palavras, o que se busca com a garantia do sigilo profissional do advogado é o bom andamento da justiça, com a criação de um ambiente onde a verdade possa ser buscada sem a violação de direitos e garantias fundamentais dos homens, tais como a imagem e a reserva da intimidade.[6]

Nesse cenário, o segredo não pode ser visto como simples atributo da advocacia, de modo a permitir que o defensor, juntamente com o seu cliente, forme verdadeira parceria criminosa — e, no que interessa ao objeto deste estudo, lavem dinheiro.

O advogado é peça essencial à administração da justiça, sendo o segredo condição para que o exercício da defesa e a construção do vínculo de confiança subsistam.

Conforme M. Poiares Maduro, a preservação do segredo profissional tem uma função dupla,

> é útil para o cliente, depositário do segredo, que pode sentir-se seguro, em transmitir a um terceiro de confiança, o seu advogado. Mas também o é para a sociedade no seu conjunto, na medida em que, favorecendo o conhecimento do direito e o exercício dos direitos de defesa, promove a boa administração da justiça e a manifestação da verdade. Contudo, esta relação é frágil, deve poder desenvolver-se em um âmbito protegido. Assim, o importante para o presente caso é delimitar cuidadosamente os limites deste âmbito. Não pode ser demasiado reduzido, sob pena de destruir as condições de uma verdadeira relação de confiança entre o advogado e o seu cliente. Mas, por outro lado, não pode ser demasiado amplo, sob pena de fazer do segredo um simples atributo da profissão de advogado. Ora, o segredo profissional não pode ser propriedade do advogado. Deve antes ser considerado um valor e um encargo. Segundo as palavras de Lord Denning, o privilégio que resulta desse segredo "não é privilégio do advo-

---

Numa sociedade baseada no respeito primado da lei, o advogado desempenha um papel especial. Os deveres do advogado não se esgotam no cumprimento rigoroso do seu mandato dentro dos limites da lei. O advogado deve servir o propósito de uma boa administração da justiça ao mesmo tempo que serve os interesses daqueles que lhe confiaram a defesa e afirmação de seus direitos e liberdades. *Um advogado não deve ser apenas um pleiteador de causas, mas também conselheiro de seu cliente.* O respeito pela função do advogado assume-se como uma condição essencial para a garantia do Estado de Direito Democrático". (grifamos)

[6] Art. 26, Constituição da República Portuguesa.

gado, mas do seu cliente". Este privilégio só faz sentido se servir o interesse da justiça e o respeito do direito. É confiado ao advogado apenas na sua qualidade de agente da justiça.[7]

O advogado, quando atua, não defende seus interesses, mas sim os do seu cliente. Isso confere ao sigilo profissional da advocacia a condição de poder-dever, voltado à proteção do terceiro que busca o aconselhamento. Não eleva o profissional, jamais, à condição de sujeito imune às previsões legais.

Assim como o causídico criminalista que defende um homicida, impedido de delatar seu cliente, não tem sua figura associada à condição de patrono criminoso, não é possível criar raciocínio contrário a fim de concluir que o advogado que toma conhecimento, durante consulta, de ato suspeito de lavagem de capitais, caso não comunique os órgãos competentes, seja responsabilizado.

Isto implicaria o cerceamento da profissão: na prática, não é possível obrigar o advogado, quando procurado, a distinguir "o tempo do aconselhamento do tempo da representação",[8] pois isso afetaria, certamente, o exercício do seu mister.

Todavia, esse aconselhamento jamais poderá ser uma orientação à lavagem de dinheiro, pois, como pondera Sánchez Rios,

> é preciso reconhecer que nenhuma classe profissional goza de imunidade absoluta. Nesse sentido, as considerações das Diretrizes (Diretivas) da Comunidade Europeia relativas à prevenção da utilização do sistema financeiro para efeitos de branqueamento de capitais e as Recomendações do Grupo de Ação Financeira (Gafi) são coerentes ao identificar a atuação de qualquer profissional como possível partícipe ou autor do delito de lavagem, especialmente quando atua em nome ou sociedade com o agente branqueador. Com esse fim, dando ênfase ao plano preventivo, tanto a Diretriz como o Gafi sugerem a imposição ao advogado do dever de vigilância e comunicação de operações suspeitas dos seus clientes (art. 2-A.5 e Recomendação n. 12, letra "d", e n. 16).

---

[7] Conclusões de M. Poiares Maduro — Processo C-305/05. Ordre des Barreaux Francophones et Germanophone E.O.
[8] Ibid.

Mas, observa ele, "a própria Diretriz e a Recomendação desobrigam o profissional de comunicar as informações que tenha obtido em situações sujeitas a segredo profissional ou cobertas por um privilégio profissional de natureza legal, leia-se, decorrentes de sua atuação profissional".[9]

Em Portugal, em função da expressa previsão do artigo 4º, alínea "f", da Lei nº 25/2008, o advogado que agir fora dos limites estabelecidos pelo artigo 35, inciso II, do mesmo diploma, terá a mitigação do seu sigilo profissional.

Em que pese os esforços da Ordem dos Advogados Portugueses, a Lei nº 25/2008, como redigida, protege apenas os advogados ligados à atuação contenciosa e consultiva voltada à atuação contenciosa.

Isso porque o artigo 35, inciso II, da Lei nº 25/2008, deixa imune à comunicação apenas a consulta "no exercício da sua missão de defesa ou representação do cliente num processo judicial", ou então o aconselhamento "relativo à maneira de propor ou evitar um processo, bem como as informações que sejam obtidas antes, durante ou depois do processo".

Claramente, a vulnerabilidade do dever de comunicação está relacionada com os advogados que atuam no âmbito da estruturação de operações, como aqueles ligados às áreas consultivas tributária, societária e financeira.

Nesse sentido, já se manifestou o Tribunal de Justiça Europeu:

> O advogado não estará em condições de assegurar adequadamente a sua missão de aconselhamento, defesa e representação do seu cliente, ficando este consequentemente privado dos direitos que lhe são conferidos pelo artigo 6º da CEDH, se o primeiro, no âmbito de um processo judicial ou da sua preparação, for obrigado a colaborar com as autoridades públicas mediante a transmissão de informações obtidas em consultas jurídicas que tiveram lugar no âmbito desse processo.
>
> [...]
>
> Em contrapartida, há que reconhecer que as exigências relacionadas com o direito a um processo equitativo não obstam a que os advogados, sempre que actuem no preciso âmbito das actividades enumeradas no artigo 2º-A, nº 5, da Directiva 91/308, mas num contexto não abrangido pelo artigo 6º, nº 3, segundo parágrafo, da referida directiva, fiquem sujeitos às obrigações de informação

---

[9] SÁNCHEZ RIOS, Rodrigo. *Direito penal econômico*: advocacia e lavagem de dinheiro: questões de dogmática jurídico-penal e de política criminal. São Paulo: Saraiva, 2010. p. 99-100. (Direito penal econômico. GVlaw)

e de colaboração instituídas pelo artigo 6º, nº 1, desta directiva, uma vez que essas obrigações são justificadas, como sublinha nomeadamente o terceiro considerando da Directiva 91/308, face à necessidade de lutar eficazmente contra o branqueamento de capitais, que tem uma nítida influência na expansão do crime organizado, o qual representa ele próprio uma especial ameaça para as sociedades dos Estados-Membros.

Em face do exposto, conclui-se que as obrigações de informação e de colaboração com as autoridades responsáveis pela luta contra o branqueamento de capitais, previstas no artigo 6º, nº 1, da Directiva 91/308 e impostas aos advogados pelo artigo 2º-A, nº 5, desta diretiva, atendendo ao artigo 6º, nº 3, segundo parágrafo, da mesma, não violam o direito a um processo equitativo garantido pelos artigos 6º da CEDH e 6º, nº 2, UE.[10]

Assim, em função de expressa previsão legal e de acordo com decisões dos Tribunais, resta claro que o entendimento adotado é no sentido de que a obrigação de comunicação imposta ao advogado, quando não acobertado pela cláusula de exceção do art. 35, inciso, II, da Lei nº 25/2008, não viola o livre exercício da profissão.

Todavia, acreditamos que o posicionamento adotado pela Ordem dos Advogados de Portugal é louvável, pois a quebra do sigilo profissional colocará em risco a criação do vínculo de confiança necessário ao exercício da advocacia em sua plenitude.

4. Sigilo profissional do advogado no Brasil e o advento da Lei nº 12.683/2012

No Brasil, assim como em Portugal, a atividade da advocacia está devidamente regulamentada, com direitos e deveres claramente estabelecidos, quer seja na constituição (art. 133, Constituição brasileira, e art. 208, Constituição portuguesa), quer seja em leis ordinárias.[11]

---

[10] Acórdão do Tribunal de Justiça Europeu — Processo C-305/05, grifamos. Disponível em: <http://curia.europa.eu/juris/document/document.jsf?text=advogado%2Bcomunicar%2Bbranqueamento%2Bde%2Bcapitais&docid=61675&pageIndex=0&doclang=PT&mode=lst&-dir=&occ=first&part=1&cid=1305747#ctx1>.

[11] Brasil: Lei nº 8.906/1994; Portugal: Lei nº 15/2005.

Indiscutivelmente, o legislador, quando prevê a advocacia como atividade essencial à administração da justiça, não busca conferir ao advogado prerrogativas que o elevem à condição de agente imune: apenas reconhece sua importância como pilar para a consolidação do estado democrático de direito.

Para isso, assim como em Portugal, revestiu o advogado de direitos e deveres que possibilitem a construção de um vínculo entre o profissional e o cliente.

Não por outro motivo, estabeleceu que o advogado, conforme o art. 207 do Código de Processo Penal, fica impedido de depor em juízo sobre os fatos que tomou conhecimento em função da sua profissão. Se assim não agir e sem justa causa revelar segredo profissional, estará sujeito à aplicação das sanções previstas no art. 154, do Código Penal.

Por isso, no regular exercício das atividades privativas do advogado, não seria plausível que um profissional essencial à administração da justiça fosse rebaixado à condição de delator.

A fim de evitar a criação de uma profissão imune aos preceitos legais, estabeleceu parâmetros para o exercício da advocacia, os quais, se exercidos regularmente, impedem a quebra do sigilo profissional.

4.1 Das atividades privativas do advogado no Brasil

Desde a criação da Ordem dos Advogados do Brasil, a advocacia deixou "de ser profissão exclusivamente privada e exercida com a mais ampla e irrestrita liberdade, para tornar-se regulamentada, selecionada, fiscalizada e disciplinada, funções essas delegadas pelo poder público à própria classe".[12]

Vale dizer: criaram-se, a partir de então, mecanismos de controle para evitar que pessoas não habilitadas pratiquem atos que exigem conhecimento técnico e, com isso, "coibir o abuso de certas pessoas, ludibriando inocentes que acreditam estar diante de profissionais habilitados, quando, na realidade, trata-se de uma simulação de atividade laborativa especializada".[13]

Portanto, somente profissionais devidamente habilitados é que, por determinação legal, podem aconselhar e instruir juridicamente qualquer pessoa.

---

[12] SODRÉ, Ruy de Azevedo. *A ética profissional e o estatuto do advogado*. São Paulo: Ltr., 1975. p. 282.
[13] NUCCI, Guilherme de Souza. *Leis penais e processuais penais comentadas*. São Paulo: Revista dos Tribunais, 2006. p. 47.

O simples fato de ser a advocacia conceituada como profissão liberal não confere a qualquer pessoa a liberdade de exercê-la indistintamente.

Estas considerações iniciais são de suma importância, tendo em vista a necessidade de se estabelecer, desde já, a abrangência das atividades privativas da advocacia e, por consequência, quem está habilitado a exercê-las.

O art. 1º do Estatuto da OAB[14] prevê que as atividades de consultoria, assessoria e direção jurídicas são atividades privativas da advocacia.

Por consultoria,[15] analisando o sentido literal da palavra, deve-se entender a atividade exercida pelo advogado que traça diretriz jurídica a ser seguida em caso concreto, indicando vantagens e conveniências de determinada conduta, ou seja, aquele que tem a função de dar parecer sobre matéria de sua especialidade. Nessa atividade, o advogado pode, em muitos casos, recomendar para seu cliente a adoção de postura específica, ou seja, aconselhar e instruir aquele que lhe procurou à adoção de determinada medida. Em situações dessa natureza, a atividade do advogado poderá ser exercida por meio de pareceres ou respostas escritas às consultas realizadas, bem como efetivar-se informalmente, por meio de orientações verbais.

Com base na lição de Ruy de Azevedo Sodré,[16] a instrução acerca de postura jurídica a ser adotada diante de situação concreta, acompanhada ou não de opinião científica sobre o tema, é atividade privativa da advocacia e exclusiva dos advogados inscritos na Ordem dos Advogados do Brasil, por tratar-se de consultoria jurídica (arts. 1º e 3º da Lei nº 8.906/1994 — Estatuto da OAB).

No que tange a assessoria e direção jurídicas, estas demandam, além da prévia consultoria, participação ativa do advogado, consistente no auxílio ou adoção de rumos e estratégias capazes de prevenir ou solucionar litígios. Isto porque

---

[14] Art. 1º — São atividades privativas de advocacia:
I — a postulação a qualquer órgão do Poder Judiciário e aos juizados especiais;
II — as atividades de consultoria, assessoria e direção jurídicas.
[15] HOUAISS, Antonio; VILLAR, Mauro de Salles. *Dicionário Houaiss da língua portuguesa*. Rio de Janeiro: Objetiva, 2009. p. 532. Consultoria: "1. ação ou efeito de dar consultas, conselhos, etc. 2. ação ou efeito de (um especialista) dar parecer sobre matéria de sua especialidade. 3. cargo de consultor."
[16] SODRÉ, Ruy de Azevedo. *A ética profissional e o estatuto do advogado*. São Paulo: LTr, 1975. p. 273: "já de longa data vimos externando nossa opinião de que deve ser ato privativo do advogado não somente postular em juízo, como a prática de certos atos, preparativos uns e preventivos outros, todos porém inerentes ao exercício da profissão".

o assessor[17] é aquele que ajuda alguém em determinados casos com base em seu conhecimento técnico, podendo chegar ao ponto de substituir o assessorado se houver algum impedimento transitório.

Assim, o advogado que presta assessoria jurídica, além de elaborar um raciocínio jurídico, adentra no plano de execução. Podemos dar o exemplo do advogado que redige um contrato e acompanha seu cliente no momento da lavratura de uma escritura pública. Em ambos os casos, trata-se de função privativa da advocacia, razão pela qual subsiste o sigilo profissional.

Apesar de ser possível que qualquer outra pessoa venha a redigir um contrato, apenas o advogado pode exercer essa atividade de forma remunerada, tendo em vista previsão legal que define a assessoria e a consulta jurídicas como atividades privativas do bacharel em direito regularmente inscrito nos quadros da Ordem dos Advogados do Brasil.[18]

O mesmo raciocínio se aplica à atividade de direção ou gerência jurídicas, onde, nas empresas que possuírem departamento próprio para cuidar de questões jurídicas, no âmbito contencioso ou consultivo, somente o advogado poderá exercer esse cargo.

Ainda, segundo parecer do Tribunal de Ética e Disciplina da Ordem dos Advogados do Brasil — Seção de São Paulo, até mesmo a atividade de auditoria jurídica, embora não mencionada expressamente no texto legal, deveria ser considerada privativa de advogado, "por tratar-se de espécie do gênero consultoria/assessoria jurídica".[19]

Assim, a consultoria, assessoria e direção jurídicas são atividades privativas do advogado, o qual frequentemente tenta prevenir ou solucionar conflitos no campo extrajudicial. Observa Netto Lobo que

---

[17] Antonio Houaiss e Mauro de Salles Villar. *Dicionário Houaiss da língua portuguesa*, op. cit., p. 204. Assessor: "1. aquele que é adjunto a alguém, que exerce uma atividade ou cargo para ajudá-lo em suas funções e, eventualmente, substituí-lo nos impedimentos transitórios. 1.1. especialista em determinado assunto que auxilia alguém em cargo de decisão com subsídios da área de sua especialidade".

[18] Lei nº 8.906/1994: "Art. 1º: São atividades privativas da advocacia: II — as atividades de consultoria, assessoria e direção jurídicas; §2º — os atos e contratos constitutivos de pessoas jurídicas, sob pena de nulidade, só podem ser admitidos a registro, nos órgãos competentes, quando visados por advogados".

[19] Tribunal de Ética e Disciplina da Ordem dos Advogados do Brasil — Seção de São Paulo. Processo E-3.369/06. Disponível em: <http://www.oabsp.org.br/tribunal-de-etica-e-disciplina/melhores-pareceres/E336906>.

a área mais dinâmica das profissões jurídicas, na atualidade, é a atuação extrajudicial, em várias dimensões. Podemos encará-la de dois modos: como atividades preventivas e como atividades extrajudiciais de solução de conflitos. No primeiro caso, busca-se evitá-los. No segundo, buscam-se meios distintos do processo judicial para solucionar conflitos já instalados ou com potencial de litigiosidade; este é o campo das mediações, das negociações individuais ou coletivas, da arbitragem, da formulação de condições gerais para contratação, do desenvolvimento de regras extraestatais de conduta, tanto nas relações internas quanto nas relações internacionais.[20]

Destarte, tratando-se de atividade de consultoria, assessoria e consultoria jurídica, as quais só podem ser exercidas por advogado devidamente registrado nos quadros da Ordem dos Advogados do Brasil, não há que se falar em mitigação do segredo profissional, conforme veremos a seguir.

4.2 Antinomia jurídica e rol genérico das atividades sujeitas à comunicação

A advocacia, como já salientado anteriormente, é atividade devidamente regulamentada e com abordagem diferenciada na Constituição Federal.

Em que pese termos sustentado que o advogado tem fundamental papel à promoção da justiça, é salutar esclarecermos que sua atuação não se restringe à intervenção litigiosa, mas também consultiva.

Isso posto, passemos a uma análise dos motivos pelos quais não cabe a mitigação do segredo profissional do advogado.

A Lei nº 12.683/12012, ao elencar as atividades sujeitas à comunicação, em seu art. 9º, previu a consultoria, assessoria e assistência, de qualquer natureza, como atividades sujeitas à comunicação. Deixou, todavia, de mencionar expressamente o advogado como profissional sujeito às novas obrigações.

Tendo em vista regulamentação da profissão por meio de lei específica, bem como as regras constitucionais que asseguram ao advogado o livre exercício da sua profissão, é duvidoso que a Lei nº 12.683/2012 abarque os advogados.

---

[20] LOBO, Paulo Luiz Netto. *Comentários ao estatuto da advocacia e da OAB*. 3. ed. rev. e atual. São Paulo: Saraiva, 2002. p. 24.

Esse, inclusive, foi o sentido do parecer emanado pelo Conselho Federal da Ordem dos Advogados do Brasil:

> É de clareza solar que o advogado mereceu tratamento diferenciado na Constituição Federal, que expressamente o considerou indispensável à justiça. Assim, não parece razoável supor que uma lei genérica, que trata de "serviços de assessoria, consultoria, contadoria, auditoria, aconselhamento ou assistência, de qualquer natureza" possa alterar a Lei específica dos Advogados para criar obrigações não previstas no estatuto, que contrariam frontalmente a essência da profissão, revogando artigos e princípios de forma implícita.
>
> Quisesse o legislador criar obrigações novas aos Advogados, revogando uma dezena de artigos do Estatuto da Advocacia, que é lei Federal, deveria tê-lo feito de forma explícita.
>
> Não cabe aqui interpretação analógica ou extensiva. Ao contrário, a toda evidência, a ausência dos profissionais da advocacia no rol elencado pela nova lei é o que a doutrina especializada denomina de SILÊNCIO ELOQUENTE.
>
> O silêncio eloquente do legislador pode ser definido como aquele relevante para o Direito, aquele silêncio proposital. Por ele, um silêncio legislativo sobre a matéria de que trata a lei pode não ser considerado como uma lacuna normativa a ser preenchida pelo intérprete, mas como uma manifestação de vontade do legislador apta a produzir efeitos jurídicos bem definidos. Ele faz parte do contexto da norma, influenciando sua compreensão. O "silêncio eloquente" da lei não deve ser confundido com possíveis lacunas. E exemplifica: se um dispositivo legal enumera, taxativamente, causas determinantes de uma incapacidade, está, silenciosa, mas eloquentemente, afirmando que ninguém pode ser considerado incapaz com base em outras causas não discriminadas naquela norma. Trata-se de hipótese que sequer poderia haver interpretação extensiva, eis que não houve omissão do legislador, mas sim silêncio eloquente. Para Larenz, o silêncio eloquente se dá quando o legislador intencionalmente não inclui disposições a respeito de um determinado assunto, preferindo dispor em outro diploma legal e em outro momento.
>
> Portanto, é hermenêutica de fácil compreensão que ao não se pronunciar a Lei 12.683/2012 sobre os advogados, após citar um extenso rol de atividades, intencionalmente silenciou sobre a sua incidência nesta categoria profissional.

Não pode a Lei genérica revogar princípios e artigos de Lei específica sem fazê-lo de forma explícita.[21]

Além de existir lei especial regulamentando o assunto e a nova Lei de Lavagem não se referir expressamente ao advogado, seu sigilo profissional está resguardado como derivação da sua inviolabilidade, prevista no art. 133, da Constituição Federal.

Destarte, como se já não bastasse a nova Lei de Lavagem abarcar o sigilo profissional de forma genérica — e, consequentemente, não sujeitar o advogado —, é imprescindível termos em mente que esse profissional é inviolável por força constitucional, conforme o art. 133, razão pela qual entendemos estar categoricamente excluído do rol de profissionais sujeitos à necessidade de comunicação.

Não há dúvida de que reflexões contrárias surgirão,[22] todavia, pelos simples critérios de solução de antinomias jurídicas; o segredo profissional do advogado, independentemente de a atividade estar sendo desenvolvida no âmbito consultivo ou contencioso, estará resguardo.

---

[21] OAB — Conselho Federal — Órgão Especial: Processo nº 49.0000.2012.006678-6 CNE-CO. Disponível em: <www.oab.org.br/arquivos/lei-de-lavagem.pdf>.

[22] STF — ADIN 4.841 — Parecer da Procuradoria Geral da República. Disponível em: <http://redir.stf.jus.br/estfvisualizadorpub/jsp/consultarprocessoeletronico/ConsultarProcessoEletronico.jsf?seqobjetoincidente=4291691>. "Parece suficientemente claro que tais normas contêm cláusulas de exceção ao sigilo profissional, o que permite que as exigências de controle previstos em lei antilavagem apliquem-se a essas categorias.
Consente-se, todavia, com a necessidade de uma discussão específica em relação à advocacia, em razão de sua conformação constitucional.
A nova redação dada ao art. 9º, parágrafo único, inciso XIV, e alíneas, da Lei 9.613, deixa clara a incidência das obrigações de compliance somente a algumas atividades relativas à advocacia de operações, que se caracterizam 'como aqueles que colaboram materialmente para consolidar operações financeiras, comerciais, tributárias ou similares, sem que essa atividade tenha relação direta com um litígio ou um processo.
A lei antilavagem — frise-se bastante esse ponto — não alcança a advocacia vinculada à administração da justiça, porque, do contrário, se estaria atingindo núcleo essencial dos princípios do contraditório e da ampla defesa.
É possível avançar um pouco mais, de modo a que o sigilo profissional seja assegurado ao advogado no âmbito do processo administrativo, das atividades de consulta preventivas de litígio e da arbitragem, sempre com vistas a resguardar a observância a tais princípios.
No entanto, afora essas situações, é possível, num exercício de ponderação de interesses, exigir do advogado, sem risco de inconstitucionalidade, que comunique o Coaf as operações previstas no art. 9º, parágrafo único, inciso XIV, 'a' a 'f', da Lei 9.613, sempre que houver séios indícios de lavagem de dinheiro."

Conforme leciona Maria Helena Diniz,[23] para a solução das antinomias jurídicas, é preciso uma análise dos critérios de hierarquia, cronologia e especialidade.

No caso, estando a Lei nº 12.683/2012 na mesma condição hierárquica da Lei nº 8.906/1994 (Estatuto da Advocacia), basta a aplicação do critério da especialidade para a pacificação do conflito.

Destarte, não há que se falar em mitigação do sigilo profissional, posto prevalecer a especialidade sob a regra cronológica, onde, se fosse a intenção do legislador sujeitar o advogado, deveria haver expressa menção no texto da Lei nº 12.683/2012.

5. Conclusão

Apresentadas as características previstas em lei para a abordagem do crime de lavagem de dinheiro e o segredo profissional do advogado, foi possível identificarmos alguns pontos que merecem especial atenção.

---

[23] DINIZ, Maria Helena. *Compêndio de introdução à ciência do direito.* 7. ed. atual. São Paulo: Saraiva, 1995. p. 433-436.
"A ordem jurídica prevê uma série de critérios para a solução de antinomias no direito interno, que são:
1) O hierárquico (*lex superior derogat lei inferior*), baseado na superioridade de uma fonte de produção jurídica sobre a outra; a ordem hierárquica entre as fontes servirá para solucionar conflitos de normas em diferentes níveis, embora, às vezes, possa haver incerteza para decidir qual das duas normas antinômicas é a superior.
2) O cronológico (*lex posterior derogat legi priori*), que remonta ao tempo em que as normas começaram a ter vigência, restringindo-se somente ao conflito de normas pertencentes ao mesmo escalão.
3) O de especialidade (*lex specialis derogat legi generali*), que visa a consideração da matéria normada, com o recurso aos meios interpretativos. Para Bobbio, a superioridade da norma especial sobre a geral constitui expressão da exigência de um caminho da justiça, da legalidade à igualdade, por refletir, de modo claro, a regra da justiça *suum cuique tribuere*. Ter-se-á, então, de considerar a passagem da lei geral à especial, isto porque as pessoas pertencentes à mesma categoria deverão ser tratadas de igual forma e as de outra, de modo diverso. Há, portanto, uma diversificação desigual. Esse critério serviria, numa certa medida, para solucionar antinomia, tratando desigualmente o que é desigual e fazendo as diferenciações exigidas fática e axiologicamente, apelando para isso à *ratio legis*. Realmente, se, em certas circunstâncias uma norma ordena ou permite determinado comportamento somente a algumas pessoas, as demais, em idênticas situações, não são alcançadas por ela, por se tratar de disposição excepcional, que só vale para as situações normadas.
Em caso de antinomia ante o critério de especialidade e o cronológico, valeria o metacritério *lex posterior inferior non derogat priori speciali*, segundo o qual a regra da especialidade prevaleceria sobre a cronológica."

Primeiramente, é imprescindível termos em mente que ambos os países — Portugal e Brasil — possuem legislação específica regulamentando a advocacia. Ou seja, muitas são as atividades restritas somente aos advogados, os quais poderão exercê-las no âmbito consultivo ou contencioso.

Tanto no Brasil como em Portugal, o exercício da advocacia tem como garantia o segredo profissional, pois essa característica é fundamental para a construção do vínculo de confiança com o cliente.

Porém, a questão central, para podermos comparar a exigência de comunicação das atividades suspeitas de lavagem de dinheiro, reside no fato de que em Portugal a Lei nº 25/2008 engloba o advogado.

Em que pese existir uma cláusula de exceção à comunicação das atividades suspeitas, o advogado, em Portugal, está expressamente obrigado, quando não agir dentro dos limites estabelecidos por lei.

Já no Brasil, essa previsão não existe. Não é possível, destarte, acreditar que uma lei genérica (Lei nº 12.683/2012) tenha revogado lei especial (Lei nº 8.906/1994).

Ainda, de acordo com o art. 133 da Constituição Federal, o advogado é sujeito indispensável à administração da justiça, sendo inviolável por seus atos e manifestações.

Isso, todavia, não impede sua responsabilização quando estiver possibilitando atividade ilícita de seu cliente, para a lavagem de dinheiro. Nesse caso, estará concorrendo na prática criminosa, jamais no exercício regular da sua profissão.

Assim, entendemos que não há qualquer obrigação, no Brasil, para que o advogado, diante de uma atividade suspeita de lavagem, comunique os órgãos competentes, quando estiver no regular exercício dos atos próprios da sua profissão, seja no âmbito consultivo ou contencioso.

Seguindo essa linha, parece ser frágil a alegação de que o advogado, quando no exercício de atividade consultiva, tenha que comunicar operações suspeitas por não estar exercendo uma atividade ligada à administração da Justiça.

Isso porque, para essa exclusão, a Constituição deveria ter afastado as atividades advocatícias que não considera necessariamente ligadas à administração da Justiça.

Embora as legislações sejam semelhantes, em Portugal existe a possibilidade de comunicação, pelo advogado, de atividade suspeita, haja vista expressa previsão legal, ao passo que no Brasil não há fundamento legal para que isso ocorra.

Acreditamos que essa opção do legislador brasileiro de não sujeitar o advogado à comunicação foi sábia e certamente evitará questionamentos acerca da inviolabilidade do sigilo profissional nos casos consultivos.

Na maioria dos países europeus — e especificamente em Portugal —, em que pese a previsão legal para o advogado comunicar, há quem defenda o sigilo profissional em sua totalidade.[24] Não por outro motivo, a Ordem dos Advogados portuguesa vem sendo combativa: conforme relatório elaborado pela Unidade de Informação Financeira da Polícia Judiciária, no ano de 2011, das 9.728 comunicações, nenhuma foi enviada pela Ordem.[25]

Logo, a experiência portuguesa nos leva a crer que uma longa batalha pela defesa do sigilo profissional do advogado se inicia no Brasil: apesar de estarmos convictos de que neste momento a pretendida mitigação não se aplica em nosso país, as possibilidades para que esses profissionais sejam englobados, no futuro, em rol taxativo como sujeitos obrigados à comunicação parece ser uma tendência a ser combatida.

Referências

BRANDÃO, Nuno. *Branqueamento de capitais*: o sistema comunitário de prevenção. Coimbra: Almedina, 2002. (Coleção Argumentum/11).

CHAVES, Daiane. A complexidade do papel do advogado na luta contra o branqueamento de capitais: mandamentos da directiva comunitária e a crise na relação cliente/advogado em razão do sigilo professional. In: NASCIMENTO SILVA, Luciano; MELO BANDEIRA, Gonçalo Sopas de (Coord.). *Lavagem de dinheiro e injusto penal*: análise dogmática e doutrina comparada luso-brasileira. Curitiba: Juruá, 2009. p. 41-57.

DAVIN, João. O branqueamento de capitais: breves notas. *Revista do Ministério Público de Lisboa*, v. 23, n. 91, p. 95-115, 2002.

DINIZ, Maria Helena. *Compêndio de introdução à ciência do direito*. 7 ed., atual. São Paulo: Saraiva, 1995. p. 433-436.

DUARTE, Jorge Dias. Branqueamento de capitais e favorecimento pessoal. *Revista do Ministério Público de Lisboa*, v. 23, n. 90, p. 167-177, 2002.

---

[24] Com base nas conclusões do advogado-geral M. Poiares Maduro, no processo 305/05 — Tribunal Europeu, ao advogado é garantida a missão de representar, defender, dar consultoria e assistência, não havendo justificativa para restringir o segredo profissional somente para questões contenciosas.

[25] Disponível em: <www.inverbis.pt/2012/advogados/lavagem-dinheiro-pj-denuncia-advogados>.

HOUAISS, Antonio; VILLAR, Mauro de Salles. *Dicionário Houaiss da língua portuguesa*. Rio de Janeiro: Objetiva, 2009.

LOBO, Paulo Luiz Neto. *Comentários ao estatuto da advocacia e da OAB*. 3. ed. rev. e atual. São Paulo: Saraiva, 2002.

LOURENÇO MARTINS, A. G. Branqueamento de capitais: contra medidas a nível internacional e nacional. *Revista Portuguesa de Ciência Criminal*, v. 9, n. 3, p. 449-487, 1999.

MARTINS, António Carvalho. Branqueamento de capitais e jurisdição — inevitabilidade versus desafio. In: NASCIMENTO SILVA, Luciano; MELO BANDEIRA, Gonçalo Sopas de (Coord.). *Lavagem de dinheiro e injusto penal*: análise dogmática e doutrina comparada luso-brasileira. Curitiba: Juruá, 2009. p. 155-192.

NUCCI, Guilherme de Souza. *Leis penais e processuais penais comentadas*. São Paulo: Revista dos Tribunais, 2006.

SÁNCHEZ RIOS, Rodrigo. *Advocacia e lavagem de dinheiro*: questões de dogmática jurídico-penal e de política criminal. São Paulo: Saraiva, 2010. (Direito penal econômico. GVlaw)

SANTIAGO, Rodrigo. *O branqueamento de capitais e outros produtos do crime*: contributos para o estudo do art. 23, do decreto-lei n. 15/93, de 22 de janeiro, e do regime da prevenção e utilização do sistema financeiro no branqueamento — decreto-lei n. 313/93, de 15 de setembro. In: ____. *Direito penal econômico e europeu*: textos doutrinados: volume II: problemas especiais. Coimbra: Coimbra, 1999. p. 363-409.

SANTOS, João José Davin Neves dos. O branqueamento de capitais em Portugal. *Revista Brasileira de Ciências Criminais*, v. 11, n. 44, p. 212-235, 2003.

SIMÕES, Euclides Dâmaso. A importância da cooperação judiciária internacional no combate ao branqueamento de capitais. *Revista Portuguesa de Ciência Criminal*, n. 3, v. 16, p. 423-474, 2006.

SODRÉ, Ruy de Azevedo. *A ética profissional e o estatuto do advogado*. São Paulo: Ltr., 1975.

SVENSON, Gustavo. Branqueamento de capitais e os fatos precedentes: análise do acórdão de 22 de março de 2007 do Supremo Tribunal de Justiça de Portugal. In: NASCIMENTO SILVA, Luciano; MELO BANDEIRA, Gonçalo Sopas de (Coord.). Lavagem de dinheiro e injusto penal: análise dogmática e doutrina comparada luso-brasileira. Curitiba: Juruá, 2009. p. 73-84.

PINHEIRO, Luís Goes. O branqueamento de capitais e a globalização: facilidades na reciclagem, obstáculos à repressão e algumas propostas de política criminal. *Revista Portuguesa de Ciência Criminal*, v. 12, n. 4, p. 603-648, 2002.

<www.inverbis.pt/2012/advogados/lavagem-dinheiro-pj-denuncia-advogados>
<www.pgdlisboa.pt/pgdl/leis/lei_mostra_articulado.php?nid=991&tabela=leis>
<http://portal.oa.pt/upl/%7B8adc6872-aa07-49cc-9ebd-52c63628bf80%7D.pdf>
<www.mlgts.pt/xms/files/Comunicacao/Imprensa/2010/A_Terceira_Directiva_do_Branqueamento_e_as_Instituicoes_de_Credito.pdf>
<http://granosalis.blogspot.com.br/2006/12/branqueamento-de-capitais-e-advogados.html>

<http://eur-lex.europa.eu/LexUriServ/LexUriServ.do?uri=CELEX:62005CC0305:PT:PDF>
<www.oa.pt/Conteudos/Artigos/detalhe_artigo.aspx?idc=30819&idsc=25368&ida=46058>
<www.oa.pt/Conteudos/Artigos/lista_artigos.aspx?idc=30819&idsc=1244>
<www.coaf.fazenda.gov.br/downloads/40%20Recomendacoes%20-%20GAFI-FAFT.pdf>
<http://redir.stf.jus.br/estfvisualizadorpub/jsp/consultarprocessoeletronico/ConsultarProcessoEletronico.jsf?seqobjetoincidente=4291691>
<www.oa.pt/Conteudos/Artigos/detalhe_artigo.aspx?idc=1&idsc=1244&ida=61807>
<www.parlamento.pt/Legislacao/Paginas/ConstituicaoRepublicaPortuguesa.aspx>
<www.oabsp.org.br/tribunal-de-etica-e-disciplina/melhores-pareceres/E336906>
<www.coaf.fazenda.gov.br/downloads/9%20Recs.pdf>

6

A inclusão do advogado como sujeito obrigado no combate à lavagem de dinheiro: a experiência espanhola

Theodoro Balducci de Oliveira

Introdução

A luta contra a lavagem de dinheiro[1] consiste, basicamente, em seguir o dinheiro de origem ilícita para impedir o delinquente de fruí-lo, evitando-se, assim, que o crime seja uma atividade lucrativa.[2] Busca-se, com isso, "dissuadir os delinquentes de cometer delitos que geram grandes benefícios econômicos",[3] diminuindo a expectativa desses benefícios e aumentando seus malefícios, pois o criminoso, como ser racional que é, atua ponderando os riscos da conduta ilícita e as possibilidades de resultado favorável.[4]

A despeito de a criminalidade econômica não ser recente e, por questões óbvias, o produto de o ilícito ter sido sempre dissimulado, buscando-se dar-lhe contornos de licitude, esse fenômeno tem ocorrido em proporções nunca antes

---

[1] No Brasil, a Lei nº 9.613/1998 optou pelo termo "lavagem de dinheiro", razão pela qual adotei essa terminologia neste trabalho, mas outros termos comuns são "branqueamento de capitais" e "reciclagem de ativos". A Espanha refere-se ao fenômeno como "*blanqueo de capitales*".
[2] Nelen apud CORDERO, Isidoro Blanco. Eficacia del sistema de prevención del blanqueo de capitales. Estudio del cumplimiento normativo (*compliance*) desde una perspectiva criminológica. *Eguzkilore*: Cuaderno del Instituto Vasco de Criminología, San Sebastián, n. 23, 2009.
[3] Isidoro Blanco Cordero. Eficacia del sistema de prevención del blanqueo de capitales, op. cit. Tradução minha.
[4] Ibid.

imaginadas: estima-se que atualmente sejam lavados 500 bilhões de dólares por ano, cifra que representa de 2 a 5% do Produto Bruto Mundial.[5]

A toda evidência, esse astronômico montante afeta diversos interesses, destacando-se, macroeconomicamente, a irracionalidade que se introduz no sistema a partir de equivocados sinais aos mercados e aos Estados, afetando políticas públicas econômicas, a estabilidade monetária e o próprio desenvolvimento econômico.[6] Efeitos microeconômicos também podem ser negativamente sentidos, tais como situações de concorrência desleal, posto que empresas de fachada — por meio das quais o numerário ilícito é reciclado — são capazes de praticar preços predatórios diante do constante capital que lhes é injetado, podendo chegar, em algumas situações, a produzir domínios de mercado.[7]

Como se bastante não fosse, a dissimulação de bens, direitos ou valores provenientes de crime provoca um alto custo social e político, uma vez que permite a perpetuação e o fomento da atividade ilícita, "com toda a danosidade social que lhe vai associada".[8]

Não por outro motivo, a comunidade internacional e os Estados têm se debruçado sobre o problema de forma bastante intensa e crescente, não apenas tipificando a lavagem de dinheiro oriundo do tráfico de drogas e de outros delitos, mas obrigando os particulares (pessoas jurídicas e físicas que atuam em pontos da economia particularmente sensíveis) a colaborarem na prevenção desse tipo de delinquência.

O Brasil tem se mostrado atento às inovações legislativas no plano internacional e, com o advento da Lei nº 12.683, de 9 de julho de 2012, que alterou a Lei nº 9.613/1998 para tornar mais eficiente a persecução penal aos lavadores de dinheiro, não apenas excluiu o rol de crimes antecedentes — tornando-o parte do grupo de países que adotam a chamada legislação de terceira geração, ou seja, que tipificam a dissimulação da origem ilícita do numerário proveniente de *qualquer* crime —, mas também ampliou a lista de sujeitos obrigados a cooperar com o Estado na prevenção da lavagem de dinheiro. E, ao fazê-lo, incluiu como sujeitos obrigados as "pessoas físicas ou jurídicas que prestem, mesmo que eventualmente, serviços de assessoria, consultoria, contadoria, auditoria, acon-

---

[5] BRANDÃO, Nuno. *Branqueamento de capitais*: o sistema comunitário de prevenção. Coimbra: Almedina, 2002. (Coleção Argumentum/11).
[6] Ibid.
[7] Ibid.
[8] Ibid.

selhamento ou assistência de qualquer natureza",[9] o que pode sinalizar o intuito de também estender aos advogados os deveres impostos aos demais profissionais elencados na legislação.

A experiência objeto deste estudo será a espanhola, por se tratar de um país que incluiu os advogados na política de prevenção e repreensão à lavagem de dinheiro em 2003 e que, quase 10 anos depois, apresenta um arcabouço jurídico relativamente vasto e suficientemente rico para propiciar um estudo proveitoso e de interesse para o Brasil, que a partir da alteração da Lei nº 9.613/1998 pela Lei nº 12.638/2012 passou a discutir o tema com maior intensidade.

Por afetar diretamente o sigilo profissional dos advogados — que em toda a União Europeia se veem obrigados, em algumas situações, a investigar e a delatar seus próprios clientes — e, consequentemente, abalar a bilateral relação de confiança que deve existir entre cliente e advogado, a inclusão desses profissionais na política de combate à lavagem de dinheiro é um tema tormentoso e que gerou manifestações contrárias em solo europeu — muito embora, como será exposto a seguir, o Tribunal de Justiça da União Europeia tenha se manifestado pela legalidade desse programa estatal.

A despeito de a inclusão dos advogados como sujeitos obrigados envolver diversos deveres de prevenção, a obrigação de comunicar as operações suspeitas de seus clientes é a que mais pode afetar a natureza da própria profissão — e, como será exposto, atentar contra garantias individuais —, motivo pelo qual terá papel destacado neste trabalho.

1. Lavagem de dinheiro

1.1 O crime de lavagem de dinheiro e os gatekeepers do sistema financeiro

O crime de lavagem de dinheiro consiste na dissimulação da origem criminosa de bens, direitos ou valores com o intuito de lhes conferir aparência de licitude. Embora a conduta possa ser praticada de diversas formas, pode-se afirmar, de modo geral, que a reciclagem é um processo composto de três fases, iniciada

---

[9] Conforme art. 9, XIV, Lei 9.613/98.

com a circulação do dinheiro no sistema financeiro (*placement stage*) e a posterior ocultação de sua origem ilícita (*layering stage*), culminando, por fim, na reinserção do numerário no mercado (*integration stage*).[10] Apesar de existirem outros modelos teóricos para explicar as diversas fases da reciclagem, esse é, conforme aponta Isidoro Blanco Cordero, o assumido pelo Grupo de Ação Financeira sobre a Lavagem de Dinheiro (Gafi)[11] e, portanto, o mais adotado pela doutrina.[12]

A sociedade atual não mais tolera o uso do papel-moeda: "*cash is dishonest*', como denunciava há pouco um Deputado no Parlamento britânico, e os pagamentos legítimos têm de ser, necessariamente, movimentos contábeis",[13] razão pela qual cedo ou tarde o dinheiro vivo precisa ser convertido em ativo bancário (*placement stage*).[14] "E esse é o momento de maior risco para o lavador, quando, por meio do pequeno guichê de um banco [...], introduz sua enorme massa de dinheiro produto do delito".[15]

Não por outra razão, a política de prevenção à lavagem de dinheiro — iniciada no governo Reagan, nos Estados Unidos — incumbiu os bancos e instituições creditícias de serem garantidores do sistema financeiro, impondo-lhes deveres de diligência e de comunicação de operações suspeitas às autoridades competentes, de modo que atualmente o depósito de dinheiro vivo em banco está sujeito a um controle extremamente rigoroso.[16]

A lavagem de dinheiro é um fato social que tem vínculo íntimo com a criminalidade organizada e que se desenvolveu a partir da década de 1960 como con-

---

[10] CHAVES, Daiane. A complexidade do papel do advogado na luta contra o branqueamento de capitais (mandamentos da Directiva comunitária e a crise na relação cliente/advogado em razão do sigilo profissional). In: NASCIMENTO SILVA, Luciano; MELO BANDEIRA, Gonçalo Sopas de (Coord.). *Lavagem de dinheiro e injusto penal*: análise dogmática e doutrina comparada luso-brasileira. Curitiba: Juruá, 2009. p. 42.

[11] Em língua inglesa, Financial Action Task Force on Money Laundering (FATF).

[12] Daiane Chaves. A complexidade do papel do advogado na luta contra o branqueamento de capitais, op. cit., p. 62.

[13] ALVAREZ-SALA WALTER, Juan. *El blanqueo de capitales y las profesiones jurídicas*. Madri: Colegios Notariales de España, 2004. Tradução minha. O parlamentar britânico citado por Juan Alvarez-Sala Walter é Ian Graham Davidson e, segundo nota de rodapé no texto do autor, a frase fora proferida em 17.01.2001 no Standing Committee on the proceeds of Crime Bill, na House of Commons, conforme mencionou Mullerat, R. em *Lawyers: between maintaining trust, keeping gates and blowing whistles* (Conferência proferida em 2003, no Japão, cujo texto fora cedido a Juan A. S. Walter por Mullerat).

[14] Ibid.

[15] Ibid. Tradução minha.

[16] Ibid.

sequência do tráfico de drogas, negócio extremamente lucrativo.[17] A expansão desse fenômeno é reflexo não apenas do desenvolvimento dos comportamentos delitivos, mas também do próprio desenvolvimento social e econômico, eis que "os atores sociais têm aprendido a explorar os mercados globais, as economias de escala e os defeitos de harmonização entre as políticas nacionais preventivas e de controle".[18]

Com efeito, a lavagem de capitais pode ser operada por meio de instituições financeiras — bancárias ou não — ou não financeiras, daí porque os mecanismos preventivos e de controle existentes no sistema financeiro têm sido paulatinamente expandidos para outras áreas, envolvendo o comércio de imóveis, joias, objetos de arte, bens de luxo, animais, atletas, artistas e, ainda, o assessoramento prestado por auditores, contadores e advogados.

Os profissionais de tais setores da economia são chamados, portanto, de *gatekeepers* porque prestam aconselhamento financeiro ou efetivamente protegem os "portões do sistema financeiro", por meio de quem seus usuários em potencial — incluindo "lavadores" — têm necessariamente de passar.[19] Por esse motivo, muitas vezes seus serviços são usados no processo de lavagem, estando esses profissionais conscientes disso ou não.

Em 2010, o Gafi publicou o seu *Global money laundering and terrorist financing threat assessment*, no qual apontou os *gatekeepers* como elementos comuns em uma sofisticada engenharia financeira de lavagem.[20] Conforme posteriormente apontou o próprio órgão, "O relatório verificou que as habilidades dos *gatekeepers* são importantes na criação de estruturas legais que poderiam ser utilizadas para lavar dinheiro e por sua habilidade de conduzir e realizar transações de modo eficiente e de forma a não serem descobertos".[21]

Especialmente no que se refere aos advogados, o Gafi aponta que:

> A análise dos casos ilustra a variedade de maneiras nas quais *gatekeepers*, especialmente advogados, são usados para lavar produtos de corrupção. Eles têm sido usados para criar sociedades, abrir contas bancárias, transferir renda, adqui-

---

[17] Savona e Defeo, 1994, apud CORDERO, Isidoro Blanco. *El delito de blanqueo de capitales*. 3. ed. Navarra: Thomson Reuters, 2012. p. 53.
[18] Ibid., p. 54. Tradução minha.
[19] GAFI. Global money laundering and terrorist financing threat assessment. 2010.
[20] Ibid.
[21] GAFI. FATF Report. *Laundering the proceeds of corruption*. 2011. Tradução minha.

rir propriedade, transportar dinheiro e realizar outros expedientes para driblar controles antilavagem de dinheiro. Ademais, advogados têm sistematicamente usado as normas de segredo profissional para blindar a identidade de pessoas politicamente expostas e corruptas.[22]

Realmente,

Advogados, notários e outros profissionais, atuando por conta de seus clientes como intermediários financeiros, muitas vezes sem sabê-lo, e amparados por sua respeitabilidade social, têm sido o instrumento idôneo para burlar os controles de identificação, as regras de *due dilligence* do sistema financeiro, ao formalizar os depósitos de fundos alheios em nome do próprio escritório e não do cliente, sem revelar sua identidade, coberta pelo véu do segredo profissional, perdendo--se a partir daí a pista trazida pela regra '*follow the Money*'.[23]

Juan Alvarez-Sala Walter recorda que, em dezembro de 1998, o National Criminal Intelligence Service britânico afirmou que "meia dúzia das grandes firmas de advocacia em Londres se viram envolvidas em operações de lavagem de dinheiro",[24] fenômeno que era percebido pelas autoridades competentes em diversos países.[25]

Conforme será a seguir demonstrado, foi diante de tal realidade — e a partir das *recomendações* do Gafi — que a União Europeia, em 2001, passou a determinar aos seus Estados-membros a inclusão dos advogados na política de prevenção à lavagem de dinheiro.

1.2 O combate à lavagem de dinheiro na União Europeia e a inclusão dos advogados como gatekeepers do sistema financeiro

"O primeiro objetivo da Comunidade Europeia foi criar um grande mercado econômico europeu, no qual circulassem livremente, sem fronteiras interiores,

---

[22] Ibid.
[23] Juan Alvarez-Sala Walter. *El blanqueo de capitales y las profesiones jurídicas*, op. cit. Tradução minha.
[24] Ibid., p. 6. Tradução minha.
[25] Ibid.

mercadorias, capitais e serviços".[26] Tal circunstância, aliada ao fato de que não é possível combater isoladamente alguns tipos de delinquência, em razão de sua complexidade e projeção transnacional, fez surgir "a necessidade de harmonização das políticas interiores e de justiça dos países da UE",[27] pois as organizações criminosas internacionais se aproveitam das falhas nas legislações de cada um dos países-membros para delinquir e dificultar as investigações por parte das autoridades competentes.[28]

Entre as "atividades delitivas que não reconhecem os limites de fronteira e que confirmam a internacionalização do Direito Penal, encontra-se o delito de lavagem de dinheiro".[29] No que toca ao combate dessa manifestação da criminalidade moderna, destacam-se alguns documentos no plano internacional, tais como as Convenções de Viena (1988), Estrasburgo (1990) e Varsóvia (2005).

Em 1990, o recém-criado Gafi editou as 40 Recomendações para combater a utilização ilegítima dos sistemas financeiros para fins de lavagem de dinheiro, que foram revisadas em 1996, 2003 e em fevereiro de 2012.[30]

Além disso, em outubro de 2001, o Gafi aprovou as Oito (posteriormente expandidas para Nove) Recomendações Especiais sobre o Financiamento do Terrorismo, complementando as 40 Recomendações.[31]

Com o intuito de imprimir força cogente e efetividade às Recomendações do Gafi, o Conselho da Comunidade Europeia adotou a Diretiva 91/308/CEE,[32] de 10 de junho de 1991, que determinava a cada Estado-membro que assegurasse, no plano interno, que os estabelecimentos de crédito e as instituições financeiras colaborassem com as autoridades responsáveis na luta contra a lavagem de dinheiro, informando-as, por iniciativa própria, de quaisquer fatos que pudessem constituir indícios de operações dessa natureza e facultando-as

---

[26] GARCÍA DE PAZ, Isabel Sánchez. *La criminalidad organizada*: aspectos penales, procesales, administrativos y policiales. Madri: Dykinson, S. L., 2008. p. 86. Tradução minha.
[27] Ibid.
[28] CORDERO, Isidoro Blanco. La lucha contra el blanqueo de capitales procedentes de las actividades delictivas en el marco de la Unión Europea. *Eguzkilore*: Cuaderno del Instituto Vasco de Criminología, San Sebastián, n. 15, p. 7-38, 2001.
[29] SÁNCHEZ RIOS, Rodrigo. *Direito penal econômico*: advocacia e lavagem de dinheiro: questões de dogmática jurídico-penal e de política criminal. São Paulo: Saraiva, 2010. p. 44. (Direito penal econômico. GVlaw)
[30] Site do Gafi: 40 Recomendações, impressas em maio de 2012.
[31] Ibid.
[32] *Jornal Oficial das Comunidades Europeias*, 28 jun. 1991.

as informações necessárias, de acordo com o estabelecido pela legislação aplicável.[33]

A despeito de limitar tais obrigações aos estabelecimentos de crédito e às instituições financeiras, o artigo 12º dessa primeira Diretiva já previa que:

> Os Estados-membros procurarão tornar a totalidade ou parte das disposições da presente diretiva extensivas às profissões e categorias de empresas que, não sendo estabelecimentos de crédito nem instituições financeiras tal como referidas no artigo 1º, exercem atividades especialmente susceptíveis de ser utilizadas para efeitos de branqueamento de capitais.

Foi, porém, a partir da alteração promovida pela Diretiva 2001/97/CE que o Parlamento Europeu e o Conselho da União Europeia determinaram aos Estados-membros a extensão das obrigações antes restritas às instituições de crédito e financeiras às demais "pessoas singulares ou coletivas que atuem no desempenho das suas atividades profissionais".[34] E, entre tais profissionais, encontravam-se os "notários e outros profissionais forenses independentes" — compreendido nesse âmbito os advogados — quando agissem em nome e por conta dos clientes em quaisquer transações financeiras ou imobiliárias ou prestando assistência na concepção ou execução de transações de clientes, desde que relacionadas com *i)* compra e venda de bens imóveis ou entidades comerciais; *ii)* gestão de fundos, valores mobiliários ou outros ativos do cliente; *iii)* abertura ou gestão de contas bancárias, de poupança ou de valores mobiliários; *iv)* organização dos fundos necessários à criação, exploração ou gestão de sociedades; e *v)* criação, exploração ou gestão de *trusts*, de sociedades ou de estruturas análogas.[35]

A profunda reforma pela qual passaram as recomendações do Gafi em 2003 fez com que a União Europeia adotasse a Diretiva 2005/60/CE, de 26 de outubro de 2005, que expressamente revogou o texto anterior, por questões de clareza.[36] Os advogados, no entanto, continuaram sujeitos ao âmbito de aplicação do regime comunitário de prevenção à lavagem de dinheiro.

---

[33] Conforme art. 6º, Diretiva 91/308/CEE.
[34] Conforme art. 2º, Diretiva 2001/97/CE.
[35] Ibid.
[36] Conforme Diretiva 2005/60/CE: "(45) Atendendo às alterações muito substanciais que deveriam ser introduzidas na Directiva 91/308/CEE, deve a mesma ser revogada, por razões de clareza".

Assim, os advogados e demais membros de profissões jurídicas submetem-se à Terceira Diretiva sempre que participam de transações financeiras ou empresariais e inclusive quando prestam serviços de consultoria fiscal, em relação às quais exista um risco acentuado de que seus serviços sejam utilizados para efeitos de lavagem de dinheiro ou para financiamento do terrorismo.[37]

Além do dever de comunicar as operações suspeitas, os chamados *sujeitos obrigados* devem aplicar medidas de vigilância de clientela (o que abarca identificar o cliente e o real beneficiário do serviço, obter informações sobre a finalidade e a natureza das relações negociais e manter vigilância contínua das relações de negócios do cliente) e de conservação de documentos, entre outras imposições legais.

Importa destacar, porém, que, tal qual já ocorria na vigência da Diretiva 91/308/CEE com as alterações promovidas pela Diretiva 2001/97/CE, os advogados e demais membros independentes de profissões que prestam consultoria legalmente reconhecida estão isentos de qualquer obrigação de comunicação no que toca às informações obtidas antes, durante ou após um processo judicial ou quando da apreciação da situação jurídica do cliente.[38]

Essa ressalva ao dever de comunicar é a razão pela qual o Tribunal de Justiça da União Europeia entendeu que o dever de comunicar à Unidade de Inteligência Financeira (UIF) a operação suspeita de clientes, nas hipóteses previstas na Segunda Diretiva, não viola o sigilo profissional dos advogados no âmbito da União Europeia.

Aquela Corte foi instada a se manifestar a partir de duas ações intentadas na *Cour d'arbitrage* da Bélgica, em 22 de julho de 2004. Por se tratar da questão

---

[37] Conforme Diretiva 2005/60/CE: "(19) A Diretiva 91/308/CEE fez com que os notários e outros membros de profissões jurídicas independentes passassem a estar abrangidos pelo âmbito de aplicação do regime comunitário de prevenção do branqueamento de capitais. Esta situação deve manter-se inalterada na presente diretiva. Estes membros de profissões jurídicas, tal como definidos pelos Estados-Membros, estão sujeitos ao disposto na presente diretiva sempre que participem em transações financeiras ou empresariais, inclusivamente quando prestem serviços de consultoria fiscal, em relação às quais prevaleça um risco mais acentuado de os seus serviços serem utilizados de forma abusiva para efeitos de branqueamento do produto de atividades criminosas ou para efeitos de financiamento do terrorismo".

[38] Conforme Diretiva 2005/60/CE: "(20) Enquanto membros independentes de profissões que prestam consulta jurídica legalmente reconhecidas e controladas, tais como os advogados, estiverem a determinar a situação jurídica de clientes ou a representá-los em juízo, não seria adequado impor-lhes, ao abrigo da presente diretiva, a obrigação de comunicarem, em relação a essas atividades, suspeitas relativas a operações de branqueamento de capitais ou de financiamento do terrorismo. Devem estar isentas de qualquer obrigação de comunicação as informações obtidas antes, durante ou após um processo judicial ou quando da apreciação da situação jurídica do cliente".

controvertida de uma transposição da Diretiva 2001/97/CE para o direito interno belga, o debate sobre a constitucionalidade do referido dispositivo dependia da validade da norma comunitária, razão pela qual a *Cour d'arbitrage* decidiu submeter a questão ao Tribunal de Justiça europeu.

Constou do acórdão do referido processo que, de acordo com a jurisprudência da Corte Europeia de Direitos Humanos,[39] "processo equitativo" é um conceito composto por vários elementos, entre eles os direitos de defesa, o princípio da igualdade, o direito de acesso aos tribunais e o direito de acesso a um advogado em causas cíveis ou penais.

Assim, tendo em vista que "as exigências decorrentes do direito a um processo equitativo implicam, por definição, um nexo com um processo judicial" e que, nestas hipóteses, a própria norma comunitária exonera os advogados de qualquer obrigação, concluiu o Tribunal de Justiça que o dever de comunicar e de colaborar com as autoridades responsáveis pela luta contra a lavagem de dinheiro "não violam o direito a um processo equitativo garantido pelos artigos 6º da CEDH e 6º, nº 2, EU".[40]

Conforme salientou o advogado-geral M. Poiares Maduro em parecer apresentado no referido processo, fundamentar a garantia do segredo profissional do advogado no direito "a um processo equitativo equivale, implicitamente, a limitar o seu alcance ao âmbito contencioso, jurisdicional e quase-jurisdicional".[41]

Mas, se o fundamento do sigilo profissional for o direito ao respeito da vida privada, deve-se alargar, *a priori*, "a proteção a todas as confidências feitas pelo cliente ao profissional, seja qual for o âmbito em que essas relações se desenvolvem".[42]

O jurista esclareceu que a jurisprudência da Corte Europeia de Direitos Humanos tem precedentes nos dois sentidos, concluindo, portanto, ser "possível considerar o direito a um processo equitativo e o direito ao respeito da vida privada como duplo fundamento para a proteção do segredo profissional do advogado na ordem jurídica comunitária".[43]

---

[39] A Corte é também chamada de Tribunal Europeu dos Direitos do Homem.
[40] TRIBUNAL DE JUSTIÇA. Advogado Geral do Tribunal de Justiça das Comunidades Europeias. *Parecer normativo no processo C-305/05, de 14.12.2006.*
[41] Ibid., p. I-5322.
[42] Ibid.
[43] Ibid.

A questão fulcral acerca da legitimidade da inclusão dos advogados na política de prevenção ao branqueamento de capitais, destarte, reside na dimensão do sigilo profissional dessa classe e em seus fundamentos. O tema será estudado adiante, à luz do ordenamento espanhol.

2. Combate à lavagem de dinheiro na Espanha e exercício da advocacia

2.1 A inclusão dos advogados como gatekeepers do sistema financeiro na legislação espanhola

Como se sabe, "a luta contra a lavagem de dinheiro na União Europeia tem como objetivo fazer frente à delinquência organizada, [...] especialmente a vinculada às drogas"[44] e, de acordo com Juan Alvarez-Sala Walter, tem se dito que a Espanha "é o 'camelo da Europa', ao servir de ponte ou escala intercontinental nas rotas do narcotráfico, tanto da América do Sul como do norte da África.[45]

Não causa estranheza, portanto, que a Espanha tenha dado uma resposta penal à altura da crítica na *guerra* contra traficantes e lavadores, especialmente porque em 1998 a Espanha ratificou o Tratado de Amsterdam, de 1997, no qual se estabelece que um dos objetivos prioritários da União Europeia é precisamente o combate ao crime organizado.[46]

Isso não significa, em absoluto, que a forma como essa resposta tem sido dada seja legítima e, em especial, que a obrigação imposta aos advogados de comunicar as operações suspeitas de seus clientes não seja atentatória a garantias fundamentais. Ao contrário, produções legislativas dessa estirpe são frutos de uma "cultura de emergência"[47] e de exceção "responsáveis pela involução do

---

[44] Isidoro Blanco Cordero. La lucha contra el blanqueo de capitales procedentes de las actividades delictivas en el marco de la Unión Europea, op. cit. Tradução minha.
[45] Juan Alvarez-Sala Walter. *El blanqueo de capitales y las profesiones jurídicas*, op. cit., p. 1. Tradução minha.
[46] Isabel Sánchez García de Paz. *La criminalidad organizada*, op. cit.
[47] A expressão é de Luigi Ferrajoli.

nosso ordenamento punitivo",⁴⁸ consistindo-se em não mais do que uma nova leitura das técnicas inquisitivas e de intervenção penal pré-modernas.⁴⁹

Feito esse necessário e inicial esclarecimento, é de se notar que em 2003 a Espanha, atendendo ao que fora determinado pela Diretiva 2001/97/CE, alterou a Lei nº 19/1993 (regulamentada pelo Real Decreto nº 925/1995, alterado pelo Real Decreto nº 54/2005) para incluir o advogado como sujeito obrigado à prevenção do uso do sistema financeiro e de outros ramos da atividade econômica para fins de lavagem de dinheiro.

Posteriormente, o advento da Diretiva 2005/60/CE fez com que a Espanha sancionasse a Lei nº 10/2010 para tratar da matéria, revogando o antigo diploma. Conforme destaca María Victoria Vega Sánchez, porém, essa alteração legislativa ocorreu somente após a Espanha ter sido condenada, em 1º de outubro de 2009, pelo Tribunal de Justiça da União Europeia, por descumprir a referida Diretiva, que exigia a incorporação das novas regras aos ordenamentos nacionais até 15 de dezembro de 2007.⁵⁰

Desse modo e verificando que "a Terceira Diretiva é uma norma de mínimos, como sinala de forma clara seu artigo 5, que há de ser reforçada ou estendida atendendo aos riscos concretos existentes em cada Estado-membro",⁵¹ o país previu algumas disposições mais rigorosas do que o texto comunitário, assim como já ocorria com a Lei nº 19/1993 em relação à diretiva anterior.

Preceitua o artigo 2º da Lei nº 10/2010 que os advogados são considerados *sujeitos obrigados* quando participam da *i)* concepção, realização ou assessoramento de operações por conta de clientes; *ii)* gestão de fundos, valores ou outros ativos; *iii)* abertura ou gestão de contas correntes, contas poupança ou contas de valores; *iv)* organização de operações necessárias para a criação, o funcionamento ou a gestão de empresas ou a criação, o funcionamento ou a gestão de fideicomissos (*trusts*), sociedades ou estruturas análogas ou *v)* quando atuem por conta do cliente em qualquer operação financeira ou imobiliária.⁵²

---

⁴⁸ FERRAJOLI, Luigi. *Direito e razão*. Teoria do garantismo penal. São Paulo: Revista dos Tribunais, 2010.
⁴⁹ Ibid.
⁵⁰ VEGA SÁNCHEZ, María Victoria. *Prevención del blanqueo de capitales y de la financiación del terrorismo*. Nueva Ley 10/2010, de 28 de abril. Madri: Ed. Universitaria Ramón Areces, 2011. p. 49.
⁵¹ Conforme preâmbulo da Lei nº 10/2010. Tradução minha do original em língua espanhola.
⁵² Conforme art. 2º, 1, ñ, Lei nº 10/2010. Tradução minha do original em língua espanhola.

A Lei estabelece que os sujeitos obrigados devem aplicar inúmeras medidas de diligência, entre as quais *i)* a identificação formal de seus clientes, sejam eles pessoas físicas ou jurídicas; *ii)* a identificação do titular real (pessoa física por conta de quem se pretenda estabelecer uma relação de negócios ou que, em última instância, possua o controle de mais de 25% da pessoa jurídica envolvida); *iii)* a identificação do propósito e da índole da relação de negócios; *iv)* o seguimento contínuo da relação de negócios (incluindo o escrutínio das operações efetuadas ao longo da referida relação de negócios). Ademais, os sujeitos obrigados têm de conservar, por um período mínimo de 10 anos, toda a documentação relativa ao cumprimento das diligências estabelecidas na lei.[53]

Devem, ainda, examinar qualquer operação que, por sua natureza, possa estar relacionada com lavagem de dinheiro, declinando por escrito os resultados do exame[54] e, por iniciativa própria, comunicar ao Servicio Ejecutivo de la Comisión de Prevención del Blanqueo de Capitales e Infracciones Monetarias (Sepblac) qualquer operação (ou tentativa de operação) que apresente indício ou certeza de vínculo com lavagem de dinheiro ou financiamento de terrorismo[55] e, também, colaborar com a Comisión de Prevención del Blanqueo de Capitales e Infracciones Monetarias e com seus órgãos de apoio.[56] Em nenhuma hipótese pode o advogado avisar o cliente que efetuou a comunicação da operação suspeita. A lei também determina aos sujeitos obrigados que não realizem as operações suspeitas, mas lhes faculta a prática quando a abstenção de execução "não seja possível ou possa dificultar a investigação".[57] Nesses casos, a operação deve ser imediatamente comunicada e as razões que justificaram sua execução devem ser expostas.[58]

O artigo 22 da referida lei espanhola, porém, ressalta que os advogados não se submetem às obrigações de comunicação e de colaboração no que toca à informação que recebam do cliente ou obtenham sobre ele ao determinar sua posição jurídica ou ao defendê-lo em processos judiciais, incluído o assessoramento necessário para evitar um processo. Assim, "parece indubitável que em tudo o

---

[53] Conforme art. 25, Lei nº 10/2010.
[54] Conforme art. 17, Lei nº 10/2010.
[55] Conforme art. 18, Lei nº 10/2010.
[56] Conforme art. 21, Lei nº 10/2010.
[57] Conforme art. 19, 1, Lei nº 10/2010. Tradução minha do original em língua espanhola.
[58] Ibid.

que se refere ao direito de defesa, a confidencialidade do advogado, o segredo profissional, é invulnerável".[59]

Em um primeiro momento, o dispositivo gera a seguinte dúvida: está o advogado obrigado a proceder de acordo com as demais normas preventivas (medidas de diligência e conservação de documentos) quando atua na defesa de seu cliente? O artigo 22 diz que, em tais casos, os advogados apenas "não estarão submetidos às obrigações estabelecidas nos artigos 7.3, 18 e 21"[60] — obrigações de comunicação e colaboração — quando a atuação esteja diretamente relacionada com o direito de defesa, de modo que as demais obrigações lhes são plenamente aplicáveis mesmo quando defendem os clientes em processos judiciais.

Certo é que, conforme já exposto, a própria lei estabelece que os advogados apenas se enquadram como sujeitos obrigados quando participam de atividades que não são próprias ou exclusivas da profissão.[61] A interpretação sistemática da lei, no entanto, pode levar à conclusão diversa. Afinal, o artigo 2º define, genericamente, quais são os sujeitos obrigados, enquanto que o artigo 22 é específico em relação aos advogados.

Nesse sentido, Zaragoza Aguado, citado por Rodrigo Sánchez Rios, adverte que, mesmo em se tratando de advocacia contenciosa, os advogados "deverão cumprir inexcusavelmente as outras obrigações contidas na legislação de lavagem (identificação do cliente, conservação de documento, análise especial de operações suspeitas etc.)".[62]

Ainda assim, José María Peláez Martos afirma que os advogados apenas são sujeitos obrigados nas situações expressamente previstas na Lei 10/2010 e,

> com relação às atividades restantes, os advogados estão submetidos ao dever de segredo profissional e não proporcionam informação sobre as mesmas nem colaboram com o Sepblac, salvo se tais atividades suponham atuação ou implicação do advogado em atividades de lavagem, assessoramento jurídico para

---

[59] DEL BOSCH Y JORDÁN DE URRÍES, Santiago Milans. El abogado como sujeto obligado de la normativa sobre medidas preventivas del blanqueo de capitales y del secreto professional. La Ley Penal, Estudios monográficos: Blanqueo de capitales. out. 2005. p. 37-46. Tradução minha.
[60] Conforme art. 22, Lei 10/2010. Tradução minha do original em língua espanhola.
[61] Conforme art. 2º, 1, ñ, Lei 10/2010.
[62] Aguado apud Rodrigo Sánchez Rios. *Direito penal econômico*, op. cit., p. 106.

tal fim ou que, por sua natureza, possam estar relacionadas com a lavagem de dinheiro.[63]

Realmente, a lei é taxativa ao dispor que, sem prejuízo das demais obrigações, "os advogados guardarão o dever de segredo profissional em conformidade com a legislação vigente".[64]

O Consejo General de la Abogacía Española entende que o dever do advogado de comunicar ao Sepblac as operações suspeitas de seus clientes é "uma exceção ao dever de sigilo profissional".[65]

Conforme o próprio Consejo General de la Abogacía Española, o artigo 22 da Lei 10/2010 deve ser interpretado da seguinte forma: nos casos em que o advogado se limite a determinar a posição jurídica do cliente, a defendê-lo em processos judiciais ou assessorá-lo sobre a forma de evitar um processo, o segredo profissional persiste e deve ser mantido. Mas, nos casos em que o cliente solicita do advogado uma participação ativa em uma das hipóteses previstas na norma, o segredo profissional deixa de existir.[66]

A despeito do critério legal, o Consejo General admite a existência de uma zona cinzenta acerca de quando a atividade advocatícia está amparada pelo segredo profissional e quando vincula o advogado às determinações legais. Em tais situações "é recomendável submeter a questão ao Decano" ou ao próprio Consejo.[67]

Também com relação às *operações suspeitas* a que a lei faz alusão pode surgir dúvida para aqueles que exercem a advocacia. No intuito de diminuir a insegurança jurídica e facilitar o exercício profissional dos advogados, a Comisión Especial para la Prevención del Blanqueo de Capitales del Consejo General de la Abogacía Española elaborou um catálogo de operações "que podem ser suspei-

---

[63] PELÁEZ MARTOS, José María. *Blanqueo de capitales*: obligaciones de empresas y profesionales en la nueva ley. Madri: CISS grupo Wolters Kluwer, 2010. p. 320. Tradução minha.
[64] Conforme art. 22, Lei 10/2010. Tradução minha do original em língua espanhola: "los abogados guardarán el deber de secreto profesional de conformidad con la legislación vigente".
[65] ESPANHA. Consejo General de la Abogacía Española. Comisión especial para la prevención del blanqueo de capitales y de la financiación del terrorismo. *Medidas y recomendaciones para la prevención del blanqueo de capitales y de la financiación del terrorismo*. s.d. p. 9. Tradução minha. Disponível em: <www.abogacia.es/wp-content/uploads/2012/06/RECOMENDACIONES-PBC-ABOGADOS-CGAE.pdf>. Último acesso: 30 jan. 2013.
[66] Ibid.
[67] Ibid., p. 10. Tradução minha.

tas de lavagem de dinheiro e que, por suas especiais características, devem ser objeto de um exame especial e cuidadoso".[68]

O *Manual de prevención de blanqueo de capitales*, adaptado à Lei 10/2010, traz anexo o "*Catálogo ejemplificativo de operaciones de riesgo de blanqueo de capitales para profesionales*", aprovado pelo Sepblac.

A lista contém uma série de exemplos de operações que apresentam significativa probabilidade (*riesgo potencial*) de vinculação a esse tipo de atividade criminosa e se divide em *i)* riscos associados aos clientes; *ii)* riscos associados às pessoas jurídicas; *iii)* riscos associados a representantes ou administradores; *iv)* riscos associados às operações; e *v)* riscos associados a empregados e profissionais vinculados.[69]

Ainda assim, porém, em face das inúmeras formas de se lavar dinheiro e da constante mutabilidade dos meios empregados para tanto, a lista não é exaustiva. Conforme aponta Santiago Milans del Bosch y Jordan de Urríes, "o <<catálogo de operações de risco>> (COR) não tem — não pode ter — caráter de lista fechada".[70]

José María Peláez Martos afirma que não se trata de uma lista que enumera todos os possíveis casos de operações vinculadas à lavagem de dinheiro; "tampouco implica que todas as operações incluídas tenham de estar necessariamente vinculadas à lavagem de dinheiro".[71]

A finalidade do catálogo de operações de risco é meramente a de oferecer aos profissionais algum suporte no que diz respeito à identificação de fatores e operações nos quais se tem observado certo grau de relação com a lavagem de dinheiro, a partir da experiência das diferentes unidades da Comisión de Prevención del Blanqueo de Capitales e Infracciones Monetarias.[72]

Vê-se, pois, que além de a lei falar em comunicação por mero indício,[73] não há uma delimitação concreta de quais condutas são consideradas suspeitas, "em

---

[68] Ibid., p. 2. Tradução minha.
[69] ESPANHA. Consejo General de la Abogacía Española. *Manual de prevención de blanqueo de capitales*. 2011. Disponível em: <www.abogacia.es/wp-content/uploads/2012/06/MANUALDE-PREVENCION.pdf>. Acesso em: 29 jan. 2013.
[70] Santiago Milans Del Bosch y Jordán de Urríes. El abogado como sujeto obligado de la normativa sobre medidas preventivas del blanqueo de capitales y del secreto professional, op. cit., p. 41. Tradução minha.
[71] PELÁEZ MARTOS, José María. *Blanqueo de capitales*: obligaciones de empresas y profesionales en la nueva ley. Madri: CISS grupo Wolters Kluwer, 2010. p. 327. Tradução minha.
[72] Ibid.
[73] Conforme art. 18, Lei 10/2010.

clara contradição com a exigível taxatividade que deve imperar em um Estado de Direito", conforme criticam Manuel Cobo del Rosal e Carlos Zabala Lópes--Gómez.[74]

Mas não é só. O subjetivismo que impera na referida análise é arbitrário e perigoso, especialmente diante da chamada cláusula de *exención de responsabilidad*, prevista no artigo 23 da Lei 10/2010, segundo a qual a comunicação de boa-fé às autoridades competentes feita por sujeitos obrigados não constitui qualquer violação de restrições sobre divulgação de informação imposta por via legal ou contratual, o que os exime de qualquer responsabilidade civil ou criminal.

Assim, a cláusula de isenção de responsabilidade não deixa de ser, claramente, uma espécie de recompensa por um trabalho policialesco.[75] Independentemente de a comunicação ter sido equivocada, o sujeito obrigado está "exonerado de toda classe de responsabilidade, o que não deixa de ser um sistema malvado e perverso, mas próprio de regimes ditatoriais, quando não expressão de um conceito de "justiça" de épocas absolutistas ou ferozmente inquisitoriais".[76] Afinal,

> O estabelecimento da suspeita, que, às vezes, não é mais que a desconfiança de um empregado timorato porque lhe cai mal o cliente ou por qualquer razão de ordem subjetiva, não deve se constituir em uma plataforma delatória, que diverge, absolutamente, do comportamento razoável exigido em um Estado democrático de Direito.[77]

Citando Luis Recaséns Siches, os referidos autores esclarecem que usam a expressão *razoável* (*razonable*) porque "o Direito deve ser, em um Estado democrático, 'o *logos* do razoável'".[78]

E esse *logos* do razoável foi esquecido pela generalidade do Direito repressivo e por todos os países totalitários nos anos 1930 e seguintes, sendo substituído pelo método irracional e intuitivo que tantas vidas custou, especialmente na

---

[74] COBO DEL ROSAL, Manuel; ZABALA LÓPEZ-GÓMEZ, Carlos. *Blanqueo de capitales*: abogados, procuradores y notários, inversores, bancarios y empresários. Madri: Cesej, 2005. p. 27. Tradução minha.
[75] Ibid.
[76] Ibid. Tradução minha.
[77] Ibid.
[78] Siches apud ibid. Tradução minha.

Europa central, pela mera suspeita ou mesmo conjectura de qualquer funcionário público desconfiado ou de um mero e simples vizinho.[79]

Os advogados — e demais pessoas e estabelecimentos obrigados pela lei — foram convertidos "em meros delatores ou policiais a serviço do Estado".[80]

O regime sancionador previsto para o descumprimento das obrigações previstas na Lei 10/2010 é, igualmente, autoritário. As infrações administrativas são classificadas em *"leves"*, *"graves"* e *"muy graves"*,[81] e no caso desta última a sanção é uma multa que varia de 150 mil até 1,5 milhão de euros ou o dobro do valor econômico da operação suspeita ou, ainda, 5% do patrimônio líquido do sujeito obrigado, o que for maior.[82] Além do valor pecuniário, no caso de infrações muito graves, aplicam-se cumulativamente uma das seguintes sanções: admoestação pública ou a revogação da autorização administrativa para operar, no caso de entidades sujeitas a este tipo de autorização.[83]

O descumprimento da obrigação de comunicação configura infração grave. Mas, nos termos do artigo 51 da Lei 10/2010, a ofensa ao dever de comunicar é considerada infração muito grave "quando algum diretor ou empregado do sujeito obrigado tiver manifestado internamente a existência de indícios ou a certeza de que um fato ou operação estava relacionado com lavagem de dinheiro ou financiamento de terrorismo".[84]

A graduação da sanção varia de acordo com a quantia da operação ou dos lucros obtidos como consequência da infração, com a iniciativa de se furtar à obrigação de legal e com a primariedade ou reincidência nos últimos cinco anos, sendo certo que, em qualquer caso, a sanção deve ser graduada de modo que a

---

[79] Ibid. Tradução minha.
[80] Ibid.
[81] Conforme art. 50, Lei 10/2010.
[82] A legislação brasileira é, também, bastante rigorosa nesse ponto. De acordo com o atual art. 12, II, incisos *a*, *b* e *c*, da Lei 9.613/98, a pena pecuniária imposta ao sujeito obrigado pode chegar ao dobro do valor da operação, ao dobro lucro real obtido (ou que presumivelmente seria obtido com a operação) ou a R$ 20.000.000,00 (vinte milhões de reais).
[83] José María Peláez Martos. *Blanqueo de capitales*, op. cit.
[84] Conforme art. 51, Lei 10/2010. Tradução minha do original em língua espanhola: *"cuando algún directivo o empleado del sujeto obligado hubiera puesto de manifiesto internamente la existencia de indicios o la certeza de que un hecho u operación estaba relacionado con el blanqueo de capitales o la financiación del terrorismo"*.

prática da infração não seja mais benéfica ao infrator do que o cumprimento das normas infringidas.[85]

O critério de graduação da sanção deve atender, entre outras circunstâncias, ao grau de responsabilidade do agente e estar relacionado com sua conduta anterior no que toca ao cumprimento das obrigações impostas pela lei e, ainda, com sua capacidade econômica, quando da imposição de multa.[86]

Por fim, como não poderia deixar de ser, as infrações e sanções estabelecidas na Lei 10/2010 devem ser aplicadas sem prejuízo de eventual responsabilidade criminal pelas ações e omissões tipificadas no Código Penal espanhol ou em outras leis especiais.[87] Merece destaque o fato de que o ordenamento espanhol prevê a figura da lavagem de dinheiro culposa, e, claramente, os sujeitos obrigados previstos na legislação são os principais destinatários da regra de prudência.[88]

Segundo a Comisión Especial para la Prevención del Blanqueo de Capitales del Consejo General de la Abogacía Española, "a falta de diligência pode constituir base para a imputação do delito de lavagem de dinheiro tipificado nos artigos 301 e seguintes do Código Penal, em sua nova reação introduzida pela Lei Orgânica 5/2010".[89]

Ainda assim, porém, segundo o Tribunal Supremo espanhol, a lavagem de dinheiro culposa não decorre automaticamente do descumprimento das obrigações previstas na legislação:

> o delito não consiste propriamente na omissão dessas obrigações. Essa obrigação de informar as operações suspeitas não converte o [sujeito] obrigado em autor de um delito de lavagem de dinheiro por omissão em virtude do art. 11, entre outras razões porque essa omissão não equivale à ação, segundo o sentido da lei.[90]

---

[85] José María Peláez Martos. *Blanqueo de capitales*, op. cit., p. 376.
[86] Ibid.
[87] Conforme art. 62, 1, Lei 10/2010.
[88] CLIMENT DURÁN, Carlos. *Código penal*: jurisprudência sistematizada. Valência: Tirant lo Blanch, 2011.
[89] ESPANHA. Consejo General de la Abogacía Española. Comisión especial para la prevención del blanqueo de capitales y de la financiación del terrorismo. *Medidas y recomendaciones para la prevención del blanqueo de capitales y de la financiación del terrorismo*. s.d. p. 3. Tradução minha. Disponível em: <www.abogacia.es/wp-content/uploads/2012/06/RECOMENDACIONES-PB-C-ABOGADOS-CGAE.pdf.> Último acesso em 30.01.2013.
[90] ESPANHA. Tribunal Supremo. Sala de lo penal. *STS 4967/2010*. Relator: D. Francisco Monterde Ferrer. Madri. Julgado em 23.9.2010. Disponível em: <www.poderjudicial.es/search/

Isidoro Blanco Cordero lembra que o fato de os valores envolvidos na operação terem origem ilícita não implica, necessariamente, o crime de lavagem de dinheiro, mas apenas que o tipo objetivo fora preenchido.[91] Ainda é necessário analisar a conduta do profissional segundo o princípio da confiança — "de acordo com o qual o advogado pode confiar que a atuação dos clientes é conforme o Direito"[92] — de modo que apenas quando essa confiança puder ser questionada (o catálogo de operações de risco é um dos parâmetros) se passa a analisar se o advogado atuou de forma dolosa ou imprudente.[93]

A ocorrência de uma desídia grave, portanto, pode configurar o delito de lavagem de dinheiro na modalidade imprudente, pois a lei determina que o sujeito obrigado tenha um mínimo de cautela,[94] mas não basta para o aperfeiçoamento do tipo penal que o sujeito obrigado descumpra alguma das imposições legais.

2.2 O sigilo profissional dos advogados na legislação espanhola e a ilegitimidade da inclusão desses profissionais na política de prevenção à lavagem de dinheiro

Juan Alvarez-Sala Walter entende que o sigilo profissional, por ter caráter relativo, pode e deve ser flexibilizado em algumas situações.[95] Com certa propriedade, o autor sustenta seu posicionamento afirmando que o sigilo profissional não tem um valor em si mesmo, sendo mero instrumento de proteção a outros bens jurídicos, que podem ser de interesse público ou privado,[96] devendo-se flexibilizar o sigilo profissional "quando proteja apenas um bem jurídico claudicante ou de

---

doAction?action=contentpdf&databasematch=TS&reference=5753302&links=%22EL%20DE-LITO%20NO%20CONSISTE%20PROPIAMENTE%20EN%20LA%20OMISI%D3N%20DE%20ESAS%20OBLIGACIONES%22&optimize=20101021&publicinterface=true>. Acesso em: 16 jan. 2013. Tradução minha. Por outro lado, segundo o Tribunal Supremo, "*podría afirmase que ni siquiera el cumplimiento de las obligaciones impuestas por la Ley y el Reglamento, serían criterio concluyente para excluir su eventual responsabilidad penal, pues se estaria ante un cumplimiento puramente formal realizado en la confianza de que no se iban a activar los mecanismos de persecución de la actividad supuestamente delictiva*". Ibid.

[91] BLANCO CORDERO, Isidoro. *El delito de blanqueo de capitales*. 3. ed. Navarra: Thomson Reuters, 2012. p. 590.
[92] Ibid. Tradução minha.
[93] Ibid.
[94] Espanha. Tribunal Supremo. Sala de lo penal. *STS 4967/2010*, op. cit.
[95] Juan Alvarez-Sala Walter. El blanqueo de capitales y las profesiones jurídicas, op. cit., p. 13.
[96] Ibid., p. 14.

nível inferior, por exemplo um bem privado, como o direito à intimidade, em face de um interesse público".[97]

Não se podem olvidar, entretanto, as consequências da limitação dessa garantia que é o sigilo profissional, recentemente *flexibilizado* no direito comunitário nas hipóteses não afetas a um processo judicial.

Na obra *Ponderações de normas em matéria penal*, Thiago Bottino do Amaral ressalta que a resolução de conflitos normativos não tem sido realizada com a adequada acuidade teórica e metodológica por parte do Poder Judiciário brasileiro, eis que, especialmente em se tratando de direito penal e processual penal, a ponderação "não enfrenta a necessária reflexão acerca das consequências dessa aplicação em face das especialíssimas características desse ramo do direito".[98] Esse é, no meu sentir, também o equívoco do raciocínio daqueles que encontram na suposta predominância do interesse público sobre a intimidade do cidadão a legitimidade para o afastamento do sigilo profissional do advogado nas hipóteses da Terceira Diretiva e da Lei 10/2010.

Ora, toda forma de intervenção penal tem, como fundamento próprio de sua legitimação, o amparo do interesse público em detrimento do interesse do particular (investigado ou acusado) na prevenção ou repressão do crime, de modo que seria por demais simplista e pueril — para não dizer perigoso — sustentar a flexibilização de garantias individuais nesse genérico argumento.

Conforme aponta Maria Elizabeth Queijo, "prevalecendo o interesse público, de modo exclusivo, não haveria qualquer freio para a persecução penal, abrindo-se espaço para arbitrariedades e violações de direitos".[99]

Isso não significa que não se possam ponderar em matéria penal os interesses em jogo, contrapondo o público e o privado para vulnerar o direito deste. Mas esse exercício de ponderação não pode jamais ser simplista, sob pena de se fulminar, uma a uma, todas as garantias do cidadão contra o poder e o arbítrio estatal com base na suposta prevalência do interesse público sobre o particular.

Esse raciocínio é importante, pois a intimidade não parece ser meramente um bem jurídico de nível inferior ou claudicante, como expõe Alvarez-Sala Wal-

---

[97] Ibid. Tradução minha.
[98] AMARAL, Thiago Bottino do. *Ponderação de normas em matéria penal*. Rio de Janeiro: Lumen Juris, 2007. p. 124.
[99] QUEIJO, Maria Elizabeth. *O direito de não produzir prova contra si mesmo*: o princípio *nemo tenetur se detegere* e suas decorrências no processo penal. 2. ed. São Paulo: Saraiva, 2012. p. 27.

ter.[100] Ao revés, a intimidade é pressuposto básico (*conditio sine qua non*) para o desenvolvimento das relações sociais e, consequentemente, da própria sociedade. Trata-se de um bem jurídico, destarte, de suma importância, protegido constitucionalmente no ordenamento espanhol.[101]

Não por outro motivo, percebendo uma *função social* (um interesse público) na proteção à intimidade e aos segredos profissionais, Antonio Magalhães Gomes Filho, citado por Alexandre de Moraes, afirma que

> as intromissões na vida familiar não se justificam pelo interesse de obtenção da prova, pois, da mesma forma do que sucede em relação aos segredos profissionais, deve ser igualmente reconhecida a função social de uma vivência conjugal e familiar à margem de restrições e intromissões.[102]

Mas a questão não pode ser enfocada somente sob esse prisma. Consoante já aventado, o fundamento e a dimensão do sigilo profissional do advogado são de curial importância e devem ser cuidadosamente analisados porque é a partir de sua extensão que se pode inferir se — e em que medida — as Diretivas da União Europeia e a Lei 10/2010, no que diz respeito à Espanha, incluem esse profissional na política de prevenção à lavagem de dinheiro de forma legítima ou não.

No parecer apresentado nos autos C-305/05 perante o Tribunal de Justiça das Comunidades Europeias, M. Poiares Maduro ressaltou que a Ordre

---

[100] Juan Alvarez-Sala Walter. El blanqueo de capitales y las profesiones jurídicas, op. cit., p. 14.
[101] Naturalmente, o que ocorre é nada mais do que uma diversa interpretação do valor da proteção jurídica à intimidade em uma sociedade democrática. Consoante lembra Ana Elisa Liberatore S. Bechara: "A relação entre Direito Penal e direitos humanos sempre foi ambígua, exprimindo uma tensão antinômica entre dois polos. Tal antinomia reside na própria essência do *ius puniendi*, que atinge direitos fundamentais do indivíduo, a começar por sua liberdade. De outro lado, o sistema penal exerce também uma função de proteção dos direitos fundamentais, por meio da incriminação de comportamentos, no contexto de um movimento duplo, afirmando positivamente valores e atribuindo sentido delitivo à sua transgressão, tudo com o fim de resguardar a segurança e a convivência harmônica no âmbito de determinada sociedade. A busca do ponto de equilíbrio entre os interesses envolvidos (segurança social e direitos individuais) revela-se, assim, uma das mais sérias dificuldades no estabelecimento do conteúdo e da legitimidade da intervenção jurídico-penal, estando, justamente por isso, sempre sujeita à revisão". BECHARA, Ana Elisa Liberatore S. Direitos humanos e direito penal: limites da intervenção penal racional no estado democrático de direito. In: MENDES, Gilmar Ferreira; CRUZ BOTTINI, Pierpaolo; PACELLI, Eugênio (Coord.). *Direito penal contemporâneo*: questões controvertidas. São Paulo: Saraiva, 2011. p. 153. (Série IDP).
[102] Gomes Filho apud MORAES, Alexandre de. *Constituição do Brasil interpretada e legislação constitucional*. São Paulo: Atlas, 2011. p. 146.

des Barreaux Francophones et Germanophones e a Ordre Français des Avocats du Barreau de Bruxelles, intervenientes no processo, defendem que o segredo profissional dos advogados tem um valor de "axioma", sendo possível encontrá--lo em todas as democracias e em todas as épocas, da Bíblia "aos escritos da História Antiga e de todos os séculos".[103]

A partir desse ponto de vista, Poiares Maduro afirma que "se o segredo do advogado merece ser reconhecido na ordem jurídica comunitária, isso deve-se simplesmente ao fato de ter as suas raízes nos próprios fundamentos da sociedade europeia".[104]

Poiares Maduro não compartilha dessa opinião, porém. Apesar de reconhecer a existência do axioma social e mesmo uma regra de dever profissional — inerente à própria advocacia, consagrada "por todas as ordens profissionais dos advogados em todos os Estados-Membros" —, o advogado-geral do Tribunal de Justiça afirma que "o fato de uma regra parecer revestir um valor superior em determinadas ordens sociais ou privadas não implica que a mesma deva ser consagrada como princípio geral do direito comunitário", sendo necessário verificar "se, nessa ordem, existe uma fonte autônoma que assegure a sua proteção".[105]

E por não encontrar tal proteção além daquela relacionada a um processo equitativo, nos termos do artigo 6º da Convenção para a Protecção dos Direitos do Homem, Poiares Maduro concluiu que a Diretiva é legítima, desde que os advogados sejam exonerados de toda e qualquer obrigação de declaração no que toca às "informações obtidas antes, durante ou depois de um processo judicial, ou quando da prestação de consultas jurídicas",[106] o que foi seguido pelo Tribunal de Justiça.

Importa destacar, também, que a questão posta à apreciação do Tribunal de Justiça limitava-se à garantia a um processo equitativo,[107] de modo que, em princípio, a decisão da Corte parece ter sido acertada.

---

[103] Tribunal de Justiça. Advogado Geral do Tribunal de Justiça das Comunidades Europeias. *Parecer normativo no processo C-305/05, de 14.12.2006*, op. cit., p. I-5320.
[104] Ibid.
[105] Ibid., p. I-5321.
[106] Ibid., p. I-5334.
[107] A questão alçada à apreciação do Tribunal de Justiça da União Europeia foi a seguinte: "O artigo 1º, nº 2, da Directiva 2001/97/CE do Parlamento Europeu e do Conselho, de 4 de Dezembro de 2001, que altera a Directiva 91/308/CEE do Conselho, relativa à prevenção da utilização do sistema financeiro para efeitos de branqueamento de capitais, viola o direito a um processo equitativo tal como este é garantido pelo artigo 6.º da Convenção para a Proteção dos Direitos do Homem e das Liberdades Fundamentais e, consequentemente, o artigo 6º, nº 2, do

Poiares Maduro ressaltou que a Corte "tem sempre a possibilidade de precisar o conteúdo da questão prejudicial à luz das observações formuladas pelas partes no processo principal",[108] mas o Tribunal de Justiça entendeu, "segundo jurisprudência assente", que isso "compete apenas ao juiz nacional, a quem foi submetido o litígio e que deve assumir a responsabilidade pela decisão jurisdicional a tomar", apreciando, "tendo em conta as especificidades do processo, tanto a necessidade de uma decisão prejudicial para poder proferir a sua decisão como a pertinência das questões que coloca ao Tribunal de Justiça".[109]

Assim, a Corte considerou incabível "alargar a apreciação da validade da Diretiva 91/308 à luz de direitos fundamentais não referidos pelo órgão jurisdicional de reenvio, nomeadamente o direito ao respeito pela vida privada previsto no artigo 8º da CEDH".[110]

Isso não significa, entretanto, que a inclusão do advogado como sujeito obrigado na política de prevenção da lavagem de dinheiro é legítima e não viola o dever de sigilo profissional inerente à profissão.

Javier Boix Reig afirma que o dever e o direito ao segredo profissional do advogado compreendem "as confidências e propostas do cliente, as do adversário, as dos companheiros e de todos os fatos e documentos de que tenha tido notícia ou tenha recebido em razão de qualquer das modalidades de sua atuação profissional".[111] E, segundo o catedrático de direito penal da Universidade de Valência, o dever de sigilo profissional permanece inclusive depois de cessada a prestação dos serviços ao cliente, sem qualquer limitação temporal.[112]

Tratado da União Europeia, na medida em que o novo artigo 2º-A, nº 5, que o referido artigo 1º, nº 2 inseriu na Directiva 91/308/CE, impõe a inclusão dos profissionalis forenses independentes, sem excluir a profissão de advogado, no âmbito de aplicação pessoal dessa mesma diretiva, que, em substância, tem por objeto impor às pessoas e às instituições por ela visadas a obrigação de informar as autoridades responsáveis pela luta contra o branqueamento de capitais de todos os fatos que possam ser indício de um tal branqueamento (artigo 6º da Directiva 91/308/CEE, substituído pelo artigo 1º, nº 5, da Directiva 2001/97/CE)?"

[108] Tribunal de Justiça. Advogado Geral do Tribunal de Justiça das Comunidades Europeias. *Parecer normativo no processo C-305/05, de 14.12.2006*, op. cit., p. I-5319.

[109] TRIBUNAL DE JUSTIÇA. Advogado Geral do Tribunal de Justiça das Comunidades Europeias. *Parecer normativo no processo C-305/05, de 14.12.2006*. Disponível em: <http://eur-lex.europa.eu/LexUriServ/LexUriServ.do?uri=CELEX:62005CC0305:PT:PDF>. Acesso em: 29 jan. 2013.

[110] Ibid.

[111] BOIX REIG, Javier. El secreto profesional. In: BOIX REIG, Javier (Dir.); JAREÑO LEAL, Ángeles (Coord.). *La protección jurídica de la intimidad*. Madri: Iustel, 2010. p. 97. Tradução minha.

[112] Ibid., p. 98.

Ora, se o sigilo abrange todas as modalidades da atuação profissional, é inegável que a obrigação imposta ao advogado de comunicar a operação suspeita de seus clientes — ainda que não relacionado a um processo judicial — viola o dever e o direito ao sigilo profissional. "Junto ao dever de segredo do advogado existe o correlativo direito do cliente de que aquele não revele seu segredo".[113]

A perspectiva de Javier Boig Reig me parece correta, pois não se pode ignorar no dever de sigilo profissional do advogado uma proteção à intimidade do cliente: "o principal titular do direito de que seja mantido o segredo pelo advogado é seu próprio cliente, pois são suas garantias processuais ou seu direito ao segredo ou à intimidade que entram em risco ou lesão".[114]

Nesse mesmo sentido, Vicente Grima Lizandra lembra que "o direito de defesa exige o reconhecimento e a proteção do segredo profissional do advogado; porém, nem todo segredo profissional do advogado está vinculado com o direito de defesa".[115]

Isso porque, segundo o autor, a imprescindibilidade de sigilo deriva da necessidade que o cliente tem de fazer confidências ao advogado para que este preste seus serviços de forma satisfatória. Uma vez que "é necessária a confidência, se converte em necessário o dever do profissional de não revelá-la a terceiros".[116] E essa necessidade não está limitada ao direito de defesa — ou ao direito a um processo equitativo. Durante (e depois de) uma negociação estritamente civil e não contenciosa, por exemplo, parece indiscutível haver a necessidade de mantença do segredo profissional. Afinal,

> Só se pode propor acordos na confiança de que, caso os mesmos não sejam alcançados, nenhuma parte aportará ao procedimento os termos em que haviam sido propostos. A possibilidade de que tal aporte ocorra limita, se não anula, a liberdade e transparência do processo negociador, tão necessário para conseguir resolver os problemas dos clientes extrajudicialmente e, portanto, em seu próprio benefício.[117]

---

[113] GRIMA LIZANDRA, Vicente. Secreto profesional del abogado y derecho de defensa penal. In: BOIX REIG, Javier (Dir.); JAREÑO LEAL, Ángeles (Coord.). *La protección jurídica de la intimidad*. Madri: Iustel, 2010. p. 202. Tradução minha.
[114] Díez apud Javier Boix Reig. El secreto professional, op. cit., p. 101. Tradução minha.
[115] Vicente Grima Lizandra. Secreto profesional del abogado y derecho de defensa penal, op. cit., p. 109. Tradução minha.
[116] Ibid., p. 201. Tradução minha.
[117] Ibid., p. 99. Tradução minha.

E se na referida situação o ordenamento jurídico espanhol sanciona criminal e administrativamente o advogado que viola o dever de sigilo, parece claro que é porque esse sigilo não protege apenas o direito de defesa (ou o direito a um processo equitativo), mas também a intimidade do cliente.

O artigo 24 da Constituição espanhola reconhece o sigilo profissional, mas é o artigo 542.3 da Ley Orgánica 6/1985 del Poder Judicial que determina que "Os advogados deverão guardar segredo de todos os fatos ou notícias de que conheçam em razão de qualquer das modalidades de sua atuação profissional, não podendo ser obrigados a declarar sobre os mesmos" (tradução minha).

O artigo 5º do Código Deontológico de la Abogacía Española não deixa dúvida de que o segredo profissional do advogado é uma proteção à intimidade do cliente:

> A confiança e confidencialidade nas relações entre cliente e advogado, ínsita ao direito daquele à sua intimidade e ao de não fazer declarações em seu desfavor, assim como direitos fundamentais de terceiros, impõe ao advogado o dever e lhe confere o direito de guardar segredo a respeito de todos os fatos ou notícias de que tenha conhecimento em razão de qualquer das modalidades de sua atuação profissional, sem que possa ser obrigado a declarar sobre os mesmos, como reconhece o artigo 437.2 da vigente Ley Orgánica del Poder Judicial. [tradução minha]

O Código Penal espanhol, por sua vez, prevê no artigo 199.2 que o profissional que, "descumprindo sua obrigação de sigilo ou reserva" (tradução minha), divulgue os segredos de outra pessoa, será castigado "com pena de prisão de um a quatro anos, multa de doze a vinte e quatro meses e inabilitação especial para tal profissão por tempo de dois a seis anos" (tradução minha).

Não há dúvida, portanto, de que a Espanha reconhece a proteção da intimidade do cliente como um dos fundamentos do sigilo profissional do advogado e que criminaliza a conduta do profissional que divulga os segredos de seu cliente ou de terceiros independentemente do vínculo com um processo judicial, de modo que as obrigações impostas pela Lei 10/2010 parecem ser incompatíveis com o dever de sigilo previsto no artigo 542.3 da Ley Orgánica del Poder Judicial e no artigo 5º do Código Deontológico de la Abogacía Española.

Isso não significa, obviamente, que o advogado, amparado pelo manto do sigilo profissional, deve ser visto como um porto seguro para a prática de lavagem de dinheiro. Porém, compartilho do desconforto de Poiares Maduro quando afirma não vislumbrar por qual razão "uma atividade de assistência merece mais proteção especial que a de mandatário, se não for demonstrado que essa atividade é realizada com total independência".[118] Afinal, conforme ponderou o advogado-geral, "mais importante que a atividade exercida é a forma de exercer essa atividade".[119]

A conclusão de Rodrigo Sánchez Rios nesse ponto, fazendo "referência aos postulados deontológidos configuradores da função do advogado como instrumento indispensável à Administração da Justiça",[120] é enfática: "Enquanto o profissional estiver agindo de acordo com esses postulados, não se afigura possível a sua inserção em normativas pertinentes ao branqueamento de capitais".[121]

Não é demais ressaltar, por fim, que, conforme lembra Carlos Aránguez Sánchez, o advogado que auxilia ou instrui seu cliente acerca das maneiras de se lavar dinheiro não está amparado pelo "exercício legítimo de um direito, ofício ou cargo, pois a lei não acolhe o exercício abusivo ou antissocial do direito", devendo "responder por sua colaboração no delito".[122] A ofensa aos *postulados deontológicos* da profissão seria manifesta nesse caso.

2.3 A ineficácia da colaboração dos advogados na prevenção e repreensão à lavagem de dinheiro na Espanha

Além da incompatibilidade com o sigilo profissional, a inclusão dos advogados no rol de sujeitos obrigados não tem sequer se mostrado indispensável ou extremamente eficiente na persecução ou coibição da lavagem de dinheiro. Em uma mesa-redonda realizada em outubro de 2012 em Genebra, Nielson Sánchez Stewart, presidente da Comisión de Prevención del Blanqueo de capitales del Consejo General de la Abogacía Española, destacou acerca das obrigações impostas aos advogados pela Lei 10/2010:

---

[118] Tribunal de Justiça. Advogado Geral do Tribunal de Justiça das Comunidades Europeias. *Parecer normativo no processo C-305/05, de 14.12.2006*, op. cit.
[119] Ibid.
[120] Rodrigo Sánchez Rios. *Direito penal econômico*, op. cit., p. 123.
[121] Ibid.
[122] Aránguez Sánchez apud ibid., p. 105.

São medidas reiterativas e redundantes, já que na cadeia de sujeitos que intervêm nas atividades em que estão obrigados a colaborar o advogado não é senão mais um elo: nem o primeiro nem o último. Se forem examinadas todas e cada uma de tais atividades — compra e venda de imóveis ou entidades comerciais, gestão de fundos, administração de contas-correntes, constituição de sociedades e, em geral, atuação por conta de clientes em transações financeiras ou imobiliárias, sempre se encontrará necessariamente uma entidade bancária e — na Espanha — um notário e, às vezes, um registrador de propriedade ou um registrador mercantil.[123]

Mesmo nas situações elencadas anteriormente (que não têm qualquer relação com o direito de defesa) parece ser descabido, portanto, afirmar que o interesse público em coibir a lavagem de dinheiro deve prevalecer sobre o sigilo profissional do advogado — e sobre todas as garantias individuais daí decorrentes — porque, claramente, esse interesse público já foi assegurado com a inclusão dos demais profissionais (além das instituições financeiras) no rol de sujeitos obrigados.

Sánchez Stewart demonstrou ainda que, em 2009, na Espanha, foram efetuadas apenas 32 comunicações de operações suspeitas por advogados e em 2010 somente 39, ao passo que os notários fizeram 194 e 247 comunicações nos anos respectivos.[124] O total de operações suspeitas comunicadas por entidades não financeiras e profissionais designados foi de 264 em 2009 e 280 no ano seguinte.[125]

Vê-se, pois, que o número de operações suspeitas comunicadas por advogados é bastante inferior ao de comunicações efetuadas por outros profissionais.[126] E esse número é ainda mais impactante quando verificado que existem em torno de 150 mil advogados na Espanha.[127]

---

[123] SÁNCHEZ STEWART, Nielson. Perspectiva española de la abogacia en relacion a la lucha contra el blanqueo de capitales. In: INTERMEDIATE MEETING/STAGE FBE, 10th-13th October 2012, Geneva. s.l.: s.n. Disponível em: <www.fbe.org/IMG/pdf/Nielson_Sanchez-Stewart.pdf>. Acesso em: 4 jan. 2013. p. 5. Tradução minha.
[124] Ibid., p. 9.
[125] Ibid.
[126] Não foram consideradas as comunicações de operações suspeitas efetuadas por instituições financeiras.
[127] Nielson Sánchez Stewart. Perspectiva española de la abogacia en relacion a la lucha contra el blanqueo de capitales, op. cit.

No entanto, Sánchez Stewart ressaltou que essa realidade não é verificada apenas na Espanha.[128] O autor mencionou um estudo efetuado em 2010 pela Deloitte, que considerou que em toda a Europa o número de comunicações de operações suspeitas efetuadas por advogados é especialmente baixo em relação às comunicações efetuadas por instituições financeiras — e "os advogados espanhóis estavam acima da média europeia, tendo-se registrado neste País mais comunicações que na Alemanha ou na França, nações que não podem ser consideradas suspeitas de fomentar práticas delitivas".[129]

Ocorre que, em sentido amplo, o princípio da proporcionalidade é "reconhecido hoje como limite constitucional fundamental de toda intervenção estatal que afete direitos fundamentais",[130] de tal sorte que essa intervenção só encontrará respaldo constitucional se a limitação de direitos dos cidadãos mostrar-se *proporcionalmente* benéfica para o interesse público e, portanto,

1) *idônea* para alcançar aquela finalidade, isto é, que seja capaz de consegui-la; 2) *necessária* para o referido fim, no sentido de que este não se possa obter mediante uma intervenção não lesiva ou menos lesiva de direitos fundamentais; 3) *proporcional em sentido estrito*, isto é, que não represente mais custo para os direitos do que benefícios a serem obtidos.[131]

Assim, a flexibilização do sigilo profissional dos advogados no combate à lavagem de dinheiro fere o princípio da proporcionalidade porque não é *necessária*, uma vez que as operações a serem comunicadas por esses profissionais têm obrigatoriamente de passar por outros *gatekeepers* do sistema financeiro — cujas obrigações de comunicação não lesam (ou lesam em menor grau) direitos fundamentais.

O cenário exposto por Nielson Sánchez Stewart — no qual apresenta o baixo número de comunicações de operações suspeitas efetuadas por advogados (na Espanha e nos demais países europeus) — descortina, ainda, a *inidoneidade*

---

[128] Ibid., p. 9.
[129] Ibid., p. 9. Tradução minha. O autor faz uma ressalva ao Reino Unido, "*donde los Abogados desempeñan las funciones de los Notarios en el continente*" (ibid.).
[130] MIR PUIG, Santiago. *Bases constitucionales del derecho penal*. Madri: Iustel, 2011. Tradução minha.
[131] Ibid. Tradução minha.

dessa intervenção estatal, já que esses profissionais têm pouco a contribuir na prevenção e no combate à lavagem de dinheiro.

Conforme apontou Sánchez Stewart, diferentemente da intervenção de outros sujeitos obrigados (como notários e registradores de propriedade), a intervenção do advogado é facultativa na grande maioria dos casos em que se pretende lavar dinheiro, daí porque "não resulta frequente nem lógico que quem pretenda lavar dinheiro se dirija a um advogado podendo — ou necessitando — utilizar os serviços de outro profissional para conseguir seu desviado propósito".[132]

Com efeito, "A participação de um advogado somente se justifica quando se trata de operações de autêntica dificuldade, que exigem o emprego de técnicas muito depuradas. Não é o caso típico".[133] E isso explica o porquê de tão poucas comunicações por parte desses profissionais[134] e o fato de esse fenômeno se repetir por toda a Europa.

Não parece razoável, destarte, incluir o advogado no rol de sujeitos obrigados. Sendo *desnecessária* e *inidônea* a flexibilização do sigilo profissional dos advogados em prol do combate à lavagem de dinheiro, acaba, também, por se mostrar *desproporcional em sentido estrito*, eis que os custos para os direitos fundamentais dos cidadãos são claramente maiores que os potenciais e exíguos benefícios públicos.

3. O Brasil e a Lei nº 12.683/2012

3.1 O sigilo profissional dos advogados no Brasil e os serviços de assessoria, consultoria, aconselhamento ou assistência jurídica a partir da experiência espanhola

Diferentemente do que ocorre na Espanha, a inclusão do advogado na política de prevenção à lavagem de dinheiro no Brasil não se deu de forma expressa. Enquanto, na Espanha, a Lei 10/2010 não titubeia em mencionar "Os advogados, procuradores ou outros profissionais independentes",[135] no Brasil, a Lei

---

[132] Ibid., p. 9. Tradução minha.
[133] Ibid. Tradução minha.
[134] Ibid.
[135] Conforme art. 2, ñ, Lei 10/2010. Tradução minha do original em língua espanhola.

nº 12.683/2012 fala em "pessoas físicas ou jurídicas que prestem, mesmo que eventualmente, serviços de assessoria, consultoria, contadoria, auditoria, aconselhamento ou assistência de qualquer natureza".

Mesmo assim, aponta a doutrina: "Ainda que não expressamente previsto na lei, é possível identificar os *advogados* dentre os profissionais que prestam *serviços de assessoria, consultoria, aconselhamento ou assistência,* nas operações indicadas".[136]

Gustavo Henrique Badaró e Pierpaolo Cruz Bottini reconhecem, entretanto, que, diante do conflito das normas que envolvem o dever de sigilo profissional dos advogados e a inclusão de pessoas que prestam serviços de assessoria, consultoria, aconselhamento ou assistência de qualquer natureza na política de prevenção de lavagem de dinheiro, o sigilo profissional prevalece em face do princípio da especialidade:[137]

> Fosse a Lei de Lavagem expressa sobre o *dever do advogado* de comunicar operações suspeitas, poder-se-ia reconhecer — é certo que com algum esforço hermenêutico — sua superveniência e a relativização do dever de sigilo previsto no Estatuto da Advocacia. Ocorre que o *dever de comunicação* previsto na Lei de Lavagem é genérico, [...] não menciona expressamente o *advogado*.[138]

Esse é também o posicionamento do Conselho Federal da Ordem dos Advogados do Brasil (OAB), que entende que "os profissionais da advocacia não se encontram sujeitos aos mecanismos de controle da lavagem de capitais a que aludem os artigos 9, 10, e 11 da Lei 12.683/12".[139]

A partir de consulta formulada pela Presidência do Conselho Federal da OAB, a relatora do processo, Daniela Teixeira, fundamentou seu entendimento no "silêncio eloquente da lei de lavagem de dinheiro em relação aos serviços advocatícios", pois

---

[136] BADARÓ, Gustavo Henrique; CRUZ BOTTINI, Pierpaolo. *Lavagem de dinheiro*: aspectos penais e processuais penais: comentários à Lei 9.613/1998, com as alterações da Lei 12.683/2012. São Paulo: RT, 2012. p. 134.
[137] Ibid., p. 138.
[138] Ibid.
[139] Brasil. Ordem dos Advogados do Brasil. *Processo 9.0000.2012.006678-6/CNECO*, op. cit.

não parece razoável supor que uma lei genérica, que trata de "serviços de assessoria, consultoria, contadoria, auditoria, aconselhamento ou assistência, de qualquer natureza" possa alterar a Lei específica dos Advogados para criar obrigações não previstas no estatuto, que contrariam frontalmente a essência da profissão, revogando artigos e princípios de forma implícita.

Quisesse o legislador criar obrigações novas aos Advogados, revogando uma dezena de artigos do Estatuto da Advocacia, que é lei Federal, deveria tê-lo feito de forma explícita.[140]

Porém, entendo que, ainda que a lei falasse explicitamente em *advogados*, não se poderia admitir a inclusão desse profissional no rol de sujeitos obrigados à prevenção da lavagem de dinheiro no Brasil. Isso porque, conforme aponta Paulo Lôbo, o "direito ao sigilo, no mundo atual, passou a integrar os direitos fundamentais do cidadão, que são invioláveis inclusive em face do legislador infraconstitucional".[141]

A despeito de o segredo profissional do advogado no Brasil não ter a mesma extensão normativa encontrada no ordenamento espanhol, é também possível extrair do artigo 26 do Código de Ética e Disciplina da OAB[142] uma proteção à intimidade do cliente por meio do dever de sigilo, o que afasta, no meu entender, a possibilidade de comunicação de operações suspeitas mesmo no âmbito de atividades não relacionadas a um processo judicial. As considerações atinentes à Espanha são plenamente ajustadas ao direito pátrio no que toca a essa questão.

Mas não é só a garantia da intimidade do cliente que restaria amesquinhada com a inclusão dos advogados no sistema de combate à lavagem de dinheiro. A inovação violaria, também, o princípio *nemo tenetur se detegere*, segundo o qual as provas da culpabilidade do cidadão "devem ser colhidas sem a sua cooperação".[143]

Maria Elizabeth Queijo destaca que, "Literalmente, a expressão *nemo tenetur se detegere* significa que ninguém é obrigado a se descobrir",[144] e o cliente, não

---

[140] Ibid.
[141] LÔBO, Paulo. *Comentário ao estatuto da advocacia e da OAB*. 6. ed., 2. tir. São Paulo: Saraiva, 2011. p. 70.
[142] Conforme art. 26 do Cód. de Ética e Disc. da OAB: "O advogado deve guardar sigilo, mesmo em depoimento judicial, sobre o que saiba em razão de seu ofício, cabendo-lhe recusar-se a depor como testemunha em processo no qual funcionou ou deva funcionar, ou sobre fato relacionado com pessoa de quem seja ou tenha sido advogado, mesmo que autorizado ou solicitado pelo constituinte".
[143] Maria Elizabeth Queijo. O direito de não produzir prova contra si mesmo, op. cit.
[144] Ibid., p. 28.

se pode olvidar, fala — no processo ou fora dele — por meio de seu advogado, de modo que, em última instância, a inclusão desse profissional na prevenção à lavagem de dinheiro é a inclusão do cidadão nessa política em seu próprio desfavor.[145]

Trata-se, como se vê, de verdadeiro contrassenso e retrocesso nas garantias individuais contra as atividades persecutórias estatais. Com efeito, nas cortes eclesiásticas inglesas do final da Idade Média já era possível reconhecer o referido princípio,[146] pois já se tinha a ideia "de que homens e mulheres não poderiam ser compelidos a tornar-se fonte de informação em sua própria persecução".[147]

Há, ainda, um importante óbice de ordem prática à inclusão dos advogados no combate à lavagem de dinheiro no Brasil. O parágrafo 1º do artigo 14 da Lei nº 9.613/1998 determina que compete ao Conselho de Controle de Atividades Financeiras (Coaf) definir a abrangência e a aplicação de sanções às pessoas abrangidas pela lei, mas desde que para a classe não exista um órgão próprio fiscalizador ou regulador específico.[148] Dessa forma, no caso dos advogados, o órgão competente para tanto seria a OAB, que não regulamentou a matéria por entender que tais profissionais não estão abrangidos pela alteração na lei de lavagem de dinheiro.

Ainda assim, apesar de o entendimento jurídico do Conselho Federal da OAB estar correto, "a decisão de tal órgão de recusar a aplicabilidade das novas normas aos advogados, sem emitir qualquer regulamentação sobre o tema, leva a uma falsa sensação de segurança", conforme afirma Heloisa Estellita.[149] Afinal,

---

[145] Tive a oportunidade de manifestar esse entendimento na mesa-redonda: Lavagem de Capitais e Exercício da Advocacia, realizado em 23.11.2012 na Escola de Direito de São Paulo da Fundação Getulio Vargas (Direito GV).

[146] Maria Elizabeth Queijo. O direito de não produzir prova contra si mesmo, op. cit.

[147] Ibid.

[148] Em 16 de janeiro de 2013 o Coaf publicou a Resolução 24/13 com o objetivo de "estabelecer normas gerais de prevenção à lavagem de dinheiro e ao financiamento do terrorismo" (BRASIL. COAF. *Resolução 24/13, de 16.1.2013*. Disponível em: <www.coaf.fazenda.gov.br/conteudo/legislacaoe-normas/normas-coaf/resolucoes/coaf-resolucao-no-24-de-16-de-janeiro-de-2013-esta-resolucao-entra-em-vigor-em-1-6-2013/?searchterm=RESOLU%C3%87%C3%83O%2024>. Último acesso em: 30 jan. 2013.) e, nos termos da Lei nº 9.613/1998, limitou seu alcance às "pessoas físicas ou jurídicas não submetidas à regulação de órgão próprio regulador" (ibid.) que prestem os serviços elencados na Lei nº 12.683/2012. A Resolução entrou em vigor em 1º de março de 2013.

[149] ESTELLITA, Heloísa. *Lavagem de capitais, exercício da advocacia e risco*. Disponível em: <www.conjur.com.br/2012-set-27/heloisa-estellita-lavagem-capitais-exercicio-advocacia-risco>. Acesso em: 1º out. 2012.

os advogados que prestam assessoria jurídica nas operações elencadas no inciso XIV podem acabar tendo prestado assessoria para a ocultação ou dissimulação da origem, localização, disposição, movimentação ou propriedade de bens, direitos ou valores oriundos de infração penal, especialmente agora que os crimes tributários também são antecedentes da lavagem. Tal assessoria poderá ser vista — e já tem sido, a bem da verdade — como forma de participação (artigo 29 do CP) no crime de lavagem de autoria de outra pessoa, que pode ou não ser o cliente.[150]

Vê-se, pois, que a aprovação da Lei nº 12.683/2012, com a consequente inserção da advocacia consultiva na política de prevenção à lavagem de dinheiro no ordenamento jurídico pátrio, ainda trará muitos questionamentos, mas já é lícito indagar se as *obrigações de colaboração* não implicariam resultados contrários aos pretendidos, pois, conforme aponta Sánchez Rios, podemos acabar por "nos deparar com uma inesperada insegurança jurídica ao se deturpar a função do advogado nessa seara".[151]

4. Considerações críticas e conclusivas

A própria tipificação do delito de lavagem de dinheiro é por definição problemática, conforme bem observa Juan Alvarez-Sala Walter em raciocínio que merece ser transcrito:

> As categorias tradicionais da teoria jurídica do delito não se encaixam nesse tipo penal de contornos tão imprecisos, com um elemento objetivo tão evanescente, por sua intrínseca ultrafungibilidade propulsora de uma heterogeneidade quase incatalogável de suposições e com um elemento pessoal ou subjetivo tão disperso pela transitividade da conduta penal por meio de uma comitiva interminável de sujeitos, cuja participação criminógena se vai diluindo ao mesmo tempo que se vai transformando o elemento volitivo até chegar, em suas últimas ramificações, passando por responsabilidades sacerdotais e agentes penais, a uma versão delitiva culposa, inclusive por omissão, com uma discutível incriminação por imprudência, carente, portanto, do apoio externo de regulamentações adminis-

---

[150] Ibid.
[151] Rodrigo Sánchez Rios. *Direito penal econômico*, op. cit., p. 127.

trativas ou códigos deontológicos, alguma *lex artis* que complemente, ao final, um tipo de textura aberta em uma norma penal em branco.[152]

A despeito de o autor ter se referido à tipificação do crime na legislação espanhola, a qual, ao contrário da brasileira, admite a forma culposa, as críticas à forma como o direito penal lida com o problema são plenamente aplicáveis ao Brasil, assim como a todos os ordenamentos jurídicos democráticos.

A obrigação de colaboração dos advogados com a prevenção e a repressão à lavagem de dinheiro macula ainda mais essa azáfama persecutória, amesquinhando garantias individuais tão duramente conquistadas.

Diante da inequívoca proteção à intimidade do cliente por meio do sigilo profissional do advogado, da confiança que deve reger a relação cliente-advogado,[153] do princípio *nemo tenetur se detegere* e do princípio da proporcionalidade, entendo inconstitucional a inserção dos advogados na política de prevenção e no combate à lavagem de dinheiro, mesmo quando no desempenho de atividades não relacionadas a um processo judicial.

Trata-se, conforme já aventado, de um direito penal de emergência, legitimador de arbítrios e abusos;[154] de um direito no qual os fins justificam os meios, em que há verdadeira ruptura nas regras do jogo para atender a um pragmatismo estatal na luta contra o crime organizado.[155]

No entanto, conforme lembra Luigi Ferrajoli ao citar Hobbes, a única situação que legitima politicamente as rupturas da regra do jogo é o estado de guerra.[156] Extrai-se, ainda, da obra do autor italiano que:

"Na guerra", diz ele [Hobbes], "inflingir um dano qualquer ao indivíduo inocente, que não é um súdito, se se faz para benefício Estado e sem violação de nenhuma convenção prévia, não é um quebramento da lei da natureza"; e visto que a rebelião "constitui um regresso à condição de guerra", qualquer um que

---

[152] Juan Alvarez-Sala Walter. *El blanqueo de capitales y las profesiones jurídicas*, op. cit., p. 9. Tradução minha.
[153] A partir da inclusão do advogado como sujeito obrigado, a necessária relação de confiança para com seu cliente (e deste para com ele) praticamente deixa de existir: "*la ley le obliga a desconfiar, por principio, de su cliente*" (Nielson Sánchez Stewart. Perspectiva española de la abogacia en relacion a la lucha contra el blanqueo de capitales, op. cit.).
[154] FERRAJOLI, Luigi. *Direito e razão*. Teoria do garantismo penal. São Paulo: Revista dos Tribunais, 2010.
[155] Ibid.
[156] Ibid., p. 766.

atente contra a segurança ou a superveniência do Estado não é um delinquente, senão um "inimigo", e contra ele não valem as regras de direito, senão as regras da força.[157]

Nesse sentido, não é demais destacar que a devassa na intimidade do cidadão por meio da comunicação da operação suspeita (pelo advogado ou por qualquer sujeito obrigado) pode ser um dano irreparável a um inocente, que, tanto nas normas de direito comunitário da União Europeia como na Espanha e no Brasil, é estabelecida pelo Estado em seu próprio benefício.[158]

Ocorre que "As leis [...] são feitas para a utilidade dos cidadãos, que a elas devem obediência, e não daqueles encarregados de fazer com que estas sejam respeitadas".[159] Ademais, nem mesmo o terrorismo na Itália foi qualificado pela política pública como "guerra civil",[160] ainda quando considerado "que ele representou um ataque, qualitativamente diverso de outros fenômenos criminais, contra as bases das instituições democráticas",[161] de modo que a violação da intimidade do cidadão inocente no afã de reprimir a lavagem de dinheiro se traduz em direito *ilegítimo*.[162]

No entanto, ainda que atentatória a garantias individuais, a inclusão dos advogados nessa política preventiva e repressiva é uma realidade mundial cujos reflexos já podem ser sentidos no ordenamento jurídico brasileiro.

O acórdão do Tribunal de Justiça das Comunidades Europeias (processo C-305/05, julgado em 26.6.2007) legitimou as alterações promovidas pela Di-

---

[157] Ibid.
[158] No início deste trabalho destaquei que o combate à lavagem de dinheiro é uma forma de impedir o delinquente de fruir o produto do ilícito (Nelen apud Isidoro Blanco Cordero. Eficacia del sistema de prevención del blanqueo de capitales, op. cit.), de modo que sua tipificação não deixa de ser, também, reflexo da incompetência estatal em coibir a prática do delito antecedente.
[159] Condorcet apud Luigi Ferrajoli. *Direito e razão*, op. cit., p. 243.
[160] Ibid.
[161] Ibid.
[162] Luigi Ferrajoli destaca que, se o terrorismo na Itália não foi considerado uma "guerra civil" — tese à qual se filia, posto que "ninguém, salvo os próprios terroristas e alguns acusadores públicos, pode ter pensado seriamente que o terrorismo colocasse verdadeiramente em perigo as bases do Estado" (ibid., p. 767) —, as leis de emergência foram política e juridicamente injustificadas. Por outro lado, se a Itália efetivamente entrou em guerra contra os terroristas, as "práticas de emergência" foram legítimas politicamente, embora isso não tenha sido direito penal, mas "mero exercício da força para fins de defesa" (ibid.). Essa é a razão pela qual o autor afirma que "'direito de emergência é uma *contradictio in adiecto*'", pois, na primeira hipótese apresentada, o direito é *ilegítimo* e, na segunda, trata-se de "*não direito*, isto é, de defesa de fato" (ibid.).

retiva 2001/97/CE na Diretiva 91/308/CEE e, consequentemente, o teor da Diretiva 2005/60/CE no que toca às obrigações impostas aos advogados com o fim de evitar a prática da lavagem de dinheiro. Assim, apesar dos variados posicionamentos contrários a esse precedente, é certo que a validade desse modelo foi confirmada pela Corte europeia,[163] vinculando todos os Estados-membros e acenando, ao menos em tese, sua viabilidade jurídica para a comunidade internacional.

Pertinente é, destarte, a reflexão de Ferrajoli:

> Os sistemas punitivos modernos se encaminham — graças às suas contaminações policialescas e à quebra, mais ou menos excepcional, das suas formas garantistas — para uma transformação em sistemas de controle sempre mais informais e sempre menos penais, de tal modo que a crise do direito penal, ou seja, daquele conjunto de formas ou garantias que o distinguem de outras formas de controle social mais ou menos selvagens e disciplinares, é o verdadeiro problema penal da nossa época.[164]

Não se discute que a lavagem de dinheiro é o combustível da criminalidade organizada e que a prática deve ser repreendida. Porém, essa repressão, evidentemente, deve ser efetivada nos limites estabelecidos pela Constituição — e, consoante exposto, obrigar o advogado a delatar o próprio cliente não apenas é inconstitucional (na Espanha e no Brasil), mas também atenta contra os fundamentos da sociedade democrática. Nesse sentido vale repisar que, conforme reconheceu Poiares Maduro no parecer do processo C-305/05 perante o Tribunal de Justiça das Comunidades Europeias, o sigilo profissional do advogado tem "suas raízes nos próprios fundamentos da sociedade europeia".[165]

E esse ilegítimo intervencionismo estatal não tem nem ao menos trazido resultados. Os números apresentados em outubro de 2012 por Nielson Sánchez Stewart à Federation des Barreaux d'Europe (FDE) e à Ordre des Avocats de Genève demonstram, claramente, que a inclusão dos advogados no rol de sujeitos obrigados é redundante e ineficiente (para não dizer desnecessária). São, demais disso, medidas extremamente contraproducentes, que exigem o dispên-

---

[163] Rodrigo Sánchez Rios. *Direito penal econômico*, op. cit., p. 326-327.
[164] Luigi Ferrajoli. *Direito e razão*, op. cit., p. 318.
[165] Tribunal de Justiça. Advogado Geral do Tribunal de Justiça das Comunidades Europeias. *Parecer normativo no processo C-305/05, de 14.12.2006*, op. cit.

dio de capital, tempo e esforços assumidos unilateralmente pelo advogado sem qualquer contraprestação por parte do Estado.[166]

Não é demais ressaltar que o advogado que auxilia ou assessora seu cliente a lavar dinheiro já não presta mais um serviço, mas comete um crime — e a partir daí está (sempre esteve) sujeito a punição. Não é a obrigação de comunicar a operação (ou tentativa de operação) suspeita, com a consequente flexibilização do sigilo profissional, que trará resultados significativos na luta contra a lavagem de dinheiro, mas sim a adequada fiscalização e punição dos lavadores, inclusive por meio da (legítima, mais eficiente e menos custosa em direitos fundamentais) colaboração dos outros sujeitos obrigados previstos na legislação.

O progresso de um sistema político é medido pela sua capacidade de prevenir a delinquência sem lançar mão de métodos não liberais.[167] A realidade vivenciada pela Espanha e pela União Europeia, portanto, expõe um verdadeiro retrocesso político no continente que já foi palco de tantas conquistas em termos de garantias individuais.

Referências

ALVAREZ-SALA WALTER, Juan. *El blanqueo de capitales y las profesiones jurídicas*. Madri: Colegios Notariales de España, 2004.

AMARAL, Thiago Bottino do. *Ponderação de normas em matéria penal*. Rio de Janeiro: Lumen Juris, 2007.

BADARÓ, Gustavo Henrique; CRUZ BOTTINI, Pierpaolo. *Lavagem de dinheiro*: aspectos penais e processuais penais: comentários à Lei 9.613/1998, com as alterações da Lei 12.683/2012. São Paulo: RT, 2012.

BECHARA, Ana Elisa Liberatore S. Direitos humanos e direito penal: limites da intervenção penal racional no estado democrático de direito. In: MENDES, Gilmar Ferreira; CRUZ BOTTINI, Pierpaolo; PACELLI, Eugênio (Coord.). *Direito penal contemporâneo*: questões controvertidas. São Paulo: Saraiva, 2011. (Série IDP).

BLANCO CORDERO, Isidoro. Eficacia del sistema de prevención del blanqueo de capitales. Estudio del cumplimiento normativo (*compliance*) desde una perspectiva criminológica. *Eguzkilore*: Cuaderno del Instituto Vasco de Criminología, San Sebastián, n. 23, p. 117-138, 2009. Disponível em: <www.ehu.eus/documents/1736829/2176697/11-Blanco.indd.pdf>. Acesso em: 19 jan. 2016.

_____. *El delito de blanqueo de capitales*. 3. ed. Navarra: Thomson Reuters, 2012.

---

[166] Rodrigo Sánchez Rios. *Direito penal econômico*, op. cit.
[167] Luigi Ferrajoli. *Direito e razão*, op. cit.

____. La lucha contra el blanqueo de capitales procedentes de las actividades delictivas en el marco de la Unión Europea. *Eguzkilore*: Cuaderno del Instituto Vasco de Criminología, San Sebastián, n. 15, p. 7-38, 2001.

BOIX REIG, Javier. El secreto profesional. In: BOIX REIG, Javier (Dir.); JAREÑO LEAL, Ángeles (Coord.). *La protección juridica de la intimidad*. Madri: Iustel, 2010.

BRANDÃO, Nuno. *Branqueamento de capitais*: o sistema comunitário de prevenção. s.l.: Coimbra, 2002. (Coleção Argumentum/11).

BRASIL. Coaf. *Resolução 24/13, de 16.1.2013*. Disponível em: <www.coaf.fazenda.gov.br/conteudo/legislacaoe-normas/normas-coaf/resolucoes/coaf-resolucao-no-24-de-16-de-janeiro-de-2013-esta-resolucao-entra-em-vigor-em-1--6-2013/?searchterm=RESOLU%C3%87%C3%83O%2024>. Último acesso em: 30 jan. 2013.

____. Ordem dos Advogados do Brasil. *Processo 9.0000.2012.006678-6/CNECO*. Relatora: Daniela Teixeira. Disponível em: <www.oab.org.br/arquivos/lei-de-lavagem.pdf>. Acesso em: 10 jan. 2013.

CHAVES, Daiane. A complexidade do papel do advogado na luta contra o branqueamento de capitais (mandamentos da Directiva comunitária e a crise na relação cliente/advogado em razão do sigilo profissional). In: NASCIMENTO SILVA, Luciano; MELO BANDEIRA, Gonçalo Sopas de (Coord.). *Lavagem de dinheiro e injusto penal*: análise dogmática e doutrina comparada luso-brasileira. Curitiba: Juruá, 2009.

CLIMENT DURÁN, Carlos. *Código penal*: jurisprudência sistematizada. Valência: Tirant lo Blanch, 2011.

COBO DEL ROSAL, Manuel; ZABALA LÓPEZ-GÓMEZ, Carlos. *Blanqueo de capitales*: abogados, procuradores y notários, inversores, bancarios y empresários. Madri: Cesej, 2005.

COMUNIDADES EUROPEIAS. Tribunal de Justiça. Grande Secção. *Processo C-305/05*. Relator: E. Juhász. Acórdão de 26.6.2007. Disponível em: <http://curia.europa.eu/juris/showPdf.jsf?text=&docid=61675&pageIndex=0&doclang=PT&mode=lst&dir=&occ=first&part=1&cid=3211329>. Acesso em: 23 set. 2012.

DEL BOSCH Y JORDÁN DE URRÍES, Santiago Milans. El abogado como sujeto obligado de la normativa sobre medidas preventivas del blanqueo de capitales y del secreto professional. La ley penal, estudios monográficos: blanqueo de capitales. out. 2005. p. 37-46.

ESPANHA. Consejo General de la Abogacía Española. Comisión especial para la prevención del blanqueo de capitales y de la financiación del terrorismo. *Medidas y recomendaciones para la prevención del blanqueo de capitales y de la financiación del terrorismo*. s.d. Disponível em: <www.abogacia.es/wp-content/uploads/2012/06/RECOMENDACIONES-PBC-ABOGADOS-CGAE.pdf.> Último acesso em 30.01.2013.

____. Consejo General de la Abogacía Española. *Manual de prevención de blanqueo de capitales*. 2011. Disponível em: <www.abogacia.es/wp-content/uploads/2012/06/MANUALDEPREVENCION.pdf>. Acesso em: 29 jan. 2013.

_____. Tribunal Supremo. Sala de lo penal. *STS 4967/2010*. Relator: D. Francisco Monterde Ferrer. Madri. Julgado em 23.9.2010. Disponível em: <www.poderjudicial.es/search/doAction?action=contentpdf&databasematch=TS&reference=5753302&links=%22EL%20DELITO%20NO%20CONSISTE%20PROPIAMENTE%20EN%20LA%20OMISI%D3N%20DE%20ESAS%20OBLIGACIONES%22&optimize=20101021&publicinterface=true>. Acesso em: 16 jan. 2013.

ESPINOSA LABELLA, Manuel. El blanqueo de capitales em la normativa europea, en el derecho español y en la jurisprudencia. *Revista de Derecho y Proceso Penal*, Navarra, v. 1, n. 23, p. 51-67, 2010.

ESTELLITA, Heloísa. *Lavagem de capitais, exercício da advocacia e risco*. Disponível em: <www.conjur.com.br/2012-set-27/heloisa-estellita-lavagem-capitais-exercicio--advocacia-risco>. Acesso em: 1º out. 2012.

FERNÁNDEZ TERUELO, Javier G. El nuevo modelo de reacción penal frente al blanqueo de capitales (los nuevos tipos de blanqueo, la ampliación del comiso y la integración del blanqueo en el modelo de responsabilidad penal de las empresas). *Diario La Ley*, n. 7657, 2011.

FERRAJOLI, Luigi. *Direito e razão*. Teoria do garantismo penal. São Paulo: Revista dos Tribunais, 2010.

GAFI. FATF Report. *Laundering the proceeds of corruption*. 2011. Disponível em: <www.fatf-gafi.org/media/fatf/documents/reports/Laundering%20the%20Proceeds%20of%20Corruption.pdf>. Acesso em: 30 jan. 2013.

_____. *Global money laundering and terrorist financing threat assessment*. 2010. Disponível em: <www.fatf-gafi.org/media/fatf/documents/reports/Global%20Threat%20assessment.pdf>. Acesso em: 10 jan. 2013.

GARCÍA DE PAZ, Isabel Sánchez. *La criminalidad organizada*: aspectos penales, procesales, administrativos y policiales. Madri: Dykinson, S. L., 2008.

GOMÁ LANZÓN, Ignacio. Blanqueo de capitales: el notario del siglo XXI. *Revista del Colegio Notarial de Madrid*, n. 33, set./out. 2010. Disponível em: <www.elnotario.es/index.php/hemeroteca/revista-33/seccion-corporativa/1076-blanqueo-de-capitales-0-8102504944524267>. Acesso em: 19 jan. 2016.

GÓMEZ-FERRER RINCÓN, Jaime. *La prevención del blanqueo de capitales en las entidades aseguradoras, las gestoras y los corredores de seguros*. Madri: Fundación Mapfre, 2010.

GRIMA LIZANDRA, Vicente. Secreto profesional del abogado y derecho de defensa penal. In: BOIX REIG, Javier (Dir.); JAREÑO LEAL, Ángeles (Coord.). *La protección jurídical de la intimidad*. Madri: Iustel, 2010.

JIMENO FERNÁNDEZ, Fructuoso. Aspectos esenciales del blanqueo de capitales en el ámbito internacional y comunitario y su transposición al derecho interno. *Diario La Ley*, n. 6126, 2004.

LÔBO, Paulo. *Comentário ao estatuto da advocacia e da OAB*. 6. ed., 2. tir. São Paulo: Saraiva, 2011.

MANTECA VELDELANDE, Víctor. Normativa sobre prevención y bloqueo de la financiación del terrorismo. *La Ley*, n. 7, p. 1751-1752, 2002.

MESTRE DELGADO, Esteban. Abogados, sospechosos y delatores. *La Ley Penal*, n. 53, out. 2008.

_____. Delitos y sospechas. *La Ley Penal*, n. 20, out. 2005.

MIR PUIG, Santiago. *Bases constitucionales del derecho penal*. Madri: Iustel, 2011.

MOLINA FERNÁNDEZ, Fernando. Qué se protege em el delito de blanqueo de capitales?: reflexiones sobre un bien jurídico problemático, y a la vez aproximación a la participación en el delito. In: BAJO FERNÁNDEZ, Miguel; BACIGALUPO, Silvina (Ed.). *Política criminal y blanqueo de capitales*. Madri: Marcial Pons, 2009. p. 91-123.

MORAES, Alexandre de. *Constituição do Brasil interpretada e legislação constitucional*. São Paulo: Atlas, 2011.

MULLERAT, Ramón. Las directivas europeas contra el blanqueo de capitales: impacto sobre el secreto profesional del abogado (*'optima corrupta pessima'*). *La Ley*, n. 5653, 2002.

PALITOT BRAGA, Rómulo Rhemo. Reflexiones sobre las conductas típicas del delito de blanqueo de capitales en la legislación penal española. *Revista de l'Institut Universitari d'Investigació en Criminologia y Ciènces Penals de la Universitat de València*, 2009.

PASO LUNA, Javier José. La prevención del blanqueo de capitales en las entidades financieras. *El Notario del Siglo XXI* (Revista del Colegio Notarial de Madrid), n. 33, set./out. 2010.

PELÁEZ MARTOS, José María. *Blanqueo de capitales*: obligaciones de empresas y profesionales en la nueva ley. Madri: CISS grupo Wolters Kluwer, 2010.

PÉREZ MANZANO, Mercedes. Neutralidad delictiva y blanqueo de capitales: el ejercicio de la abogacía y la tipicidad del delito de blanqueo de capitales. *La Ley Penal*, n. 53, out. 2008.

QUEIJO, Maria Elizabeth. *O direito de não produzir prova contra si mesmo*: o princípio *nemo tenetur se detegere* e suas decorrências no processo penal. 2. ed. São Paulo: Saraiva, 2012.

QUIRK, Peter J. El blanqueo de dinero: repercusiones macroeconômicas. *Ekonomiaz* — Revista Vasca de Economía, n. 39, p. 187-195, 1997.

RODRÍGUEZ CÁRCAMO, Juan Manuel. La prevención de la financiación del terrorismo: derecho internacional e interno. Estudios Jurídocos, 2004.

SÁNCHEZ GARRIDO, José Antonio. Marco legal previsor de las infracciones administrativas em materia de blanqueo. *Diario La Ley*, n. 7736, 2011.

SÁNCHEZ RIOS, Rodrigo. *Direito penal econômico*: advocacia e lavagem de dinheiro: questões de dogmática jurídico-penal e de política criminal. São Paulo: Saraiva, 2010. (Direito penal econômico. GVlaw)

SÁNCHEZ STEWART, Nielson. Las funciones del abogado en relación a las obligaciones que impone la normativa de prevención. *La Ley Penal*, n. 53, out. 2008.

_____. Perspectiva española de la abogacia en relacion a la lucha contra el blanqueo de capitales. In: INTERMEDIATE MEETING/STAGE FBE, 10th-13th October 2012, Geneva. s.l.: s.n. Disponível em: <www.fbe.org/IMG/pdf/Nielson_Sanchez--Stewart.pdf>. Acesso em: 4 jan. 2013.

SÁNCHEZ-VERA GÓMEZ-TRELLES, Javier. Blanqueo de capitales y abogacía: un necesario análisis crítico desde la teoría de la impùtación objetiva. *InDret* — Revista para el Análisis del Derecho, Barcelona, n. 1, jan. 2008. Disponível em: <www.indret.com/pdf/502.pdf>. Acesso em: 30 jan. 2013.

SILVEIRA, Renato de Mello Jorge; SCHORSCHER, Vivian Cristina. A lavagem de dinheiro e o livre exercício da advocacia: condutas neutras e a indagação quanto à jurisprudência condenatória. *Ciências Penais*: Revista da Associação Brasileira de Professores de Ciências Penais, São Paulo, v. 2, n. 2, p. 143-167, jan./jun. 2005.

TRIBUNAL DE JUSTIÇA. Advogado Geral do Tribunal de Justiça das Comunidades Europeias. *Parecer normativo no processo C-305/05, de 14.12.2006*. Disponível em: <http://eur-lex.europa.eu/LexUriServ/LexUriServ.do?uri=CELEX:62005CC0305:PT:PDF>. Acesso em: 29 jan. 2013.

VEGA SÁNCHEZ, María Victoria. *Prevención del blanqueo de capitales y de la financiación del terrorismo*. Nueva Ley 10/2010, de 28 de abril. Madri: Ed. Universitaria Ramón Areces, 2011.

ZARAGOZA AGUADO, Javier Alberto. El blanqueo de capitales: la comisión culposa y las profesiones jurídicas. In: MARTINEZ, Jesús Julián Fuentes (Coord.). *Delitos económicos*. La función notarial y el Derecho penal. Navarra: Aranzadi, 2007.

Parte II

Advogados e lavagem de capitais
no Brasil: estudo de casos

1

Estudo de casos acerca da advocacia consultiva e do recebimento de honorários maculados

Alvaro Augusto Macedo Vasques Orione Souza

1. Introdução e metodologia da pesquisa

A lavagem de capitais é normalmente definida como um processo, por meio do qual se busca dissimular a origem ilícita de um bem ou valor proveniente da prática de infração penal, conferindo-lhe aparência de legalidade, a fim de que o mesmo possa ser usufruído, pelo criminoso, na economia formal. É nesse sentido a definição oferecida, por exemplo, por Blanco Cordero:[1] "*[...] el blanqueo de capitales es el* 'proceso en virtud de cual lós bienes de origen delictivo se integran en el sistema económico legal con apariencia de haber sido obtenidos de forma lícita'."[2]

---

[1] BLANCO CORDERO, Isidoro. *El delito de blanqueo de capitales*. Pamplona: Aranzadi, 1997. p. 101.

[2] No mesmo sentido: "[...] processo ou conjunto de operações mediante o qual os bens ou dinheiro resultantes de atividades delitivas, ocultando tal procedência, são integrados no sistema econômico e financeiro". DÍAZ-MAROTO Y VILLAREJO, J. *El blanqueo de capitales en el derecho español*. Madri: Dykinson, 1999. p. 5 apud PRADO, Luiz Regis. *Direito penal econômico*. 3. ed. rev. ampl. atual. São Paulo: Revista dos Tribunais, 2009. p. 351. Também: "*[...] la conversión de dinero ilegítimo em activos monetarios o no, con apariencia legal, o dicho de forma más simples: los mecanismos dirigidos a disfrazar como lícitos fondos derivados de una actividad ilícita [...]*". CERVINI, Raúl; OLIVEIRA, William Terra de; GOMES, Luiz Flávio. *Lei de lavagem de capitais*. São Paulo: Revista dos Tribunais, 1998. p. 29.

Qualquer que seja a definição adotada, assume especial importância, para a pesquisa ora desenvolvida, a caracterização da lavagem de capitais como um *processo*, o que implica a existência de *múltiplas etapas* nas quais o branqueamento se fragmenta.[3] Com efeito, a reciclagem de capitais é, normalmente, macroscopicamente dividida em três fases: *ocultação* [*placement*], *dissimulação* [*layering*] e *reintegração* [*integration*].[4] Como afirmam Gustavo Henrique Badaró e Pierpaolo Cruz Bottini, muito embora a delimitação entre essas etapas possa ser imprecisa, isso não descaracteriza a *lavagem* como um *processo*, que visa à inserção do dinheiro na economia lícita.[5]

Justamente por se tratar de um *processo* — um encadeamento de atos, uma sucessão de etapas —, o autor da lavagem, não raro, é incapaz de realizá-la *sozinho*. Ele se utiliza, muitas vezes, e em variadas fases do branqueamento, dos serviços de profissionais que, desenvolvendo atividade econômica legítima, acabam prestando, ainda que involuntariamente, algum auxílio à lavagem de capitais, estando sujeitos, à primeira vista, às penas cominadas a esse delito.

É o caso dos advogados. Estes, quer por meio do *recebimento de honorários maculados*, quer no exercício da *advocacia consultiva*, poderiam, em tese, ser enquadrados em alguma das figuras típicas da lavagem de capitais previstas na legislação brasileira.

---

[3] "*Ello significa que no es un hecho pontual mediante el que instantáneamente los bienes de origen ilícito pasan a tener una apariencia de legalidad. Consiste, por el contrario, en una serie de actuaciones, doctrinalmente sistematizadas em fases o etapas, realizadas progresivamente hasta conseguir el resultado perseguido por los blanqueadores: poder disfrutar de los bienes sin despertar sospechas sobre su origen. El blanqueo comprende, por tanto, una serie ordenada de fases sucesivas destinadas a la consecución precisa de determinados objetivos.*" Isidoro Blanco Cordero. *El delito de blanqueo de capitales*, op. cit., p. 98-99.

[4] BADARÓ, Gustavo Henrique; BOTTINI, Pierpaolo Cruz. *Lavagem de dinheiro*: aspectos penais e processuais penais: comentários à Lei 9.613/1998, com as alterações da Lei 12.683/2012. 2. ed. rev. ampl. atual. São Paulo: Revista dos Tribunais, 2013. p. 25. Discorrendo brevemente sobre as fases: "Em um primeiro momento, denominado *placement* o proveito ilícito obtido com o crime antecedente deve se distanciar fisicamente do agente. Na segunda fase, layering, os proveitos dos crimes efetivamente se disseminam e se distanciam completamente de sua origem ilícita, por múltiplas e sobrepostas ações, envolvendo inúmeras operações financeiras. Por fim, na fase integration, o agente procura meios de inserir os valores no sistema financeiro, com atividades lícitas, para, finalmente, integrá-los ao seu patrimônio". BADARÓ, Jennifer Cristina Ariadne Falk. Lavagem de dinheiro: estudo crítico da tipificação da modalidade culposa. In: FRANCO, Alberto Silva; LIRA, Rafael (Coord.). *Direito penal econômico*: questões atuais. São Paulo: Revista dos Tribunais, 2011. p. 428.

[5] Gustavo Henrique Badaró e Pierpaolo Cruz Bottini. *Lavagem de dinheiro*, op. cit., p. 26.

Assim, é de fundamental importância determinar os parâmetros da atuação lícita do advogado, demarcando os limites dentro dos quais sua atividade profissional não pode ser incriminada, ainda que venha a servir de instrumento para a lavagem de capitais de seu cliente. E esses parâmetros, à toda evidência, serão dados pela jurisprudência pátria, afinal, são os tribunais os aplicadores últimos da lei. É por meio da interpretação por eles conferida, às disposições legais concernentes à lavagem, que se poderá demarcar o âmbito de atuação permitida do advogado.

Ocorre que, numa pesquisa preliminar, constatou-se que são ainda poucos os casos em que o Judiciário foi chamado a apreciar a atuação do advogado, em hipóteses de possível lavagem. Com efeito, o oferecimento de denúncias contra o advogado, por delito de lavagem supostamente praticado no exercício da profissão, é um fenômeno ainda recente, e pouquíssimos casos já contam com decisão de primeira instância.

Dessa forma, não havendo julgados em número suficiente para um estudo *quantitativo*, que buscasse identificar alguma tendência jurisprudencial acerca da matéria, este trabalho optou por realizar um estudo *qualitativo*, um *estudo de caso*, a fim de analisar criticamente como a matéria foi pontualmente tratada pelo Tribunal Regional Federal da 2ª Região, no julgamento de uma apelação, e pelo Ministério Público Federal de São Paulo, no oferecimento de uma denúncia.[6]

2. Apresentação dos casos estudados

2.1 Denúncia oferecida em ação penal da Seção Judiciária de São Paulo (Caso 1 — advocacia consultiva)

No primeiro caso a ser analisado, foram lançadas, contra os advogados do Escritório 1,[7] acusações de lavagem de capitais em função da atividade consultiva que prestavam a seus clientes. Assim é que foi instaurada ação penal na qual

---

[6] Todas as informações (tais como o número do processo) que podiam levar à identificação das partes envolvidas foram suprimidas desta versão para publicação, em respeito à privacidade dos indivíduos em questão. Essas informações estão registradas na pesquisa original, e podem ser conferidas com o autor.

[7] Mais uma vez, para preservação dos sujeitos envolvidos, todos os nomes, de pessoas físicas ou jurídicas, serão, nesta publicação, substituídos por pseudônimos.

os advogados do Escritório 1 são acusados de operacionalizar um esquema de blindagem patrimonial, em benefício de um de seus clientes, aqui identificado como Cliente 1, proprietário da empresa ora nominada Alpha.

Segundo a acusação, o Escritório 1 estruturou a abertura, no Uruguai, da sociedade anônima que aqui será denominada Fachada 1, em nome de laranjas, e cujo representante no Brasil seria o próprio Cliente 1 (cliente que contratou os serviços do escritório). Posteriormente, a Fachada 1 tornou-se sócia majoritária da empresa brasileira Alpha, de propriedade de Cliente 1, por meio da injeção de capital, supostamente pertencente à Fachada 1, e proveniente de contas bancárias no Uruguai.

Na ótica do Ministério Público Federal, o que ocorreu foi uma simulação de transferência de propriedade da empresa Alpha, com o fim de dissimulação do patrimônio do Cliente 1, controlador, de fato, tanto da Alpha quanto da Fachada 1.

Segundo a acusação, constituiriam indícios de que a Fachada 1 era empresa de fachada, pertencente de fato a Cliente 1:

1. contrato firmado, entre Cliente 1 e o Escritório 1, para abertura da empresa estrangeira no Uruguai, planilha de custos de abertura e manutenção de empresa no exterior, em nome da Alpha, tudo apreendido no Escritório 1;
2. boletos bancários referentes aos serviços prestados pelo Escritório 1 à Alpha, nestes inclusos os serviços prestados à Fachada 1, o que indicaria que Cliente 1 pagava ao escritório pelos serviços prestados não apenas à Alpha, como também à Fachada 1;
3. o fato de que o endereço oficial da Fachada 1 no Uruguai, segundo documentação apreendida, era, na verdade, o local de funcionamento da filial uruguaia do Escritório 1;
4. e-mails trocados entre Cliente 1 e membros do Escritório 1, nos quais eram passadas instruções para a abertura da empresa estrangeira, bem como das contas bancárias em seu nome;
5. a posse, pelo Cliente 1, dos títulos constitutivos da Fachada 1, apreendidos em busca e apreensão levada a efeito na sede da empresa Alpha.

No que concerne à participação do Escritório 1 no suposto esquema montado em benefício do Cliente 1, a denúncia narra que funcionários do escritório traçavam e apresentavam ao cliente a estratégia para abertura da empresa estrangeira, prestavam assessoria jurídica para tal abertura, providenciavam e recebiam documentação, solicitavam informações e esclareciam dúvidas do cliente com relação ao procedimento.

Desse modo, contra o Cliente 1 é lançada imputação de omitir informação patrimonial relevante a repartição pública brasileira, manter depósito não declarado no exterior e, posteriormente, internar esses valores no país, além de formação de quadrilha. A tipificação de sua acusação foi assim estabelecida: artigos 6º e 22 da Lei nº 7.492/1986, artigo 1º, inciso VI da Lei nº 9.613/998 (redação anterior à Lei nº 12.683/2012) e artigo 288 do Código Penal.

Contra os membros do Escritório 1, por sua vez, pesam as condutas de viabilizar a lavagem de capitais, bem como a omissão de informação patrimonial relevante a repartição pública brasileira, prestando toda a assessoria necessária para tanto, além de formação de quadrilha. Suas condutas foram tipificadas, pela acusação, da seguinte forma: artigo 6º da Lei nº 7.492/1986, artigo 1º, inciso VI e §2º, inciso II da Lei nº 9.613/1998 (redação anterior à Lei nº 12.683/2012) e artigo 288 do Código Penal.

É preciso registrar que, *após a realização desta pesquisa*, foi proferida decisão de absolvição sumária dos acusados, por alguns dos delitos que lhes eram imputados, com *rejeição da denúncia, por falta de justa-causa, no que dizia respeito ao delito de lavagem de capitais*. O Juízo entendeu que, no caso concreto, alguns dos delitos antecedentes imputados aos réus mostraram-se atípicos, bem como que o crime remanescente — evasão de divisas — não se prestava como delito antecedente, para fins de lavagem de capitais.

Especificamente quanto às condutas tidas por criminosas, imputadas aos advogados, entendeu o magistrado que elas não extrapolaram o limiar das *condutas neutras* — tema de fundamental importância para o presente trabalho, como se verá.

2.2 Apelação julgada pelo Tribunal Regional Federal da 2ª Região (Caso 2 — honorários maculados)

O segundo caso trata de recurso de apelação interposto pelo Ministério Público Federal, contra sentença da 7ª Vara Federal Criminal do Rio de Janeiro, que absolveu os acusados Cliente 2.a, Cliente 2.b e Escritório 2[8] (advogado) do crime descrito no artigo 1º, §1º, inciso II da Lei nº 9.613/1998.

Segundo a denúncia, Cliente 2.a era Auditora Fiscal do Trabalho. Seu irmão, Cliente 2.b, era sócio de uma empresa de consultoria, a Fachada 2.

Cliente 2.a teria solicitado, e recebido, vantagens indevidas de empresa por ela fiscalizada, em troca da omissão de seus deveres funcionais (em troca de não lançar, contra a empresa, autuações trabalhistas).

O pagamento dessa vantagem teria sido realizado por meio de quatro cheques, emitidos à empresa Fachada 2, de propriedade do acusado Cliente 2.b, em troca de uma suposta "consultoria trabalhista". Cliente 2.b emitia recibos da Fachada 2 para a empresa vítima, com o intuito de dissimular o produto da corrupção passiva praticada por sua irmã. Cliente 2.a, então, teria dado um desses cheques a Cliente 2.b, e três deles ao seu advogado, Escritório 2, o que configuraria a lavagem de capitais.

A acusação contra o advogado é de que ele teria recebido os três cheques, totalizando R$ 3.600,00, com o intuito de dissimular esses valores provenientes de crime contra a administração pública. Segundo o *parquet*, o advogado teria ciência da origem criminosa dos cheques recebidos, pois teria patrocinado a defesa de Cliente 2.a em processo administrativo junto ao Ministério do Trabalho, que culminou com a demissão da servidora, pela prática de esquema de corrupção idêntico ao dos autos, embora envolvendo outras empresas vítimas.

Cabe mencionar que os delitos de corrupção passiva supostamente praticados por Cliente 2.a e seu irmão Cliente 2.b foram objeto de outra ação penal, concentrando-se o presente processo apenas na suposta lavagem de capitais.

O juízo de primeiro grau absolveu os três acusados, com base no princípio da insignificância, por considerar que o valor ocultado, inferior a R$ 5.000,00, consistiria em bagatela, afastando a tipicidade material da conduta.

O acórdão do TRF-2, em primeiro lugar, afastou a aplicação do princípio da insignificância. O colegiado firmou que o crime de lavagem de capitais era delito pluriofensivo, cujos bens jurídicos tutelados seriam a administração da justiça e o sistema econômico e financeiro nacional, e, diante da conjugação de ambos, seria indiferente o valor ocultado, para fins de ofensividade.

---

[8] Por uma questão de paralelismo com o Caso 1, o advogado será aqui nominado "Escritório 2", muito embora se trate de um único profissional, pessoa física.

Contudo, o acórdão mantém as absolvições de todos os acusados, embora por outros motivos. Com relação a Cliente 2.a e Cliente 2.b, entendeu o Tribunal que a condenação por lavagem de capitais consistiria em *bis in idem*, já que o mesmo cheque supostamente passado por Cliente 2.a a seu irmão também é utilizado para imputar a este último, na outra ação penal a que ambos respondem, o crime de corrupção passiva. Não se trataria, portanto, de lavagem, mas de remuneração prestada por Cliente 2.a a seu irmão, pela colaboração do mesmo no esquema de corrupção.

Com relação ao advogado Escritório 2, a decisão de segunda instância afirma que, muito embora o advogado pudesse ter ciência da origem ilícita dos cheques, não havia evidência de que ele os teria recebido com o fim de ocultar essa origem criminosa, mas sim como contraprestação de seu trabalho como advogado em defesa de Cliente 2.a.

Importante ressaltar que o acórdão transcreve trecho do parecer ministerial, no qual o procurador da República de Segunda Instância afirma que, se a própria denúncia descreve a prestação de serviço profissional pelo advogado, não se pode falar em lavagem de capitais, mas sim em contraprestação por esse serviço.

Dessa forma, o Tribunal mantém a absolvição do advogado, afirmando a atipicidade de sua conduta, caracterizada como recebimento de honorários pela defesa técnica prestada, ressaltando que o crime de lavagem apenas lhe poderia ser imputado se restasse comprovado que o pagamento recebido seria em troca de *consultoria ou auxílio prestado para o cometimento do crime de lavagem, ou de delito antecedente*.

3. Substrato teórico

Observa-se, hoje, que o processo de reciclagem de capitais pode atingir *níveis de sofisticação verdadeiramente ilimitados*.[9] Como consequência, inúmeros profissionais, das mais variadas e *lícitas* atividades econômicas, podem vir a, no exercício

---

[9] Nessa linha: "Dada a vastidão dos bens e dos circuitos económicos em causa — que podem incluir nada menos do que toda a economia, já que qualquer bem pode vir a ser uma vantagem ilicitamente obtida e todo e qualquer mecanismo económico relativo a esse bem pode ser acionado para procurar obscurecer a sua origem ilícita — não é possível pretender descrever de modo sequer minimamente completo todas as comdutas pelas quais se poderá procurar conferir uma aparência de licitude a quaisquer valores patrimoniais". FERNANDES GODINHO, Jorge Alexandre. *Do crime de 'branqueamento' de capitais*: introdução e tipicidade. Coimbra: Livraria Almedina, 2001. p. 38.

de sua profissão, interagir — ainda que inconscientemente — com esquemas de lavagem de capitais.

E o advogado ocupa posição de destaque entre as figuras sensivelmente expostas a eventual contato com atividades de branqueamento. De um lado, em sua atuação consultiva, o operador do direito pode prestar assessoria em diversas atividades — organização de pessoas jurídicas, realização de negócios, gestão de investimentos em geral — passíveis de serem utilizadas para lavagem de capitais.[10]

De outro, o recebimento de honorários maculados (pagos com produto de crime) pela prestação de um serviço poderia, em tese, constituir um ato de lavagem de capitais, caso se entenda que o advogado, ao *receber* valores maculados, partilha do intuito do cliente de *dissimular a sua origem*,[11] ou de *utilizar, em atividade econômica, recursos provenientes de crime*.[12]

Uma vez que a advocacia *pode* vir a servir num processo de lavagem de capitais, a necessidade mais premente, em se tratando do tema *advocacia e lavagem* — quer no que diga com a advocacia consultiva, quer no tocante ao recebimento de honorários —, passa a ser o delineamento do âmbito de atuação lícita do advogado, a definição dos limites dentro dos quais o profissional estaria excluído da incidência do tipo penal de lavagem.

Variadas foram as respostas doutrinárias a esta necessidade, tendo-se procurado solucionar o problema, por exemplo, ora na categoria delitiva da antijuridicidade, ora na da tipicidade (quer a subjetiva, quer a objetiva). A obra de Sánchez Rios oferece uma adequada síntese das principais teorias desenvolvidas na tentativa de se evitar a criminalização da atividade do advogado.[13]

---

[10] Nesse sentido: "O conceito amplo de 'assessoria ou consultoria de qualquer natureza' engloba — evidentemente — a atividade de advocacia, cuja natureza é justamente o aconselhamento do cliente sobre sua situação jurídica e a melhor forma de alcançar seus objetivos diante de um ordenamento específico. Por isso, em uma primeira análise, o profissional jurídico estaria dentro do âmbito de abrangência da norma, e deveria prestar assistência ao Poder Público na luta contra atos de lavagem de dinheiro". Gustavo Henrique Badaró e Pierpaolo Cruz Bottini. *Lavagem de dinheiro*, op. cit., p. 134. Adiante, os autores esclarecem que não se deve impor ao advogado o dever de prestar informações sobre o cliente, em virtude do dever de sigilo advindo da Lei nº 8.906/1994, que disciplina em caráter especial a consultoria jurídica, em face da disciplina geral das outras formas de consultoria, trazida na Lei de Lavagem. O que, no entanto, não permite que o advogado participe de atos de lavagem de seu cliente. Ibid., p. 144.
[11] Lei nº 9.613/1998, art. 1º, §1º, inciso II.
[12] Lei nº 9.613/1998, art. 1º, §2º, inciso I.
[13] SÁNCHEZ RIOS, Rodrigo. *Advocacia e lavagem de dinheiro*: questões de dogmática jurídico-penal e de política criminal. São Paulo: Saraiva, 2010. (Direito penal econômico. GVlaw).

Antes de se enumerar essas teorias, é necessário consignar que a resposta para a questão "*como retirar a atividade advocatícia do âmbito de incidência da norma penal de lavagem?*" será tanto mais satisfatória quanto menor for a possibilidade de sujeição do advogado à persecução criminal, admitida pelo modelo teórico. Isso se deve ao fato de que praticamente todas as teorias que serão apresentadas mostram-se aptas a conduzir à absolvição do advogado (desde que ele não tenha realmente colaborado para a prática do crime), ao final de um processo no qual ele seja, eventualmente, acusado pela lavagem de capitais de seu cliente.

Ocorre que, na atual realidade do sistema jurídico-penal brasileiro, a absolvição pode se mostrar quase irrelevante, em face dos efeitos devastadores que a mera persecução criminal pode acarretar a tal profissional. Com efeito, o elevado caráter *midiático* que tem acompanhado o processo penal — que diariamente vitima acusados, devassando e devastando suas vidas privadas e arruinando suas reputações — pode levar à ruína profissional da banca de advocacia porventura *investigada* ou *acusada* de praticar branqueamento de capitais.

A par disso, a possibilidade de que o advogado seja alvo de medidas cautelares, tais como a busca e apreensão, ou a interceptação telefônica ou telemática, certamente reduzirá a confiança nele depositada por seus clientes, não apenas os criminais, como todos os outros, que passarão a ter justificado receio quanto à manutenção do sigilo das informações a ele confiadas. O próprio profissional, temendo ser alvo da persecução criminal, acabará por se cercar de precauções que fragilizarão essa confiança (por exemplo, interrogar o cliente quanto à origem de seu dinheiro), sem a qual se torna impossível não apenas o exercício da advocacia, como também, em consequência, o acesso do cliente à Justiça.

Não se pode, por fim, olvidar da atitude de profunda *hostilidade* para com os advogados, que vem sendo demonstrada não só por algumas autoridades incumbidas da investigação ou da promoção da ação penal, mas também por membros do próprio Poder Judiciário. Isso pode levar a que os frouxos limites do tipo penal de lavagem de capitais sejam utilizados para verdadeira perseguição ao exercício da advocacia, caso se não encontre uma solução dogmática capaz de excluir o advogado do âmbito de incidência da lavagem, sem margens para a sua indevida sujeição à persecução criminal.

Com isso em mente, e apenas por opção metodológica, será operada uma ligeira *inversão* na ordem de exposição das teorias apresentada na obra de Sánchez

Rios, a fim de trazê-las a lume na sequência *da menos para a mais satisfatória*, segundo a visão adotada neste trabalho.[14]

Assim, uma das possíveis respostas à questão seria aquela oferecida por Wohlers, que, tratando especificamente do recebimento de honorários, afirma que eles, ainda que maculados, não seriam penalmente relevantes, para efeitos de lavagem de capitais, salvo se fossem simulados, e parte deles retornasse ao cliente.[15]

Essa solução, contudo, não oferece critério dogmático sólido, capaz de excluir com satisfação comportamentos que poderiam ser tomados como típicos.[16] Isso porque, entre as figuras previstas na Lei nº 9.613/1998, aquela inscrita no artigo 1º, §1º, inciso II, por exemplo, incrimina a simples ação de *receber, negociar, movimentar* ou *transferir* valores provenientes de infração penal, com o intuito de dissimular sua origem.

O tipo em questão pode dar margem à interpretação de que o advogado, ao receber, como honorários, valores oriundos de crime, anui ao projeto do cliente de ocultar a origem ilícita do dinheiro. Note-se, também, que o dispositivo legal em comento não exige a devolução ou repasse de parte desse valor ao agente criminoso ou a terceiro. Tomada ao pé da letra, a legislação brasileira poderia incriminar o recebimento de honorários maculados, *ainda que estes não fossem simulados*.

Outra possibilidade seria a *solução da justificação*: o recebimento de honorários maculados seria o *exercício regular de um direito* — o direito à contraprestação pelos serviços prestados.[17] Ou, por outro ângulo, para afastar o perigo que a criminalização do recebimento de honorários representaria ao *direito de defesa* e à *presunção de inocência*, deveria ser admitida uma *causa extralegal de justificação*, a albergar o recebimento de honorários maculados.[18] Essa é a solução adotada por Ambos, para quem a exclusão do advogado do âmbito de incidência do ilícito de lavagem se baseia no direito contraposto, do acusado, à livre escolha de sua defesa, decorrente dos princípios da paridade de armas (*fair-trial*) e da presunção de inocência.[19]

---

[14] Que não se tem a menor pretensão de afirmar ser a *melhor* visão.
[15] "Na sua opinião, somente os 'honorários fingidos ou simulados' é que deveriam adentrar no âmbito da tipicidade, pois seriam realizados sob o pretexto de uma defesa criminal, quando na verdade acabariam retornando para o cliente ou para um terceiro interessado no ingresso desse capital no circuito legal". Ibid., p. 219.
[16] Ibid., p. 220.
[17] Ibid., p. 229.
[18] Ibid., p. 231-233.
[19] AMBOS, Kai. La aceptación por el abogado defensor de honorarios maculados: ¿lavado de dinero? — intentos de restricción del tipo penal de lavado (blanqueo) de dinero a la luz de los

Neste caso, contudo, a justificação só seria aceita se o defensor *não tivesse, no momento de aceitação do serviço, ou dos honorários, o conhecimento indubitável da origem ilícita dos valores*. Caso contrário, não lhe assistiria a excludente de antijuridicidade.[20]

Tratar-se-ia, por isso mesmo, de uma causa de justificação peculiar, atrelada ao *dolo*, e que muito se aproximaria das teorias que buscam afastar a incriminação do advogado por meio dos *elementos subjetivos do tipo*.[21]

Deve-se salientar que a preponderância do direito de defesa também é defendida, por Cervini e Adriasola, como causa de justificação, a excluir, do âmbito de incidência da norma incriminadora, o advogado que, no exercício da defesa de seu constituinte, recebe honorários maculados. Para os autores, não se pode tolher o direito de o acusado escolher seu defensor, ainda que seu único meio de o pagar seja com recursos oriundos do crime, o que significaria tratar o réu, nesse caso, não mais como cidadão, mas sim como inimigo.[22]

A despeito de entendermos não ser essa a melhor solução para o problema, para que não se perca o paralelismo entre os dois polos desta pesquisa — a *advocacia consultiva* e o *recebimento de honorários* — é preciso registrar nossa opinião de que o argumento da *causa de justificação* pode ser estendido, de maneira análoga, embora por outro fundamento, ao exercício da advocacia consultiva. Se o *direito de defesa* ampara o recebimento de honorários maculados, o *direito ao livre exercício profissional* poderia ser chamado a justificar a prestação de consultoria jurídica que viesse a ser utilizada em processo de lavagem, ressalvada,

---

derechos internacional y extrangero. In: FIGUEIREDO DIAS, Jorge de et al. (Ed.). *El penalista liberal, libre homenaje a Rivacoba y Rivacoba*. Buenos Aires, 2004. p. 22. Disponível em: <httpperso.unifr.chderechopenalassetsfilesarticulosa_20080521_13.pdf>. Acesso em: 18 jan. 2014.

[20] Rodrigo Sánchez Rios. *Advocacia e lavagem de dinheiro*, op. cit., p. 234.

[21] "En efecto, con ello se construye una causa sui generis de justificación dependiente del dolo, y la solución de la justificación se aproxima a la solución del dolo." Kai Ambos. La aceptación por el abogado defensor de honorarios maculados, op. cit., p. 26.

[22] "Segundo o nosso entender, deve-se preferir uma solução de justificação objetiva baseada no interesse preponderante. De fato, estão presentes aqui dois interesses, por um lado o das autoridades de perseguir e isolar o crime organizado, e por outro, o de preservar a integridade do direito à defesa em juízo. Este último interesse deve preponderar sobre o primeiro mesmo com o risco de suportar uma eventual impunidade dos advogados, pois, do contrário, implicaria em um tratamento diferenciado a determinados autores de delito, não mais como cidadãos, mas como inimigos." ADRIASOLA, Gabriel; CERVINI, Raúl. *Responsabilidade penal dos profissionais jurídicos*: os limites entre a prática jurídico-notarial lícita e a participação criminal. São Paulo: Revista dos Tribunais, 2013. p. 106.

também aqui, a hipótese de o advogado ter inequívoca ciência do fim ilícito para o qual seria utilizado seu serviço.

Dando-se um passo atrás, da *antijuridicidade* para a *tipicidade*, tem-se como possível a resolução da questão por meio do *elemento subjetivo do tipo*: o advogado apenas poderia ser criminalizado se tivesse conhecimento inequívoco da origem ilícita dos honorários.[23] A solução também nos parece ser aplicável ao caso de advocacia consultiva: o advogado apenas responderia se conhecesse a ilicitude do patrimônio envolvido, ou do fim a que se destinavam as operações que assessorou.

Todas as respostas até aqui apresentadas para a resolução do problema padecem de um defeito fundamental: dependem de produção probatória para se aperfeiçoarem.

Só se poderia aferir se o advogado sabia ou não da origem ilícita do dinheiro, ou se parte desse dinheiro, recebido como honorários, retornou para o cliente, ou ainda, se o advogado conhecia e queria o processo de lavagem em que inseria a sua atuação consultiva, *após a instrução processual*, o que se mostra problemático por duas razões.

A primeira delas diz respeito à *dificuldade de se comprovar o dolo*. Com efeito, definir o que integrou ou não o conhecimento e, sobretudo, a vontade de um indivíduo é tarefa das mais difíceis, para a qual de pouca utilidade são os meios de prova normalmente utilizados no processo, visto que não se vê, não se ouve, nem se sente o conteúdo da mente alheia.[24]

A segunda dificuldade é muito bem apontada por Sánchez Rios,[25] ao afirmar que as soluções atreladas ao dolo, embora possam conduzir à absolvição do advogado, por demandarem instrução processual, ainda o deixam exposto ao ônus

---

[23] Rodrigo Sánchez Rios. *Advocacia e lavagem de dinheiro*, op. cit., p. 223.

[24] Nesse sentido: "*La demonstración en el proceso penal del conocimiento [...] entra dentro de lo que jueces y tribunales suelen denominar la prueba de hechos subjetivos o psicológicos. Según se afirma, La constatación de estos hechos resulta especialmente compleja, pues, a diferencia de lo que sucede con la prueba de otros elementos fáticos, el conocimiento ajeno es un dato que se sitúa más allá de la percepción sensorial y, por tanto, para su descubrimiento bien poca cosa pueden aportar los medios probatorios más habituales, como la prueba testifical*". RAGUÉS I VALLÉS, Ramon. Consideraciones sobre la prueba del dolo. In: FRANCO, Alberto Silva; NUCCI, Guilherme de Souza (Org.). *Doutrinas essenciais*: direito penal, v. 3. São Paulo: Revista dos Tribunais, 2010. p. 912.

[25] "A solução do dolo mereceu diversos reparos, pois, se bem possa acabar reduzindo em certa medida a sanção ao advogado, não impede a adoção de medidas processuais específicas, dentre elas a abertura de um inquérito policial visando encontrar indícios de autoria e de materialidade, no tocante ao conhecimento prévio da origem ilícita dos valores ou bens." Rodrigo Sánchez Rios. *Advocacia e lavagem de dinheiro*, op. cit., p. 225.

de ver deflagrada, contra si, uma apuração de âmbito criminal, com instauração de inquérito policial, o que pode acarretar em interceptações e medidas cautelares patrimoniais, oferecimento de denúncia etc. São, portanto, insatisfatórias, segundo o critério da *menor sujeição do advogado à persecução criminal*.

Se o ideal é que sequer possa ser iniciada a investigação contra o advogado, então o argumento para sua exclusão do espectro de incriminação da Lei nº 9.613/1998 deve ser buscado no *tipo objetivo*. Afinal, se não restar configurada a tipicidade objetiva, não se pode falar nem ao menos em indícios do cometimento de um delito, inexistindo justa causa para o oferecimento de denúncia, ou para a decretação de medidas cautelares contra o advogado.

Desse modo, buscando-se solucionar o problema por meio do *tipo objetivo*, a primeira resposta que se apresenta é a da *teoria da adequação social*, de Welzel.[26] Segundo essa teoria, o tipo de ilícito, como modelo de conduta proibida, não pode englobar condutas socialmente aceitas — e o exercício da advocacia seria uma delas — ainda que redundem na produção do resultado típico.[27] O ponto fraco da *teoria da adequação social*, contudo, reside no fato de ser extremamente difícil definir o que é socialmente adequado ou inadequado.[28]

Outra corrente, que também busca responder à questão no âmbito do tipo objetivo, é a da *redução teleológica do tipo*. Para os adeptos desse pensamento, partindo-se da premissa de que o bem jurídico tutelado pelo delito de lavagem seria a administração da justiça, e sendo o advogado *profissional essencial à justiça*, a figura típica não poderia ter uma abrangência tal que viesse a tolher o exercício da advocacia, sob pena de prejudicar o mesmo bem jurídico que visa proteger.[29]

---

[26] Ibid., p. 202.
[27] "A adequação social é de certo modo uma espécie de pauta para os tipos penais: representa o âmbito 'normal' da liberdade de atuação social, que lhes serve de base e é considerada (tacitamente) por eles. Por isso ficam também excluídas dos tipos penais as ações socialmente adequadas, ainda que possam ser a eles subsumidas — segundo seu conteúdo literal." WELZEL, Hans. *O novo sistema jurídico-penal*: uma introdução à doutrina da ação finalista. 3. ed. São Paulo: Revista dos Tribunais, 2011. p. 75-76.
[28] Rodrigo Sánchez Rios. *Advocacia e lavagem de dinheiro*, op. cit., p. 206-207. No mesmo sentido: "Nesse sentido, considera-se a teoria da adequação social imprecisa ou vaga, uma vez que não permite saber ao certo o que é socialmente adequado, e nem o que constitua uma conduta tipicamente desaprovada, ou seja, sob quais condições pode-se afirmar que uma ação está dentro das valorações sociais positivas". RASSI, João Daniel. *Imputação das ações neutras e o dever de solidariedade no direito penal brasileiro*. São Paulo: LiberArs, 2014. p. 36-37.
[29] Rodrigo Sánchez Rios. *Advocacia e lavagem de dinheiro*, op. cit., p. 214.

O problema com essa teoria é que a adoção da administração da justiça como o bem jurídico tutelado pela lavagem de capitais não é universalmente aceita.[30] Em verdade, como afirma Molina Fernández, é bastante controvertida a questão do bem jurídico tutelado pelo delito de branqueamento.[31-32] Não obstante, o raciocínio que exclui o advogado da incidência do tipo tem que ser válido, não importa qual o bem jurídico entendido como protegido pela norma, do contrário não haverá a necessária *segurança jurídica* para o exercício da advocacia.

A melhor resposta ao problema *advocacia e lavagem* parece ser a oferecida pela *teoria das condutas neutras*, apresentada com máxima clareza na obra de Greco.[33] *Condutas neutras* seriam todas as *ações não manifestamente puníveis, que contribuem para o delito de outrem*. São atos que podem vir a colaborar com o

---

[30] Ibid., p. 215.
[31] "*Si examinamos la discusión doctrinal sobre el bien jurídico protegido en este delito vemos que las propuestas son tantas y a veces tan dispares que esta realidad resulta difícil de conciliar con la indudable importancia que ha adquirido el blanqueo en el Derecho penal moderno.*" MOLINA FERNÁNDEZ, Fernando. ¿Qué se protege en el delito de blanqueo de capitales? Reflexiones sobre un bien jurídico problemático, y a la vez aproximación a la "participación" en el delito. In: BAJO FERNÁNDEZ, Miguel; BACIGALUPO, Silvina (Ed.). *Política criminal y blanqueo de capitales*. Madri: Marcial Pons, 2009. p. 92.
[32] Pela administração da justiça como bem jurídico tutelado na lavagem: "A lavagem aqui é entendida como um processo de mascaramento que não lesiona o bem originalmente violado, mas coloca em risco a operacionalidade e a credibilidade do sistema de Justiça, por utilizar complexas transações a fim de afastar o produto de sua origem ilícita e com isso obstruir seu rastreamento pelas autoridades públicas. [...] A nosso ver, os crimes de lavagem de dinheiro, pela forma como previstos na legislação pátria, tutelam a Administração da Justiça". Gustavo Henrique Badaró e Pierpaolo Cruz Bottini. Lavagem de dinheiro, op. cit., p. 55-60. Em sentido diverso: "[...] o bem jurídico protegido — de caráter transindividual — vem a ser a ordem econômico-financeira, o sistema econômico e suas instituições ou a ordem econômica em seu conjunto (bem jurídico categorial), em especial a licitude do ciclo ou tráfego econômico-financeiro (estabilidade, regularidade e credibilidade do mercado econômico) [...]". Luiz Regis Prado. *Direito penal econômico*, op. cit., p. 354. Também: "A 'lavagem' coloca em perigo a livre concorrência e o sistema de economia de livre mercado, pois uma empresa que utiliza dinheiro 'sujo' se encontra em situação notavelmente superior àquela análoga que deve encontrar no mercado seus próprios meios financeiros". SOUZA NETTO, José Laurindo de. *Lavagem de dinheiro*: comentários à Lei 9.613/98. Curitiba: Juruá, 1999. p. 61. Entendendo a administração da justiça como preponderante, mas admitindo que também se tutela a ordem econômica: MAIA, Rodolfo Tigre. *Lavagem de dinheiro (lavagem de ativos provenientes de crime)*: anotações às disposições criminais da Lei n. 9.613/98. São Paulo: Malheiros, 1999. p. 57.
[33] GRECO, Luís. *Cumplicidade através de ações neutras*: a imputação objetiva na participação. Rio de Janeiro: Renovar, 2004.

intento criminoso alheio, mas que, à primeira vista, pareçam absolutamente normais e atípicos.[34]

Segundo Greco, a questão da incriminação ou não de ações neutras deve ser resolvida no âmbito do *tipo objetivo*[35] — o que satisfaz nosso critério da menor sujeição do advogado à persecução criminal, já que obstaria a tomada de qualquer medida persecutória. Mas, ao contrário das outras teorias já apresentadas, que também tentam resolver o problema por meio do tipo objetivo, a teoria das *condutas neutras* oferece um sólido critério dogmático para a resolução da questão, já que não busca se alicerçar num impreciso conceito de *socialmente adequado*, e nem no *bem jurídico* tutelado pela lavagem, assunto ainda controvertido.

Como se sabe, o *tipo objetivo* é constituído por *ação, nexo de causalidade, resultado* e *imputação objetiva*. Não é difícil a constatação de que, nas condutas neutras, estão presentes os três primeiros elementos.[36] O afastamento da tipicidade da conduta do advogado, portanto, deverá ser encontrado no elemento da *imputação objetiva*, que impõe alguns requisitos para que uma *ação que causa o resultado* possa ser considerada uma *ação típica*.[37]

Com efeito, para que se aperfeiçoe a imputação objetiva de uma conduta como típica, é necessário que ela *crie um risco juridicamente desaprovado* ao bem jurídico tutelado pela norma, risco que precisa necessariamente *realizar-se no resultado*. É na *desaprovação jurídica do risco criado* que reside a atipicidade das condutas neutras.[38] É dizer, se a conduta é neutra, o risco por ela criado *não é juridicamente desaprovado*.

Para se determinar se a criação de um risco é ou não juridicamente desaprovada, é necessário realizar uma ponderação de interesses,[39] entre o *interesse geral de liberdade* (o interesse de que a categoria de ações seja permitida, pois é proveitosa para a sociedade) e o *interesse geral de proteção do bem jurídico* (inte-

---

[34] Ibid., p. 110.
[35] Ibid., p. 116.
[36] Ibid., p. 116-117.
[37] Ibid., p. 117.
[38] Ibid., p. 119.
[39] "A doutrina costuma apontar como fundamento da necessidade de uma desaprovação jurídica do risco criado uma ponderação entre o interesse de proteção de bens jurídicos, que tende a proibir toda ação perigosa, e o interesse geral de liberdade, que se opõe a tais proibições." Id. *Um panorama da teoria da imputação objetiva*. 3. ed. rev. atual. São Paulo: Revista dos Tribunais, 2013. p. 47.

resse de que seja proibida a categoria de ações, pelo risco que representa ao bem jurídico).[40]

Formulando a questão em termos de *advocacia e lavagem*, para saber se a atuação do advogado é neutra, é preciso perquirir se a sociedade tem mais interesse na *permissão do serviço jurídico por ele prestado, com o recebimento dos respectivos honorários*, ou se o *risco por ele criado ao bem jurídico* é demasiado, a ponto de tornar mais interessante a sua proibição.

Para que a conduta do advogado seja neutra, o interesse na permissão da sua atividade deve prevalecer sobre o interesse na proibição do risco por ela criado. Isso conduz à indagação fundamental, em se tratando de ações neutras: qual o fundamento de política criminal que torna mais interessante a manutenção de um agir sabidamente perigoso? Por que não proibir certas ações, reputando *permitido* o risco por elas criado? A resposta a essa questão será a pedra de toque para determinar se uma ação é neutra ou não.[41]

E a razão de política criminal, pela qual não se devem proibir as ações neutras, pode ser encontrada na fórmula da *inidoneidade da proibição, para melhoria da situação de proteção ao bem jurídico*. Sempre que a proibição de uma conduta não oferecer melhora significativa ao estado de proteção do bem jurídico, essa conduta deve ser considerada *neutra*, o risco por ela criado deverá ser *permitido*, e ela não poderá ser incriminada.[42] Essa é a solução apresentada por Greco, e que será considerada para fins deste trabalho.

Deve-se pontuar que a melhoria da proteção não precisa ser ao *bem jurídico abstrato* (não é preciso que a proibição seja idônea para mitigar *todas as lavagens de dinheiro*), bastando que se observe que, se proibida a ação, restaria incrementada a proteção ao *bem jurídico concreto* (a proibição mitigaria a possibilidade de lavagem *naquele caso concreto*).[43]

E o que determina a idoneidade ou não da proibição de uma ação, para a melhoria da situação do bem jurídico concreto, é a *maior ou menor facilidade de*

---

[40] "A questão é, isso sim, delimitar se esta ação perigosa, arriscada, é ainda assim permitida, em nome do interesse geral de liberdade, ou se o direito considera esse risco algo desaprovado, que merece ser proibido, em nome do interesse de proteção de bens jurídicos." Luís Greco. *Cumplicidade através de ações neutras*, op. cit., p. 120.
[41] Ibid., p. 122.
[42] "Em síntese: a exigência da idoneidade da proibição significa que só haverá risco juridicamente desaprovado se a não prática da ação proibida representar uma melhoria relevante na situação do bem jurídico concreto." Ibid., p. 142-143.
[43] Ibid., p. 141.

se encontrar um substituto para aquela contribuição, caso o advogado se recusasse a prestá-la.[44]

Em outras palavras, se o causídico recusasse aqueles honorários, por considerá-los maculados, o cliente teria dificuldade em encontrar outro advogado que os aceitasse? Se recusasse consultoria jurídica naquela estruturação societária, por entender que sua finalidade era o branqueamento de capitais, o cliente encontraria facilmente outro profissional que a prestasse? Se a resposta for positiva, então a atuação do advogado, tanto no recebimento dos honorários quanto na consultoria jurídica, seria uma *ação neutra* e, portanto, impunível. Contudo, se o advogado não pudesse ser facilmente substituído, isso significaria que sua recusa em aceitar os honorários, ou em prestar a assessoria, seria medida idônea à melhoria da situação de proteção do bem jurídico,[45] o que afastaria a neutralidade de sua conduta.

O raciocínio é intuitivo: a facilidade de substituição do advogado, a denotar a neutralidade de sua atuação, decorre justamente do fato de que a conduta neutra *não é manifestamente ilegal*.[46] Se não se encontra com facilidade outro profissional disposto a substituí-lo — é dizer, se os demais operadores do direito relutariam, ou mesmo se negariam a aceitar aqueles honorários, ou a prestar aquela consultoria — é porque há ilegalidade detectável na atuação do advogado.

Mas isso ainda não resolve o problema da delimitação do âmbito de atuação impunível do advogado, é preciso determinar o que torna essa atuação mais ou menos *substituível*.

A resposta é: sua maior ou menor *conformidade com as normas que regem o exercício profissional da advocacia*. Se o advogado age respeitando o Estatuto da Ordem dos Advogados do Brasil (Lei nº 8.906/1994) e o Código de Ética e Disciplina da Ordem dos Advogados do Brasil, sua conduta é obviamente neutra, pois qualquer outro profissional estaria disposto a tomar seu lugar, já que não

---

[44] "Em geral, quanto mais ubíqua a contribuição, quanto mais fácil obter um substituto não iniciado que se proponha a realizá-la, tanto menos idônea será a proibição para melhorar a situação do bem jurídico. Por outro lado, quanto mais difícil seja obter a contribuição noutro lugar ou sem despertar a desconfiança de um terceiro, tanto mais idônea será a proibição para proteger o bem jurídico." Ibid., p. 142.

[45] "Por outro lado, quanto mais difícil seja obter a contribuição noutro lugar ou sem despertar a desconfiança de um terceiro, tanto mais idônea será a proibição para proteger o bem jurídico." Ibid.

[46] "Contribuições neutras, justamente por não serem manifestamente ilegais, costumam apresentar caráter ubíquo, podendo ser obtidas em todo lugar, sem maiores dificuldades – o que pode tornar deveras inútil a proibição de que se preste uma destas contribuições." Ibid., p. 138.

haveria *manifesta ilegalidade* na atuação de advogado que segue as normas de regência de sua categoria.

Mais uma vez nos valendo dos ensinamentos de Greco, um dos principais parâmetros para se determinar se uma concreta atuação criou riscos permitidos ou proibidos é a observância das normas de regência dessa atividade.[47] Pérez Manzano também afirma que, quando o legislador regula determinada atividade, o critério determinante da relevância penal das condutas inseridas na atividade regulada passa a ser seu desvio do padrão determinado na regulação.[48]

Assim, portanto, parece finalmente emergir um marco para a atuação lícita do advogado: essa atuação será impunível sempre que for *neutra*; será neutra sempre que sua proibição for *inidônea para a proteção do bem jurídico* tutelado pelo delito de lavagem; essa inidoneidade será constatada toda vez que o advogado puder ser *facilmente substituído* por outro profissional, pela inexistência de *manifesta ilegalidade na sua atuação*; inexistirá manifesta ilegalidade na atuação do advogado sempre que ele *pautar sua conduta pelas normas que disciplinam o exercício da advocacia* (Estatuto da OAB e Código de Ética e Disciplina da OAB).

Feita essa necessária digressão teórica, passa-se agora à análise crítica dos casos estudados, a fim de constatar se eles se aproximam ou se distanciam da solução oferecida, ao problema da *advocacia e lavagem*, pela teoria das condutas neutras.

4. Análise dos casos estudados

4.1 Caso 1 — Análise da denúncia oferecida em ação penal da Seção Judiciária de São Paulo (advocacia consultiva)

O presente trabalho realizou um estudo dos fatos *como narrados na denúncia estudada*, por ser essa a única peça processual disponível, à época da pesquisa.

---

[47] "Para avaliar se um risco é ou não juridicamente desaprovado, o instrumento mais importante é a existência de normas de segurança que regulam a prática de determinada atividade perigosa." Ibid., p. 54.
[48] PÉREZ MANZANO, Mercedes. Neutralidad delictiva y blanqueo de capitales: el ejercicio de la abogacía y la tipicidad del delito de blanqueo de capitales. In: BAJO FERNÁNDEZ, Miguel; BACIGALUPO, Silvina (Ed.). *Política criminal y blanqueo de capitales*. Madri: Marcial Pons, 2009. p. 174.

Contudo, é importante frisar, uma vez mais, que, entre a realização desta pesquisa e a sua publicação, houve a prolação de decisão que absolveu sumariamente os acusados pelos delitos antecedentes que lhes eram imputados, reconhecendo como neutras as condutas imputadas aos advogados. Na sequência, rejeitou a denúncia, por ausência de justa causa, quanto ao delito de lavagem — conclusão que diverge daquela alcançada neste trabalho.

A análise ora empreendida, desde o início, *não tinha a menor pretensão de "julgar" a ação penal*. E é certo que o juiz da causa tem maior propriedade para analisar a neutralidade ou não das condutas que lhe foram submetidas, visto que ele é quem tem contato com a prova dos autos. Portanto, há que se render a necessária deferência à decisão proferida pela autoridade judicial, a qual, não duvidamos, deve mesmo ter sido a solução mais adequada para o caso concreto.

Não obstante, mesmo à vista da sentença prolatada, este trabalho — que sempre se propôs a um mero exercício abstrato acerca da denúncia em questão — mantém-se fiel às suas conclusões iniciais, e pede respeitosamente licença para discordar da decisão judicial proferida, no que concerne à *neutralidade* das condutas imputadas aos advogados — *consideradas, mais uma vez, abstratamente*, e sem o contato com a prova dos autos, de que dispôs o magistrado da causa.

O que não quer dizer que os acontecimentos tenham sucedido da forma como descritos na peça acusatória. Este trabalho, em nenhum momento, toma por verdadeiras as imputações lançadas pelo Ministério Público Federal, nem afirma serem culpados os advogados denunciados. Apenas se procura verificar se a narrativa ministerial — que representa apenas e tão somente a versão dos fatos feita por uma das partes processuais — traz uma hipótese plausível de incriminação dos atos do advogado, sob o prisma da teoria das condutas neutras.

Isso posto, a acusação é de que os advogados do Escritório 1 teriam assessorado a *abertura da empresa Fachada 1 no Uruguai*, e a posterior *aquisição da empresa brasileira Alpha pela uruguaia*. Até aí, forçoso reconhecer que a consultoria prestada pelos profissionais configurar-se-ia como ação neutra.

Com efeito, assessorar a abertura de uma empresa no Uruguai, desde que em conformidade com a legislação uruguaia, estaria entre as atividades normais, prestáveis por qualquer advogado.[49] De igual sorte, a aquisição de empresa bra-

---

[49] Lei nº 8.906/1994 — Estatuto da OAB, art. 1º, inciso II.

sileira por companhia uruguaia é negócio jurídico permitido, no qual a participação do advogado não causa qualquer estranheza.[50]

Caso as condutas dos advogados tivessem se resumido a isso, *a consultoria jurídica por eles prestada poderia ter sido obtida de qualquer outro escritório de advocacia*, não só no Brasil, como no Uruguai. Se a banca denunciada tivesse recusado esses serviços, o cliente poderia, facilmente, obter a mesma assessoria de outros profissionais do direito, sem levantar, nestes, qualquer suspeita de que um ilícito estivesse sendo praticado.

Não haveria, portanto, *idoneidade para a melhoria da situação do bem jurídico* na proibição dessa atividade de advocacia consultiva. Qualquer risco que ela porventura criasse ao bem objeto de proteção da norma seria um *risco permitido*.

Acontece que há, *na narrativa acusatória*, dados que, *se realmente correspondem ao que ocorreu*, conduziriam à possível constatação de que a atividade dos advogados não foi neutra. Segundo o Ministério Público Federal, a empresa uruguaia teria sido aberta *em nome de laranjas*, e seria uma *empresa de fachada, sem existência real*.

É verdade que, quando contratado para prestar consultoria na estruturação de uma empresa, os serviços do advogado podem vir a ser manipulados pelo cliente, culminando com a estruturação de uma empresa *de fachada* ou em *nome de laranjas*, sem, contudo, que o profissional do direito tenha deixado de atuar de acordo com o Estatuto e com o Código de Ética e Disciplina da OAB. A participação do advogado nos projetos do cliente seria, nesse caso, facilmente *intercambiável*, substituível pela de qualquer outro advogado, o que manteria sua atuação dentro dos limites das condutas neutras.

Segundo a narrativa acusatória, no entanto, não foi isso o que ocorreu. De fato, elementos trazidos na denúncia pretendem apontar para um *elevado grau de envolvimento dos advogados denunciados, com atos fraudulentos perpetrados pelo cliente*, grau de envolvimento este que inexoravelmente afastaria a atuação dos causídicos dos ditames da normativa de regência do exercício de sua profissão.

No caso analisado, segundo o Ministério Público Federal, as cobranças pelos serviços prestados à empresa estrangeira eram dirigidas ao mesmo proprietário da companhia nacional; o escritório de advocacia prestava conta de suas atividades, no que tange a ambas as pessoas jurídicas, ao mesmo cliente; as decisões, com relação à empresa uruguaia, eram tomadas e transmitidas aos advogados

---

[50] Lei nº 8.906/1994 — Estatuto da OAB, art. 1º, §2º.

pelo proprietário da empresa brasileira, mesmo não figurando ele como dono de direito da pessoa jurídica no Uruguai. *Mais do que isso: o endereço oficial da empresa uruguaia era o mesmo da filial do escritório de advocacia naquele país.*

Todos esses fatos, se realmente aconteceram, levam a crer que o escritório de advocacia compactuou, e prestou apoio operacional, a atos de fraude à lei, praticados em benefício de seu cliente, o que é terminantemente vedado pelo artigo 34, inciso XVII da Lei nº 8.906/1994 — Estatuto da Ordem dos Advogados do Brasil. O Código de Ética e Disciplina da OAB também traz, em seu preâmbulo, vedação a que o advogado pratique atos voltados ao desrespeito à Lei.

Qualquer advogado poderia ser induzido, pelo cliente, a abrir empresa estrangeira, em nome de laranja, que viesse a adquirir o controle societário de uma empresa brasileira. Contudo, quanto maior o grau de envolvimento do escritório com as práticas fraudulentas do cliente, demonstrativo de descumprimento, pelos advogados, das normas de regência de seu exercício profissional, *menos fungível se torna o serviço prestado*, pois seria mais difícil encontrar outros advogados que realizassem a mesma atividade, sem desconfiar da prática de uma infração.

Nesse caso, a atuação do advogado reveste-se do que Pérez Manzano denomina de *sentido delitivo*, presente quando o contexto específico de uma determinada atuação, a princípio neutra, permite inferir justamente esse maior envolvimento do agente (do advogado) com o ilícito praticado por terceiro (pelo cliente). A autora afirma, ainda, que nenhuma conduta neutra está a salvo de se converter em ação típica, bastando, para tanto, que se revista desse *sentido delitivo*.[51]

Nas condições descritas pela denúncia — dado o elevado envolvimento do escritório de advocacia, e o consequente afastamento de sua atuação dos preceitos do Estatuto e do Código de Ética da OAB —, seria extremamente difícil que o cliente encontrasse outra banca que prestasse esse mesmo serviço — *inclusive emprestando seu endereço no Uruguai* —, sem desconfiar de que um delito estivesse sendo praticado.

Assim, caso o Escritório 1 *não realizasse a atividade de advocacia consultiva*, restaria mitigada a possibilidade de que *aquele seu cliente* conseguisse praticar *aquela lavagem de capitais* narrada na denúncia. A situação de proteção ao bem jurídico concreto, no caso, seria melhorada, caso se impusesse ao escritório a

---

[51] Mercedes Pérez Manzano. Neutralidad delictiva y blanqueo de capitales, op. cit., p. 173.

proibição de agir. O perigo para o bem jurídico, em tese criado pelos advogados, se procedente a narrativa ministerial, extrapolaria as margens do *risco permitido*, não se podendo considerar neutra a sua conduta.

Deve-se distinguir: não se está afirmando que a advocacia consultiva deixará de ser atividade neutra sempre que o cliente utilizar o serviço advocatício para a prática de crimes (sempre que, por exemplo, for aberta empresa *de fachada* em nome de *laranja*). Ainda nessas situações, a atividade do advogado *poderá* ser neutra. O que fez com que, na hipótese estudada, se entendesse pela *não neutralidade* da conduta dos advogados foi o *descumprimento dos preceitos éticos e disciplinares previstos nas normas que regulamentam o exercício da advocacia*, o que tornou *infungível* a sua atuação (dificílima de ser substituída pela de outro advogado) e, portanto, *idônea, para a melhoria da situação do bem jurídico, a sua proibição*.

Dessa forma, conclui-se que a denúncia objeto de estudo do Caso 1 traz uma *hipótese plausível de tipicidade objetiva* da atuação do advogado, no âmbito da *advocacia consultiva*. O que se afirma aqui, não é demais repetir, é a plausibilidade da narrativa acusatória sob o ponto de vista exclusivo do tipo objetivo, não tendo sido analisados nem a tipicidade subjetiva, nem os demais elementos necessários à afirmação da prática de crime (antijuridicidade e culpabilidade), trabalho que cabe exclusivamente à autoridade judicial, em face de todos os elementos levantados durante a instrução processual (aos quais esta pesquisa, repita-se, não teve acesso).

4.2 Caso 2 — Análise do acórdão proferido pelo Tribunal Regional Federal da 2ª Região (honorários maculados)

No segundo caso sob análise, a hipótese trata do recebimento de honorários maculados. O advogado foi denunciado por *lavagem de capitais*, juntamente com sua cliente, pois teria recebido, como pagamento de seus honorários, valores provenientes do delito de corrupção passiva praticado pela cliente.

O acórdão estudado, seguindo o parecer da Procuradoria da República de segunda instância, absolveu o advogado, por entender que os valores por ele recebidos o foram a título de *contraprestação pelo serviço prestado*, o que seria um direito do advogado, independentemente da origem ilícita do dinheiro, e ainda que ele tivesse a certeza dessa origem. A decisão também menciona a proteção ao direito de defesa do acusado, como razão para não se criminalizar o recebimento de honorários maculados pelo advogado.

O que se verifica é que o acórdão não faz menção à teoria das condutas neutras. Antes, a Corte federal parece adotar a solução proposta pela teoria da *causa de justificação*, ao afirmar que o recebimento da contraprestação pelos serviços prestados seria um direito do advogado (o exercício regular de um direito).

E o Tribunal Regional parece, inclusive, dar à causa de justificação um alcance maior do que o estabelecido em doutrina, ao *dispensar o especial elemento subjetivo*, consistente no *desconhecimento da origem ilícita dos valores*, por parte do advogado, no momento de recebimento dos honorários. De fato, o acórdão deixa claro que, no entendimento dos julgadores, o recebimento de honorários maculados seria permitido, ainda que o causídico soubesse da origem ilícita do dinheiro.

Realmente, o acórdão resolve o problema do recebimento de honorários maculados pela teoria da *causa de justificação*. Contudo, nada impede que analisemos o caso pelo viés das *condutas neutras*.

Assim, temos que a atuação do advogado, nesse caso, consistiu no recebimento, a título de pagamento de honorários, de *cheques*, os quais seriam o próprio objeto do crime de corrupção passiva praticado por sua cliente (os cheques seriam a forma pela qual paga a propina por ela exigida). Esse agir do advogado poderia, com facilidade e sem levantar suspeitas, ser substituído pelo de qualquer outro profissional?

A resposta é dada no próprio acórdão (muito embora não mencione a teoria das condutas neutras), ao transcrever trecho do parecer ministerial, no qual o procurador da República afirma que, caso os cheques fossem trocados por dinheiro, e este oferecido a outro advogado, muito provavelmente seria aceito sem hesitação por ele.

Mas, ainda que os cheques não fossem trocados por dinheiro, pode-se afirmar que outros advogados aceitariam, a título de honorários e sem titubear, cheques emitidos por terceira pessoa, que não o seu cliente? É preciso, então, formular a pergunta em outros termos: o recebimento, a título de honorários, de cheques emitidos por terceira pessoa, que não o cliente, viola os dispositivos das normas regulamentadoras da atividade advocatícia?

O que se extrai da leitura, tanto do Código de Ética quanto do Estatuto da OAB, é que ambos esses diplomas, ao tratarem dos honorários advocatícios, preocupam-se em estabelecer os direitos do advogado ao recebimento, e os deveres do cliente de pagamento dos mesmos. Não há, contudo, qualquer regra estabelecida no tocante a cuidados especiais exigíveis do advogado quanto à *forma de pagamento* oferecida pelo cliente, salvo a de que o pagamento em bens, na impossibilidade de pagamento em pecúnia, deve ser excepcional e contratado por escrito.[52] É dizer, não existe qualquer vedação a que o advogado receba cheques de terceiro, como pagamento de seus honorários.

Mas a acusação afirma, ainda, que o advogado não teria como não saber da origem criminosa dos cheques, pois teria patrocinado a defesa da cliente em processo administrativo tratando de fatos semelhantes. Contudo, a própria acusação reconhece que, naquele processo administrativo, eram apurados fatos idênticos, *mas que envolviam outra pessoa jurídica*. O terceiro que emitiu os cheques, aceitos pelo advogado, não era a empresa da qual a cliente era acusada de ter exigido propina naquele processo administrativo. Recusar esses cheques, portanto, implicaria uma presunção de culpabilidade de sua cliente, por parte do advogado.

E uma tal presunção encontra expressa vedação nas normas que regulam a atividade advocatícia. Com efeito, o Estatuto de Ética e Disciplina da OAB afirma, em seu artigo 21, ser não apenas um direito, mas um *dever* do advogado assumir a defesa criminal, independentemente de qual seja sua opinião acerca da inocência ou culpa de seu cliente. Assim, não haveria qualquer óbice a que outros advogados aceitassem o pagamento de honorários com cheques de terceiro.

Isso demonstra a *fungibilidade* da atuação do causídico em questão, no recebimento dos honorários supostamente maculados. Portanto, a proibição desse recebimento teria nenhuma idoneidade para melhoria do nível de proteção ao bem jurídico tutelado pela norma de lavagem. Se houve risco criado pela conduta do advogado, esse restringiu-se aos limites do permitido, sendo realmente indevida qualquer pretensão de responsabilização criminal do mesmo, pelo recebimento de honorários maculados.

Por fim, pertinente mencionar a ressalva feita pelo acórdão, de que a conduta do advogado somente seria punível se comprovado que ele recebera os valores por "*consultoria ou auxílio*" prestados para o cometimento "*do crime antecedente ou do crime de lavagem*". Essa observação parece convergir com a conclusão a que este trabalho chegou, quando da análise do caso anterior, de que, quanto maior o envolvimento do advogado com a prática ilícita do cliente, menos fungível se

---

[52] Art. 38, parágrafo único do Código de Ética e Disciplina da OAB.

torna sua atuação, perdendo, com isso, a necessária *neutralidade*, sem a qual não se pode dizer seja lícito o atuar do causídico.

5. Conclusão

O combate à lavagem de capitais, como instrumento na luta contra as organizações criminosas, é uma necessidade de primeira ordem do moderno direito penal. Quanto mais apertado o cerco contra o branqueamento, contudo, mais elaborados e sofisticados se tornam os processos de dissimulação da origem criminosa de bens ou valores, o que submete diversas categorias profissionais ao risco de se verem envolvidas com a lavagem de capitais de terceiros.

Destaque entre estas categorias é a classe dos *advogados*, profissionais que, tanto por meio do recebimento de honorários maculados quanto ao prestarem consultoria em operações ou negócios jurídicos, podem concorrer para lavagem de capitais eventualmente praticada por seus clientes.

É fundamental, portanto, a fim de se preservar o pleno exercício da advocacia, sem a qual não se pode falar em acesso à justiça, que se determinem os limites da atuação lícita do advogado, tanto no que concerne ao recebimento de honorários quanto no tocante ao exercício da advocacia consultiva, limites dentro dos quais o profissional do direito estaria excluído do âmbito de incidência da norma incriminadora da lavagem.

A melhor solução para a questão, entre as várias encontradas, na doutrina, por esta pesquisa, parece ser a oferecida pela teoria das condutas neutras. Pode-se afirmar, assim, que a ação do advogado será atípica sempre que for *neutra*. Essa neutralidade deriva da inidoneidade da proibição da conduta para melhoria da situação de proteção ao bem jurídico tutelado pelo tipo penal da lavagem, inidoneidade que se fará presente sempre que a atuação do advogado, por não se mostrar manifestamente ilegal, puder ser facilmente substituída pela de qualquer outro advogado. A ausência de ilegalidade manifesta, por sua vez, decorre da obediência, por parte do advogado, às normas de regulamentação do exercício da advocacia.

Assim, o que se pode afirmar, com relação ao tema *advocacia e lavagem de capitais*, é que a atuação do advogado, quer na prestação de *consultoria jurídica*, quer no recebimento de *honorários maculados*, sempre que se der em observância ao Estatuto da Ordem dos Advogados do Brasil, bem como ao Código de Ética e Disciplina da OAB, consiste em *conduta neutra*, adstrita ao âmbito do risco permitido e, portanto, objetivamente atípica.

Essa *neutralidade* da conduta vai se perdendo, na exata medida em que *aumenta o envolvimento do profissional com a atividade ilícita do cliente*, tanto no que diz respeito à advocacia consultiva quanto no que concerne ao recebimento de honorários, pois isso conduz inexoravelmente à quebra dos preceitos inscritos nas normas de regência da atuação profissional, tornando mais *infungível* a atuação do advogado e, portanto, mais *idônea à proteção do bem jurídico* a sua proibição.

Referências

ADRIASOLA, Gabriel; CERVINI, Raúl. *Responsabilidade penal dos profissionais jurídicos*: os limites entre a prática jurídico-notarial lícita e a participação criminal. São Paulo: Revista dos Tribunais, 2013.

AMBOS, Kai. La aceptación por el abogado defensor de honorarios maculados: ¿lavado de dinero? — intentos de restricción del tipo penal de lavado (blanqueo) de dinero a la luz de los derechos internacional y extrangero. In: FIGUEIREDO DIAS, Jorge de et al. (Ed.). *El penalista liberal, libre homenaje a Rivacoba y Rivacoba*. Buenos Aires, 2004. Disponível em: <httpperso.unifr.chderechopenalassetsfilesarticulosa _20080521_13.pdf>. Acesso em: 18 jan. 2014.

BADARÓ, Gustavo Henrique; BOTTINI, Pierpaolo Cruz. *Lavagem de dinheiro*: aspectos penais e processuais penais: comentários à Lei 9.613/1998, com as alterações da Lei 12.683/2012. 2. ed. rev. ampl. atual. São Paulo: Revista dos Tribunais, 2013.

BADARÓ, Jennifer Cristina Ariadne Falk. Lavagem de dinheiro: estudo crítico da tipificação da modalidade culposa. In: FRANCO, Alberto Silva; LIRA, Rafael (Coord.). *Direito penal econômico*: questões atuais. São Paulo: Revista dos Tribunais, 2011. p. 427-464.

BLANCO CORDERO, Isidoro. *El delito de blanqueo de capitales*. Pamplona: Aranzadi, 1997.

BRASIL. *Lei n. 8.906, de 4 de julho de 1994*. Disponível em: <www.planalto.gov.br/ ccivil_03/leis/l8906.htm>.

____. *Lei n. 9.613, de 3 de março de 1998*. Disponível em: <www.planalto.gov.br/ccivil_03/leis/l9613.htm>.

____. Ministério Público Federal do Rio de Janeiro. *Denúncia oferecida na ação penal 2005.51.01.517854-3*.Em trâmite junto à 5ª Vara Federal Criminal do Rio de Janeiro.

____. Ministério Público Federal de São Paulo. *Denúncia oferecida na ação penal 2007.61.81.003674-1*. Em trâmite junto à 2ª Vara Federal Criminal de São Paulo.

____. Tribunal Regional Federal da 2ª Região. *Apelação Criminal 200651015293683*. Relatora: desembargadora federal Liliane Roriz. Rio de Janeiro. J. em 18/12/2012.

Disponível em: <http://jurisprudencia.trf2.jus.br/v1/search?q=cache:4Zlcbwhx4u8J:trf2nas.trf.net/iteor/TXT/RJ0108210/1/94/438359.rtf+200651015293683+&client=jurisprudencia&output=xml_no_dtd&proxystylesheet=jurisprudencia&lr=lang_pt&ie=UTF-8&>. Acesso em: 22 maio 2013.

CERVINI, Raúl; OLIVEIRA, William Terra de; GOMES, Luiz Flávio. *Lei de lavagem de capitais*. São Paulo: Revista dos Tribunais, 1998.

DÍAZ-MAROTO Y VILLAREJO, J. *El blanqueo de capitales en el derecho español*. Madri: Dykinson, 1999. p. 5 apud PRADO, Luiz Regis. *Direito penal econômico*. 3. ed. rev. ampl. atual. São Paulo: Revista dos Tribunais, 2009.

ERNANDES GODINHO, Jorge Alexandre. *Do crime de 'branqueamento' de capitais*: introdução e tipicidade. Coimbra: Livraria Almedina, 2001.

GRECO, Luís. *Cumplicidade através de ações neutras*: a imputação objetiva na participação. Rio de Janeiro: Renovar, 2004.

_____. *Um panorama da teoria da imputação objetiva*. 3. ed. rev. atual. São Paulo: Revista dos Tribunais, 2013.

MAIA, Rodolfo Tigre. *Lavagem de dinheiro (lavagem de ativos provenientes de crime)*: anotações às disposições criminais da Lei n. 9.613/98. São Paulo: Malheiros, 1999.

MOLINA FERNÁNDEZ, Fernando. ¿Qué se protege en el delito de blanqueo de capitales? Reflexiones sobre un bien jurídico problemático, y a la vez aproximación a la "participación" en el delito. In: BAJO FERNÁNDEZ, Miguel; BACIGALUPO, Silvina (Ed.). *Política criminal y blanqueo de capitales*. Madri: Marcial Pons, 2009. p. 91-123.

ORDEM DOS ADVOGADOS DO BRASIL. *Código de ética e disciplina da OAB*. Disponível em: <www.oabam.org.br/downloads/pdf/codigodeetica.pdf>.

PÉREZ MANZANO, Mercedes. Neutralidad delictiva y blanqueo de capitales: el ejercicio de la abogacía y la tipicidad del delito de blanqueo de capitales. In: BAJO FERNÁNDEZ, Miguel; BACIGALUPO, Silvina (Ed.). *Política criminal y blanqueo de capitales*. Madri: Marcial Pons, 2009. p. 169-206.

PRADO, Luiz Regis. *Direito penal econômico*. 3. ed. rev. ampl. atual. São Paulo: Revista dos Tribunais, 2009.

QUEIROZ, Rafael Mafei Rabelo; FEFERBAUM, Mariana (Coord.). *Metodologia jurídica*: um roteiro prático para trabalhos de conclusão de curso. São Paulo: Saraiva, 2012.

RAGUÉS I VALLÉS, Ramon. Consideraciones sobre la prueba del dolo. In: FRANCO, Alberto Silva; NUCCI, Guilherme de Souza (Org.). *Doutrinas essenciais*: direito penal, v. 3. São Paulo: Revista dos Tribunais, 2010. p. 905-926.

RASSI, João Daniel. *Imputação das ações neutras e o dever de solidariedade no direito penal brasileiro*. São Paulo: LiberArs, 2014.

SÁNCHEZ RIOS, Rodrigo. *Advocacia e lavagem de dinheiro*: questões de dogmática jurídico-penal e de política criminal. São Paulo: Saraiva, 2010.

SOUZA NETTO, José Laurindo de. *Lavagem de dinheiro*: comentários à Lei 9.613/98. Curitiba: Juruá, 1999.

WELZEL, Hans. *O novo sistema jurídico-penal:* uma introdução à doutrina da ação finalista. 3. ed. São Paulo: Revista dos Tribunais, 2011.

2

O exercício da advocacia e os pontos de conexão com o delito de lavagem de capitais: análise de dois casos examinados pelo Tribunal Regional Federal da 3ª Região

Bruno Garcia Borragine

1. Introdução

Este trabalho possui como tema de pesquisa "o exercício da advocacia e suas conexões com o crime de lavagem de capitais", e será elaborado através das problemáticas extraídas de dois casos concretos oriundos do Tribunal Regional Federal da 3ª região (TRF3).

Como primeiro passo, apresenta-se relevante para o presente estudo definir que o crime de lavagem de capitais deve ser compreendido como um conjunto de atos — um processo — que tem por finalidade acobertar a real origem, natureza, localização, disposição, movimentação ou propriedade de bens, valores ou direitos de origem delitiva, com o objetivo final de reintroduzi-los na economia formal, com falsa aparência de licitude.[1]

---

[1] BLANCO CORDERO, Isidoro. *El delito de blaqueo de capitales*. Madri: Thomson Reuters Aranzadi, 2012. p. 88-89. No mesmo sentido: BADARÓ, Gustavo Henrique; BOTTINI, Pierpaolo Cruz. *Lavagem de dinheiro*: aspectos penais e processuais penais: comentários à Lei 9.613/1998, com as alterações da Lei 12.683/2012. São Paulo: RT, 2012.

Com efeito, conforme será detalhado na seção 3, as distintas características do delito de *branqueamento*[2] de capital e a necessidade de se estruturar uma série de operações hábeis a dar aparência de licitude ao capital fruto de ilícito demandam a participação de atores econômicos e sociais que, no mais das vezes, não guardam qualquer relação com os reais beneficiários do delito, mas, diante dos serviços profissionais desenvolvidos, acabam contribuindo para o sucesso da lavagem intentada pelo cliente.

E entre esses profissionais, exsurge a figura do *advogado* como alvo da intenção de criminosos e organizações criminosas que utilizam de seus serviços técnicos e especializados[3] para estruturarem a engenharia financeira e executarem as operações de mascaramento do capital, impedindo, por conseguinte, que os órgãos de persecução penal e de inteligência financeira percorram e localizem a origem criminosa do capital envolvido, assim como dos frutos advindos da lavagem.

É, pois, justamente neste específico ponto que emerge primordial o interesse pelo tema de pesquisa, em especial — e com mais veemência — após a reforma da Lei de Lavagem de Capitais (Lei nº 9.613/1998), alterada pela Lei nº 12.683/2012, porquanto ressurgiram calorosos debates sobre os vínculos e fronteiras existentes entre o exercício da advocacia e a lavagem de capitais.

Dessa maneira, visando empregar uma abordagem realista ao estudo, cujo resultado é a produção de conhecimento sobre como os operadores do direito, na prática, enfrentaram os limites entre o exercício da advocacia e o crime de lavagem de capitais, o primeiro passo foi elaborar pesquisa jurisprudencial, restringindo-se ao acervo do TRF3,[4] objetivando resultados de casos envolvendo a *advocacia e a lavagem de capitais*.

Selecionados os casos, centralizar-se-á nas problemáticas deles extraídas, as quais irão conferir singularidade e amplitude ao trabalho, além de possibilitar o enfrentamento do tema de maneira exaustiva. Assim, para além da importância

---

[2] O termo *branqueamento* é comumente utilizado pela doutrina portuguesa e será empregado neste trabalho como sinônimo do termo *lavagem*.

[3] Que, no mais das vezes, praticam atividades profissionais as quais viabilizam a movimentação, concentração ou dispersão de capital no sistema econômico pátrio.

[4] Nos anos de 2013 e 2014, os trabalhos de conclusão de curso do grupo de orientandos da professora Heloisa Estellita dedicaram-se a essa análise qualitativa de casos envolvendo advogados processados pelo crime de lavagem de capitais, por atos ligados ao exercício da profissão. De tal sorte, considerando que não há banco de dados para acesso de casos em primeira instância, e dado o número elevado de tribunais estaduais, cada orientando ficou responsável pela pesquisa em uma das regiões cobertas pelos cinco Tribunais Regionais Federais, STJ e STF.

dedicada à evolução e modernização das atividades típicas de advocacia — cenário onde se chegará à primeira conclusão crítica sobre como a Ordem dos Advogados do Brasil mantém, nos dias atuais, o conceito de atividade típica de advocacia —, o objetivo do presente estudo visa, também, o enfrentamento do tema de pesquisa sob três distintas perspectivas: (i) a imposição aos advogados do dever de informação e colaboração com as autoridades de investigação e inteligência financeira acerca de operações suspeitas de seus clientes (deveres instituídos pela reforma da Lei nº 9.613/1998); (ii) o advogado de consultoria jurídica *estrita* e a colaboração — por meio do concurso de agentes — na lavagem de capitais; e (iii) o recebimento de honorários tarjados de maculados.

No que tange aos pontos de conexão dois e três, para a escolha do modelo teórico-dogmático que melhor distinguirá a contribuição punível do advogado de sua ação profissional neutra — atípica — este trabalho adotará como ponto de partida um relevante critério que residirá na menor sujeição do profissional à persecução penal. Esse critério dimensionará a efetividade do modelo teórico eleito para delimitar a atuação profissional do advogado, em especial nos casos em que sua contribuição, ainda que técnica, se desenvolva como meio para o sucesso da lavagem de capitais intentada por seu cliente.

Ao final, com o modelo teórico já devidamente desenhado, será possível contrastá-lo no estudo dos casos selecionados, a fim de se verificar, na prática, sua efetividade nas hipóteses envolvendo a contribuição do advogado a fato ilícito de seu cliente ou mesmo a questão dos honorários advocatícios maculados, bem como, ainda, aferir qual a posição prática adotada pelos operadores do direito em ambos os casos selecionados.

2. Metodologia da pesquisa e apresentação dos dois casos concretos selecionados

Como fruto da pesquisa realizada, foram selecionados dois casos de interesse oriundos do TRF3,[5] sendo o primeiro aquele obtido por meio de pesquisa ao universo de julgados disponíveis no portal de jurisprudência do Tribunal e o se-

---

[5] As informações processuais — nome das partes e número de processo — que envolvem os casos selecionados e também aqueles descartados na pesquisa preliminar não serão expostos nesta versão, tudo para preservar a intimidade e privacidade dos envolvidos. Todas as informações processuais dos casos aqui analisados constam da pesquisa original apresentada por este autor à FGV.

gundo encontrado mediante busca a sites de conteúdo jurídico, com referência específica ao Tribunal Regional Federal da 3ª Região.[6]

De tal sorte, ao revés de se realizar pesquisa quantitativa,[7] este estudo desenvolverá análise qualitativa, centrada nos dois casos de pesquisa selecionados — um já sentenciado e outro ainda em fase de instrução — com o intuito de se verificar como a matéria foi tratada pelos operadores do direito em ambos os casos.

Nitidamente, até diante da limitação de acesso à totalidade dos acórdãos editados pelo Tribunal,[8] ambas as decisões selecionadas para o estudo não refletirão, com a exatidão necessária, como o TRF3 se posiciona em face do tema de pesquisa, mas, certamente, servirão de importante referencial sobre como se dará o enfrentamento do tema daqui por diante, ao menos no âmbito de sua atuação jurisdicional. E mais, permitirão a produção de conhecimento, ainda que restrito e específico, sobre como os operadores do direito atuantes em duas das três varas federais especializadas em crimes financeiros e lavagem de capitais sediadas em São Paulo enfrentaram e estão enfrentando o tema de pesquisa.

2.1. Caso 1. Recebimento de honorários e exercício da advocacia. Denúncia oferecida em ação penal da 2ª Vara Criminal Federal de São Paulo. O crime de lavagem de capital e a conduta do advogado sob o ângulo acusatório

Cuida-se de ação penal oriunda de investigações desenvolvidas no bojo de operação policial[9] efetivada pela Polícia Federal para desarticular suposta quadrilha

---

[6] Os nomes das partes, das pessoas jurídicas, bem assim das instituições envolvidas em ambos os casos selecionados para estudo não serão divulgados nesta publicação e serão substituídos por codinomes, tudo para se manterem preservadas a imagem, privacidade e intimidade dos envolvidos e também porque tais informações não são diretamente relevantes para o que se persegue neste estudo.

[7] Cujo resultado seria a produção de conhecimento sobre a linha jurisprudencial desenvolvida e adotada pelo TRF3 acerca do binômio *advocacia* e *lavagem de capital*.

[8] Isto porque o presente texto nasceu a partir da seleção de uma decisão que a Seção de Pesquisa e Jurisprudência do TRF3 resolveu publicar e disponibilizar em seu portal de pesquisa de jurisprudência, e de outra, oriunda do mesmo tribunal, mas que, até então, não fora disponibilizada para pesquisa de jurisprudência no site.

[9] O nome da operação policial também não será aqui revelado diante da repercussão midiática do caso e, sobretudo, porque seu nome levaria facilmente à descoberta dos atores envolvidos no caso.

especializada em fraudar processos de financiamento em determinado banco público, desviando recursos e realocando a aplicação de verbas conforme os interesses dos acusados. Como as investigações, desde o início, diziam respeito a crimes financeiros, o feito está adstrito à 2ª Vara Criminal Federal de São Paulo — especializada em crimes financeiros e lavagem de capitais —, encontrando-se, ainda, em fase de instrução.

O Advogado X, segundo a estrita análise da inicial acusatória, teria participado ativamente do plano arquitetado para fraudar financiamentos de determinado banco público e seria também beneficiário da divisão dos valores fraudados. Para o que é de interesse do tema de pesquisa, conforme constou do aditamento feito à inicial acusatória, o Advogado X foi também denunciado no tipo previsto no art. 1º, VI, da Lei nº 9613/1998, porque teria recebido quatro cheques emitidos pelo também implicado Y — nominais ao escritório de advocacia do qual é sócio o Advogado X — como fruto da fraude empregada no banco público.

A partir de então, ainda segundo a acusação, o Advogado X teria iniciado verdadeira manobra para ocultação dos valores recebidos, depositando-os parte na conta de seu escritório para posterior dissimulação e reinserção na economia legal, em proveito próprio, dando aparência de licitude sob o contexto de honorários advocatícios. Já a outra parte daquele valor,[10] segundo a acusação, foi endossada à administradora do empreendimento onde sediado o escritório do Advogado X, para pagamento do aluguel. Conforme aponta a acusação, aludida manobra impediu que o dinheiro integrasse diretamente o patrimônio do advogado, sendo essa, naquele entender, a maneira articulada para ocultar o recebimento das parcelas, fruto da fraude empregada no banco público.

Ainda como argumento acusatório extraído da denúncia e de seu aditamento, Y é apontado como um dos principais articuladores e executores do esquema criminoso junto ao banco público.[11] Y era também responsável pelo repasse de valores desviados do aludido banco público aos demais integrantes da suposta organização.

---

[10] Recebida pelo advogado poucos dias depois.
[11] Conforme se observa da denúncia, Y era proprietário da empresa Y LTDA e, segundo a acusação, essa pessoa jurídica era utilizada para concretizar a simulação dos desvios de valores obtidos junto ao banco público, realizando fictícia prestação de serviços para justificar os desvios feitos pela quadrilha.

No Juízo de piso, a denúncia e o aditamento foram recebidos em definitivo, afastando-se a tese de trancamento da ação penal. Diante disso, impetrou-se *habeas corpus* perante o TRF3,[12] cuja ordem fora denegada.[13] Com a denegação, impetrou-se novo *habeas corpus* perante o Superior Tribunal de Justiça, cuja ordem não fora sequer conhecida. No STF, apresentou-se recurso ordinário, sendo negado provimento.[14]

Por fim, na primeira instância, diante do sigilo, pouquíssimas informações foram prestadas, mas sabe-se[15] que os autos ainda se encontram em fase de instrução.

2.1.1 Caso 1. Variante. O crime de lavagem de capital e os honorários advocatícios. A conduta do advogado sob o ângulo defensivo

Segundo estrita análise do *writ* impetrado no TRF3, a defesa do Advogado X aponta que os núcleos do tipo penal — *in casu* ocultar e dissimular — necessários à configuração da lavagem não se sustentam. Afirma que os cheques recebidos pelo Advogado X teriam sido emitidos para pagamento de honorários advocatícios sobre serviços jurídicos prestados e anteriormente contratados por Y e sua empresa Y LTDA.

Conforme alega a defesa, parte dos valores dos cheques, para além de terem sido preenchidos nominalmente em favor do escritório do Advogado X, foi, de fato, compensada em proveito de sua banca, e outra parte fora endossada à administradora do empreendimento onde situada a sede do escritório para pagamento de despesas de aluguel, já que se tratavam de honorários advocatícios

---

[12] Sendo distribuído à 1ª Turma daquele Tribunal. Ressalta-se que a defesa do Advogado X sustentou apenas a falta de justa causa para ação penal, diante da inocorrência da lavagem perante o mero exaurimento do crime antecedente, objetivando seu trancamento em específica relação ao crime descrito na Lei nº 9.613/1998.

[13] Sob a recorrente retórica de impossibilidade de incursão detalhada ao acervo probatório existente nos autos. Ainda se impôs que as teses defensivas articuladas no *writ* não se justificariam, porquanto a alegada inocorrência da prática delitiva da lavagem não poderia ser resolvida em sede de cognição sumária própria do *habeas*.

[14] De interesse ao tema de pesquisa, destaque-se que o acórdão do STF observou que "serviços advocatícios, especialmente os de consultoria, tendem a ser imateriais e, por consequência, de difícil comprovação. No entanto, no caso concreto, a acusação parece amparada em elementos suficientes para a propositura da ação penal".

[15] Por meio de pesquisa realizada recentemente no site eletrônico da Justiça Federal de São Paulo (15/4/2015).

devidos por Y e sua empresa àquela banca. Demonstraram mediante faturas de serviços jurídicos prestados que Y, assim como sua empresa Y LTDA, são clientes do escritório do Advogado X há mais de 10 anos.

No entender da defesa, mostra-se impossível a efetivação do processo da lavagem por meio de operações bancárias, efetivadas em nome próprio do advogado acusado e, pior, envolvendo a banca de advocacia da qual é sócio ostensivo e majoritário, ou seja, não haveria cenário para desenvolvimento da ocultação e dissimulação dos valores percebidos.

Sustentou a defesa, ainda, que a destinação conferida aos recursos provenientes da alegada fraude no banco público (lembrando que essa acusação primária — fraude no banco público — também recai ao advogado X) poderia, no máximo, ensejar exaurimento do delito antecedente, mas, jamais, configurar crime autônomo, tal qual a lavagem, sob pena de inviável e fatal *bis in idem*.

2.2 Caso 2. O advogado de consultoria jurídica estrita e a participação na lavagem de capital intentada pelo cliente. Denúncia oferecida em ação penal da 6ª Vara Criminal Federal de São Paulo

Cuida-se de ação penal proposta pelo Ministério Público Federal e processada perante a 6ª Vara Criminal Federal de São Paulo. Entre os acusados, encontra-se o Advogado Z,[16] denunciado pelos crimes previstos no art. 1º, V e VII da Lei nº 9.613/1998 e art. 288 do Código Penal (incluindo a capitulação aludida pela Lei nº 9.034/1995). No que tange ao interesse de pesquisa, a acusação sustentou na denúncia que a banca de advocacia capitaneada por Z ("Z. Advogados") teria sido responsável por estruturar toda a operação societária da empresa 123 LTDA[17] no Brasil, garantido o anonimato dos verdadeiros sócios daquele grupo econômico e viabilizando o ingresso de valores espúrios na economia nacional, fruto de variados crimes cometidos no exterior.

Assentam que o Advogado Z, para estruturar e viabilizar a operação societária dos verdadeiros controladores do grupo 123 no Brasil, teria, na fase inicial de constituição das empresas, figurado como sócio da empresa 123 BR. PART.

---

[16] Novamente os nomes das partes e das pessoas jurídicas envolvidas serão suprimidos e substituídos por pseudônimos, para preservação da privacidade e intimidade dos envolvidos.
[17] Nome fantasia das empresas constituídas no Brasil que, daqui por diante, será empregado.

LTDA e, ao depois, teria arquitetado a alteração da razão social dessa empresa para 123 L. E. A. LTDA., mantendo-se no quadro societário. Em ato subsequente, por ocasião da 2ª Alteração contratual, retira-se da sociedade o advogado Z, cedendo suas quotas sociais a três empresas *off sohore*.[18]

A partir de então,[19] conforme sustentado na denúncia, internalizaram-se vultosas quantias de dinheiro espúrio, oriundo da organização criminosa no exterior, por meio de sucessivos aumentos de capital social da 123 L. E. A. LTDA[20] e, finalmente, em meados de 2006, todas as quotas sociais foram cedidas à empresa D. LIMITED e a MIS G L, cujas sociedades permaneceram como únicas sócias da subsidiária brasileira (123 L. E. A. LTDA), ressurgindo a figura do Advogado Z, agora na qualidade de procurador jurídico das duas sócias estrangeiras em substituição à pessoa de PS.

Segundo a narrativa exposta na denúncia, mediante a coordenação direta do Advogado Z, na qualidade de advogado responsável pela operação societária estruturada, criou-se uma rede composta por várias empresas *off shore,* cujos efetivos proprietários possuiriam, com isto, suas identidades protegidas pela garantia de anonimato fornecida pela estrutura montada.

O Advogado Z, conforme assentou a denúncia, para além de ser o responsável por toda a estruturação societária da 123 no Brasil, teria figurado, em meio às fases de constituição das empresas no Brasil, como sócio da subsidiária brasileira do grupo e também, em seguida, na qualidade de procurador com poderes jurídicos das estrangeiras.

Contudo, no decorrer da elaboração deste estudo, a instrução processual se encerrou, sobressaindo a edição da sentença de primeiro grau, estando este último documento disponibilizado no site eletrônico da Justiça Federal de Primeiro Grau em São Paulo.[21]

Conforme se extrai da leitura da sentença, a acusação, em sede de memoriais, após analisar o conjunto probatório formado nos autos, acenou pela absolvição de todos os acusados nos termos do art. 386, II do CPP, inclusive do advogado, cuja conduta estampada na denúncia é alvo desta pesquisa. Pelo que

---

[18] *D. Limited, J. S. Inc.* e *123 — M. S. Invest. Ltd.,* sendo as duas primeiras sediadas em paraíso fiscal e a última em Londres.
[19] Entre 2005 e 2006.
[20] A título de investimento direto no país, empréstimos e com finalidade de pagamento de passes de atletas profissionais.
[21] Sentença editada em 31/3/2014. Acesso em 16/4/2014.

se extraiu da sentença, parece que a acusação, tacitamente, reconhece a impossibilidade dos réus — inclusive do advogado Z — de terem conhecimento e ciência sobre a origem no exterior dos valores que foram internalizados no Brasil, de maneira que seu pedido, como visto, caminhou no sentido da absolvição por falta de provas.

A acusação, ainda segundo a estrita análise da sentença, nada falou sobre a individualizada conduta inicialmente atribuída ao Advogado Z e, sobretudo, se ele teria ou não extravasado os limites de seu mister, ou se o fato de o advogado ter figurado como sócio da empresa brasileira — que estava ainda em fase de constituição — e depois como procurador jurídico de sociedade estrangeira, em meio a estruturação societária do grupo 123 no Brasil, poderia denotar efetivo desvio de sua conduta profissional, ensejando imputação objetiva e consequente participação punível na lavagem, inicialmente atribuída a seus clientes.

Como dado que passa a integrar o presente estudo, pelo que extraído da sentença, nota-se que o *Parquet* federal teria insistido nos memoriais que a engenharia societária estruturada pelo Advogado Z teria viabilizado as sucessivas operações financeiras efetivadas pelos demais corréus, assim como, na prática, aquela engenharia societária e financeira teria funcionado para isolar a real identidade dos investidores, sendo esse, no entender acusatório, um indicativo de que o dinheiro poderia ser de origem espúria. Entretanto, pela leitura da sentença, evidencia-se que o Ministério Público Federal nada afirmou sobre o grau de conhecimento que os réus (inclusive o Advogado Z) detinham sobre a origem de tais valores.

Da sentença, denota-se que a defesa do advogado Z pugnou por sua absolvição, sustentando: (i) a atipicidade da conduta do advogado, por estar restrita ao exercício regular de sua atividade profissional; (ii) inexistência de dever de vigilância ou comunicação por parte dos advogados a respeito de operações suspeitas de seus clientes; (iii) ausência de comprovação acerca da origem espúria dos valores que foram internalizados no Brasil.

De seu turno, o magistrado sentenciante julgou improcedente a pretensão punitiva inicialmente descrita na denúncia, reconhecendo a ausência de demonstração sobre o caminho percorrido pelo produto dos crimes pelos quais um dos réus fora condenado no exterior.[22] Por fim, de interesse ao resultado da presente

---

[22] Como dado que passa a integrar este estudo, cumpre extrair trecho da sentença de primeiro grau onde, de maneira genérica, o magistrado acena que os réus "fizeram um grande, porém inútil, esforço no sentido de esconder que o verdadeiro titular do dinheiro investido no clube 'GGG'

pesquisa, verifica-se da sentença que o magistrado nada falou sobre a dissociada conduta do advogado Z, e nem mesmo sobre a tese sustentada pela defesa de atipicidade de sua conduta, por estar restrita ao exercício regular de sua atividade profissional (condutas neutras).

2.3 A problemática extraída dos casos selecionados

Preliminarmente, ressalve-se que não se farão neste trabalho análise de provas e nem mesmo juízo de realidade sobre os fatos estampados na denúncia e no *habeas corpus* do primeiro caso selecionado, assim como da denúncia e da sentença do segundo caso. Não se busca, aqui, afirmar a culpa ou absolvição de ambos os advogados denunciados, mas apenas e tão somente observar o caminho técnico-jurídico traçado que gerou a imputação típica contra os advogados em ambos os casos.

Pois bem. No que tange ao primeiro caso selecionado para pesquisa (Caso 1), como o feito ainda está em fase de instrução, a problemática será extraída da denúncia; do *writ* impetrado pela defesa no TRF3; e complementado como o acórdão editado pelo STF no recurso ordinário defensivo.

Conforme relatado, a hipótese concreta selecionada proporciona a abordagem de importante ponto de conexão com o tema de pesquisa, qual seja, o recebimento de honorários maculados por serviços jurídicos prestados. No entanto, note-se que os problemas apresentados, em específico, pela narrativa acusatória projetam o Advogado X como articulador e autor imediato do crime antecedente que viabilizou a lavagem,[23] o que elide qualquer conjectura de atuação jurídico-profissional do advogado para os fins deste trabalho, e, por si só, poderia não atender as perspectivas do tema de pesquisa.

Dessa maneira, dividiu-se a narrativa do Caso 1, criando-se uma variante voltada à análise do caso também sob a ótica defensiva para, assim, extrair as

---

fosse o acusado 'BB'. É claro que toda essa gama de artifícios utilizada para esconder o verdadeiro proprietário do dinheiro causa espécie e conduz a suspeita de que, de fato, o dinheiro se trate de dinheiro 'sujo'. Afinal, se o dinheiro tem origem lícita, o que justificaria procurar de todas as formas ocultar a identidade de seu titular". Note-se, parece que, aqui, o magistrado sentenciante considera suspeita a conduta profissional do advogado que desenvolveu o modelo societário do grupo no Brasil.

[23] O Causídico X fora denunciado também pelos fatos que atraíram a modalidade delitiva prevista no art. 20 da Lei nº 7.492/1986.

seguintes problemáticas que serão respondidas ao longo do enfrentamento do tema: *Ao advogado é licito receber valores de origem infracional a título de honorários advocatícios? O conhecimento que o advogado exerce sobre a vida pregressa de seu cliente deve ser um impeditivo no momento de receber o pagamento dos honorários por serviços jurídicos prestados? O advogado deve entrevistar o cliente visando investigar a origem do seu dinheiro? O advogado que sabe estar recebendo honorários de origem infracional comete crime?*

Considerando que o caso está em andamento e o Poder Judiciário ainda não exarou entendimento sobre a matéria, aqui a intenção é identificar, com lentes na visão da defesa e da acusação, se houve ou não a superação dos limites da imputação objetiva, em tema de recebimento de honorários frutos de crime antecedente.

No segundo caso selecionado (Caso 2), observando o interesse de pesquisa, a denúncia oferecida na ação penal que tramitou na 6ª Vara Criminal Federal de São Paulo confere como questão central a relação entre advocacia consultiva estrita e o crime de lavagem de capitais. O cenário de pesquisa se projeta, portanto, na participação do Advogado em suposta empreitada criminosa alheia, atuando de maneira profissional, exercendo atividade de consultoria jurídica estrita que visa a estruturação de organismos societários para viabilizar a internalização de investimentos estrangeiros no Brasil pelos demais implicados, cujos valores, à época da denúncia, contavam com indicativos de origem espúria no exterior.

Neste caso, a problemática a ser enfrentada refere-se à distinção entre: de um lado, a atividade típica e privativa de consultoria jurídica estrita, atividade profissional socialmente adequada, e que, portanto, não desborda o filtro da imputação objetiva; e, de outro, o assessoramento profissional estranho aos desígnios privativos da profissão, que tem por consequência a desaprovação jurídica do risco criado com a ação praticada, podendo desaguar em contribuição típica a delito de outrem.

Igualmente — e para melhor exaurir o tema de pesquisa —, passou a ser parte integrante do presente estudo o registro defensivo contido na sentença do Caso 2, acerca da inexistência de dever de vigilância ou comunicação por parte dos advogados a respeito de operações suspeitas de seus clientes.

Dessa maneira, tal como no Caso 1, considerando que não se tem nas mãos as provas e nem as peças processuais necessárias, se fará uma análise fria da imputação feita ao advogado no Caso 2 conforme deduzida na denúncia e complementada com poucos detalhes trazidos à baila pela sentença, visando, assim, a identificação dos fatores que levaram o Ministério Público a considerar, naquele momento inicial de oferta da denúncia, típica a contribuição prestada pelo advogado a fato ilícito intentado por seu cliente.

Portanto, as problemáticas extraídas de ambos os casos selecionados conferem à pesquisa o recorte necessário entre a atuação profissional de risco permitido e a atuação profissional de risco juridicamente desaprovado do advogado, assim como autoriza a abordagem teórica sobre o recebimento de honorários tarjados de maculados, e também sobre o dever de comunicação por parte dos advogados. O objetivo será o confronto de tais recortes com o modelo dogmático oferecido pela doutrina e selecionado nesta pesquisa para determinar os limites de abrangência da Lei nº 9.613/1998 na atividade do advogado.

3. O enfrentamento do tema

3.1 A lavagem de capital. Breve excurso sobre o seu conceito, suas fases e aproximação com a advocacia

Ab initio, rememore-se que a lavagem — o branqueamento — de capital, por ter característica de *polimorfismo*,[24] deve necessariamente ser compreendida como um conjunto de atos[25] que tem por finalidade acobertar a real origem, natureza, localização, disposição, movimentação ou propriedade de bens, valores e/ou direitos, com o objetivo final de reintroduzi-los na economia formal, com falsa aparência de licitude.[26]

De tal sorte, o conceito de lavagem tem como antecedente necessário a prática de uma infração penal, de onde será auferido o capital ilícito a ser masca-

---

[24] Conforme conceitua Rodrigo Sánchez Rios, citando Jobin: "A conduta típica que se nomina lavagem de dinheiro não é descrita como se pretendia o tradicional direito penal, como conduta objetiva. É um juízo de valor sobre várias condutas". SÁNCHEZ RIOS, Rodrigo. *Advocacia e lavagem de dinheiro*: questões de dogmática jurídico-penal e de política-criminal. São Paulo: Saraiva, 2010. p. 48. (Direito Penal Econômico-Gvlaw).

[25] Isidoro Blanco Cordero. *El delito de blaqueo de capitales*, op. cit., p. 88-89: "*El fenómeno del [blanqueo de capitales] no puede ser entendido sin explicar las características de los elementos que lo integran puesto que su complejidad hace muy difícil su explicación en una simple definición. Una primera noción meramente operativa, consensuada doctrinalmente, entiende este fenómeno como el proceso de ocultación de bienes de origen delictivo con el fin de dotarlos de una apariencia final de legitimidad*".

[26] Gustavo Henrique Badaró e Pierpaolo Cruz Bottini. *Lavagem de dinheiro*, op. cit.

rado. Inicia-se com a ocultação do resultado do crime antecedente, desenvolvendo-se nas diversas operações que serão realizadas *a posteriori* com objetivo de dissimular a origem dos bens e, por fim, se efetiva com a reinserção do "capital purificado" na economia popular, como se lícito fosse.[27]

Sobre essa última fase, relevante trazer à tona o esclarecimento de Bottini, cuja assertiva bem sintetiza o assunto, em especial, ao pontuar que os ativos de origem criminosa — já misturados a outros valores obtidos em atividades legítimas e *lavados* nas complexas operações de dissimulação — são reciclados em simulações de negócios lícitos, como transações de importação/exportação com preços excedentes ou subfaturados, compra e venda de imóveis com valores distintos do mercado, entre outras práticas.[28]

Em síntese, pode se dizer que pratica o crime de lavagem de dinheiro quem, agindo com dolo, comete um ato que integra o processo supranarrado, seja na primeira fase de ocultação, seja na segunda — participando de qualquer forma da dissimulação —, seja, ainda, na terceira fase utilizando o bem que, em virtude do procedimento dissimulatório, adquire aparência de licitude, reinserindo o capital lavado na economia formal. Isso porque a legislação brasileira, aperfeiçoada pela jurisprudência dominante que rege a matéria, não exige para a tipificação material do delito de lavagem a completude do ciclo de atos do branqueamento.

Contudo, ainda que o delito esteja aperfeiçoado já na fase inicial de ocultação, não se pode desprezar o elemento subjetivo que permeia todas as etapas da lavagem: a vontade de lavar o capital fruto de delito anterior; e de reinseri-lo na economia formal como se lícito fosse.[29] Nessa ordem de ideias, portanto, não

---

[27] Mergulhando um pouco mais a fundo nas fases do branqueamento, têm-se que o processo de lavagem se cinge em três premissas distintas, mas interligadas a um fim comum. São elas: (i) a *ocultação* — também denominada colocação —, sendo essa a ação inicial do processo de branqueamento, cuja principal finalidade é distanciar o bem, direito ou valor da origem criminosa; (ii) a *dissimulação* — ou o mascaramento — do capital por meio da qual o objeto da lavagem assume a falsa aparência de licitude, mediante a realização de operações comerciais ou financeiras posteriores à ocultação; e (iii) o ato final da lavagem conhecido por *reintegração*, que se caracteriza pela reintrodução dos valores dissimulados na economia legal.

[28] Isidoro Blanco Cordero. *El delito de blaqueo de capitales*, op. cit.

[29] Discorrendo sobre a norma insculpida no art. 1º, §1º, II da Lei nº 9613/1998, interessante notar a assertiva de Vivian Schorscher, porquanto "apesar de enumerar diversos núcleos do tipo, quais sejam, adquirir, receber, trocar, negociar, dar ou receber em garantia, guardar, ter em depósito, movimentar e transferir", a regra do art. 1º, §1º, II da antiga lei de lavagem "exige a demonstração da presença do dolo específico de ocultar ou dissimular a utilização dos bens direitos ou valores recebidos por parte do sujeito ativo no momento da realização da conduta". SCHORSCHER,

se deve penalizar a ocultação — pura e simples — tipificada pela lavagem, se não se perquirir a evidência de que o agente da lavagem oculta o dinheiro com o objetivo de reintroduzi-lo na economia legal, após algum ato de dissimulação que irá conferir aparência de licitude.[30]

Ou seja, destaque-se que, sem o incremento da ocultação voltada à integralização do processo da lavagem, certamente estaremos diante de mero exaurimento da infração anterior.[31]

De igual modo, não há como punir a mera utilização do dinheiro que advém de infração penal anterior,[32] pura e simplesmente. A uma porque não há que se falar em punibilidade pela *utilização* do bem ou do valor "sujo", mas tão somente daquele fruto que evidencia a aparência de licitude, ou seja, porque passou por um processo dissimulatório até que fosse inserido na economia com "máscara" de legitimidade. Nessa linha de raciocínio, aliás, bem conclui Barros[33] ao aduzir que "para configurar a utilização prevista no art. 1º, o agente deve utilizar o lucro ou patrimônio lavado, o qual se apresenta com aparência de legalidade".

Dessa maneira, ainda que no plano objetivo do tipo penal seja suficiente a mera ocultação de bens para caracterização do branqueamento de capital, na nebulosa esfera subjetiva, que incrementa e adjetiva o tipo penal em comento, sempre será necessária a intenção — o desejo — de reciclar os bens e efetivar o ciclo do branqueamento.[34]

Conforme observado, portanto, lavar dinheiro não é tarefa das mais simples. Quanto mais complexa a operação contábil e mais sofisticada a engenharia financeira, maiores as chances de impunidade.[35] Com efeito, as distintas carac-

---

Vivian. *A responsabilidade penal do advogado na lavagem de dinheiro*: primeiras observações. São Paulo: RT Edição 863, 2007. p. 437-438.

[30] Do contrário, seria crime esconder o dinheiro atrás do armário após um roubo.

[31] VILARDI, Celso Sanchez. Disponível em: <www.ibccrim.org.br/boletim_artigo/4679-A-ciencia-da-infracao-anterior-e-a-utilizacao-do-objeto-da-lavagem>. Acessos em: 25 ago. 2013 e 14 abr. 2014.

[32] Art. 1º, §2º, I da Lei nº 12.683/2012.

[33] BARROS, Marco Antonio. *Lavagem de capitais e obrigações civis correlatas*. São Paulo: RT, 2007. p. 185.

[34] Gustavo Henrique Badaró e Pierpaolo Cruz Bottini. Lavagem de dinheiro, op. cit., cap. I. 1.2.

[35] GRANDIS, Rodrigo de. O exercício da advocacia e o crime de "lavagem" de dinheiro. In: DI CARLI, Carla Veríssimo; MENDONÇA, Andrey Borges de (Coord.). *Lavagem de dinheiro*: prevenção e controle penal. Porto Alegre: Verbo Jurídico, 2011. p. 115-120.

terísticas do delito de *branqueamento* de capital[36] e a necessidade de se estruturar uma série de operações hábeis a dar aparência de licitude ao dinheiro *sujo* demandam a participação de outros atores econômicos e sociais que, no mais das vezes, não guardam qualquer relação com os reais beneficiários do delito. Assim, cada vez mais os operadores da lavagem socorrem-se a determinados setores da economia e do mercado financeiro[37] para conferir aparência lícita ao capital originalmente sujo.

De igual forma, cada vez mais utilizam serviços de profissionais técnicos e especializados[38] para estruturarem a engenharia financeira e executarem as operações de mascaramento do capital, impedindo, por conseguinte, que os órgãos de persecução penal e de inteligência financeira percorram e desvendem a origem criminosa do capital envolvido.

E é aqui, em meio a este cenário, que nasce o interesse pelo tema de pesquisa, em especial após a reforma da Lei de Lavagem de Capitais (Lei nº 9.613/1998), alterada pela Lei nº 12.683/2012, porquanto ressurgiram debates e questionamentos sobre os vínculos e fronteiras existentes entre o exercício da advocacia e a lavagem de capitais, demandando a escorreita análise sobre seus pontos de conexão.

3.2 O advogado e o exercício da advocacia. Contornos constitucionais. Inviolabilidade e limites. O contencioso e a consultoria. Evolução dos serviços jurídicos ofertados. Atividades típicas e atividades estranhas

Como parte de relevo do presente estudo, possibilitando o melhor cenário de resposta para uma das perguntas de pesquisa que este trabalho tende a esclarecer — *o que define o que é permitido em relação à atuação do advogado?* — e também porque se relaciona intimamente com o tema proposto,[39] cumpre rápida passa-

---

[36] A exemplo da transnacionalidade do delito e de sua profissionalização com o passar dos anos. Neste sentido, ver: ibid., p. 123.
[37] Como bancos, bolsas de valores, corretoras de valores mobiliários, operações financeiras transnacionais, mercado de artes e mercado de alto luxo.
[38] Tais como contadores, economistas, analistas financeiros, gerentes de instituições financeiras, corretores mobiliários, notários e *advogados*.
[39] Sobretudo na delimitação da atuação do advogado e respectiva fronteira entre assessoramento profissional privativo e assessoramento profissional atípico, de risco não permitido — punível — capaz de desembocar em participação criminal.

gem pela importância constitucional dedicada à atuação do advogado e limites de sua atividade.

Com efeito, no plano nacional, até como um positivo reflexo da intensa e marcante atuação do advogado em momentos históricos e sociais que precederam a constituinte de 1988[40] — a referência maior à essencialidade do exercício da advocacia é aferida na Constituição Federal, em especial capítulo dedicado às funções essenciais à justiça. Dessa maneira, assim é que versa o art. 133 da Carta Constitucional: "O advogado é indispensável à administração da justiça, sendo inviolável por seus atos e manifestações no exercício da profissão, nos limites da lei". Aludida norma, como observou o ministro Celso de Mello,[41] firma o princípio da essencialidade da advocacia e institui a garantia da inviolabilidade pessoal do advogado.

E é aqui que começamos a nos reaproximar do tema de pesquisa proposto — e de uma de suas indagações — porque, ao tratar do advogado, a Constituição Federal, para além de declarar sua figura como impreterível à administração da justiça, conferiu, no exercício de seu mister, cláusula de *inviolabilidade* com força de norma constitucional de eficácia contida, cujos efeitos de resguarda são produzidos de imediato, tendo aplicabilidade direta e integral.[42]

Neste cenário, acerca do distinto predicado conferido ao advogado pela Constituição Federal, relevante ressaltar a sedimentada posição jurisprudencial do Supremo Tribunal Federal, que prevê a imposição de limites à inviolabilidade do advogado,[43] refletida no apontamento dedicado ao tema pelo decano Celso de Mello:[44] "A inviolabilidade do advogado não se reveste de caráter absoluto, eis que a cláusula assecuratória dessa especial prerrogativa jurídica encontra limites na lei [...]. A invocação da imunidade constitucional pressupõe, necessariamente, o exercício regular e legítimo da advocacia".

Ou seja, tal como imposto pela Constituição, para a melhor e mais atual interpretação jurisprudencial irradiada pela Suprema Corte, a imunidade cons-

---

[40] Para uma melhor compreensão do exercício da advocacia no período ditatorial — que precedeu à constituinte de 1988 — vivido pelo Brasil, recomenda-se a leitura da obra: CORAGEM — A advocacia criminal nos anos de chumbo (iniciativa da Seccional de São Paulo da Ordem dos Advogados do Brasil — OAB/SP, com organização de José Mentor e editada em março de 2014. Editora Gráfica e Editora Brasil Ltda).
[41] RHC 81.750, rel. min. Celso de Mello, *DJ* de 10-8-2007.
[42] MENDES, Gilmar Ferreira; BRANCO, Paulo Gustavo Gonet. *Curso de direito constitucional*. 6. ed. São Paulo: Saraiva, 2011.
[43] Ibid., p. 1047.
[44] STF. RHC 81.750. Citado anteriormente.

titucional conferida ao advogado limita-se ao exercício legítimo de sua atividade, excluindo-se da aludida "blindagem" constitucional "os atos e gestos que desbordem o exercício da profissão".[45]

Portanto, é no alcance de proteção da imunidade profissional — *conferida pela Constituição e limitada no dever do advogado em exercer o seu mister de maneira legítima e dentro dos limites impostos à sua atividade* — que devemos expender as primeiras lentes de atenção.

Mas, ao certo*, o que define o que é permitido — o que é legítimo e privativo — no exercício da advocacia?*

Como primeiro argumento de resposta, note-se que o próprio art. 133 da Constituição, da maneira como projetada a ressalva "*nos limites da lei*", já indica que o alcance da inviolabilidade do advogado não é absoluto, demandando lapidação pela legislação infraconstitucional, *in casu*, o Estatuto da Advocacia (Lei Federal nº 9.906/1994) e respectivo Código de Ética e Disciplina da Ordem dos Advogados do Brasil.[46]

Desse modo, cumpre ao Estatuto da Advocacia e ao Código de Ética e Disciplina da OAB essencial papel de desenvolver, assegurar e, sobretudo, delimitar os contornos e fronteiras do preceito constitucional conferido à classe,[47] instrumentalizando direitos e deveres da atividade do advogado.[48]

Nesses moldes, compreendemos que os advogados têm definido, ainda que em linhas gerais, os limites de sua atuação e atividade, pois compilados expressamente em norma jurídica atinente à sua conduta profissional.[49] Tais instrumentos, por funcionarem como disciplinadores dos deveres éticos e norteadores dos limites da atividade privativa do advogado, se apresentam de extrema im-

---

[45] STF HC 105.134.750, rel. min. Dias Toffoli.
[46] O atual Código de Ética e Disciplina da OAB foi editado pelo Conselho Federal da Ordem dos Advogados do Brasil, com fulcro nos arts. 33 e 54, V da Lei nº 8.906/1994.
[47] Constituição Federal, art. 133.
[48] Não por menos que o então deputado federal, Ulysses Guimarães, ao apresentar no plenário da Câmara dos Deputados Federais o Projeto de Lei nº 2.938/1992, que se tornaria anos mais tarde a Lei Federal nº 8.906/1994, assim justificou a sua finalidade: "As razões da nova Lei: Tornou-se urgente a regulamentação do art. 133 e demais dispositivos da Constituição de 1988 que tratam da advocacia. Por outro lado, a evolução histórica impõe a edição de uma lei mais atualizada, para que os profissionais do direito possam enfrentar os novos desafios que interferem em seus modos tradicionais de operar os conflitos, antes apenas intersubjetivos, hoje também coletivo". Texto e justificativas do projeto foram publicados integralmente no *Diário do Congresso Nacional*, na sessão de quarta-feira, dia 24 de junho de 1992. p. 14.226. Disponível em: <http://imagem.camara.gov.br/Imagem/d/pdf/DCD24JUN1992.pdf#page=63>.
[49] Estatuto da Advocacia, complementado pelo Código de Ética e Disciplina.

portância à classe, pois propiciam ao profissional condições de balizar a própria conduta diante das exigências legais e morais, constituindo-se em valioso parâmetro de atuação.[50]

Mais do que isso, para o advogado, o Estatuto da Advocacia e o Código de Ética da OAB convolam-se em concretos normativos jurídicos de regras técnicas profissionais, que funcionam — como mais à frente será detalhado — como normas jurídicas de cuidado delineadoras das atividades típicas e não típicas da advocacia, ou, como queira, podem ser entendidos como seguro parâmetro de contensão para a criação do risco juridicamente desaprovado de determinadas atividades prestadas pelo advogado.

Dessa maneira, identificada a sistemática de interpretação para se delimitar a fronteira do exercício regular da advocacia — *conjugada entre a máxima constitucional e os limites lapidados na legislação especial* —, passemos à definição das chamadas atividades típicas e privativas do advogado, assim expressamente rotuladas no capítulo inicial da Lei nº 8.906/1994.

Com efeito, de acordo com uma análise *fria* e *rasa* do art. 1º do aludido estatuto disciplinador da profissão,[51] as atividades típicas e privativas de um advogado se subdividem em duas vertentes distintas: (i) a postulação a órgão do Poder Judiciário; e (ii) a prática de atividade de consultoria, assessoria e direção jurídicas. Temos, então, que as atividades típicas da advocacia, ainda que minimamente, encontram respaldo em aludida norma.[52]

Assim é que, acaso não amoldada a atividade praticada pelo advogado no rol ali prescrito, a OAB, por meio de seu Tribunal de Ética e Disciplina — responsável pela censura —, rotula de "atividade estranha", fora dos limites e padrões estabelecidos pelo Estatuto,[53] tendo-se como consequência a perda da inviola-

---

[50] NALINI, José Renato. *Ética geral e profissional*. 6. ed. São Paulo: RT, 2008. p. 358.

[51] EAOAB: Art. 1º São atividades privativas de advocacia: I — a postulação a órgão do Poder Judiciário e aos juizados especiais; e II — as atividades de consultoria, assessoria e direção jurídicas.

[52] É essa, inclusive, a interpretação conferida pela própria Ordem dos Advogados do Brasil (OAB) para se buscar a distinção entre ato *típico* e *atípico (estranho)* de advocacia, socorrendo-se diretamente à análise ao sobredito art. 1º como ferramenta de delimitação da atividade profissional e privativa da classe (Disponível em: <www.oab.org.br/Content/pdf/LegislacaoOab/RegulamentoGeral.pdf>); Regulamento Geral da Ordem dos Advogados do Brasil. TÍTULO I: DA ADVOCACIA; CAPÍTULO I: DA ATIVIDADE DE ADVOCACIA; SEÇÃO I: DA ATIVIDADE DE ADVOCACIA EM GERAL. Art. 1º: A atividade de advocacia é exercida com observância da Lei nº 8.906/94 (Estatuto), deste Regulamento Geral, do Código de Ética e Disciplina e dos Provimentos.

[53] OAB/SP — E-3.259/05 — EMENTA Nº 1 — EXERCÍCIO PROFISSIONAL E ATIVIDADE ESTRANHA À ADVOCACIA [...] — AS ATIVIDADES PRIVATIVAS DA ADVOCA-

bilidade e imunidade constitucional, dando margem, inclusive, à desaprovação jurídica do risco criado pela atividade prestada, podendo incidir em contribuição típica a ilícito de outrem.

Entretanto, aqui lançaremos a primeira crítica dirigida à maneira generalista como mantidas pela OAB, nos dias que correm, as atividades típicas de advocacia, em especial aquelas descritas no item "*ii*" supra (atividade de consultoria jurídica), porquanto é de se reconhecer que a Lei nº 8.906/1994 fora projetada e estruturada em meio a um cenário econômico, político e social de forte transição vivido pelo Brasil na década de 1990, marcado por intensa restruturação da ordem econômica do país, cujos efeitos são sentidos até os dias atuais.[54] Nesse pensar, novamente acompanhando a evolução socioeconômica vivida naquela década, coube à advocacia, sobretudo aos advogados que já militavam na área consultiva,[55] participação decisiva naquele período de transição social, política e econômica.

De lá para cá, como reflexo do aumento significativo de transações financeiras, comerciais e societárias praticadas internamente e no plano internacional, a gama de atividades de consultoria, assessoria e direção jurídicas atinentes aos advogados se desenvolveu e se estendeu de maneira que a dinâmica da profissão, nos dias atuais — em especial no campo da consultoria jurídica estrita — reclama da OAB a fixação de novos parâmetros e fronteiras sobre o que é ato típico ou ato estranho à advocacia consultiva, delimitando, por conseguinte, a fronteira entre risco permitido e risco juridicamente desaprovado de determinadas atividades, hoje, sabidamente, também encabeçadas por advogado.

CIA ESTÃO PREVISTAS NO ARTIGO 1º DO ESTATUTO DA OAB. Parecer da Relatora Dr.ª Maria do Carmo Whitaker. Para conferir a versão integral do parecer, acesse: <www.oabsp.org.br/tribunal-de-etica-e-disciplina/melhores-pareceres/E325905>.

[54] "A economia brasileira passou por mudanças significativas durante a década de 1990 que geraram reflexos sociais como nunca antes aferidos. Os processos de liberalização financeira, abertura comercial, estabilidade de preços e diversas privatizações mudaram radicalmente o marco institucional financeiro e social do país, moldando novas condutas e redefinindo padrões de desempenho dos principais agentes econômicos (público e privado). Tal redefinição foi, também, influenciada pela dinâmica da concorrência empresarial e pelo reposicionamento do Brasil nas estratégias de divisão internacional do trabalho intrafiliais das empresas transnacionais. Todos esses fatores são reconhecidos, sem divergência, pela totalidade dos economistas com as principais da estrondosa restruturação do país ocorrida no período, cujos efeitos e reflexos são, sem sombra de dúvidas, sentidos na sociedade até os dias atuais." KUPFER. David. *Mudança estrutural nas empresas e grupos líderes da economia brasileira na década de 90*. Rio de Janeiro: Instituto de Economia da Universidade Federal do Rio de Janeiro, Grupo Indústria e Competitividade, 2001.

[55] Com direito econômico, tributário, societário, internacional, contratos, entre outras áreas.

Noutras palavras, as novas diretrizes poderiam ser traçadas pela OAB por meio da edição de um guia de boas práticas, por exemplo, contemplando a atuação dos advogados em situações sensíveis ao risco de lavagem de capitais, tais como aquelas elencadas no art. 9º, parágrafo único, XIV da Lei nº 9.613/1998.

Nesse cenário, se faz atual o pensamento do saudoso advogado Ulysses Guimarães, materializado no preâmbulo inaugural e justificador do projeto de Lei que instituiu o Estatuto da Advocacia, porque "a evolução histórica impõe a edição de uma lei mais atualizada, para que os profissionais do direito possam enfrentar os novos desafios que interferem em seus modos tradicionais de operar os conflitos".[56]

E se diz isso com bastante segurança, até porque a própria OAB, representada pela Seccional de São Paulo, reconhece "a dificuldade em se definir, na prática, quais as atividades de consultoria e assessoria que estariam abrangidas como privativas da advocacia, na dicção do art. 1º do Estatuto, principalmente, e em especial, aquelas previstas no seu inciso II".[57]

Portanto, tal como alerta Bottini,[58] entendemos que a definição de ato típico de advocacia, sobretudo nos dias que correm, não é tarefa simples e para sua melhor definição sugere-se atenta categorização, a exemplo de diplomas internacionais que disciplinam as conexões entre o binômio *advocacia e lavagem*,[59] porquanto a dinâmica da profissão, aperfeiçoada nas últimas décadas, demanda a prática de atividades distintas, heterogêneas e extremamente diversificadas.[60]

Por isso, para os fins deste estudo, sobretudo para figurar a conduta do advogado na análise dos dois casos concretos selecionados, bem como para melhor solucionar a premente controvérsia acerca da inserção do profissional jurídico dentro do âmbito de abrangência da norma de lavagem de capitais, adotaremos a moderna classificação das atividades inerentes à advocacia proposta por

---

[56] Ver nota 48 supra.
[57] Disponível em: <www.oabsp.org.br/comissoes2010/sociedades-advogados/jurisprudencia/9.-parecer-sobre consultoria-contabil-e-fiscal>. Parecer editado pela Comissão de Sociedade de Advogados da OAB/SP, para responder a consulta de advogado sobre o exercício da atividade de consultoria contábil e fiscal, concomitantemente, em sociedade de advogados. Rel. conselheiro dr. Mario de Barros Duarte Garcia, data: 10/3/2009.
[58] Em recente atualização da esclarecedora obra *Lavagem de dinheiro. Aspectos penais e processuais penais*, desenvolvida e atualizada em conjunto com o professor Gustavo Henrique Badaró.
[59] Sobre o tema, ver Diretivas do Parlamento Europeu sobre Lavagem de Dinheiro, a exemplo da Diretiva 2005/60/CE. Na mesma linha, o posicionamento da Recomendação nº 22 do Gafi.
[60] Gustavo Henrique Badaró e Pierpaolo Cruz Bottini. *Lavagem de dinheiro*, op. cit., p. 138-139.

Bottini,[61] para quem tais atividades se dividem em quatro grandes grupos: (i) *advogados togados*;[62] (ii) *advogados de consultoria jurídica para litígios*;[63] (iii) *advogados de consultoria ou assessoria jurídica estrita*;[64] (iv) *profissionais de consultoria ou operação extrajurídica.*[65]

Justifica-se a divisão adotada porque, para além de se apresentar alinhada com atual e ampla gama de serviços atinentes à atividade advocatícia contemporânea — em especial a consultiva —, da maneira como estruturada parece suprir a deficiência de definição das atividades privativas de advogado, descritas no art. 1º, II do Estatuto da Advocacia.

Mais, a categorização sugerida demonstra, de modo pouco mais claro, o que se enquadra em ato típico ou atípico de advocacia, permitindo averiguar a incidência da blindagem constitucional; a inserção do profissional jurídico ao âmbito de abrangência da Lei de Lavagem de Capital, sujeito às obrigações e deveres ali estampados; e, sobretudo, a desaprovação jurídica do risco criado em caso de prática de atividade estranha, que exceda os atos privativos da classe.[66]

3.3 O exercício da advocacia e o delito de lavagem de capital. A exata conexão do tema de pesquisa

O sucesso do processo de "branqueamento do capital" não é tarefa simples e tem se aperfeiçoado nos últimos tempos, quer com o maior profissionalismo dos agentes lavadores, quer ainda com o maior emprego de profissionais especializados[67] e de setores externos à prática criminosa, como a utilização do sistema

---

[61] Ibid., p. 138.
[62] Assim denominados aqueles que representam clientes em contencioso judicial ou extrajudicial.
[63] Que prestam consultoria ou proferem pareceres voltados especificamente a litígios *judiciais* ou *extrajudiciais* atuais ou futuros.
[64] Que analisam a situação jurídica do cliente ou da operação por ele pretendida, limitando-se à análise ou aconselhamento jurídico, sem relação direta com um litígio.
[65] Caracterizados como aqueles que assessoram ou colaboram materialmente para operações financeiras, comerciais, tributárias ou similares, sem que tal se limite à análise jurídica (ex.: gestor de fundos, advogado mandatário para atividades extraprocessuais, analista financeiro).
[66] Gustavo Henrique Badaró e Pierpaolo Cruz Bottini. *Lavagem de dinheiro*, op. cit., p. 139.
[67] Economistas; auditores; notários; contadores; joalheiros; analistas financeiros; gerentes bancários; advogados, entre outros.

financeiro e de outras vertentes da economia que possibilitam aos operadores da lavagem conferir aparência lícita ao capital originariamente *sujo*.

Para combater essa crescente, tem sido intensificada nos últimos anos[68] a união de esforços entre países com o fim mútuo de prevenção e repressão à *lavagem*. Com efeito, têm surgido uma série de diretivas internacionais,[69] com foco na regulamentação de determinados setores e atividades profissionais classificadas como *sensíveis*[70] à lavagem de capital, cujo resultado é a imposição aos agentes que operam nesses setores de deveres especiais de informação e comunicação às unidades de inteligência financeira sobre operações atípicas — qualificadas como suspeitas de mascaramento de bens ilícitos — assim como o dever de abstenção, caso o profissional tenha conhecimento de que o cliente usará de sua assessoria para fins ilícitos.[71]

Conforme define Blanco Cordero,[72] os profissionais que atuam nestes setores sensíveis à lavagem de capitais passaram a funcionar como verdadeiras "torres de vigia" (*gatekeepers*), ou seja, devem colaborar para a proteção de bens jurídicos de modo a impedir a circulação de ativos ilícitos, denegando auxílio ou colaboração com potenciais criminosos. Dessa maneira, é aqui que a advocacia efetivamente se conecta à lavagem de capitais, porquanto, reconhecidamente, o advogado ocupa distinta posição entre aqueles profissionais cujas atividades técnicas prestadas — em especial as de *consultoria jurídica estrita* — por vezes servem aos operadores da *lavagem* de capitais como meio eficaz à efetivação do delito.

---

[68] Em especial após os atentados terroristas de 11 de setembro de 2001.

[69] No âmbito da Comunidade Europeia, ver também Diretivas n⁰ˢ 91/308/CEE; 2001/97/CE; 2005/60/CE; e 2008/20/CE editadas para regular a prevenção à utilização do sistema financeiro no delito de branqueamento de capitais. No mesmo sentido, ver Recomendações do Gafi de nº 05; 06; 08; 11; e 12, esta última aplicável à atividade do advogado. Por fim, para uma visão crítica, sugere-se: Isidoro Blanco Cordero. *El delito de blaqueo de capitales*, op. cit., cap. VI, 7.

[70] Como bem classifica Grandis: "são atividades profissionais praticadas em determinados setores da economia que, por conta do *modus operandi* do processo de lavagem de capitais, têm a potencial aptidão de se defrontarem com operações suspeitas". Rodrigo de Grandis. O exercício da advocacia e o crime de "lavagem" de dinheiro, op. cit., p. 122.

[71] Para completa compreensão sobre o sistema nacional de combate à lavagem de dinheiro e recuperação de ativos, ver: ARAS, Vladimir. Lavagem de dinheiro, evasão de divisas e cooperação internacional: o caso Banestado. In: ROCHA, João Carlos de Carvalho; HENRIQUES FILHO, Tarcísio Humberto Parreiras; CAZETTA, Ubiratan (Coord.). *Crimes contra o sistema financeiro nacional*: 20 anos da Lei n. 7.492/86. Belo Horizonte: Del Rey, 2006. Em específico sobre o dever de abstenção dos profissionais jurídicos, sugere-se: CERVINI, Raúl; ADRIASOLA Gabriel. *Responsabilidade penal dos profissionais jurídicos*. São Paulo: RT, 2013.

[72] Isidoro Blanco Cordero. *El delito de blaqueo de capitales*, op. cit., p. 549-578.

Indo um pouco mais a fundo, entendemos que as conexões entre o tema do presente trabalho (advocacia e lavagem) se desenvolvem sob três distintas premissas: (i) a imposição aos advogados do dever de informação e colaboração com as autoridades de investigação e inteligência financeira acerca de operações suspeitas de seus clientes (deveres instituídos pela reforma da Lei nº 9.613/1998); (ii) o advogado de consultoria jurídica *estrita* e a colaboração — por meio do concurso de agentes — na lavagem de capitais; e (iii) o recebimento de honorários tarjados de maculados.

Portanto, delimitados os pontos de convergência entre o binômio *advocacia e lavagem de capital*, cumpre a este estudo descortinar e traçar qual seria o âmbito de atuação lícita do advogado, definindo limites e fronteiras de sua atividade profissional, afastando-se do campo de incidência do tipo penal da lavagem, tudo para vedar a aplicação do art. 29, *caput*, do Código Penal.[73]

3.3.1 O advogado como profissional inserido no âmbito de abrangência da Lei de Lavagem de Capitais. Uma análise na perspectiva estrita do ordenamento jurídico pátrio

No tocante ao primeiro ponto convergente do tema de pesquisa, mesmo não sendo esse o foco principal do presente estudo,[74] registre-se que a reforma na Lei de Lavagem de Capitais,[75] seguindo o caminho percorrido por normativas internacionais,[76] introduziu o marco legal de definição das atividades sensíveis ao *branqueamento* de capital no Brasil, impondo aos profissionais que prestam serviços de consultoria, assessoria, contadoria, auditoria, aconselhamento, ou assistência, *de qualquer natureza*, nas atividades econômicas descritas no art. 9º da Lei nº 9.613/1998, obrigações de registro e comunicação de operações suspeitas praticadas por seus clientes.

---

[73] Assim entendidas como *contribuições típicas*.
[74] Sendo, contudo, a presente hipótese de convergência do tema de pesquisa referenciada no caso 2, selecionado para estudo.
[75] Efetivada pela Lei nº 12.683/2012.
[76] A exemplo da antiga Recomendação de nº 12 do Gafi — que é bem similar ao novo texto legal —, destacando-se, contudo, que essa recomendação expressamente assentou a figura dos advogados e dos notários como sujeitos obrigados aos deveres de comunicação.

Além disso, impôs a adoção de políticas de identificação de clientes;[77] manutenção de cadastro com as autoridades de inteligência financeira; registro e informes sobre determinadas operações; além da implementação de expedientes *interna corporis* que viabilizem a adoção de tais deveres e obrigações (arts. 10º e 11º, Lei nº 9.613/1998).[78]

Como reflexo desse novo marco, reacenderam no Brasil as discussões acerca da imposição ou não aos advogados do cumprimento de deveres de prevenção à lavagem de capitais, já que, à primeira vista, o conceito aberto e amplo de *consultoria* ou *assessoria de qualquer natureza* englobaria a atividade de advocacia, cuja natureza e objetivos voltam-se, justamente, ao aconselhamento do cliente sobre sua situação jurídica e a melhor forma de alcançar seus objetivos.

Surge, então, o questionamento: *os advogados estariam inseridos no âmbito de abrangência da lei de lavagem de capitais, a ponto de se impor obrigações com o poder público de registro, cadastramento e comunicação de atos suspeitos de seus clientes?*

Pois bem, possibilitando o melhor e mais seguro cenário de resposta para esse questionamento, socorremo-nos, inicialmente, ao conceito de atividade de advocacia (*típica* e *estranha*) já estabelecido alhures, donde, com base no art. 1º do Eoab, aliado à atual gama de serviços advocatícios notadamente prestados, se definiu a atuação do advogado em quatro distintas categorias, sendo três típicas e uma quarta atípica.[79]

---

[77] A exemplo da política norte-america de prevenção à lavagem, instituída para combater o terrorismo, conhecida como "*know your client*".

[78] Para compreensão em detalhes dos novos mecanismos legais de controle e prevenção à lavagem introduzidos pela Lei nº 12.683/2012, sugere-se Marco Antonio Barros. *Lavagem de capitais e obrigações civis correlatas*, op. cit., segunda parte, p. 305-499.

[79] *(i) Advogados togados* que só atuam no contencioso; *(ii) Advogados de consultoria jurídica para litígios* que atuam na análise da situação jurídica do cliente em determinado processo judicial ou administrativo; *(iii) Advogados de consultoria ou assessoria jurídica estrita*, sem qualquer relação com o contencioso, a exemplo daqueles que prestam aconselhamento *jurídico*, estrito, em operações societárias (fusões; aquisições; cisões; joint ventures etc.), e também aqueles que analisam e assessoram *juridicamente* a consolidação de operações tributárias e/ou financeiras (analisando negócios jurídicos inerentes a transações bancárias para internalização de investimentos no Brasil; ou a saída de capital das divisas nacionais; ou, ainda, atuando junto ao mercado de capitais, prestando consultoria *jurídica* contratual em operações estruturadas perante à Comissão de Valores Mobiliários — CVM); *(iv)* e, por fim, *profissionais de consultoria ou operação extrajurídica*, que são os advogados que colaboram materialmente em operações financeiras, societárias, tributárias, bancárias, fiscais, entre outras, assumindo funções anômalas ao exercício típico da advocacia (ex.: analistas e corretores de valores mobiliários; analistas financeiros em geral; gestores de fundos de investimentos; advogados mandatários para atividades extraprocessuais e extrajurídicas etc.).

Com efeito, a primeira categoria refere-se aos advogados togados, que atuam patrocinando os interesses de seus constituintes em causas contenciosas judiciais ou extrajudiciais. Entende-se, pois, que essa categoria se apresenta exonerada do âmbito de abrangência da Lei nº 9.613/1998. Como primeiro argumento para a não incidência da norma nessa categoria, observa-se que, ao se conjugar as atividades praticadas por estes profissionais com aquelas tarefas estampadas no enunciado do art. 9º, XIV, da Lei de Lavagem de Capitais, parece nítido que as atividades inerentes ao *advogado togado* não se coadunam e nem se amoldam às práticas consultivas ali previstas, porquanto o causídico que representa o cliente em litígio — judicial ou administrativo — não exerce assessoria ou consultoria. Muito ao contrário, atua como representante, patrocinando os interesses de seu constituinte e clamando por ele nas causas litigiosas em que habilitado.[80]

Ademais, analisando a figura do *advogado de contencioso*[81] à luz de postulados constitucionais de primeira observância — ampla defesa e devido processo legal — assim como diante do *direito de defesa*, mostra-se inócuo e desproporcional fazer com que o causídico seja obrigado a informar às autoridades competentes fatos e informações que, no decorrer de sua atuação profissional, tenha tomado conhecimento, ainda que tais fatos possam ensejar o delito de "lavagem" por parte de seu constituinte. Isso porque, acaso recaíssem aos advogados togados os deveres impostos pela Lei de Lavagem de Capitais, certamente restaria dilacerada a *confiança* que sustenta os pilares da relação advogado-cliente.[82]

Nesse pensar conclui Barros,[83] ao impor que "beira a insensatez pretender que o advogado vá denunciar as atividades de seu cliente às autoridades pertencentes aos organismos públicos que controlam as atividades econômico-financeiras do país".

A segunda categoria abrange os serviços advocatícios de consultoria ou assessoria jurídica, voltados à definição da situação jurídica do cliente em processo judicial ou administrativo. Trata-se da prestação de informações e aconselhamento com vistas ao desenvolvimento da estratégia processual ideal ou, ainda, visando a delimitação do contexto jurídico em que envolvido o cliente. Seguin-

---

[80] Gustavo Henrique Badaró e Pierpaolo Cruz Bottini. *Lavagem de dinheiro*, op. cit., p. 141.
[81] Sobre o papel do *defensor penal* na proteção e garantia do direito de defesa, ver Raúl Cervini e Gabriel Adriasola. *Responsabilidade penal dos profissionais jurídicos*, op. cit., p. 68.
[82] Rodrigo de Grandis. O exercício da advocacia e o crime de "lavagem de" dinheiro, op. cit., p. 128.
[83] Marco Antonio Barros. *Lavagem de capitais e obrigações civis correlatas*, op. cit.

do a ilustração emprestada por Grandis,[84] é o caso, por exemplo, do advogado procurado por um determinado cliente para buscar orientação sobre a conveniência de se fazer uma delação premiada. Parece-nos que nesse caso a atividade exercida pelo causídico mantém, igualmente, estreita relação com o exercício do direito de defesa, posto que os serviços prestados serão utilizados para a definição de estratégia em uma determinada controvérsia (judicial ou extrajudicial).

Dessa maneira, temos que o advogado que se enquadra nessa categoria, para desenvolver seu *munus* de maneira satisfatória, necessita de informações detalhadas e precisas acerca da situação jurídica de seu constituinte, de modo que a imposição do dever de informar eventuais atividades suspeitas às autoridades, se acaso recaísse à presente hipótese, certamente inibiria o cliente de prestar informações e detalhes ao advogado, gerando, por conseguinte, fatal óbice à ampla e irrestrita defesa.[85]

Já a terceira categoria de atividade remete aos advogados de consultoria ou assessoria jurídica estrita, ou seja, aqueles que se limitam à análise ou ao aconselhamento *jurídico*, sem, contudo, manter qualquer relação com o contencioso.[86] Claramente, estamos diante da categoria cuja atividade exercida pelo advogado mais se aproxima da tênue e fronteiriça linha que divide o dever de comunicar atos suspeitos de seus clientes e a exoneração de tal obrigação.[87]

Isso porque, à primeira vista, nessa categoria, a atividade advocatícia desenvolvida não guarda direta relação com o direito de defesa, de modo que, seguindo o norte de diretrizes internacionais sobre o tema,[88] bem assim a vi-

---

[84] Rodrigo de Grandis. O exercício da advocacia e o crime de "lavagem" de dinheiro, op. cit., p. 129.

[85] Rodrigo Sánchez Rios. *Advocacia e lavagem de dinheiro*, op. cit., p. 102-103.

[86] A exemplo dos advogados que prestam aconselhamento *jurídico* estrito, em operações societárias, bancárias, fiscais, gestão de fundos, sem que exista uma controvérsia a ser dirimida.

[87] Respaldando este pensamento, Sánchez Rios, apud Brandão, afirma que: "não se desconhece que a atividade do advogado na área financeira e societária é uma das mais vulneráveis à prática da lavagem de ativos provenientes de delito, e, por esse motivo, tais profissionais poderiam ser destinatários das diretrizes de prevenção com idêntico perfil ao traçado às entidades bancárias e outras, quando prestem assistência na concepção ou execução de determinadas transações de ordem financeira e imobiliária, ou quando agem por conta do cliente em referidas transações." Ibid., p. 124.

[88] Que visam separar as atividades de consultoria jurídica entre aquelas ligadas a uma controvérsia e aquelas que não guardam qualquer relação com algum litígio (presente ou futuro). Nesse sentido: as Recomendações do Gafi em matéria de lavagem de capital, as Normativas 2001/97/CE e, novamente, 2005/60/CE da União Europeia.

são pragmática de certos autores estrangeiros,[89] estariam desobrigados do dever de informação somente aqueles advogados que praticam a consultoria jurídica voltada a uma controvérsia judicial ou extrajudicial, justamente porque, por se tratar de litígio — ainda que futuro —, estariam albergados pela *confiança* e *confidencialidade* das informações que recebem de seus constituídos, adjetivos estes que viabilizam o pleno exercício do sobredito direito de defesa.

Contudo, como este trabalho visa desenvolver a matéria na perspectiva estrita do ordenamento jurídico pátrio, no plano nacional, ainda que o advogado pratique atividade de consultoria jurídica sem relação com processo judicial ou extrajudicial, futuro ou presente, ele continuará exonerado do dever de informar operações suspeitas de seus clientes.

E assim se diz porque, mesmo que nessa categoria inexista relação com o contencioso, parece impossível conceber que a efetivação da atividade de consultoria jurídica não esteja, ainda que minimamente, voltada à prevenção de litígios e contendas. Noutros termos, como sugere Bottini,[90] "a razão de uma análise jurídica em uma estruturação tributária, comercial, financeira, ou outra, é sempre evitar ou proteger a parte consulente de contendas com o fisco, com outras instituições, ou mesmo com a Justiça Penal".

Dessa maneira, e aqui registrando o entendimento em sentido contrário existente na doutrina pátria,[91] entende-se que a consultoria de caráter jurídico estrito, para além de estar expressamente albergada pelo art. 1º, II, do Estatuto da OAB — constituindo atividade típica de advocacia e ratificando o desempenho do *munus* constitucional conferido ao advogado —, da perspectiva do cliente, constitui instrumento legítimo de efetivação e garantia de direitos fundamentais.

---

[89] Para maior compreensão da matéria no plano internacional, em especial sobre os autores que defendem o dever de comunicação pelos advogados de consultoria, ver: CORDOBA RODA, Juan. *Abogacía, secreto profesional y blanqueo de capitales*. Madri: Marcial Pons, 2006. p. 41-51. (Cuadernos de crítica jurídica 1); ZARAGOSA AGUADO, Javier Alberto. El blanqueo de capitales, la comisión culposa y las perofesiones jurídicas. In: MARTINEZ, Jesús Julián Fuentes (Coord.). *Delitos económicos*. Navarra: Aranzadi, 2007. p. 210-219; e Vladimir Aras. Lavagem de dinheiro, evasão de divisas e cooperação internacional: o caso Banestado, op. cit., p. 197 e ss.

[90] Gustavo Henrique Badaró e Pierpaolo Cruz Bottini. *Lavagem de dinheiro*, op. cit., p. 142.

[91] Em sentido contrário, apontando a incidência das medidas de controle previstas na Lei de Lavagem de Capitais ao advogado de consultoria jurídica estrita, ver: Rodrigo de Grandis. O exercício da advocacia e o crime de "lavagem" de dinheiro, op. cit., p.129.

É, pois, sob esse prisma que incide a necessidade de resguardo do sigilo profissional,[92] englobando nesse conceito o binômio confidencialidade e confiança que permeia a relação advogado-cliente, sendo inócuo, portanto, remeter o advogado de consultoria jurídica, ainda que estrita, ao dever de comunicação estabelecido pela lei de lavagem.[93]

Mas não é só, a exoneração do dever de comunicar operações de clientes que recai aos advogados de consultoria jurídica — *e aqui entendidas as duas subclasses de consultoria jurídica anteriormente delineadas* — pode ser também justificada da perspectiva do princípio da especialidade.[94] E a razão é simples: ainda que o artigo 9º da Lei de Lavagem de Capitais aponte um rol de profissionais inseridos na obrigação de colaboração com as autoridades, e que nesse rol conste a atividade profissional de *consultoria* ou assessoria de *qualquer natureza*, existe a Lei nº 8.906/1994, de mesma eficácia e envergadura constitucional, mas que tratou de regulamentar precisa e especificamente um tipo especial de consultoria, contendo apenas uma elementar, qual seja, a *jurídica*.

De tal sorte, o dever de observância à regra de comunicação prevista na Lei de Lavagem de Capitais — posterior ao Estatuto da Advocacia — diz respeito ao *gênero consultoria* de *qualquer espécie*, enquanto o Estatuto disciplinador da advocacia — lei anterior e não revogada pela lei posterior — dispõe sobre a espécie *consultoria jurídica*. Assim, contrapondo ambas as legislações, o que existe é uma regulação que *especifica* e *abrange* a consultoria jurídica (Lei nº 8.906/1994) e que, pelo princípio da especialidade, se sobrepõe à genérica regulação prevista na Lei nº 9.613/1998.

Como consequência, o sigilo e a inviolabilidade das informações confiadas ao advogado no exercício de seu mister — ainda que jurídico consultivo —, por estarem expressamente preconizados no Estatuto da Advocacia, permanecem inabalados e plenamente operantes ante as novas obrigações inseridas na lei de

---

[92] Expressamente previsto e materializado no art. 7º, XIX da Lei nº 8.806/1994.
[93] De acordo com Rassi, apud Nilo Batista (A criminalização da advocacia. *Revista de Estudos Criminais*, 2005): "de todas as ideias tirânicas, a mais tirânica é aquela que pretendesse que o advogado defensor comunicasse ao ministério público ou ao juiz as coisas que o cliente lhe confidenciou". RASSI, João Daniel. *Imputação das ações neutras e o dever de solidariedade no direito penal brasileiro*. São Paulo: LiberArs, 2014. p. 201.
[94] À luz da máxima jurídica "*lex specialis derogat generali*", a norma que traz em seu bojo elementos que a torna específica — especial — em relação a outras, faz com que, havendo uma comparação entre elas, a regra contida na norma especial se amolde adequadamente ao caso concreto, afastando, dessa forma, a aplicação da norma geral.

lavagem, prevalecendo, por conseguinte, o dever de sigilo sobre o dever de informar as operações de seus clientes.

Cumpre ainda breve análise acerca dos profissionais de consultoria ou operação *extrajurídica*, que são os advogados que colaboram materialmente em operações diversas, assumindo funções anômalas ao exercício típico da advocacia.[95] Note-se, parece nítido que nessa categoria as atividades praticadas pelo advogado não se relacionam com o direito de defesa e, mais, transbordam os limites de atividade típica de advocacia, sobretudo porque se afastam da elementar "*jurídica*" que adjetiva e especifica a modalidade de consultoria, não se enquadrando, pois, à especial previsão do art. 1º da Lei nº 8.906/1994.

Portanto, ao advogado que presta consultoria ou assessoria distinta da jurídica, em especial aqueles que atuam de acordo com o rol descrito no art. 9º da Lei nº 9.613/1998, por não estarem albergados pelo Estatuto da Advocacia, recaem os deveres de informação e observância preconizados nos artigos 10º e 11º da mesma *lex*, estando sujeito, por exemplo, às regras previstas nas Resoluções nº 24 e 25 do Conselho de Controle de Atividades Financeiras (Coaf).

Assim é que, dentro da categorização estruturada, o advogado que pratica as atividades descritas no artigo 1º da Lei 8.906/1994 — *representação em juízo, consultoria (estrita ou para litígio) ou direção jurídica* —, ou seja, atividade típica e privativa de advocacia, ainda que *estrita*, não está inserido no âmbito de abrangência da lei de lavagem de capital.[96]

3.3.2 O advogado de consultoria ou assessoria jurídica estrita. Sua conduta profissional de risco e a participação na lavagem de capitais

No que tange a esse segundo ponto de conexão do tema de pesquisa, parece certo que a classificação estruturada em linhas passadas — *donde se categorizou as atividades advocatícias em 3 (três) subclasses de atividades típicas, excluindo-se uma quarta por se considerar estranha aos desígnios da profissão* —, para além de limitar o âmbito de incidência dos deveres de prevenção previstos na Lei de Lavagem de

---

[95] Nessa quarta categoria estão inseridos os advogados que praticam atividades extrajurídicas, tais como gestores de fundos de investimentos, advogados mandatários investidos de poderes não jurídicos e extraprocessuais, analistas e corretores de valores mobiliários; analistas financeiros em geral; administradores de bens; ou ainda aqueles que prestam consultoria em questão não jurídica.
[96] Na mesma linha, ver: Rodrigo Sánchez Rios. *Advocacia e lavagem de dinheiro*, op. cit., p.102-103.

Capitais, conferiu uma visão ampla e mais detalhada a fim de identificar quais atividades inerentes à classe dos advogados, ainda que privativas e exoneradas das medidas de controle da lei em comento, são merecedoras de maior cuidado e atenção — porque poderão *contribuir* eventual e *objetivamente* para o sucesso da prática de lavagem de capitais pelo cliente que as procura.[97]

Daí que, analisando as finalidades para as quais se voltam as atividades advocatícias anteriormente descritas, parece certo que a atividade de *consultoria ou assessoria jurídica estrita*, por se limitar ao assessoramento jurídico em operações financeiras, societárias, tributárias e outras que, no mais das vezes, visam assegurar a celebração de um negócio jurídico envolvendo capital, funcionaria como alvo catalizador da intenção do cliente interessado em consumar a lavagem,[98] elevando o advogado e sua conduta consultiva, à primeira vista profissionalmente adequada, a uma possível contribuição típica para a prática delituosa de seu cliente, podendo ser punível por meio do instituto da participação, com base no art. 29, *caput*, do código penal.[99]

Contextualizando, é o caso do cliente que procura uma banca de advocacia, que exerça consultoria jurídica estrita,[100] projetando determinada conduta para aperfeiçoar o delito de lavagem de capital. Como aponta Grandis,[101] na prática, aos olhos do cliente, a consultoria prestada pelo advogado, ainda que estritamente jurídica, servirá a ele (cliente) como a melhor forma ou o modo mais eficaz — leia-se, menos suspeito aos olhos das autoridades investidas de persecução penal — de ocultar ou dissimular o capital obtido criminosamente.

Dessa maneira, didaticamente, estamos diante da hipótese de intervenção de um agente externo (*o advogado*), que, em decorrência dos serviços prestados — ainda que lícitos e socialmente adequados —, contribui para o sucesso do

---

[97] Neste sentido: João Daniel Rassi. *Imputação das ações neutras e o dever de solidariedade no direito penal brasileiro*, op. cit., p. 25-28.
[98] A justificar esse posicionamento, ver texto da nota 87 supra.
[99] Lembrando: "Quem, de qualquer modo, concorre para o crime incide nas penas a este cominadas, na medida de sua culpabilidade".
[100] O advogado de consultoria jurídica estrita tributária ou aquele responsável por operações de fusão e aquisição societária, e internalização de investimentos externos no Brasil — tal qual o Caso 2 selecionado pela presente pesquisa — ou ainda aquele que milita no assessoramento jurídico para operações financeiras no mercado de capitais.
[101] Rodrigo de Grandis. O exercício da advocacia e o crime de "lavagem de dinheiro", op. cit., p. 129.

injusto penal intentado pelo autor do crime de lavagem[102] (*o advogado naturalmente elevado à condição de cúmplice do autor*).

Com efeito, para resolver esse segundo ponto de conexão do tema de pesquisa, e, assim, consequentemente, solucionar os dois casos concretos selecionados, torna-se imperioso aprofundar na delimitação do âmbito de atuação profissionalmente adequada do advogado de consultoria jurídica estrita, definindo limites seguros de seu mister — *através do dimensionamento do risco criado com a atividade praticada*[103] — dentro dos quais a colaboração prestada pelo profissional, ainda que em fato ilícito alheio, seria sempre neutra, e, assim, estaria excluída do campo de incidência do tipo penal da lavagem de capital.[104]

Noutras palavras, nasce aqui a seguinte pergunta: *sob que pressupostos teóricos se pode viabilizar o efetivo afastamento da conduta de colaboração profissional do advogado de consultoria jurídica do campo de incidência da norma penal da lavagem de capital, deixando de puni-la e sequer tipificá-la?*

Antes, porém, de eleger o modelo teórico para solucionar essa premente indagação, é necessário convencionar que a resposta de pesquisa mais satisfatória reside na máxima da *menor sujeição do advogado à persecução criminal*, evitando-se, por conseguinte, as mazelas de expedientes criminais constrangedores, instaurados de maneira extemporânea e até paradoxal para encontrar indícios de autoria e materialidade delitiva em decorrência da conduta profissional praticada pelo advogado.

Portanto, elege-se como ponto de partida o posicionamento do problema no campo das elementares da teoria do crime, indagando se a punibilidade da conduta de colaboração do advogado se resolve no plano do *tipo*; da *antijuricidade*; ou da *culpabilidade*. Como ferramenta esclarecedora, e considerando que seria temerário em face do limite do presente estudo discorrer sobre a imputação da conduta do advogado e sua incidência em cada elementar da teoria do deli-

---

[102] Na melhor definição de Greco, "cumplicidade é o auxílio à prática de um injusto por um terceiro". GRECO, Luís. *Cumplicidade através de ações neutras*: a imputação objetiva na participação. Rio de Janeiro: Renovar, 2004.

[103] Em especial as operações rotuladas no dispositivo legal sob análise (art. 9º da Lei nº 9.613/1998), que demandam participação do advogado de consultoria, cujo risco de servir à lavagem — ou seja, de violar seu objeto jurídico tutelado — é legalmente alertado.

[104] Já que "apenas ações perigosas podem ser proibidas pelo direito penal, mas nem toda ação perigosa está proibida". GRECO, Luís. *Um panorama da teoria da imputação objetiva*. São Paulo. Revista dos Tribunais, 2013. p. 46.

to, socorremo-nos especificamente às obras de Greco[105] e Sánchez Rios[106] para justificar que o foro adequado de discussão reside na elementar do *tipo*, ou seja, "trata-se de excluir a tipicidade da conduta de contribuição do advogado, de modo a não mais consistir ela uma ação de cumplicidade punível".[107]

Estabelecida a centralização e restrição da contribuição punível do advogado no marco da *tipicidade*, é agora necessário precisá-la um pouco mais, indicando onde recairá exatamente o campo de sua exclusão — seja no tipo objetivo, seja no tipo subjetivo —, tudo para afastar a *punibilidade* rechaçando a *tipicidade* sem que se submeta o profissional à sorte da persecução criminal.

De saída, como exaustivamente demonstrado por Greco,[108] o *tipo*, desde sua primeira evolução teórico-doutrinária levada a efeito pelos adeptos da teoria finalista no final do século XX, passou a ser uma entidade complexa, composta por duas facetas, uma objetiva e outra subjetiva. Assim, conforme indicam Grandis[109] e Rassi,[110] há na doutrina quem diga que a elucidação aqui perquirida encontra resposta na solução objetiva do tipo, local hábil ao manejo de algumas teorias, tais como: a adequação social; a redução teleológica do tipo penal; e *a imputação penal objetiva e as ações neutras, cotidianas ou standard*.

De outro vértice, existem autores que sustentam a resolução do presente problema no elemento subjetivo do tipo penal[111] — a chamada solução do dolo —, assim como também existem aqueles que procuram solucionar por meio da utilização simultânea de ambos os tipos[112] (teoria mista).[113]

---

[105] Id. *Cumplicidade através de ações neutras*, op. cit. E, também, do mesmo autor, ver obra citada na nota 108 infra.
[106] Rodrigo Sánchez Rios. *Advocacia e lavagem de dinheiro*, op. cit., p. 153-155.
[107] Luís Greco. *Cumplicidade através de ações neutras*, op. cit., p. 114.
[108] Luís Greco. *Um panorama da teoria da imputação objetiva*, op. cit.
[109] Rodrigo de Grandis. O exercício da advocacia e o crime de "lavagem" de dinheiro, op. cit., p. 131.
[110] João Daniel Rassi. *Imputação das ações neutras e o dever de solidariedade no direito penal brasileiro*, op. cit., p. 205-206.
[111] No âmbito da doutrina pátria ver em: PEREIRA, Flávio Cardoso. *As ações cotidianas no âmbito da participação delitiva*. Disponível em: <http://jus2.uol.com.br/doutrina/texto.asp?id=3652>. Acesso em: 4 ago. 2014.
[112] No plano internacional serve como base: FRISCH, Wolfgang. *Comportamento típico e imputación de resultado*. Tradução de Joaquim Cuello Contreras e José Luis Serrano Gonzáles de Murillo. Madri: Marcial Pons, 2004.
[113] Para uma visão ampla e detalhada sobre todas as teorias incidentes sobre o tipo objetivo, tipo subjetivo, sugere-se: Luís Greco. *Cumplicidade através de ações neutras*, op. cit., e Rodrigo Sánchez Rios. *Advocacia e lavagem de dinheiro*, op. cit.

Contudo, os limites da presente pesquisa não comportam a análise detalhada de todas as teorias que surgiram ao longo destes últimos anos, nem muito menos permitem o estudo acurado de todas as vertentes doutrinárias até então desenvolvidas. Nada obstante, necessário assentar que a escolha pelo tipo subjetivo, por estar afeta à sorte de matéria probatória para aferição do dolo na conduta de colaboração do advogado — *ou seja, para a sua resolução, depende de produção de prova, atraindo expedientes criminais em desfavor do profissional* —, parece não se mostrar a mais adequada para os fins deste trabalho.

Ademais, a solução do dolo, por prever a apuração da intenção, consciência e vontade do agente no ato da realização da conduta, redireciona o momento de imputação do fato típico para o âmbito interno do sujeito, demandando a equalização de elementos anímicos que dificultam a visualização do aperfeiçoamento do tipo subjetivo.[114] E, pior, causa nociva inversão da ordem das coisas, pressupondo a realização positiva da conduta objetivamente típica.[115]

Por tais argumentos, o tipo subjetivo parece não ser o modelo teórico que melhor atenderia à exclusão da punibilidade da conduta do advogado consultor, com efetividade na menor sujeição do profissional às mazelas criminais.

Nesse pensar, negando a solução do dolo como linha de resposta eficaz a afastar a figura típica da lavagem de capital em casos de recebimento de honorários possivelmente maculados — e aqui podendo ser transportada a ideia para a prática de consultoria ou assessoria jurídica estrita —, Sánchez Rios[116] sinaliza que a solução do dolo não impede a adoção de medidas persecutórias visando encontrar indícios de autoria e materialidade sobre o conhecimento prévio da origem ilícita dos valores recebidos pelo advogado[117] e, pior, a solução do dolo poderia oferecer um quadro risível e tragicômico tanto para o advogado como

---

[114] "Pois não deve depender da disposição anímica do autor, de suas preferências e gostos, e sim de fatores exteriores, *objetivamente verificáveis*, se o que ele fez ultrapassou ou não os limites de sua esfera de liberdade." Luís Greco. *Cumplicidade através de ações neutras*, op. cit., p. 116.

[115] Nessa linha, Robles Planas acena: "Las teorias subjectivas son criticables porque incurren en el error metodológico de invertir na análisis y ubicar el problema en sede de tipicidade subjectiva, sin que haya fundamentado antes la peligrosidad objetiva de la conducta". ROBLES PLANAS, Ricardo. "Las conductas neutrales" em derecho penal; la discussión sobre los limites de la cumplicidad punible. *Revista Brasileira de Ciências Criminais*, São Paulo, v. 16, n. 710, p. 198-211, jan./fev. 2008.

[116] Rodrigo Sánchez Rios. *Advocacia e lavagem de dinheiro*, op. cit., p. 225-227.

[117] Transpondo-se a ideia do autor para o caso proposto neste subitem (prática de advocacia consultiva estrita), leia-se: conhecimento prévio do advogado consultor acerca das finalidades espúrias do consulente.

para o cliente, isto é, ambos poderiam ser investigados e processados ao mesmo tempo.

Ou seja, se o ideal é afastar a punibilidade da conduta de colaboração profissional do advogado consultivo que intervém em fato ilícito alheio, extirpando-se a tipicidade da ação do profissional sem sujeitá-lo a expedientes criminais, parece que a melhor solução está no *tipo objetivo*.

Isto porque "é função deste, e não do tipo subjetivo, fixar os limites externos do proibido e do permitido",[118] pautando-se em uma realidade objetiva — palpável — exterior aos dados psíquicos do agente,[119] e melhor aferível já em momento anterior à analise do dolo, delegando ao tipo objetivo a criteriosa tarefa de tornar *objetivamente* atípica a conduta profissional do advogado colaborador, cuja consequência, de pronto, vedaria o surgimento de mínimos indícios delitivos, atraindo a falta de justa causa como vetor de contensão para a instauração de procedimentos persecutórios em desfavor do advogado.

Portanto, é na solução objetiva do tipo que se centrarão os esforços dogmáticos para o fim de excluir a tipicidade e a punibilidade das ações socialmente adequadas que contribuem para fato ilícito alheio, *in casu*, aquelas praticadas pelo advogado de consultoria jurídica estrita. Tudo isso, deve-se lembrar, atendendo ao critério proposto neste trabalho.

Estabelecido o cenário de atuação que parece solucionar o problema aqui lançado, resta agora eleger o modelo teórico, entre aqueles afetos à solução objetiva do tipo, que melhor resolve a problemática do advogado de consultoria jurídica estrita e sua condição de cúmplice por meio de intervenção profissional na lavagem de capital intentada pelo cliente. Com efeito, é aqui que nasce o ponto de atração com o tema das *condutas neutras*, sustentado e desenvolvido na obra de Greco.[120]

Ligeiramente, ressalve-se que as ações neutras e suas problemáticas, até os dias que correm, não foram recepcionadas pelo ordenamento jurídico pátrio, não estando, em regra, acolhidas no art. 29 da Lei Penal Substantiva, de modo que sua adequação no cenário jurídico nacional é ainda fruto de correção dogmática.[121]

---

[118] Luís Greco. *Cumplicidade através de ações neutras*, op. cit., p. 116.
[119] Rodrigo de Grandis. O exercício da advocacia e o crime de "lavagem" de dinheiro, op. cit., p. 137.
[120] Na já citada obra: Luís Greco. *Cumplicidade através de ações neutras*, op. cit.
[121] Rodrigo Sánchez Rios. *Advocacia e lavagem de dinheiro*, op. cit., p.137-139.

Assim, a justificativa pela adoção desse modelo teórico se desenvolverá com plenitude ao longo das linhas seguintes, mas, de antemão, já se pode avançar afirmando que os critérios dogmáticos oferecidos pela teoria da cumplicidade por meio de ações neutras — *projetados no dimensionamento jurídico do risco criado com a ação de contribuição praticada*[122] —, para além de se amoldarem à natureza das atividades desenvolvidas pelos advogados, têm, ainda, a capacidade de tornar atípica a conduta do agente colaborador (cúmplice), de modo a afastar a punibilidade já no tipo objetivo, e assim atender, com maior brevidade e efetividade, o critério central da menor sujeição do advogado a expedientes investigatórios criminais e processuais penais.

De tal sorte, consideram-se ações neutras "todas as contribuições a fato ilícito alheio não manifestamente puníveis",[123] cuja punibilidade da aludida contribuição deve ser medida no âmbito do tipo objetivo, mais precisamente nos vetores oriundos da imputação objetiva. Ou seja, trata-se de ação ou conduta que colabora para o delito de outrem, mas que é realizada dentro do papel social ou profissional desempenhado pelo agente, sendo, pois, irrelevante para o direito penal por ser dotada de normalidade, inofensividade e, sobretudo, por ser socialmente adequada.

Para Rassi, as condutas neutras são descritas como uma ação rotineira, inserida no contexto profissional ou funcional do agente, dentro dos limites do risco permitido da atividade, mas que seja utilizada por outrem para a consumação de delitos.[124]

Para melhor expor a adequação e efetividade dessa teoria nas atividades desempenhadas pelo advogado de consultoria jurídica estrita, e, portanto, conseguir apresentar uma resposta de pesquisa plausível para afastar a punibilidade na tipicidade, retorna-se ao tipo objetivo e suas elementares.

Com efeito, sabe-se que o tipo objetivo é subestruturado e desenvolvido pela *ação*; pelo *nexo de causalidade*; pelo *resultado*; e pela *imputação objetiva*.[125] Para os casos de contribuições neutras amoldados à conduta do advogado de consultoria jurídica estrita, e aqui também já se pode estender à condição do

---

[122] Cuida-se de um problema de desvalor da ação e não de seu resultado (Luís Greco. *Cumplicidade através de ações neutras*, op. cit., p. 120-121).
[123] Ibid., p. 110.
[124] João Daniel Rassi. Imputação das ações neutras e o dever de solidariedade no direito penal brasileiro, op. cit., p. 28-29.
[125] Luís Greco. *Cumplicidade através de ações neutras*, op. cit., p. 116.

advogado recebedor de honorários em tese maculados, parece nítido que os três primeiros elementos se fazem presentes.

Ora, se verifica uma *ação* — *de cumplicidade* — do advogado consultor (a prestação de consultoria jurídica que será utilizada pelo cliente para aperfeiçoar e consumar o delito de lavagem de capitais, ou o recebimento de honorários tarjados de maculados pelo serviço advocatício prestado); se visualiza um *resultado* (o aperfeiçoamento e consumação da lavagem pelo cliente contratante ou recebimento do valor — capital — oriundo de crime antecedente); e há um nexo de causalidade entre os dois elementos (ou seja, a consumação da lavagem ou o aproveitamento na economia dos frutos do crime antecedente se aperfeiçoaram mediante a assessoria jurídica prestada ou, respectivamente, diante dos honorários percebidos pelo advogado).

O campo para diferir condutas neutras de contribuições típicas, portanto, centraliza-se na imputação objetiva, que tem em seus elementos configuradores o melhor caminho para o afastamento da tipicidade da conduta do advogado de consultoria jurídica estrita, de sorte que "transplantaremos para a ação de cumplicidade os princípios gerais da imputação objetiva".[126] Assim, a conduta de cumplicidade, para ser típica, deverá: criar um risco ao bem jurídico tutelado pela norma; esse risco deverá ser juridicamente desaprovado; e a realização do risco criado deverá ser aferida no resultado.[127]

Nesse cenário, como já demonstrado alhures, abra-se rápido parêntesis para rememorar que a atividade do advogado de consultoria jurídica estrita se insere em variadas operações de cunho financeiro ou patrimonial, cujo risco de servir à lavagem de capital — *ou seja, de incorrer em possibilidade real de lesionar o bem jurídico tutelado pela norma*[128] — é previsto no próprio dispositivo legal sob análise. Portanto, ao menos no que tocam às atividades listadas no art. 9º da Lei nº 9.613/1998, é possível pressupor a ocorrência de risco na atuação do advogado.

Dessa maneira, superada a criação do risco, é no segundo componente da imputação objetiva — *na desaprovação jurídica do risco criado pela contribuição do advogado* — que se distinguirá com maior precisão a contribuição típica (cujo

---

[126] "Este caminho consiste numa redução da teoria da cumplicidade à teoria da imputação objetiva." Nagel apud Luís Greco. *Cumplicidade através de ações neutras*, op. cit., p. 14-17.

[127] Luís Greco. *Cumplicidade através de ações neutras*, op. cit., p. 15 e 117.

[128] Para melhor e mais detalhada compreensão dos critérios de criação do risco na ação como elementar da imputação objetiva, em especial a *prognose póstuma-objetiva*, ver: Luís Greco. *Um panorama da teoria da imputação objetiva*, op. cit., p. 38.

risco criado será sempre juridicamente desaprovado) das contribuições neutras — atípicas — de risco permitido e penalmente irrelevantes.[129]

Com efeito, o primeiro fundamento para valorar ou desvalorar o risco criado pela conduta de contribuição — se ele é ou não juridicamente desaprovado — nasce na ponderação entre o *interesse geral de liberdade*, que visa legitimar e assegurar a realização de determinadas ações perigosas, pois aceitável e edificante para uma sociedade complexa,[130] e o *interesse de proteção de bens jurídicos* que propõe a proibição de ações perigosas porque colocam em risco o bem jurídico tutelado pela norma.

É obvio que essa ponderação de interesses será balizada nas especificidades de cada caso concreto, mas, contextualizando no presente tema de pesquisa, para se aferir a desaprovação jurídica do risco criado na contribuição do advogado a fato ilícito de seu cliente, é preciso equalizar se a sociedade recepciona e tem mais interesse na permissão do serviço jurídico por ele prestado (ainda que de risco), ou se o risco criado com a execução de seus serviços superou a tênue e fronteiriça linha que divide o risco permitido do risco juridicamente desaprovado, tornando necessária a proibição da conduta em nome da proteção de bens jurídicos.

Trocando em miúdos, para que a ação de cumplicidade do advogado de consultoria jurídica estrita,[131] ou mesmo do advogado que recebe honorários em tese maculados, seja adjetivada de *neutra — atípica —*, além de outros vetores de medição que serão enfrentados abaixo, a atividade por ele prestada deve atender ao interesse social que permite tal atividade, e essa permissão deve se sobrepor ao interesse de proibição do risco sabidamente criado. Ou seja, "a questão é delimitar se esta ação perigosa, arriscada, é ainda assim permitida, em nome do

---

[129] "Deslocando-se essa feição teórica para o campo da atuação do advogado e especificamente do branqueamento de capitais, só poderia se deduzir uma responsabilidade penal se, em primeiro lugar, com a sua atuação, fosse criado um risco desaprovado (acima do permitido) e, em seguida, positiva a primeira premissa, se esse risco juridicamente desaprovado se realizasse no resultado típico (a lavagem)." Rodrigo Sánchez Rios. *Advocacia e lavagem de dinheiro*, op. cit., p. 166-167. Citando Ricardo Robles Planas, o mesmo autor conclui: "o risco permitido será a instituição básica para encontrar um critério delimitador da punibilidade da participação, isto é, que defina quando o comportamento será punível e quando será impunível".

[130] Lembrando que nem toda ação perigosa está proibida. Neste sentido, reflete Greco: "costuma-se alegar que, se tudo o que há de perigoso segundo a prognose póstuma objetiva fosse também proibido, mal poderíamos dirigir numa autoestrada, jogar futebol, ou praticar inúmeras outras ações que consideramos corriqueiras, apesar de, por vezes, perigosas". Luís Greco. *Um panorama da teoria da imputação objetiva*, op. cit., p. 48.

[131] Considerando sempre a presunção de risco ao bem jurídico tutelado com sua atividade.

interesse geral de liberdade, ou se o direito considera este risco algo desaprovado, que merece ser proibido, em nome do interesse de proteção de bens jurídicos".[132]

E é dentro desse exercício de delimitação que surgem as duas principais perguntas para se concretizar o juízo ponderativo do risco criado:[133] *qual a razão político-criminal para deixar de proibir e tipificar ações perigosas ou de risco? E por que não punir ações perigosas, que trazem uma possibilidade de lesão a bem jurídico, permitindo o risco criado?*

Em linha com o pensamento de Greco, para solucionar essas duas relevantes indagações — *e assim se aproximar da segura dissociação entre cumplicidade por meio de ações neutras e contribuições típicas* —, o fundamento político-criminal que justifica a não proibição de ações de risco está no balanceamento do critério da "idoneidade da proibição para a melhoria da situação do bem jurídico concreto tutelado pela norma penal".[134]

Noutros termos, é dizer que esse critério consiste em admitir que ações de cumplicidade só atrairiam riscos juridicamente desaprovados se a hipotética recusa, pelo primeiro cúmplice, viesse a dificultar de forma relevante e eficaz o cometimento da conduta principal do autor,[135] de sorte que, se o autor do delito puder conseguir a mesma contribuição de outra fonte, sem a necessidade de revelar seu plano para esse segundo cúmplice, e sem que isso dificulte a sua intentada agressão ao bem jurídico, não há por que proibir — *tarjando de desaprovado* — o risco criado pela contribuição do primeiro cúmplice consultado pelo autor, ainda que este conte àquele primeiro os seus planos.[136]

Com efeito, para a mais clara sobreposição desse critério em termos de advocacia e lavagem de capital, cumpre destrinchá-lo com vistas a duas importantes observações: (i) no que tange ao bem jurídico alvo da proibição idônea da participação, atente-se que a vedação da conduta de cumplicidade não precisa ser dirigida ao *bem jurídico abstrato*, ou seja, não precisa pôr a salvo, de qualquer perigo, o bem jurídico tutelado (criminalizando toda e qualquer hipótese de participação no delito de lavagem de capital tencionado por outrem, como modo eficaz para salvar o bem jurídico da lavagem).

---

[132] Luís Greco. *Cumplicidade através de ações neutras*, op. cit., p. 120.
[133] Ou seja, para dimensionar se a ação de cumplicidade praticada pelo advogado é ou não neutra.
[134] Luís Greco. *Um panorama da teoria da imputação objetiva*, op. cit., p. 73-75. E, do mesmo autor, *Cumplicidade através de ações neutras*, op. cit., p. 140-143.
[135] Rodrigo Sánchez Rios. *Advocacia e lavagem de dinheiro*, op. cit., p. 169.
[136] Luís Greco. Um panorama da teoria da imputação objetiva, op. cit., p. 81.

Muito ao contrário, no campo das ações neutras, a ação de cumplicidade será proibida somente quando relevante para a *melhoria* do *bem jurídico concreto* (ou seja, a proibição da ação de cumplicidade, na específica hipótese do caso concreto, não necessitará salvar o bem jurídico tutelado pela norma da lavagem, mas deverá trazer somente uma melhora relevante à situação jurídica deste).[137]

E aqui alcançamos a segunda observação, ou seja, para o modelo teórico da cumplicidade por meio de ações neutras, a *proibição* jurídica da contribuição do agente, para ser idônea e legítima, não precisa efetivamente salvar o bem jurídico, mas tão somente trazer uma melhora — mas uma *melhora relevante* — à sua situação jurídica.[138]

Dessa maneira, deslocando-se a aludida moldura teórica para os casos envolvendo a advocacia consultiva, afirma-se não ser possível generalizar, impondo que a atividade de consultoria jurídica, se proibida, seria automaticamente capaz de coibir a lavagem de capital tencionada pelo agente contratante. A ideia é, com base nos critérios supradelineados, aliados aos que virão a seguir, extrair de cada hipótese concreta os indicativos necessários para aferir se a proibição daquela específica consultoria jurídica contribuiu *de maneira relevante* para a não consumação da lavagem perquirida pelo cliente.

E a válvula de balanceamento que determina a idoneidade ou não da proibição da ação de cumplicidade opera no *grau de facilidade ou dificuldade para se encontrar um substituto que aceite realizar aquela determinada conduta de contribuição* em caso de recusa do primeiro profissional (cúmplice) consultado.[139] Na acepção de Greco,[140] esse balanceamento se dará da seguinte maneira:

> quanto mais ubíqua a contribuição, quanto mais fácil obter um substituto não iniciado que se proponha a realizá-la, tanto menos idônea será a proibição para melhorar a situação do bem jurídico. Por outro lado, quanto mais difícil seja obter a contribuição noutro lugar, ou sem despertar a desconfiança de um terceiro, tanto mais idônea será a proibição para proteger o bem jurídico.

---

[137] Ver nota 122 supra.
[138] Luís Greco. *Cumplicidade através de ações neutras*, op. cit., p. 141-143.
[139] Nesse pensar, Rassi aponta que: a ubiquidade é um traço marcante das ações neutras porque "são ações que acontecem a qualquer hora, em qualquer lugar, praticadas por qualquer pessoa". João Daniel Rassi. *Imputação das ações neutras e o dever de solidariedade no direito penal brasileiro*, op. cit., p. 29.
[140] Luís Greco. *Cumplicidade através de ações neutras*, op. cit., p. 142.

Novamente, em termos práticos de advocacia e lavagem, seria a hipótese de recusa pelo advogado de contencioso em atuar na defesa técnica de seu constituinte por entender que os honorários advocatícios que seriam percebidos poderiam ser fruto de infração penal (ao argumento de que sua conduta se aproximaria do tipo previsto no art. 1º, §2º, I, da Lei nº 9.613/1996); ou então a recusa do advogado consultivo em prestar assessoria jurídica para determinada operação societária ou operação imobiliária, por entender que seus atos, *ainda que técnicos e profissionais*, auxiliariam no sucesso da lavagem de capital intentada pelo cliente.

Nesses dois exemplos, se o cliente, sem a necessidade de revelar a origem dos honorários ou a intenção da consultoria jurídica buscada, pudesse encontrar advogados substitutos de boa-fé que, mesmo conhecendo as intenções que movem o cliente,[141] se dispusessem a receber os honorários no primeiro exemplo, e a assessorar com isenção[142] as operações no segundo, estaríamos diante da prática de atividade profissional de risco, mas de risco juridicamente aprovado e irrelevante para o direito penal.

Situação diversa, no entanto, ocorreria na maior dificuldade do autor da lavagem em obter a contribuição profissional de um cúmplice substituto, sem despertar neste a desconfiança sobre seus reais intentos. Ou seja, diante daquilo que o primeiro cúmplice se negou a realizar, se este não puder ser facilmente substituído por outro de boa-fé, configuraria um seguro indicativo de que a recusa do primeiro seria idônea para melhoria relevante do bem jurídico tutelado pela norma, de modo que a conduta de cumplicidade, se praticada, perderia a neutralidade, seria juridicamente desaprovada e, consequentemente, superaria o filtro da imputação objetiva.

Em síntese, a neutralidade da ação de cumplicidade praticada pelo advogado, evidenciada na maior facilidade de substituição de seu mister por outro de boa-fé, é fruto do próprio conceito de condutas neutras, que, como visto,

---

[141] Por se tratar de um problema relativo ao tipo objetivo, parece pouco importar se o cúmplice, o advogado, sabe ou não da real intenção do autor — do contexto delitivo de sua intenção —, não alterando em nada o grau de risco de sua contribuição profissional, sobretudo se o cúmplice profissional, *in casu* o advogado, baliza a sua conduta no eixo da normativa em que inserido. No mesmo rumo, ver em Luís Greco. *Um panorama da teoria da imputação objetiva*, op. cit., p. 79-81. Em sentido contrário, no entanto, cumpre assinalar o pensamento de Badaró e Bottini, que defendem o dever de abstenção do advogado, negando a prestação de seu serviço profissional, quando tomar conhecimento que o cliente usará de sua assessoria para fins ilícitos. Gustavo Henrique Badaró e Pierpaolo Cruz Bottini. *Lavagem de dinheiro*, op. cit., p. 144-146.

[142] Pautado nas possibilidades e caminhos legais.

considera apenas aquelas ações não manifestamente ilegais.[143] Dessa maneira, *ações não manifestamente ilegais*, ainda que perigosas,[144] podem facilmente ser substituídas e obtidas em outro lugar, de modo que não ultrapassam os limites do risco juridicamente aprovado.

Contudo, para o cirúrgico aperfeiçoamento do modelo teórico aqui retratado, é preciso dar um passo à frente e aprofundar na regulação — *na concretização do juízo ponderativo*[145] — sobre o que torna a atuação do advogado de consultoria jurídica estrita mais ou menos substituível. Ou seja: *o que deve ser levado em consideração na conduta do advogado para torná-la mais ou menos substituível por outra, determinando, assim, a idoneidade ou não de sua proibição?*

Como vimos ao analisar dois normativos jurídicos de regras técnicas da profissão, é preciso dissociar a classe dos advogados dos demais casos de condutas neutras, pois nos deparamos com uma especial condição dessa classe, porquanto as atividades dos advogados são regidas por normas jurídicas de segurança (Lei nº 8.906/1994 e Código de Ética da OAB)[146] que, *in casu*, funcionam como *standards de boas práticas*, aptos a conferir maior precisão para o exame do caráter juridicamente desaprovado da ação de contribuição praticada.[147]

Dando força à linha de pensamento aqui sustentada, Grandis[148] assume que "um dos critérios utilizados para se verificar se determinado risco encontra-se, ou não, desaprovado, reside na existência de normas — escritas ou mesmo consuetudinárias — que regulamentam um específico ramo profissional no contexto sobre o qual o agente desenvolve a sua conduta". E mais, o citado autor, ao justificar sua escolha por esse critério, encerra a demonstração de sua especial pertinência à classe dos advogados: "seja por melhor se adaptar à natureza das

---

[143] Luís Greco. *Cumplicidade através de ações neutras*, op. cit., p. 138, reconhece que: "contribuições neutras, justamente por não serem manifestamente ilegais, costumam apresentar caráter ubíquo, podendo ser obtidas em todo lugar, sem maiores dificuldades".

[144] Em especial aquelas atividades e operações listadas no artigo 9º da Lei nº 9.613/1998 que, no mais das vezes, necessitam da assessoria jurídica prestada pelo advogado para se aperfeiçoarem.

[145] Luís Greco. *Um panorama da teoria da imputação objetiva*, op. cit., p. 52-53.

[146] Segundo Greco, é o mecanismo de concretização do juízo de ponderação que mede de maneira mais eficaz o grau de desaprovação jurídica do risco criado pela ação de cumplicidade. Ibid., p. 54.

[147] Respaldando este pensamento, Schunemann revela que: o principal valor das normas de segurança "é o de documentar o que é tido por uma boa prática". Ibid., p. 59.

[148] Rodrigo de Grandis. O exercício da advocacia e o crime de "lavagem" de dinheiro, op. cit., p. 139.

atividades desempenhadas pelos advogados, seja por encontrarmos, no ordenamento jurídico, um conjunto de normas delineadoras da advocacia".

Neste contexto, para medir o que torna a atuação de risco do advogado em determinado caso mais ou menos substituível por outra — *e assim aferir com a precisão necessária a desaprovação jurídica do risco criado com sua ação de cumplicidade a fato ilícito alheio* —, devemos nos socorrer aos dispositivos legais preconizados nas normas jurídicas delineadoras de sua atividade.[149]

Logo, se o advogado desenvolve sua conduta profissional dentro dos conceitos e ditames legais da Lei nº 8.906/1994 e do Código de Ética e Disciplina da OAB, ele pratica atividade *típica* e *privativa*. Se ele pratica atividade típica e privativa, sua contribuição profissional — *ainda que útil para o injusto penal de outrem* — será facilmente substituível, sendo, pois, objetivamente atípica ou neutra sua ação de cumplicidade.

De outro ângulo, se a conduta do advogado desborda os limites legais expostos nas citadas normas, a atividade por ele praticada, para além de perder o resguardo constitucional conferido à classe, passa a ser estranha aos desígnios da profissão. Se ele pratica atividade estranha — não privativa —, sua contribuição profissional não será tranquilamente substituível por outro advogado que se disponha a quebrar as regras da profissão, de modo que perderia a neutralidade, seria juridicamente desaprovada[150] e, consequentemente, superaria o filtro da imputação objetiva, convolando-se em contribuição tipicamente punível — adquirindo relevância penal — passível de aferição do dolo por meio de expedientes persecutórios.

Como visto, portanto, a construção anteriormente desenvolvida parece atender com certa precisão ao critério proposto de menor sujeição do advogado à persecução criminal. Aglutinando todos esses critérios, parece estar definida a engenharia teórica para divorciar a ação de cumplicidade neutra — penalmente irrelevante — da contribuição típica que pode despertar o interesse de expedientes investigatórios em desfavor do advogado.

Note-se: se o advogado orientar sua atividade profissional com observância à norma jurídica de segurança de sua classe (Lei nº 8.906/1994 e Código de

---

[149] Lei nº 8.906/1994 e o Código de Ética e Disciplina da OAB.
[150] Traçando rápido paralelo: "Dentro dessa perspectiva analítica, a atuação fora dos códigos deontológicos e os usos estereotipados normais movem a atuação que estava dentro do risco permitido para um risco juridicamente reprovado". CERVINI, Raúl; ADRIASOLA, Gabriel. *Responsabilidade penal dos profissionais jurídicos*. São Paulo: RT, 2013. p. 123.

Ética e Disciplina da OAB), sua atividade será facilmente substituída por outra de mesma natureza, porque não despertará qualquer suspeita de ilegalidade, tornando-se inidônea sua proibição, já que não trará qualquer melhoria relevante ao bem jurídico tutelado pela lei de lavagem de capital. E assim, pois, como vimos, a *inidoneidade* da proibição da conduta de cumplicidade do advogado é o vetor responsável por conferir neutralidade a sua ação profissional, tornando-a de pronto penalmente irrelevante (objetivamente atípica e impunível).

Portanto, aqui novamente parece viva e operante a sugestão para que o órgão de classe que orienta a advocacia no Brasil (OAB), além de já ter expressado manifestação pela inaplicabilidade das obrigações de controle da Lei nº 9.613/1998 aos advogados,[151] fixe novos e modernos parâmetros de atuação do profissional, em especial para aquele que atua no consultivo estrito, criando *standards* de condutas profissionais juridicamente adequadas para esse ramo de atuação, de acordo com a atual e moderna gama de serviços jurídicos ofertados, tornando mais claros os limites do risco juridicamente aprovado da atividade. Tal medida poderia vir materializada por meio da edição de um guia de boas maneiras, a exemplo do que desenvolveu a Americam Bar Association (ABA), nos Estados Unidos.[152]

3.3.3 O recebimento de honorários maculados por serviços profissionais realizados

Ainda sobre os pontos de conexão do tema de pesquisa que este estudo se propôs a abordar — e também porque indispensável à resolução das problemáticas extraídas dos casos de pesquisa selecionados — por derradeiro, nos resta avaliar o comportamento jurídico do advogado que recebe dinheiro de origem infracional a título de honorários advocatícios.

Com efeito, em virtude das políticas norte-americanas[153] "*follow the money*" e "*catch the money*", essa discussão tem sido intensificada na visão da *lege feren-*

---

[151] Ver em: Ordem dos Advogados do Brasil-OAB. Órgão Especial. Processo nº 49.0000.20120066786/CNECO. Rel. Daniela Teixeira. Data: 20/8/2012.
[152] Maiores detalhes, pesquisar em: <http://apps.americanbar.org/dch/committee.cfm?com=IC700500>. Lado direito inferior da página eletrônica indicada, onde está disponível o: *Voluntary good practices guidance for lawyers — to detect and combat money laundering and terrorist financing.* Acesso em: 25 jun. 2014.
[153] Rodrigo Sánchez Rios. *Advocacia e lavagem de dinheiro*, op. cit., p. 138.

da[154] dando margem a nocivas distorções jurídicas no âmbito nacional, fazendo-se necessária a análise de propostas que possibilitam e valorizam o barramento da extensão do delito de lavagem para os casos de recebimento de honorários maculados pelo advogado que atua dentro dos limites de seu mister.[155]

Conforme desenvolvido no subitem 3.3.2 supra, os modelos de resposta que aqui serão analisados tendem a resolver a questão também no âmbito objetivo do tipo. Assim é que, de uma primeira perspectiva, há exemplo do que sustentou o Tribunal de Hamburgo na Alemanha,[156] no Brasil a estrutura de nosso ordenamento jurídico — fundada na máxima de observância e sobreposição das regras constitucionais[157] — também permite a resolução dessa problemática pautando-se em interpretação sistemática, mediante a colisão de interesses entre garantias constitucionais e seus efeitos sob os fins de política criminal da lei de lavagem de capital.

Simplificando: de um lado se reconhece a finalidade de *prevenção* e *repressão* de condutas que visam *mascarar* a utilização de capital, bens e produtos de crime antecedente, isolando economicamente o criminoso como *possível* argumento de política-criminal para *forçar* a criminalização dos honorários maculados.[158] Mas, de outro, depara-se com direitos fundamentais especialmente voltados à defesa em juízo, tal qual a ampla defesa do acusado traduzida na livre escolha do defensor que, *profissionalmente*, lhe defenderá. Também, sob o olhar do ad-

---

[154] Para uma visão em detalhes sobre o cenário internacional e sua influência em matéria nacional, sugere-se: AMBOS, Kai. *Lavagem de dinheiro e direito penal*. Tradução e comentários sob a perspectiva brasileira de Pablo Rodrigo Alflen da Silva. Porto Alegre: Sergio Antonio Fabris, 2007. p. 43-48.

[155] Conforme aponta Sánchez Rios: "afasta-se qualquer proposta de imunidade total ou de exclusão do rol de sujeitos ativos do delito de lavagem àquele agente que, sem embargo de ostentar qualidade de advogado, não atua como profissional do direito". Rodrigo Sánchez Rios. *Advocacia e lavagem de dinheiro*, op. cit., p. 146.

[156] Em decisão datada de 6 de janeiro de 2000. Para uma visão mais detalhada deste precedente, inclusive com ressalvas a determinadas situações e outros pontos de vista extraídos de outras decisões dos tribunais alemães, ver: Rodrigo de Grandis. O exercício da advocacia e o crime de "lavagem" de dinheiro, op. cit., p. 131-134; e Kai Ambos. *Lavagem de dinheiro e direito penal*, op. cit., p. 105-115.

[157] Dando ênfase à sobreposição das regras constitucionais no ordenamento jurídico pátrio, ver: CANOTILHO, J. J. Gomes. *Comentários à Constituição do Brasil*. Coordenação de Gilmar Ferreira Mendes et al. São Paulo: Saraiva; Almedina, 2013.

[158] Elastecendo, a partir daí, o âmbito objetivo do tipo para defini-lo de forma ampla e, assim, englobar a conduta de recebimento de dinheiro como objeto de reciclagem. Rodrigo Sánchez Rios. *Advocacia e lavagem de dinheiro*, op. cit., p. 138-139. Com mais ênfase: Kai Ambos. *Lavagem de dinheiro e direito penal*, op. cit., p. 68 e 116.

vogado, não se afasta o livre exercício de sua atividade profissional para melhor desenvolver o direito de defesa.[159]

Assim, sob essa primeira ótica, ao se realizar ponderação de interesses, parece nítido predominar o entendimento de que os efeitos de política criminal direcionados ao crime de lavagem de capital não visam extensão ao recebimento de honorários de origem infracional[160] pagos por serviços técnicos prestados porque encontram a barreira da incompatibilidade com a ordem constitucional vigente, em especial com os direitos fundamentais declinados anteriormente[161] que agem, na espécie, excluindo a tipicidade da conduta do advogado recebedor de honorários fruto de delito.[162]

---

[159] Ver Constituição Federal: art. 5º, XIII. Em perfeita interpretação deste dispositivo, Sánchez Rios aponta: "Não se vislumbra a possibilidade de previamente sancionar atividades inseridas no contexto social e necessárias ao regular desenvolvimento da atividade econômica e, igualmente, para o convívio social. Aliás o fundamento dessas atividades, do comerciante, do padeiro, do vendedor de veículos, do advogado, entre outros, se encontra na proteção de liberdade de iniciativa garantida pela Constituição". Rodrigo Sánchez Rios. *Advocacia e lavagem de dinheiro*, op. cit., p. 154. No mesmo compasso também o artigo 133 da Constituição Federal: O advogado é indispensável à administração da justiça, sendo inviolável por seus atos e manifestações no exercício da profissão, nos limites da lei.

[160] No mesmo rumo: Raúl Cervini e Gabriel Adriasola. *Responsabilidade penal dos profissionais jurídicos*. op. cit., p. 106: "De fato estão presentes aqui dois interesses, por um lado o das autoridades de perseguir e isolar o crime organizado, e por outro, o de preservar a integridade do direito à defesa em juízo. Este último interesse deve preponderar sobre o primeiro, mesmo com o risco de suportar uma eventual impunidade dos advogados, pois, do contrário, implicaria em um tratamento diferenciado a determinados autores de delito, não mais como cidadãos, mas como inimigos".

[161] Ao estudar as fases de atuação da política criminal direcionada ao delito de lavagem de capital, e sua possível extensão à atividade advocatícia, Sánchez Rios observa "uma tendência de restrição plena da incidência do tipo penal de lavagem para as situações atinentes ao recebimento de honorários supostamente maculados, sempre quando afrontarem direitos fundamentais". Rodrigo Sánchez Rios. *Advocacia e lavagem de dinheiro*, op. cit., p. 141-148. De maneira ainda mais enfática, Tofic Simantob, em artigo publicado na revista eletrônica da Associação Brasileira dos Advogados Criminalistas (Abracrim), grifa que, "do ponto de vista da natureza das coisas, o direito do Estado de confiscar bens provenientes de crime não vale mais do que o direito do advogado, ou de qualquer outro profissional, de receber, pelo serviço lícito prestado, o preço que lhe parece justo". TOFIC SIMANTOB, Fabio. *Criminalização de honorários é fruto de preconceito*. Disponível em: <www.abracrim.adv.br/site/index.php/artigos/316>. Acesso em: 4 abr. 2014.

[162] Respaldando a prevalência dos preceitos constitucionais, o posicionamento de Cervini encerra o tema, porquanto "uma vez mais percebemos que o interesse de uma defesa como pilar básico de sistema de contraditório-bilateralidade e exercício da ampla defesa prevalece sobre uma tutela de outros bens jurídicos. A nosso juízo essa tese garantista, própria do Estado Democrático de Direito, não busca defender a impunidade do advogado, mas realmente o interesse preponderante do livre exercício do magistério da defesa, do qual o circunstancial assessor jurídico é um instrumento para assegurar a idoneidade técnica e a 'paridade de armas' no processo, exigência inerente a um

Em complemento, focando ainda mais o ordenamento pátrio, há também uma segunda perspectiva que avança pela interpretação dogmática do tipo penal da lavagem, tal como modelado em nosso direito positivo, para impor que o recebimento de honorários maculados não constitui conduta típica. Nesse campo, podemos afirmar com segurança que não há no ordenamento jurídico pátrio figura delitiva que criminaliza o recebimento de honorários de origem infracional, imediata ou mediata, pagos pela realização de serviços profissionais típicos da profissão.

Diante da finalidade para a qual se voltam os honorários advocatícios — *um direito do advogado de caráter retributivo, legalmente previsto,*[163] *que se aperfeiçoa em contraprestação a serviços profissionais realmente efetuados, com prévia celebração de contrato e consequente emissão de nota fiscal* —, impossível falar na efetivação das figuras típicas de *ocultação e dissimulação* para fins de lavagem, e nem mesmo daquelas inseridas nos §§1º e 2º do artigo 1º da Lei de Regência, uma vez que o caminho do capital, ainda que fruto de crime, é conhecido e tem "endereço certo", ou seja, o pagamento por um serviço profissional prestado pelo advogado.

Ademais, parece haver aqui uma inversão de condutas que privilegia o afastamento da tipicidade da ação do advogado, pois, de um ângulo, a lei busca punir aquele que *adquire, recebe, troca, negocia, guarda, movimenta ou transfere*, com o fim específico de *ocultar ou dissimular* a utilização do capital proveniente de crime; de outro, no que pertine à contraprestação paga ao advogado, esta há de ser contratada e declarada ao fisco, conferindo, portanto, *cor* e *origem* àquele valor recebido, de modo que a transparência e a formalidade do pagamento, *per si*, contribuirão para o isolamento do âmbito de incidência da norma penal da lavagem.[164]

Nessa perspectiva, soa interessante ao tema de pesquisa, e a um dos casos aqui selecionados (Caso 1), o pensamento de Bottini:

---

sistema de justiça democrático" (Raúl Cervini e Gabriel Adriasola. *Responsabilidade penal dos profissionais jurídicos*. op. cit., p. 106).
[163] Lei nº 8.906/1994. Art. 22: A prestação de serviço profissional assegura aos inscritos na OAB o direito aos honorários convencionados, aos fixados por arbitramento judicial e aos de sucumbência.
[164] BOTTINI, Pierpaolo Cruz; BADARÓ, Gustavo Henrique. *Lavagem de dinheiro*: aspectos penais e processuais penais. Comentários à Lei 9.613/1998, com as alterações da Lei 12.683/2012. 2. ed. São Paulo: Revista dos Tribunais; 2013. p. 147.

o mero beneficiário dos valores lavados não participa do crime, mesmo que saiba de sua prática. O ato de gastar o dinheiro é mero exaurimento do tipo de lavagem, não integra o delito. E isso parece valer para o advogado contencioso e para o operacional, pois o recebimento de honorários é relacionado com a prestação do serviço em si e não com o conteúdo do serviço prestado.[165]

Contudo, há no ordenamento pátrio operadores do direito[166] que, exercendo desvirtuada interpretação da produção normativa, teórica e jurisprudencial alienígena,[167] visualizam possibilidade de enxertar a conduta do profissional que *utiliza* honorários fruto de crime no tipo previsto no §2º, I, do artigo 1º da Lei nº 9.613/1998.[168] Ora, pautando-se nos fundamentos aqui expostos, e sem vênias a pensamentos[169] de tal jaez, parece realizar-se tendencioso e ilegítimo "salto triplo carpado hermenêutico"[170] para se conseguir por onde enquadrar a contraprestação por um serviço privativo e profissional do advogado a esse tipo penal.

Ainda assim, de qualquer sorte, para os fins que este trabalho visa perquirir, indaga-se: *é punível pela lavagem a conduta do advogado que utiliza, na atividade econômica, capital fruto de crime, percebido a título de contraprestação por um serviço profissional e típico prestado?*

Como primeiro modelo de resposta, pelas próprias características do crime de lavagem de capital, resta claro que não. Primeiro porque o agente não comete a lavagem se não aderir a seu processo de execução, de modo que o advogado que *recebe* e *utiliza* honorários maculados não participa e nem muito menos adere àquele processo. Muito ao contrário, aliás, o advogado figura como mero beneficiário, sujeito de direito à contraprestação por um serviço profissional licitamente prestado, cuja consequência — óbvia que é — se perfaz na utilização dos valores para subsistência do causídico.

---

[165] Ibid.
[166] Neste sentido: ELUF, Luiza Nagib. *Honorários em foco*: advogado deve deixar caso pago com dinheiro ilícito. Disponível em: <www.conjur.com.br/2003-abr-16/advogado_deixar_pago_dinheiro_ilicito>. Acesso em: 14 abr. 2014.
[167] Em específico a Alemanha e Espanha porque são nações cuja legislação prevê tipo penal para o recebimento de dinheiro produto de crime.
[168] Incorre, ainda, na mesma pena quem: I — utiliza, na atividade econômica ou financeira, bens, direitos ou valores provenientes de infração penal.
[169] Fruto muitas vezes de raciocínio populista de que, só porque o advogado milita na área criminal, sabe que o cliente é suspeito de pagar honorários maculados.
[170] Parafraseado o ministro Ayres Britto no *leading case* "ficha limpa".

Da mesma forma, não há como punir a mera utilização do capital que advém de infração penal anterior, pura e simplesmente. Isso porque não há que se falar em punibilidade do agente pela *utilização* do bem ou do valor "sujo", mas tão somente daquele fruto que evidencia a aparência de licitude, ou seja, porque passou por um processo dissimulatório até que fosse inserido na economia com "máscara" de legitimidade. E disso, para ser punível a conduta de *utilização*, o agente deve visualizar o processo de lavagem e dele estar plenamente ciente.[171]

Na hipótese do advogado criminalista, traçando-se rápido cenário prático, no mais das vezes ele é procurado quando o crime — seja o antecedente, seja a lavagem — já se aperfeiçoou, e isso afasta seu pleno conhecimento sobre a natureza dos valores pagos a título de honorários.

No entanto, note-se que essa última justificativa parece estar pautada no viés da solução do dolo, cujo resultado, lembre-se, conforme delimitado no subitem anterior, não é o que melhor e com mais efetividade atende ao critério da menor sujeição do advogado à persecução criminal.

Portanto, suplementando as perspectivas de tipo objetivo traçadas no início, mais uma vez socorremo-nos ao modelo teórico das condutas neutras — com os subsídios da imputação objetiva — como efetivo referencial dogmático tendente a dar segura resposta jurídico-penal à não punibilidade do advogado recebedor de honorários, ainda que saiba sê-lo fruto de crime.[172]

Com efeito, até para não tornar este trabalho por demais cansativo, avançaremos diretamente sobre alguns dos subsídios da imputação objetiva para transportá-los à hipótese vertente: (i) o critério da idoneidade da proibição da ação para melhoria da situação do bem jurídico tutelado; (ii) que será *dimensionado* pela menor ou maior possibilidade de substituição do advogado por outro que se sujeite a *receber* e *utilizar* os honorários maculados pagos por serviços privativos prestados; (iii) atraindo como vetor de *balanceamento* para tornar a atuação do advogado *mais ou menos substituível* a existência de normas jurídicas de segurança atinentes à classe, aliado, na espécie, à previsão constitucional que respalda a livre atividade profissional; (iv) *aferindo-se*, a partir delas, *o valor ou desvalor do risco criado com a ação de recebimento e utilização de honorários maculados.*

---

[171] VILARDI, Celso Sanchez. *Criminalização de honorários é fruto de preconceito.* Disponível em: <www.ibccrim.org.br/boletim_artigo/4679-A-ciencia-da-infracao-anterior-e-a-utilizacao-do-objeto-da-lavagem>. Acessos em: 25 ago. 2013 e 14 abr. 2014.

[172] Tal como estruturada na obra de Sánchez Rios já referenciada neste estudo.

Dessa maneira, invertendo-se a ordem reconstruída no parágrafo anterior, temos novamente um modelo teórico coerente que parece justificar, no tipo objetivo, a não punibilidade da conduta do advogado que *recebe* e *utiliza* honorários fruto de crime.

Vejamos: se o advogado pratica uma atividade profissional lícita, defendendo os interesses do denunciado de modo técnico, sem a prática de atos que favoreçam ou facilitem a ação ilícita do autor do delito, sua atividade encontra respaldo na regra constitucional (arts. 5º, XIII e 133 da Carta Magna), além de estar resguardada nas normas jurídicas de segurança de sua classe, sendo sua prestação típica e privativa (Capítulos I e X da Lei nº 8.906/1994 e as regras deontológicas do Código de Ética e Disciplina da OAB). Se o advogado pratica atividade típica e privativa, a prestação de seu serviço será facilmente substituída por outra de mesma natureza, porque não despertará qualquer suspeita de ilegalidade, tornando-se, na via reversa, *inidônea* a proibição do direito do advogado à contraprestação pecuniária[173] e consequente *utilização dos valores* na economia, já que aludida proibição não trará melhoria relevante ao bem jurídico tutelado pela lei de lavagem de capital.

E assim, pois, como vimos anteriormente, a *inidoneidade* da proibição da conduta do advogado — in casu, *aquele recebedor de honorários maculados para óbvia utilização na atividade econômica* — é o vetor teórico responsável por conferir neutralidade a sua ação profissional, tornando-a de pronto penalmente irrelevante (objetivamente atípica e impunível).

Em linha de conclusão, parece-nos que o verbo "*utilizar*", tal como estampado no dispositivo legal em análise (art. 1º, §2º, I da Lei nº 9.613/1998), poderia funcionar na hipótese de o advogado, sobretudo o criminalista,[174] como vetor de criação de risco na ação *utilizar os honorários*, já que a conduta praticada pelo profissional — repita-se, no verbo *utilizar* — deu margem à possibilidade real de lesão ao bem jurídico tutelado pela lei de lavagem, e que esse risco ocorra no resultado.

---

[173] Prevista, inclusive, na própria norma jurídica de segurança como um direito assegurado ao causídico. A saber: Lei 8.906/94. Artigo 22: A prestação de serviço profissional assegura aos inscritos na OAB o direito aos honorários convencionados, aos fixados por arbitramento judicial e aos de sucumbência.

[174] Sujeito de um direito legítimo de percepção pecuniária por um serviço profissional e socialmente adequado, prestado em prol da defesa técnica de seu constituinte.

Contudo, com base nos vetores jurídicos delineados neste e no subitem anterior, o desvalor da ação praticada pelo advogado, mesmo que criadora de risco, não traz melhoria relevante ao bem jurídico tutelado pela norma, de modo que a proibição da utilização dos honorários maculados na economia, dirigida ao advogado, além de colidente com preceitos constitucionais, mostra-se inidônea para a melhoria *relevante*[175] do bem jurídico tutelado pela Lei de Lavagem de Capital.[176]

De outro lado, se o advogado perfaz simulação de contratos de honorários para repassar valores ao cliente, colabora na ocultação do dinheiro ilícito recebido, deixando-se figurar como "testa de ferro" do autor do crime, a sua atividade certamente estaria dirigida a facilitar a conduta delitiva alheia, desbordando os limites legais expostos nas citadas normas, passando a ser estranha aos designíos da profissão. Se o advogado pratica atividade estranha — atípica —, sua contribuição profissional não será tranquilamente substituível por outro advogado que se disponha a quebrar as regras da profissão, de modo que perderia a neutralidade, seria juridicamente desaprovada e, consequentemente, superaria o filtro da imputação objetiva, convolando-se em contribuição tipicamente punível — adquirindo relevância penal — passível de aferição do dolo por meio de expedientes persecutórios. E mais, nesse caso, conforme sugere Sánchez Rios,[177] seria dispensável a cogitação da perspectiva subjetiva para a configuração delitiva dessa conduta.

Dessa maneira, feito o retrato do modelo teórico que parece melhor se amoldar à proposta de isolamento da norma penal da lavagem para os casos de advocacia consultiva estrita e recebimento de honorários maculados — *com observância ao critério da menor sujeição do advogado à persecução criminal* —, é chegada a hora de avançarmos rumo ao subitem final deste estudo, que tem por finalidade a análise de dois casos concretos extraídos do TRF3 e a visão prática conferida ao tema pelos operadores do direito.

---

[175] Luís Greco. *Cumplicidade através de ações neutras*, op. cit., p. 141-143.

[176] Neste ponto, Rodrigo de Grandis conclui que, "ao nível do tipo objetivo, ou seja, sem se cogitar se o advogado tem ciência da origem espúria dos recursos, não haverá a criação de um risco desaprovado ao bem jurídico protegido (a administração da justiça, nos moldes declinados linhas atrás) e a ocorrência desse risco no resultado da conduta do defensor em receber honorários fruto de um crime antecedente. Inviável assim cogitar de imputação penal pelo crime de lavagem de dinheiro, ainda que tenha o causídico utilizado na atividade econômica ou financeira, bens, direitos, ou valores que sabe serem provenientes de qualquer dos crimes antecedentes referidos no artigo 1º da Lei nº 9.613/98". Rodrigo de Grandis. O exercício da advocacia e o crime de "lavagem" de dinheiro, op. cit., p. 140.

[177] Rodrigo Sánchez Rios. *Advocacia e lavagem de dinheiro*, op. cit., p. 158-159.

4. Aplicação do arcabouço teórico aos casos selecionados

Antes de se adentrar ao estudo dos casos selecionados, registre-se novamente que não se fará neste trabalho a análise de provas, e nem mesmo juízo de valor, realidade ou certeza sobre os fatos estampados na denúncia e no *habeas corpus*, ambos do Caso 1, assim como na denúncia e na sentença do Caso 2. Muito ao contrário, em ambas as hipóteses selecionadas para pesquisa, o estudo se fará conforme o *estado das coisas* estampado nas peças processuais às quais se teve acesso.

Não se busca aqui afirmar a culpa ou absolvição de ambos os advogados denunciados, mas, apenas e tão somente, observar o caminho técnico traçado pelos operadores do direito, responsável por gerar a imputação típica dos advogados em ambos os casos. O foco é definir, por meio dos critérios conferidos pelo modelo teórico das *condutas neutras* — e subsidiados pela imputação objetiva —, se a narrativa dos casos concretos apresenta uma hipótese plausível de tipicidade objetiva da conduta dos advogados denunciados.

4.1 Caso 1

Neste primeiro caso selecionado, o advogado — diz a acusação —, vislumbrando estratégia para ocultar de forma mais eficaz a origem ilícita do dinheiro recebido como lucro da fraude efetivada no apontado banco público, teria optado por depositar parte dos valores na conta-corrente de seu escritório para posterior retirada, como se o numerário fosse referente ao pagamento de honorários advocatícios, e outra parte teria endossado e utilizado diretamente para pagamento do aluguel do imóvel onde situado seu escritório.

Ainda sob o olhar acusatório, frise-se que o aludido valor se materializou mediante quatro cheques emitidos pela pessoa jurídica Y LTDA, cujo sócio proprietário é Y, que também responde com o Advogado X — por crime contra o sistema financeiro nacional — pelas fraudes realizadas no banco público. O advogado X, portanto, foi denunciado por lavagem de capitais na antiga figura delitiva prevista no art. 1º, VI, da Lei nº 9.613/1998.[178]

---

[178] Ocultar ou dissimular a natureza, origem, localização, disposição, movimentação ou propriedade de bens, direitos ou valores provenientes, direta ou indiretamente, de crime: VI — contra o sistema financeiro nacional.

Dessa maneira, sob o ângulo acusatório, a conduta atribuída ao advogado tende a fugir da hipótese de recebimento de honorários maculados por serviços profissionais prestados e também se afasta da participação do advogado, por meio de sua atividade profissional, em fato ilícito alheio. Com base na leitura da denúncia, o que se tem é a atuação do advogado, como conselheiro de instituição financeira pública, envolvido em crime contra o sistema financeiro nacional, ocorrido no âmbito dessa mesma instituição, cujo resultado da fraude permitiu, a ele, a integração dos valores desviados em seu escritório de advocacia, como meio de ocultação da origem ilícita do capital.

Com efeito, sob o viés acusatório, sem embargo de ser advogado, X teria funcionado como efetivo sujeito ativo do delito antecedente e também da lavagem (autor imediato em ambas as figuras), porque envolvido no esquema criminoso desde o início, facilitando e possibilitando o próprio comportamento injusto, empregando, para tanto, sentido delitivo à sua conduta, não mais se podendo falar em *conduta neutra*, já que a ocorrência de dano ao bem jurídico é latente.

Nestas circunstâncias: se o Advogado X, concomitantemente às suas atividades privativas, concorre com a prática de outra função de gestão ou gerência em empresa pública, ele viola as normas de segurança de sua atividade profissional.[179] Mas, *in casu*, não é só, além de ter afastado sua conduta da esfera estritamente profissional, o advogado passou a emprestar sentido delitivo[180] direto a sua própria ação, de modo que sua conduta perderia a neutralidade, seria juridicamente desaprovada e, consequentemente, superaria o filtro da imputação objetiva, convolando-se em contribuição tipicamente punível — adquirindo relevância penal —, passível de aferição do dolo por meio de expedientes persecutórios.

---

[179] CONSELHO FEDERAL DA OAB: EMENTA 37/2001/OEP. INSCRIÇÃO. GERENTE DE NEGÓCIOS DO BANCO DO BRASIL S/A, OU DE INSTITUIÇÃO FINANCEIRA. INCOMPATIBILIDADE. O OCUPANTE DE FUNÇÕES DE GERÊNCIA EM INSTITUIÇÕES FINANCEIRAS, PÚBLICAS OU PRIVADAS, POR MAIS QUE SE TENTE DISSIMULAR O DESEMPENHO DE SUAS ATRIBUIÇÕES, PRATICA ATO DE GESTÃO E FICA, POR FORÇA DO ESTATUTO NO ARTIGO 28, INCISO VIII, DA LEI 8.906/94, PROIBIDO DE EXERCER A ADVOCACIA. (i). A pessoa que tenha poderes de decisão sobre as situações descritas acima, dentre outras, a critério da OAB, serão reputadas incompatíveis com o exercício da advocacia, porque elas têm, em razão de seu poder decisório, acesso a informações não compartilhadas com outros advogados, além da facilidade de captar clientela, o que ocorreria em prejuízo da classe dos advogados como um todo; (Processo 0347/2001/OEP-PA. Relator: Conselheiro Gabriel Pauli Fadel (RS). Relator p/ acórdão: Conselheiro José Porfírio Teles (GO) (<http://jus.com.br/artigos/8315/teoria-das-proibicoes-ao-exercicio-da-advocacia#ixzz2kSvIAi62>).

[180] Rodrigo Sánchez Rios. *Advocacia e lavagem de dinheiro*, op. cit., p. 242-243.

Mais ainda, sob a ótica conferida pela acusação, nesse caso, conforme apontado no item teórico deste estudo,[181] seria até mesmo dispensável a cogitação prévia da perspectiva subjetiva — do dimensionamento do dolo — para a configuração delitiva da conduta do advogado, já que parece haver sentido delitivo empregado tanto na ação do crime antecedente cometido como também na conduta exercida para a lavagem, o que levaria à participação punível do causídico.[182]

4.1.1 Caso 1. Variante

De outro lado, sustenta a defesa que o valor recebido pelo Advogado X teria origem em serviços jurídicos que são prestados, há mais de 10 anos, por seu escritório à empresa Y LTDA, de Y. Dessa maneira, afirma a defesa tratar-se de honorários advocatícios faturados e pagos por serviços jurídicos efetivamente prestados.

A defesa demonstrou com notas de fatura que os honorários teriam sido anteriormente contratados. Ademais, a defesa apontou que os valores recebidos, além de ter origem e finalidade, foram efetivamente empregados em proveito e em nome da banca. Com isso, a defesa buscou demonstrar que os honorários devidos pelo cliente Y e pagos com os cheques nominais ao escritório não guardavam qualquer relação com os valores fruto das fraudes executadas no banco público, e das quais estão sendo acusados advogado e cliente.

Afora a afirmativa no sentido de dissociar os honorários advocatícios do resultado do crime contra o sistema financeiro nacional cometido no âmbito do banco público, a defesa aponta, ainda, que seria impossível a consumação da lavagem de capital pelo advogado, devendo, quando muito, falar-se em mero *exaurimento do crime antecedente*.[183]

---

[181] Ver nota 180 supra.
[182] Nesta hipótese, Rassi entende que: "o elemento subjetivo é essencial para determinar se o interveniente solidariza-se ou não com o delito, o que será evidenciado através da sua manifestação exterior de vontade de colaboração". João Daniel Rassi. *Imputação das ações neutras e o dever de solidariedade no direito penal brasileiro*, op. cit., p. 208-209. Citando Blanco Cordero (*El delito de blaqueo de capitales*, op. cit., p. 56), o mesmo autor conclui: "somente se admite a participação punível quando o sujeito atue exclusivamente motivado pela realização de uma conduta antijurídica principal".
[183] A questão do exaurimento do crime antecedente não é objeto desta pesquisa. No entanto, rememorando o pensamento de Bottini, para quem "o mero beneficiário dos valores lavados não

Sob o viés defensivo, portanto, parece que a atuação do advogado consistiu no recebimento — *a título de pagamento de honorários contratados, faturados e devidos a seu escritório de advocacia* — de cheques emitidos pelo cliente, em nome da pessoa jurídica alvo da mesma operação policial em que é réu o próprio advogado e o cliente pessoa física.

Ademais, é narrado na impetração e também mencionado no acórdão do STF que, na mesma investigação onde se indiciou o advogado e seu cliente, à empresa desse último é atribuída a função de servir ao grupo criminoso como meio para forjar os financiamentos bancários. E foi ainda, dessa empresa, que partiram os cheques objeto dos honorários advocatícios, pagos em momento concomitante à execução das fraudes.

Isolando-se a hipótese acusatória da hipótese defensiva, e sob o viés dessa última, vejamos: a banca de advocacia teria sido contratada há mais de 10 anos para prestar serviços jurídicos à empresa do cliente. No entanto, sobreveio investigação policial que vinculou o advogado, o cliente e sua empresa (pagadora dos honorários) numa mesma organização criminosa. Em meio a esse cenário, acrescente-se que as fraudes foram desenvolvidas e executadas na mesma empresa pública em que figurava como conselheiro — com poder de voto — o advogado.

Assim, o advogado envolvido poderia, anteriormente aos crimes ora apurados, até ter prestado atividade jurídica com respaldo na regra constitucional (arts. 5º, XIII, e 133 da Carta Magna), mas o fato de exercer outra função concomitantemente à advocacia, e que, justamente no âmbito desta função anômala,[184] teriam ocorrido os delitos que vincularam advogado e cliente,[185] criou-se um risco e despertou, no Estado, o interesse em reduzir, na hipótese, as possibilidades

---

participa do crime, mesmo que saiba de sua prática e o ato de gastar o dinheiro é mero exaurimento do tipo de lavagem, e não integra o delito", pode se dizer que isso vale, nesse caso, à condição atribuída ao advogado por sua defesa (Pierpaolo Cruz Bottini e Gustavo Henrique Badaró. *Lavagem de dinheiro*, op. cit., p. 147).

[184] Nesse sentido, aduz Paulo Netto Lobo: "A advocacia não pode estar associada a outra atividade, seja ela qual for. É proibida a divulgação, por exemplo, de advocacia e atividade contábil, de advocacia e imóveis, de advocacia e consultoria econômica. A violação desse dever, também previsto no Código de Ética e Disciplina-art.28, importa infração disciplinar sujeita à sanção de censura — vide art. 36, II e III, do Estatuto". NETTO LOBO, Paulo. *Comentários ao Estatuto da Advocacia e da OAB*. 3. ed. São Paulo: Saraiva, 2003. p. 27.

[185] Aliado ao dado objetivo — mas aferível somente no estudo do dolo — de o advogado ter recebido os honorários em data próxima concomitante à consumação das fraudes.

de o advogado utilizar, ainda que na qualidade de *honorários advocatícios devidos*, os valores obtidos.

E esse risco deve ser considerado *aumentado* e juridicamente desaprovado, justamente porque, para além de o causídico ter quebrado as regras jurídicas de segurança da classe, o advogado e o cliente figuram como réus na mesma ação penal e, pior, a empresa pagadora dos honorários também foi alvo da mesma operação policial, sendo esses dados exteriores que devem ser levados em consideração para o aperfeiçoamento da imputação objetiva.[186]

Diante desse retrato — objetivo que é —, há chances, portanto, de o risco juridicamente desaprovado, criado na conduta do advogado, realizar-se no resultado do delito. Com efeito, esse conjunto de fatores objetivos parece demonstrar que a conduta do advogado X, em ambas as variantes,[187] tornou-se *infungível* de modo que a proibição da ação traria melhora relevante à proteção do bem jurídico tutelado pela Lei de Lavagem de Capital.

Sobre esse primeiro caso de pesquisa, conclui-se que a denúncia ofertada dispõe de plausibilidade jurídica acerca da imputação objetiva na conduta atribuída ao advogado. Isso é verificável, na primeira variante, no *sentido delitivo* retratado na ação do causídico (superando de pronto o limite da imputação objetiva) e, na segunda, diante do recebimento dos honorários advocatícios maculados, pagos no mesmo cenário onde efetivada a fraude que teria originado tais valores, cujo ambiente penal envolve o advogado e o próprio cliente pagador dos honorários.[188]

4.2 Caso 2

Sobre esse segundo e derradeiro caso de pesquisa selecionado, relembre-se que o advogado fora denunciado pelos crimes previstos no art. 1º, V e VII, da Lei nº 9.613/1998 e art. 288 do Código Penal. No que tange ao interesse deste estudo, a acusação sustentou, na denúncia, que o Advogado Z teria sido responsável por

---

[186] Em respaldo, ao lado das normas jurídicas de segurança, Cervini e Adriasola acentuam que: "O critério decisivo para a tipificação da conduta, eventualmente, será o conhecimento do profissional no plano delitivo do autor, para o qual resultará útil valorar a proximidade do advogado ao fato antijurídico daquele e sua cooperação a tal fim". Raúl Cervini e Gabriel Adriasola. *Responsabilidade penal dos profissionais jurídicos*, op. cit., p. 127.
[187] Defensiva e acusatória.
[188] Nota 186 supra.

desenhar e estruturar toda a operação societária do grupo estrangeiro no Brasil, garantido o anonimato dos verdadeiros sócios daquele grupo econômico e viabilizando o ingresso de valores espúrios na economia nacional, fruto de variados crimes cometidos no exterior.

Com efeito, inicie-se rememorando que as atividades de consultoria e assessoria jurídica estrita contemplam a estruturação de engenharia jurídico-societária apta a viabilizar, no Brasil, operações de fusão, aquisição, *joint venture*, entre outras. Até por isso, é de se reconhecer o alto número de escritórios de advocacia no âmbito nacional, cuja especialidade é, justamente, o assessoramento em operações societárias que viabilizem investimentos no país.

Portanto, estamos diante de uma atividade profissional constitucionalmente assegurada[189] e, mais, elevada à condição de típica e privativa da classe dos advogados,[190] sendo esse, também, um fator de resguardo constitucional.[191] Trata-se, como visto, de atividade *fungível* e socialmente adequada, um *standard* profissional. Contudo, por suas próprias finalidades práticas, justamente a atividade de consultoria jurídica estrita pode servir ao rol de operações elencadas no art. 9º da Lei nº 9.613/1998, as quais possuem risco comprovado de servirem como meio à lavagem de capitais intentada pelo cliente. Dessume-se daí o risco natural de tal prestação jurídica.

No entanto, para os fins de resultado do presente trabalho, temos que identificar quais dados objetivos extraídos da denúncia que despertaram no Estado o interesse de elevar o risco da atividade praticada pelo advogado, tornando-o juridicamente desaprovado, de modo que a proibição da conduta do profissional tornou-se — naquele momento da denúncia — idônea à melhoria relevante do bem jurídico tutelado pela lei de lavagem de capitais, superando-se o filtro da imputação objetiva e atribuindo-se, como visto, tipicidade à contribuição profissional do advogado.

Assim, deflui-se da denúncia apenas dois dados, o Advogado Z, para além de ser o responsável por toda a estruturação jurídico-societária do grupo 123 no Brasil, teria: (i) figurado em meio às fases de constituição das empresas no Brasil

---

[189] Ver Constituição Federal: art. 5º, XIII — é livre o exercício de qualquer trabalho, ofício ou profissão, atendidas as qualificações profissionais que a lei estabelecer.
[190] Ver Lei nº 8.906/1994 — Estatuto da OAB, art. 1º, II: São atividades privativas da advocacia: [...] as atividades de consultoria, assessoria e direção jurídicas.
[191] Ver Constituição Federal: art. 133 — O advogado é indispensável à administração da justiça, sendo inviolável por seus atos e manifestações no exercício da profissão, nos limites da lei.

como sócio da subsidiária brasileira do grupo; (ii) e também, em outro período, na qualidade de procurador das estrangeiras.

Neste contexto, à primeira vista, parece justificada a contribuição objetivamente típica atribuída ao advogado. Sua conduta teria desbordado os limites legais expostos nas normas jurídicas de segurança da classe, já que, partindo-se de uma análise rasa — *somente com os dados extraídos da denúncia e da sentença (esta última nada diz sobre a conduta do advogado)* —, figurar no quadro societário de empresas e receber procuração com poderes de representação de estrangeiro parecem extravasar o conceito de atividade típica de consultoria jurídica, minimante preconizado no art. 1º, II, da Lei nº 8.906/1994.

Diante do modelo teórico traçado neste trabalho, se o Advogado Z praticou atividade estranha — atípica —, sua contribuição profissional não seria tranquilamente substituível por outro advogado que se disponha a ultrapassar as regras da profissão, de modo que perderia a neutralidade, seria juridicamente desaprovada e adquiriria — como de fato adquiriu no momento da denúncia — relevância penal, passível de aferição do dolo mediante expedientes persecutórios.

Assim, na visão acusatória refletida na denúncia, parece que o extravasamento das normas de segurança da classe conferiu maior grau de envolvimento do advogado com as práticas de lavagem tencionadas pelo grupo que pretendia se estabelecer no Brasil, elevando sua contribuição àqueles fatos menos *fungíveis*, posto que não se encontrariam, com tanta facilidade, outros advogados com o mesmo ímpeto para aderir ao quadro societário e receber procuração para representação de grupo econômico estrangeiro.

No entanto, em que pese a primeira resposta de pesquisa anteriormente apresentada, o caso é sedutor e proporciona um raciocínio diverso, que desperta interesse a uma possível variante prática.

Ora, não se pode fechar os olhos a um detalhe inerente à prática da advocacia societária, especialmente no Brasil. Conforme demonstrado no primeiro item, é certo que o Estatuto da Advocacia não prevê que o advogado figure no quadro societário de empresas; todavia, diante da famigerada burocracia que dificulta a consolidação de investimentos no país, é comum — faz parte do dia a dia do *advogado societário de boa-fé* —, por vezes, ter que figurar no quadro societário de empresas ainda em fase de constituição, em substituição ao sócio estrangeiro que virá, como uma das etapas da estruturação societária no país, até que os efetivos sócios estrangeiros se estabeleçam plenamente no Brasil.

Ademais, o só fato de o advogado militante na área societária, para viabilizar com maior celeridade a constituição de sociedades no Brasil, ter que figurar no quadro societário da empresa ainda em fase de constituição não credita a ele poder de gerência e nem de gestão sobre a aludida companhia, mesmo porque, no mais das vezes, tais empresas encontram-se ainda em fase de constituição, sem qualquer atividade econômica em prática.

De igual modo, também faz parte do dia a dia do "advogado societário" a outorga de procuração por cliente estrangeiro para fins de representação jurídica no Brasil. No entanto, ressalve-se: tal instrumento não confere ao profissional jurídico poderes *ad negotia*, não lhe é creditada a prática de negócios — escusos ou não — em nome do cliente. Muito ao contrário, o que se vê no ambiente desses escritórios especializados na área societária é a outorga de procuração com poderes estritamente jurídicos, voltados à prestação de serviços com natureza exclusivamente jurídica, e muitas vezes tais procurações servem para atender a uma exigência legal no Brasil.

Não por menos, dada a importância e sensibilidade dessa prática, esse cenário foi retratado na obra de Sánchez Rios:[192] "Esta situação do profissional, ao receber a procuração para representar seu cliente estrangeiro, é uma situação distinta daquele advogado partícipe da engenharia financeira elaborada com fins específicos à da lavagem de capital". E, assim, concluiu o autor: "Não obstante, por vezes, o aparato repressor não saiba ou não queira saber distinguir uma situação da outra".

Dessa maneira, no caso prático que envolve esse tipo de atividade inerente ao dia a dia do *advogado societário*, pode se falar em atendimento às regras de costumes — *usos estereotipados normais*[193] — dirigidas à efetivação da função prática profissional do advogado, mesmo quando tais regras ultrapassem os limites das normas jurídicas de segurança da classe, sendo esse um caso de atividade de risco, mas de risco permitido, porque sua proibição não se mostra idônea à melhoria relevante do bem jurídico tutelado.

Tal constatação, proporcionada pelo estudo do caso concreto, nos remete à assertiva de Greco[194] que, mesmo considerando a observância das normas de segurança de determinadas classes profissionais como fator primordial para medir

---

[192] Rodrigo Sánchez Rios. *Advocacia e lavagem de dinheiro*, op. cit., p. 126.
[193] Raúl Cervini e Gabriel Adriasola. *Responsabilidade penal dos profissionais jurídicos*, op. cit., p. 123.
[194] Luís Greco. *Um panorama da teoria da imputação objetiva*, op. cit., p. 55.

o risco criado em determinada conduta, alerta: "tendo em vista que essas normas se referem a situações genéricas, da qual a realidade pode diferir consideravelmente, nem sempre a violação da norma fundamentará risco permitido, e nem tampouco a observância sempre fará do risco algo permitido".

De tal sorte, subsumindo essa hipótese ao modelo teórico sustentado neste estudo, verifica-se que: mesmo que nesse determinado caso o advogado tenha extravasado o deficiente conceito de atividade típica de consultoria jurídica previsto na Lei nº 8.906/1994, sua atividade será, ainda, facilmente substituída por outro advogado que exerça a mesma especialidade,[195] porque a violação do padrão genérico contido na norma jurídica de segurança, nessa específica hipótese, não justificará a proibição do risco criado, tornando-se inidônea a proibição da conduta do advogado, já que não trará qualquer melhoria relevante ao bem jurídico tutelado pela lei de lavagem de capital.

E assim, pois, como vimos alhures, a *inidoneidade* da proibição da conduta de cumplicidade do advogado é o vetor responsável, nesse caso, por conferir neutralidade a sua conduta profissional, *ainda que violadora da norma jurídica de segurança de sua classe*, tornando-a, de pronto, penalmente irrelevante (objetivamente atípica e impunível).

Por fim, sobre esse segundo caso de pesquisa, pautando-se estritamente nos documentos disponíveis para análise — *e fechando os olhos para dados não constantes daquelas peças processuais, mas sabidamente existentes na função prática da advocacia societária no Brasil* —, conclui-se que a denúncia ofertada dispõe de plausibilidade jurídica acerca da imputação objetiva na conduta atribuída ao advogado.

De outro vértice, se observamos o caso concreto com lentes expandidas a elementos externos, à luz do dia a dia das operações societárias estruturadas sobre a base da burocracia brasileira, e levando-se em conta a ausência de dever de *compliance* imposto aos advogados de consultoria jurídica estrita, é possível falar-se em *uso estereotipado normal*, que recai sobre a conduta do advogado ao ter que figurar no quadro societário de sociedade em fase de constituição, ou quando recebe procuração com poderes jurídicos para representação de estrangeiro no Brasil, de modo que, ainda que viole a norma jurídica de segurança da classe, o risco criado com sua atividade não supera o filtro da imputação objetiva.

---

[195] *In casu* a societária.

5. Conclusão

Conforme observado, portanto, "lavar dinheiro" não é tarefa das mais simples. Quanto mais complexa a operação contábil e mais sofisticada a engenharia financeira, maiores as chances de impunidade. Cada vez mais os operadores da lavagem socorrem-se a determinados setores da economia e do mercado financeiro para conferir aparência lícita ao capital originalmente sujo. De igual forma, cada vez mais utilizam serviços de profissionais técnicos e especializados, tal como *advogados*, para estruturarem a engenharia financeira e executarem as operações de mascaramento do capital, impedindo, por conseguinte, que os órgãos de persecução penal e de inteligência financeira percorram e desvendem a origem criminosa do capital envolvido.

Com efeito, é, pois, justamente nesse específico ponto que emergiu o interesse pelo tema de pesquisa ora estudado, em especial após a reforma da Lei de Lavagem de Capitais (Lei nº 9.613/1998), alterada pela Lei nº 12.683/2012, porquanto ressurgiram variados debates sobre os vínculos e as fronteiras existentes entre o exercício da advocacia e a lavagem de capitais.

Dessa maneira, visando empregar uma abordagem realista a este artigo, o primeiro passo foi elaborar pesquisa jurisprudencial, restringindo-se ao acervo do Tribunal Regional Federal da 3ª Região. Como fruto da pesquisa realizada, dois casos foram selecionados e deles extraídas as problemáticas.

Partindo-se das problemáticas, a primeira conclusão a que se chegou é que, afora a blindagem constitucional conferida à advocacia nos limites de seu mister, o modelo de norma jurídica de segurança atinente à classe dos advogados — Lei nº 8.906/1994 —, tal como estruturado e vigente nos dias que correm, encontra-se defasado e carente de moderna conceituação das atividades típicas e privativas, em especial no campo da consultoria jurídica. Portanto, primou-se por abordar as fronteiras sobre o que é atividade típica ou ato estranho de advocacia, categorizando as atividades de advocacia consultiva de acordo com uma classificação clara, moderna e atual.

Mas não é só, ainda com base nas premissas extraídas das problemáticas dos casos concretos, este trabalho foi além, e buscou definir os exatos pontos de conexão entre o binômio *advocacia e lavagem de capital* para, assim, descortinar e traçar qual seria o âmbito de atuação lícita do advogado, definindo limites e fronteiras de exoneração da atividade profissional do campo de incidência do tipo penal da lavagem.

Assim, identificaram-se ao menos três pontos de efetiva convergência entre o tema de pesquisa: (i) a imposição — ou não — aos advogados do dever de informação e colaboração com as autoridades de investigação e inteligência financeira acerca de operações suspeitas de seus constituintes (deveres instituídos pela reforma da Lei nº 9.613/98); (ii) o advogado de consultoria jurídica estrita e a colaboração — por meio do concurso de agentes — na lavagem de capitais; e (iii) o recebimento de honorários fruto de crime anterior.

Com lentes expendidas no ordenamento jurídico pátrio, enfrentou-se cada um desses pontos, chegando-se a conclusões de relevo, todas pertinentes ao tema estudado. Sobre o primeiro ponto, se definiu que a *advocacia contenciosa, a advocacia consultiva voltada para litígio* e a *advocacia consultiva estrita* não estão inseridas no âmbito de abrangência das obrigações de controle da Lei nº 9.613/1998, não se podendo falar o mesmo do advogado que presta consultoria ou assessoria distinta da jurídica,[196] em especial aqueles que atuam de acordo com o rol descrito no artigo 9º da Lei nº 9.613/1998.

No segundo ponto de atração do tema de pesquisa, este estudo definiu que teria por critério a busca pelo modelo teórico que pudesse dissociar — *com a menor sujeição do advogado às mazelas criminais* — a atuação profissional lícita e socialmente adequada do advogado, de eventual contribuição típica e punível a fato ilícito praticado pelo cliente.

Foi então que se adotaram os contornos teórico-dogmáticos conferidos pela teoria da cumplicidade por meio de ações neutras, como modelo teórico apto a solucionar o segundo ponto de conexão do tema de pesquisa, mostrando-se igualmente eficiente ao estudo dos casos selecionados. A dogmática conferida no tema das ações neutras se amoldou perfeitamente à condição dos advogados, em especial porque encontrou na Lei nº 8.906/1994 — *ainda que essa se encontre defasada perante a moderna gama de serviços jurídicos atualmente ofertados* — importante referencial de dimensionamento do risco criado com determinadas atividades privativas praticadas por advogados, permitindo, consequentemente, a observância ao critério proposto de menor sujeição do profissional à persecução criminal.

Lançando mão do mesmo modelo teórico, avançou-se ao último ponto de conexão do tema de pesquisa, traçando limites e distinções entre: o que se en-

---

[196] Para os quais recaem os deveres de informação e observância preconizados nos artigos 10 e 11 da lei em comento, estando sujeitos, por exemplo, às normas previstas nas Resoluções do Conselho de Controle de Atividades Financeiras (Coaf).

quadra em conduta típica ou objetivamente atípica do advogado recebedor de honorários maculados. Nesse subitem, também foi possível a abordagem sobre a ausência de lei no ordenamento pátrio apta a criminalizar o recebimento de honorários fruto de delito antecedente, discutindo-se, ainda, se a previsão legal contida no art. 1º, §2º, I, da Lei nº 9613/1996 se aproximaria ou não do tema de pesquisa.

No capítulo final, homenageando a visão prática e realista sobre o tema, analisaram-se os dois casos selecionados para se extrair a abordagem conferida pelos operadores do direito. Sobre o Caso 1 de pesquisa, concluiu-se que a denúncia ofertada dispõe de plausibilidade jurídica acerca da imputação objetiva na conduta atribuída ao advogado. E tal assertiva serve tanto para a primeira como para a segunda variante. Na primeira hipótese analisada, o *sentido delitivo* retratado na ação do causídico foi suficiente para superar *in totum* os limites da imputação objetiva, afastando-se automaticamente a neutralidade da conduta que lhe fora atribuída.

Já na segunda variante do Caso 1, a imputação objetiva se aperfeiçoou no fato de o advogado ter recebido honorários advocatícios, pagos no mesmo cenário onde efetivada a fraude que teria originado tais valores. Esse fato objetivo conferiu maior grau de envolvimento e confiança do advogado com as práticas de lavagem tencionadas pelo cliente investigado, elevando sua contribuição àqueles fatos menos *fungíveis*, posto que não se encontrariam, com tanta facilidade, outros advogados com o mesmo ímpeto para receber, naquele cenário, aqueles valores.

No segundo caso de pesquisa, o campo de análise por ele proporcionado permitiu caminhos diversos. No primeiro caminho, pautou-se estritamente nos documentos disponíveis para análise, negando a observância de dados não constantes daquelas peças processuais, mas sabidamente existentes na função prática da advocacia societária. Assim, no primeiro cenário, concluiu-se que a denúncia ofertada dispõe de plausibilidade jurídica acerca da imputação objetiva na conduta atribuída ao advogado.

De outro lado, no segundo cenário, concluiu-se que: à luz do dia a dia das operações societárias estruturadas sobre a base da burocracia brasileira, e levando-se em conta a ausência de dever de *compliance* imposto aos advogados de consultoria jurídica estrita, é possível falar-se em *uso estereotipado normal* da função profissional, que recai sobre o advogado de boa-fé ao ter que figurar no quadro societário de sociedade em fase de constituição no Brasil, ou receber procuração com fins estritamente jurídicos para representação de estrangeiro no Brasil.

Assim, ainda que o advogado extravase a norma jurídica de segurança da classe e ainda que a empresa, cuja fase de constituição fora coordenada pelo advogado de consultoria societária, venha a ser utilizada no futuro por criminosos para internalizar valores no Brasil fruto de crimes cometidos no exterior, o risco criado com sua atividade não supera o filtro da imputação objetiva, mantendo-se dentro da neutralidade.

Por fim, a lição que fica é que o modelo teórico das *condutas neutras — complementado pelos subsídios da imputação objetiva —*, apesar de ainda não ter sido recepcionado no ordenamento jurídico pátrio,[197] apresenta seguro referencial dogmático, apto a esclarecer e resolver, na prática, os problemas envolvendo a contribuição do advogado a fato ilícito de seu cliente, ou mesmo a questão dos honorários advocatícios maculados.

E, em auxílio ao bom funcionamento do modelo teórico aqui adotado, é de bom alvitre a sugestão para que o órgão de classe que orienta a advocacia no Brasil (OAB), além de já ter expressado manifestação pela inaplicabilidade das obrigações de controle da Lei nº 9.613/1998 aos advogados, fixe novos e modernos parâmetros de atuação do profissional, voltado em especial para o advogado que atua no consultivo estrito, criando *standards* de condutas profissionais juridicamente adequadas para esse ramo de atuação, de acordo com a atual e moderna gama de serviços jurídicos ofertados, tornando, pois, mais claros e objetivos os limites do risco juridicamente aprovado da atividade profissional típica.

Referências

AMBOS, Kai. *Lavagem de dinheiro e direito penal*. Tradução, notas e comentários sob a perspectiva brasileira de Pablo Rodrigo Alflen da Silva. Porto Alegre: Sergio Antonio Fabris, 2007.

ARAS, Vladimir. Lavagem de dinheiro, evasão de divisas e cooperação internacional: o caso Banestado. In: ROCHA, João Carlos de Carvalho; CAZETTA, Hubiratan (Coord.). *Crimes contra o sistema financeiro nacional*: 20 anos da Lei n. 7.492/86. Belo Horizonte: Del Rey, 2006. p. 201-258.

---

[197] Tratando-se de mera correção dogmática.

BADARÓ, Gustavo Henrique; BOTTINI, Pierpaolo Cruz. *Lavagem de dinheiro*: aspectos penais e processuais penais: comentários à Lei 9.613/1998, com as alterações da Lei 12.683/2012. São Paulo: RT, 2012.

BARROS, Marco Antonio. *Lavagem de capitais e obrigações civis correlatas*. São Paulo: RT, 2012.

BLANCO CORDERO, Isidoro. *El delito de blaqueo de capitales*. Madri: Thomson Reuters Aranzadi, 2012.

CANOTILHO, J. J. Gomes. *Comentários à Constituição do Brasil*. Coordenação de Gilmar Ferreira Mendes et al. São Paulo: Saraiva; Almedina, 2013.

CERVINI, Raúl; ADRIASOLA, Gabriel. *Responsabilidade penal dos profissionais jurídicos*. São Paulo: RT, 2013;

CORDOBA RODA, Juan. *Abogacía, secreto profesional y blanqueo de capitales*. Madri: Marcial Pons, 2006. (Cuadernos de Crítica Jurídica 1).

CORAGEM — a advocacia criminal nos anos de chumbo. Obra de iniciativa da Seccional de São Paulo da Ordem dos Advogados do Brasil — OAB/SP. Organização de José Mentor. São Paulo: Gráfica e Editora Brasil Ltda, mar. 2014.

ELUF, Luiza Nagib. *Honorários em foco*: advogado deve deixar caso pago com dinheiro ilícito. Disponível em: <www.conjur.com.br/2003-abr-16/advogado_deixar_pago_dinheiro_ilicito>. Acesso em: 14 abr. 2014.

FRISCH, Wolfgang. *Comportamento típico e imputación de resultado*. Tradução de Joaquim Cuello Contreras e José Luis Serrano Gonzáles de Murillo. Madri: Marcial Pons, 2004.

GRANDIS, Rodrigo de. O exercício da advocacia e o crime de "lavagem" de dinheiro. In: DI CARLI, Carla Veríssimo; MENDONÇA, Andrey Borges de (Coord.). *Lavagem de dinheiro*: prevenção e controle penal. Porto Alegre: Verbo Jurídico, 2011. p. 115-149.

GRECO, Luís. *Cumplicidade através de ações neutras*: a imputação objetiva na participação. Rio de Janeiro: Renovar, 2004.

____. *Um panorama da teoria da imputação objetiva*. São Paulo: RT, 2013.

HENRIQUES FILHO, Tarcísio Humberto Parreiras; CAZETTA, Ubiratan (Coord.). *Crimes contra o sistema financeiro nacional*: 20 anos da Lei n. 7.492/86. Belo Horizonte: Del Rey, 2006.

MENDES, Gilmar Ferreira; BRANCO, Paulo Gustavo Gonet. *Curso de direito constitucional*. 6. ed. São Paulo: Saraiva, 2011.

NALINI, José Renato. *Ética geral e profissional*. 6. ed. São Paulo: Revista dos Tribunais, 2008.

NETTO LOBO, Paulo. *Comentários ao Estatuto da Advocacia e da OAB*. 3. ed. São Paulo: Saraiva, 2003.

PEREIRA, Flávio Cardoso. As ações cotidianas no âmbito da participação delitiva. *Jus Navegandi*. Disponível em: <http:// jus2.uol.com.br/doutrina/texto.asp?id=3652>. Acesso em: 4 ago. 2014.

PROJETO de Lei registrado sob o nº 2938/1992, apresentado pelo exmo. deputado federal Ulysses Guimarães, na Sessão Legislativa da Câmara dos Deputados Federais. Texto e justificativas do projeto foram publicados integralmente no *Diário do Congresso Nacional*, na sessão de quarta-feira, dia 24 de junho de 1992. p. 14.226. Preâmbulo introdutório do Projeto de Lei. Disponível em <http://imagem.camara.gov.br/Imagem/d/pdf/DCD24JUN1992.pdf#page=63>. Acesso em: 20 nov. 2013.

RASSI, João Daniel. *Imputação das ações neutras e o dever de solidariedade no direito penal brasileiro*. São Paulo: LiberArs, 2014.

ROBLES PLANAS, Ricardo. "Las conductas neutrales" em derecho penal; la discussión sobre los limites de la cumplicidad punible. *Revista Brasileira de Ciências Criminais*, São Paulo, v. 16, n. 710, p. 190-228, jan./fev. 2008.

SÁNCHEZ RIOS, Rodrigo. *Advocacia e lavagem de dinheiro*: questões de dogmática jurídico-penal e de política-criminal. São Paulo: Saraiva, 2010. (Direito penal econômico. Gvlaw).

SCHORSCHER, Vivian. *A responsabilidade penal do advogado na lavagem de dinheiro*: Primeiras Observações. São Paulo: RT Edição 863, 2007. p. 137-167.

TOFIC SIMANTOB, Fabio. *Criminalização de honorários é fruto de preconceito*. Disponível em: <www.abracrim.adv.br/site/index.php/artigos/316>. Acesso em: 4 abr. 2014.

VILARDI, Celso Sanchez. *Criminalização de honorários é fruto de preconceito*. Disponível em: <www.ibccrim.org.br/boletim_artigo/4679-A-ciencia-da-infracao-anterior-e-a-utilizacao-do-objeto-da-lavagem>. Acessos em: 25 ago. 2013 e 14 abr. 2014.

ZARAGOSA AGUADO, Javier Alberto. El blanqueo de capitales, la comisión culposa y las perofesiones jurídicas. In: MARTINEZ, Jesús Julián Fuentes (Coord.). *Delitos económicos*. Navarra: Aranzadi, 2007. p. 210-299.

3

Análise de caso examinado pelo Tribunal Regional Federal da 4ª Região

Eduardo Ferreira da Silva

1. Introdução

O presente trabalho tem por objeto o estudo da relação entre o exercício da advocacia e o crime de lavagem de dinheiro por meio da análise de caso julgado pelo Tribunal Regional Federal da 4ª Região. O que motiva o presente estudo é a discussão acerca do tratamento jurídico dispensado aos casos em que o exercício da atividade profissional do advogado integra o curso causal de eventual crime de lavagem de dinheiro praticado por seus clientes.

Sobre esse tema, diversos são os pontos de toque entre a atividade profissional do advogado e o crime de lavagem de dinheiro, podendo-se citar o recebimento de honorários maculados em virtude da sua atuação em processo judicial, a discussão acerca da legitimidade da inclusão da advocacia entre os setores obrigados a comunicar operações suspeitas e, ainda, as situações em que a assessoria jurídica prestada pelo advogado contribui para a prática delitiva levada a efeito por seus clientes.

O presente estudo se ocupará especialmente do último problema citado, ou seja, das atividades desenvolvidas no âmbito da advocacia consultiva que acabam contribuindo para a prática do crime de lavagem de dinheiro, inserindo-se no curso causal do crime de branqueamento de capitais.

O objetivo, portanto, é identificar o ponto a partir do qual a conduta do profissional da advocacia consultiva adquire relevância penal, nos casos em que a intervenção do advogado tenha contribuído causalmente para a consumação do crime de lavagem de dinheiro.

E, para tanto, nosso objeto de estudo sugere, de maneira quase automática, a opção pelo método de estudo de caso, porque "um trabalho científico com recurso a casos apresenta um diferencial positivo de aproximar teoria ou normas gerais e abstratas ao campo prático",[1] aprimorando o diálogo e encurtando o já conhecido distanciamento entre a ciência e a jurisprudência, como muito bem destacaram Augusto Assis e Alaor Leite:

> Há algum tempo ecoam lamúrias a respeito do afastamento entre teoria e prática. De um lado, a ciência implora atenção e lamenta o descaso com que é tratada. De outro, a jurisprudência aponta a excessiva abstração dos estudos científicos e a relativa comodidade da posição do cientista. A caneta do cientista, diferentemente daquela do magistrado, não assina. A postura unilateral e monocromática com que cada lado se comporta certamente não alterará esse desagradável quadro, em que a jurisprudência, ensimesmada e autoferrante, decide ao sabor das circunstâncias e sem qualquer controle científico, e a ciência se permite divagações desgarradas dos reais problemas jurídicos.[2]

A elaboração do presente trabalho pelo método de estudo de caso, portanto, nos permite observar e analisar o tratamento jurídico dispensado pelo sistema de justiça criminal à problemática que envolve a advocacia e o crime de lavagem de dinheiro.

2. O caso

O caso selecionado foi objeto de ação penal que tramitou perante a Subseção Judiciária de Curitiba/PR.

---

[1] GHIRARDI, José Garcez; DE PALMA, Juliana Bonacorsi; VIANA, Manuela Trindade. Posso fazer um trabalho inteiro sobre um caso específico? In: FEFERBAUM, Marina; QUEIROZ, Rafael Mafei Rabelo (Coord.). *Metodologia jurídica*: um roteiro para trabalhos de conclusão de curso. São Paulo: Saraiva, 2012. p. 177.

[2] ASSIS, Augusto; LEITE, Alaor. O erro. Especial foco no erro de proibição. In: BUSATO, Paulo César (Org.). *Teoria do delito*: direito penal baseado em casos. Curitiba: Juruá Editora, 2012. p. 299.

Em síntese, o Ministério Público Federal denunciou diversas pessoas pela prática de crimes de tráfico internacional de entorpecentes, associação para o tráfico de drogas e lavagem de dinheiro. Segundo a acusação, verificou-se que no estado do Rio de Janeiro, o acusado T[3] detinha o comando de diversos pontos de vendas de entorpecentes, além de possuir entrepostos de armazenamento das substâncias ilegais no estado de São Paulo.

A denúncia também imputou aos acusados o crime de lavagem dos ativos oriundos do tráfico de drogas. Nesse ponto, segundo a acusação, uma das formas de branqueamento do produto do crime obtido pela organização se operacionalizava mediante duas empresas constituídas com capital ilícito, em nome de interpostas pessoas, com o objetivo de ocultar seu verdadeiro proprietário, tendo os denunciados se valido dessas empresas para dar suporte aos rendimentos declarados ao fisco e à aquisição de bens, de modo a desvincular totalmente os valores de sua origem ilícita.

Ainda no tocante ao crime de lavagem, o Ministério Público Federal denunciou o acusado A, advogado e contador, sustentando que (i) na condição de advogado teria assinado a constituição de uma das empresas utilizadas para a lavagem de dinheiro, empresas essas constituídas em nome de interpostas pessoas e com capital ilícito, e (ii) na condição de contador teria procedido à escrituração contábil dessas empresas, com a verificação de diversas irregularidades, não refletindo o efetivo e real resultado econômico, possibilitando, de acordo com a denúncia, a consumação do crime de lavagem.

Assim, concluiu a denúncia que o advogado e contador teria contribuído decisivamente para a prática do crime de lavagem de dinheiro, razão pela qual também deveria responder pela prática do crime de lavagem de dinheiro.

Encerrada a instrução, o juiz singular proferiu sentença absolutória em favor do advogado e contador, por ausência de provas suficientes para a condenação (art. 386, VII, do Código de Processo Penal) e proferiu juízo condenatório com relação aos demais denunciados, capitulando as condutas no art. 1º, *caput*, inciso I, e §2º, inciso I, ambos da Lei nº 9.613/1998, na redação vigente à época dos fatos.

Em sua fundamentação, a sentença de primeiro grau entendeu estar devidamente comprovada a materialidade do crime de lavagem de dinheiro, sustentan-

---

[3] O presente trabalho ocultou propositalmente todas as informações e referências aos nomes das partes envolvidas no caso, de maneira a resguardar a sua privacidade.

do que foram colhidas diversas provas, no decorrer do processo, que revelariam que as empresas, de fato, pertenciam ao acusado T e que teriam sido constituídas com seu capital.

Com relação especificamente ao advogado/contador, a sentença entendeu que não haveria prova suficiente de que as condutas praticadas pelo advogado/contador teriam sido motivadas por dolo de cometimento do crime de lavagem. Assim, muito embora tenha assinado a constituição de empresa com capital ilícito, que essa empresa tenha ocultado seu verdadeiro proprietário e ainda que tenham sido verificadas irregularidades na escrituração das empresas, não haveria prova suficiente do elemento subjetivo necessário à configuração do crime de lavagem.

O Ministério Público Federal não se conformou com essa decisão e interpôs recurso de apelação sustentando, em síntese, a existência de diversas circunstâncias objetivas que apontavam para a ciência do advogado/contador no que diz respeito à proveniência espúria dos valores utilizados na constituição e nas atividades das empresas. Segundo o recurso da acusação, (i) foram identificadas diversas irregularidades na contabilidade das empresas; (ii) o acusado era responsável pela contabilidade das empresas e pela elaboração das declarações apresentadas ao fisco por pessoas ligadas às empresas; (iii) o acusado assinou a constituição de uma das empresas, na condição de advogado; e (iv) o acusado tinha ciência das relações de seus clientes com o acusado T, conhecido traficante de drogas.

No julgamento do recurso interposto pela acusação, a 7ª Turma do Tribunal Regional Federal da 4ª Região deu provimento ao recurso do Ministério Público Federal para condenar o advogado/contador A pela prática do crime de lavagem de dinheiro, art. 1º, inciso I, da Lei nº 9.613/1998, sustentando, em síntese, que:

> Há elementos concretos apontando com segurança para o fato de que ele sabia da altíssima probabilidade de que os valores tivessem origem no tráfico ilícito de entorpecentes. Assim mesmo o acusado agiu, vale dizer, aceitou como possível a prática delitiva, consubstanciada na ocultação e dissimulação de valores injetados nas duas empresas já referidas, provindos do tráfico ilícito de entorpecentes. Assumiu o risco de contribuir, como de fato contribuiu, para a produção do resultado criminoso (vide art. 18, I, segunda parte, do CP), que, como já afirmado, não se vincula, para a sua caracterização, à exigência de que o sujeito ativo se beneficie economicamente com a conduta, e nem à maior ou menor expressividade dos valores ilícitos envolvidos.

Desse posicionamento, divergiu o desembargador federal revisor, por entender que o conjunto probatório produzido durante a instrução não permitia aferir a efetiva e consciente colaboração do acusado para o crime. Entre os fundamentos adotados no voto divergente, extrai-se a seguinte passagem:

> Deveria existir nos autos ao menos indícios de consciente colaboração do acusado, o que não se verifica na espécie. A conduta é de prestação dos serviços contábeis, de realizar a escrituração contábil de uma empresa na forma das informações trazidas pelo administrador da pessoa jurídica, verdadeiras ou não. Para a adesão ao crime deveria o contador agir fora dos limites estritos da escrita contábil para pessoalmente colaborar com o ato delituoso — normalmente para tanto percebendo alguma vantagem adicional, pelos atos realizados fora do mero serviço contábil. Não demonstrado o dolo, a vontade de colaborar para o crime afora da contratada prestação de serviço contábil, é caso de ser mantida a absolvição do réu.

Diante da divergência verificada no julgamento do recurso de apelação, a defesa do advogado/contador interpôs Embargos Infringentes e de Nulidade, para fazer prevalecer o voto divergente. No julgamento desse recurso, a Quarta Seção do Tribunal Regional Federal da 4ª Região, por unanimidade, deu provimento aos embargos infringentes para restabelecer a absolvição do advogado/contador. Os fundamentos adotados pelo voto condutor do acórdão, em síntese, foram os seguintes:

> Estabelecidos os contornos da espécie, entendo que o recurso deve ser provido, porquanto a condenação infligida ao embargante está assentada na responsabilização penal objetiva decorrente do fato incontestável de que o recorrente era contador de conhecido narcotraficante internacional do país.
>
> Com efeito, a denúncia só apresentou dois dados para indicar o suposto envolvimento de [A] no delito de ocultação de capitais, a saber: a) realização de documentos fiscais irregulares da empresa [X] e, b) responsável pela constituição dessa pessoa jurídica, uma vez que, além de técnico em contabilidade, é advogado.
> [...]
> Como se pode observar, nem a própria exordial acusatória declina quais os fatores que demonstrariam a real probabilidade de que o embargante soubesse que estava prestando informações falsas para o fim de ocultar capital proveniente do narcotráfico internacional.

[...]
De outra banda, não se pode olvidar que a lei de Lavagem não incluiu o contador e o advogado entre os profissionais que possuem dever de colaboração (*compliance*) com a repressão à lavagem de dinheiro (identificação de clientes, manutenção de registros e comunicação de operações financeiras com sérios indícios de lavagem de dinheiro), conforme se observa nos artigos 9º a 10 da Lei 9.613/98.

[...]
Por outro lado, a simples prestação de serviços advocatícios pelo embargante por ocasião da constituição da empresa utilizada para a lavagem de dinheiro proveniente de tráfico internacional de drogas não é, por si só, suficiente para justificar a sua condenação, porque a acusação não logrou êxito em indicar na denúncia e comprovar ao longo da instrução que o recorrente teria incorrido no tipo penal do artigo 1º, inciso I, §2º, I e II da Lei 9.613/98, isto é, que sabia dos propósitos obscuros da aludida pessoa jurídica:

[...]
Portanto, se é verdade que contadores e advogados também podem praticar o crime de lavagem de dinheiro quando as circunstâncias factuais objetivas (*v.g.* pagamento de honorários em espécie, valores fracionados, em joias) demonstrarem que houve subversão da sua atuação profissional, orientando e auxiliando, direta ou indiretamente, seus clientes no desiderato de ocultarem valores provenientes dos delitos precedentes, também é certo que esses profissionais liberais não podem ser incriminados pelo simples contato que tiveram com os autores dos crimes antecedentes quando o órgão acusatório deixar de demonstrar, com segurança, como no caso em tela, os aspectos que denotam a ciência dos fins ilícitos da assessoria prestada.

Essa decisão transitou em julgado para a acusação e para a defesa do advogado/contador.

3. Problemática verificada a partir do caso apresentado

Da análise do caso apresentado, verifica-se que a questão fundamental posta em discussão nas três decisões (sentença, apelação e embargos infringentes) diz respeito aos limites entre a licitude da prestação de serviços (advocatícios e de contabilidade) pelo Acusado A e sua eventual participação criminosa no delito de lavagem de dinheiro supostamente cometido por seus clientes.

As condutas imputadas ao advogado/contador podem ser classificadas como atos cotidianos, rotineiros, e são designadas pela doutrina como ações neutras.

Segundo a definição de Luís Greco,[4] "ações neutras seriam todas as contribuições a fato ilícito alheio não manifestamente puníveis". Essas ações são aquelas praticadas diariamente no âmbito cotidiano e profissional de diversas pessoas e que, em princípio, seriam absolutamente lícitas, como a atividade do advogado, que elabora contratos todos os dias, do contador que procede à escrituração contábil das empresas, do vendedor de ferramentas, do motorista de táxi etc.

Essas condutas — o ato de vender um machado, por exemplo — são manifestamente lícitas sob um primeiro olhar, dada a sua natureza neutra, cotidiana, pois devidamente inseridas dentro de seus contextos social e profissional. Contudo, ainda que em si consideradas carreguem o adjetivo de neutras ou "não manifestamente puníveis",[5] essas mesmas condutas podem contribuir para a prática delitiva levada a efeito por terceiros, notadamente por seus clientes.

Conforme anotado por Rodrigo Sánchez Rios:

> [...] Todos esses exemplos indicados apresentam características comuns: todos estão inseridos no marco da legalidade e são executados dentro do papel social desempenhado (comerciante, particulares, funcionário, profissional liberal etc.). Portanto, as atividades realizadas são lícitas e, no caso específico do advogado, chegam a ser natural decorrência do desempenho de suas prerrogativas. Ao mesmo tempo, depara-se com um fator similar e determinante a todas elas: acabam favorecendo a conduta delitiva de outrem.[6]

No caso descrito na primeira parte deste trabalho, como se viu, a assessoria jurídica — e contábil — prestada pelo advogado, inserida no âmbito das condutas neutras, acabou contribuindo para a prática do crime de lavagem de dinheiro.

---

[4] GRECO, Luís. *Cumplicidade através de ações neutras*: a imputação objetiva na participação. Rio de Janeiro: Renovar, 2004. p. 110.
[5] Ibid.
[6] SÁNCHEZ RIOS, Rodrigo. *Advocacia e lavagem de dinheiro*: questões de dogmática jurídico-penal e de política criminal. São Paulo: Saraiva, 2010. p. 153.

Ao enfrentarem esse caso, as três decisões proferidas solucionaram a questão a partir do elemento subjetivo do tipo (dolo), ou seja, a partir do conhecimento do advogado/contador acerca da proveniência ilícita dos valores, do conhecimento do advogado sobre as finalidades espúrias almejadas por seus clientes na constituição das duas pessoas jurídicas indicadas na narrativa, e ainda sobre a suposta vontade — ou assunção de risco — de contribuir para a prática do suposto crime levado a efeito por seus clientes.

Assim, o advogado foi absolvido em primeiro grau de jurisdição por ausência de provas que indicassem o elemento subjetivo necessário à configuração do crime de lavagem. Em segundo grau de jurisdição, o advogado foi condenado por se entender caracterizado elemento subjetivo na modalidade de dolo eventual, pois se concluiu que o advogado aceitou como possível a prática delitiva por parte de seus clientes e, mesmo assim, prestou a assessoria. Por fim, foi novamente absolvido, no julgamento dos embargos infringentes, sob o fundamento de que não haveria prova segura que denotasse a ciência, por parte do advogado, dos fins ilícitos da assessoria prestada.

Diante desse quadro, é de se questionar se o critério decisivo para a solução da problemática que envolve a participação criminal mediante ações neutras reside no elemento subjetivo do tipo, como restou decidido no caso aqui narrado? Se a resposta for negativa, qual seria, então, o critério divisor entre uma conduta neutra lícita e a cumplicidade punível?

4. O problema da cumplicidade por meio de ações neutras

Como se viu, as ações neutras são condutas inseridas dentro do marco da legalidade e são executadas dentro do papel profissional desempenhado pelos advogados, bancários, comerciantes etc. Ainda assim, essas atividades "poderiam, numa interpretação literal, ser englobadas pelo instituto da cumplicidade por favorecerem o delito de outrem".[7] Contudo, não há dúvidas de que a punibilidade dessas condutas tão só pelo fato de favorecerem fato ilícito alheio, sancionando condutas cotidianas inseridas no contexto social e necessárias ao desenvolvimen-

---

[7] Ibid., p. 153.

to da atividade econômica, conflitaria com a proteção da liberdade de iniciativa protegida pela Constituição.[8]

Por essa razão, Rodrigo Sánchez Rios sustentou o seguinte:

[...] Pretender direcionar a norma penal às condutas neutras a título de cooperação dolosa, criaria um mecanismo negativo impeditivo do normal desenvolvimento das relações sociais altamente reprovável. Não temos dúvida ao afirmar que eventual sanção a essas condutas constituiria um fator de insegurança jurídica, com reflexos adversos nas atividades sociais e econômicas próprias do Estado de Direito.[9]

Como se viu na exposição do caso objeto de análise, a problemática se agravava quando em voga o conhecimento do cúmplice acerca dos planos delitivos do autor do fato principal. Ou seja, o profissional que age dentro do marco deontológico de sua categoria, praticando atos do cotidiano de qualquer outro profissional, deve ser reprimido pelo direito penal quando atua com conhecimento ou suspeitas acerca das intenções criminosas de seu cliente?

O nosso problema, em verdade, é um problema de parte geral do direito penal, posto que inerente à cumplicidade delitiva. Assim, se identificarmos os fundamentos que afastam a punibilidade nos casos de cumplicidade por meio de ações neutras, estaremos prontos para resolver não apenas nosso caso de advocacia e lavagem, mas outros tantos casos em que uma ação não manifestamente punível contribui para a prática de ilícito alheio.

Para resolver essas questões decorrentes da cumplicidade por meio de ações neutras, a literatura sobre o tema buscou diversos critérios para traçar os limites entre o permitido e o proibido. E, como se verá, a grande maioria das teorias buscaram atacar o problema das ações neutras no âmbito da tipicidade, dividindo-se entre aquelas que propõem a solução do problema no tipo subjetivo, aquelas que se desenvolveram no âmbito da tipicidade objetiva e, ainda, outras propostas que podem ser classificadas de mistas, que analisam a questão a partir de ambas as facetas do tipo penal.

---

[8] Ibid., p. 153-154.
[9] Ibid., p. 154.

4.1 Estrutura da cumplicidade

Antes da exposição de soluções doutrinárias sobre o tema, cumpre tecermos algumas notas introdutórias acerca dos elementos que compõem a estrutura da cumplicidade, de modo a formar as bases e as premissas que permitirão a solução da problemática acima anunciada. Sobre esse tema, Luís Greco[10] esclarece o que se entendia por cumplicidade segundo a doutrina tradicional e, em seguida, indica as soluções doutrinárias mais modernas a respeito dos elementos que a integram:

> Para a doutrina tradicional — e por tradicional entenda-se também a doutrina finalista — o tipo do delito doloso se realiza com a concorrência de dois elementos: a causação do resultado, no plano objetivo, e o dolo, no plano subjetivo. Acreditou-se, por bastante tempo, que toda causação dolosa de um resultado seria típica.
> [...]
> Para resolver estes casos já no plano do tipo, vem a doutrina, desde a década de 70, empenhando esforços no sentido de complementar o tipo objetivo, que, segundo a visão tradicional, se esgotava na causalidade, com considerações de caráter normativo. Estas considerações compõem a moderna teoria da imputação objetiva, para a qual é pressuposto do tipo não só que o autor cause dolosamente um resultado, como também que este resultado seja uma realização do risco não permitido criado pelo autor.

Assim, o tipo objetivo não se esgotaria no plano da causalidade. Passou-se a exigir algo a mais que, nos termos da teoria da imputação objetiva, materializava-se na criação de um risco desaprovado pelo direito e, mais do que isso, na verificação desse risco no resultado.

No mesmo sentido, vale aqui transcrever as lições de Javier Sánchez-Vera Gómez-Trelles,[11] que, em obra específica sobre advocacia e lavagem de capitais, também considerou insuficientes os critérios de causalidade para a solução dos casos de cumplicidade:

---

[10] Luís Greco. Cumplicidade através de ações neutras, op. cit., p. 12-13.
[11] SÁNCHEZ-VERA GÓMEZ-TRELLES, Javier. Blanqueo de capitales y abogacia. Un necesario análisis crítico desde la teoria de la imputación objetiva. *InDret* — Revista para el Análisis del Derecho, Barcelona, 2008. Disponível em: <www.indret.com>. p. 6.

En efecto, sólo desde la obsoleta teoría de la conditio sine qua non, *que pretende elevar la imputación penal a meras relaciones causales, podría deducirse* per se, *equivocadamente, una responsabilidad para el letrado actuante, basada en el viejo y superado aforismo de que "la causa de la causa es causa de lo causado": como quiera que a través del abogado (la causa última, como otras muchas, v.gr. el sistema bancario o hasta el sistema monetario) habría sido canalizada por el "cliente" (la causa más próxima) la operación investigada de blanqueo (lo causado), dicha causa última de la causa más próxima —el comportamiento del "cliente"— sería también, para esta ingenua teoría, causa de lo causado, es decir, existiría una corresponsabilidad del letrado.*

Para em seguida concluir:

Bien al contrario, para un correcto tratamiento de la problemática ha de estarse a los postulados de la teoría de la imputación objetiva, como ya apuntábamos, según la cual sólo se deduce responsabilidad penal por un resultado prohibido —aquí: el lavado— si, en primer lugar, ha sido creado un "riesgo jurídicamente desaprobado", y, en segundo término —para el caso de que esta primera premisa obtenga respuesta afirmativa—, si "ese riesgo jurídicamente desaprobado se ha concretado en el resultado prohibido por el Derecho Penal".[12]

Luís Greco também esclareceu que os critérios de imputação objetiva devem ser aplicados à tipicidade objetiva da cumplicidade, diante da incapacidade de resolução dos casos de participação tão somente a partir dos critérios de causalidade:

Da mesma forma, no plano da participação, até a década de 90 considerava-se majoritariamente que a cumplicidade seria nada mais que causalidade, no plano objetivo, e dolo, no subjetivo. Com o que surgem problemas análogos ao do nosso médico: se o partícipe contribuir não de maneira a ajudar, e sim a atrapalhar a ação principal, ele terá, certamente, causado o resultado concreto. [...] Em razão disso, acabou-se logo por concluir que tampouco na cumplicidade a causação era suficiente para caracterizar o tipo objetivo. Era necessário algo mais.

---

[12] Ibid., p. 7-8.

[...]
Assim, também na ação do cúmplice deverá, além de causar o resultado (o injusto principal), criar um risco juridicamente desaprovado de que este resultado ocorra, risco esse que deve nele realizar-se.[13]

É isso também o que nos ensina o professor Isidoro Blanco Cordero:

Como venimos diciendo, requisito fundamental para la imputación de la cooperación es la causalidad, esto es, una cocausación en el sentido de una influencia sobre la concreta configuración de la realización del tipo. Sin embargo, el enlace causal no es suficiente; es preciso que estemos ante una contribución peligrosa y que sea la peligrosidad de dicha contribución fáctica (relación de causalidad) es precisa la existência de una conexión teleológica y normativa (imputación objetiva). De acuerdo com los princípios generales de la imputación objetiva, se ha de determinar si la contribución há creado un peligro juridicamente desaprovado y si éste se ha materializado en el resultado. En el âmbito de la cooperación se acentua uno de los elementos de la imputación objetiva; el relativo al incremento del riesgo.[14]

Nestes termos, e como bem concluiu Luís Greco, "ser cúmplice, auxiliar alguém, nada mais é senão realizar um aumento juridicamente desaprovado do risco, causador do resultado".[15]

4.2 Propostas que buscam resolver o problema a partir do tipo subjetivo

Como já anunciado, entre as diversas teorias desenvolvidas para a resolução dos casos de cumplicidade por meio de ações neutras, encontram-se aquelas que buscam a solução do problema no tipo subjetivo. Sobre essas propostas, Rodrigo Sánchez Rios anotou que: "No tocante às perspectivas subjetivas, a distinção entre cumplicidade punível e atipicidade depende do conhecimento do executor da ação de cooperação. Afirma-se, em síntese, que o significado social de uma

---

[13] Luís Greco. Cumplicidade através de ações neutras, op. cit., p. 13-14.
[14] BLANCO CORDERO, Isidoro. *Limites a la participación delictiva*: las acciones neutrales y la cooperación en el delito. Granada: Comares, 2001. p. 20-21.
[15] Luís Greco. Cumplicidade através de ações neutras, op. cit., p. 17.

conduta é deduzido a partir da consideração do conteúdo da vontade de quem a pratica".[16]

Nesse sentido, desde há muito tempo Carl Ludwig von Bar[17] já assinalava que quem presta ajuda para a realização de um delito deve atuar com dolo direto a respeito do fato delitivo do autor principal. Não se poderia falar em punibilidade do cúmplice, pois, nas hipóteses de atuação com dolo eventual. Isso porque, segundo o citado autor, "*De lo contrario, quien realiza acciones inofensivas, inocuas, podría ser sancionado por la mera sospecha de que outro pudiera utilizar la situación creada por él para la realización de un delito*".[18]

No mesmo sentido, segundo Otto, o decisivo para a solução da problemática residiria no dolo do cúmplice e, mais do que isso, esse deveria ser dolo direto, não se podendo falar em punibilidade do partícipe nas hipóteses de dolo eventual.

Em suas palavras:

La mera sospecha de conducta penalmente relevante, incluso cuando llegan a existir los presupuestos del dolus eventuais, no cambia el contenido de sentido del acontecer. Sólo el saber o el favorecimiento intencional del delito otorgan a la conducta un contenido de sentido delictivo. Únicamente el saber o la determinación delictiva hacen incurrir en complicidad en un homicídio al vendedor de un herbicida venenoso. Mientras el professional sólo reconozca el peligro de una cooperación en un delito, sirve a un valioso interés com la observância de su actividad professional, que prevalece al interés de possibilitar o facilitar eventualmente un delito.[19]

Em linha de conclusão, essas propostas podem ser assim definidas:

Se o sujeito tem a vontade direcionada a colaborar com o delito de terceiro e anteriormente assentiu a esse objetivo, resta claro o sentido delitivo da sua

---

[16] Rodrigo Sánchez Rios. *Advocacia e lavagem de dinheiro*, op. cit., p. 154-155.
[17] BAR, C. L. Von. Gesetz und Schuld im Strafrecht, t. II ("Die Schuld nach dem Strafgesetze"). Berlim, 1907. p. 693 apud: ROCA DE AGAPITO, Luis. *Las acciones cotidianas como problema de la participación criminal*. Valencia: Tirant lo Blanch, 2013. p. 129.
[18] Ibid., p. 763, apud ibid., p. 129-130.
[19] OTTO, H. "Vorgeleistete Strafvereitelung" durch beruftypische oder alltägliche Verhaltensweisen als Beihilfe". FS-Lenckner, 1998. p. 214 apud: Luis Roca de Agapito. *Las acciones cotidianas como problema de la participación criminal*, op. cit., p. 142.

conduta ao atuar com dolo direto. Com essa consideração, o motivo central da desaprovação da conduta residiria na perspectiva subjetiva.

Em linha de máxima, o viés subjetivo se impõe quando o sujeito tem a intenção de aderir com dolo direto à ação principal, definindo-se assim, os limites entre a criação do risco aprovado e do risco desaprovado. Na hipótese de uma contribuição à conduta de outrem, mas sem a exata noção de como será empregado esse auxílio (dolo eventual), a resposta jurídico-penal seria tendente à impunidade dessa atuação ao considerá-la inofensiva. A sanção não se justificaria com base em suspeitas da eventual possibilidade de utilização dessa atuação pelo agente principal para a prática do delito.[20]

Ou seja, as propostas subjetivas têm como decisivo para a configuração da cumplicidade o grau de conhecimento e vontade do executor da colaboração para o ilícito alheio. Essas propostas, como se viu, parecem atrativas, na medida em que limitam a discussão à verificação do dolo do cúmplice para se chegar à solução do problema. Ou seja, verificado que o agente que contribuiu causalmente para a prática do delito tinha conhecimento das intenções criminosas do autor principal, estaria autorizada a punição a título de cumplicidade.

Contudo, as soluções que buscam no tipo subjetivo a resposta para o problema das ações neutras foram alvo de diversas críticas da doutrina. Em primeiro lugar, porque, ao limitarem a punibilidade nos casos em que o agente atua com dolo eventual, nas palavras de Roca de Agapito, "*se rompe la unidad en las sanciones penales entre las distintas formas de dolo*",[21] na medida em que "*El dolo eventual no deja de ser dolo, por lo que merece el mismo tratamiento que las otras clases de dolo*".[22]

Daí porque Greco fez a seguinte advertência ao analisar a proposta de Otto:

> Se o próprio legislador só em raríssimos casos faz alguma distinção entre dolo direto e eventual, ordenando, na quase totalidade das hipóteses, a mesma consequência jurídica para os dois, seriam necessários argumentos bastante convincentes para provar que esta distinção tem alguma relevância para o problema das ações neutras. É duvidoso, ademais, que a mera diferença na disposição in-

---

[20] Rodrigo Sánchez Rios. *Advocacia e lavagem de dinheiro*, op. cit., p. 155-156.
[21] Luis Roca de Agapito. Las acciones cotidianas como problema de la participación criminal, op. cit., p. 152.
[22] Ibid.

terna existente entre as formas de dolo possa fundamentar uma tal disparidade de tratamento, sem que tal implique num direito penal de ânimo.[23]

Em segundo lugar, não se poderia perquirir acerca do elemento subjetivo antes de se ter por configurada a tipicidade objetiva em todos os seus termos, na medida em que a análise da tipicidade subjetiva pressupõe o completo atendimento da tipicidade objetiva. Nesse ponto, também são pertinentes as críticas formuladas por Robles Planas quando diz o seguinte:

> *En efecto, las perspectivas subjetivas adolecen, en todas sus variantes, del mismo defecto metodológico. Situando el problema en el ámbito de lo subjetivo, esto es, en la forma que el primer sujeto contempló el hecho ejecutado por el segundo, pasan por alto que lo subjetivo tiene siempre como único referente el lado objetivo de la conducta. Dado que el Derecho penal del Estado de Derecho es un Derecho penal del hecho (típico), no puede, por tanto, hacerse depender la calificación objetiva de una conducta (en el sentido de tipicidade objetiva) de si ejecuta con dolo o no. De igual manera, difícilmente puede negarse que concurre el tipo subjetivo sin antes haber constatado que el tipo objetivo está completamente realizado.*[24]

Essas também foram as críticas de Rodrigo Sánchez Rios, para quem:

> Aceitar, sem reservas, que o conhecimento da resolução delitiva alheia seja base suficiente de imputação acessória equivaleria, na reflexão crítica de Landa Gorostiza, a instaurar uma autêntica "posição de garantidor genérico", propiciando uma espécie de obrigação de vigilância sobre a própria função desenvolvida para que esta não possa favorecer delitos de outrem. Isso seria inaceitável e inoperante na complexa sociedade pós-moderna.[25]

Por fim, cumpre ainda se fazer uma crítica de caráter prático com relação às propostas que solucionam o problema a partir de dados subjetivos, que reside

---

[23] Luís Greco. Cumplicidade através de ações neutras, op. cit., p. 68.
[24] ROBLES PLANAS, Ricardo. Las conductas neutrales en el ámbito de los delitos fraudulentos — Espacios de riesgo permitido en la intervención en el delito. In: SILVA SÁNCHEZ, Jesús-María (Dir.). ¿Libertad económica o fraudes punibles? — Riesgos penalmente relevantes e irrelevantes en la actividad económico-empresarial. Madri; Barcelona: Marcial Pons, 2003. p. 36.
[25] Rodrigo Sánchez Rios. *Advocacia e lavagem de dinheiro*, op. cit., p. 157.

nas dificuldades práticas de comprovação do dolo. O que se quer dizer aqui é que, a prosperar a solução por meio do tipo subjetivo, ter-se-ia que se instaurar um procedimento criminal para somente ao final da instrução se chegar a uma conclusão sobre a presença ou não do dolo, para só então se concluir pela punibilidade ou não da conduta do partícipe.

Do contrário, se o problema pudesse ser resolvido a partir do marco objetivo da tipicidade penal, não seria necessário todo o desencadeamento probatório para a constatação do dolo, na medida em que a ausência de tipicidade objetiva — pela ausência de qualquer dos critérios de imputação objetiva, por exemplo — tornaria desnecessária qualquer incursão sobre o preenchimento do tipo subjetivo.

Por essas razões, as propostas que solucionam a questão a partir do tipo subjetivo não se mostram, em nosso entendimento, as mais adequadas para a resolução da nossa problemática.

4.3 Solução proposta por Roxin. Adoção de critérios objetivos e subjetivos

Claus Roxin tratou casos de participação através de ações neutras a partir dos critérios de imputação objetiva, complementados com critérios de índole subjetiva. Segundo Roxin, a imputação a título de cumplicidade exigiria um incremento causal do risco para a realização do resultado, de maneira que a causalidade seria necessária, mas não suficiente para preencher a tipicidade objetiva da cumplicidade.[26]

Em suas palavras, "*Una cocausalidad en el sentido de una influencia sobre el concreto modo y manera de realización del tipo ciertamente es algo necesario, pero aún no suficiente para la cooperación*".[27] Assim, "*en concordancia con los principios generales de la inputación objetiva una aportación causal al hecho sólo puede ser uns cooperación o complicidad cuando haya incrementado el riesgo para la víctima y correlativamente la oportunidad de éxito para el autor*".[28]

---

[26] Luis Roca de Agapito. Las acciones cotidianas como problema de la participación criminal, op. cit., p. 310.
[27] ROXIN, Claus. *Derecho penal* — Parte general — Tomo II: Especiales formas de aparición del delito. Tradução de Diego-Manuel Luzón Peña, José Manuel Paredes Gastañón, Miguel Díaz y García Conlledo e Javier de Vicente Remesal. Madri: Thomson-Civitas, 2003. p. 287.
[28] Ibid.

Esclarecendo essa passagem do professor Claus Roxin, José Danilo Tavares Lobato lembrou que "Esse critério do aumento causal do risco pode dividir-se em quatro elementos: possibilitar, facilitar, intensificar ou assegurar o fato mediante a contribuição",[29] esclarecendo, ainda, que "nem toda conduta de cumplicidade terá que corresponder exatamente a esses quatro elementos, mas o decisivo será sempre que uma contribuição tenha elevado as oportunidades do ato e que seja ela útil ao autor do fato no momento de executar o seu plano".[30]

Sobre a problemática das ações neutras ou cotidianas em particular, Roxin avança com a exposição de duas situações distintas: "na primeira, o partícipe sabe da decisão do autor principal no sentido de cometer o crime; na segunda, o partícipe apenas suspeita dessa possibilidade".[31]

Assim, nos casos em que o partícipe conhece a resolução delitiva do autor, "a contribuição será punível se — e apenas se — dotada de sentido delitivo".[32] A existência de sentido delitivo nesses casos, segundo Roxin, se verificará nos casos em que o partícipe "*favorece una acción que como tal es de naturaleza delictiva*",[33] e também nos casos em que "*la acción directamente favorecida como tal es legal, pero para el autor el único fin de emprenderla, tal como conoce el sujeto externo, consiste en posibilitar o facilitar un hecho punible*".[34]

Por fim, como ressaltado por Luís Greco ao expor a posição de Roxin, inexistirá sentido delitivo "naqueles casos em que a contribuição se referir a uma ação legal, que por si só é útil ao autor principal, mas que é por este empregada, com base numa decisão autônoma, para a prática de um crime".[35]

Por outro lado, nas situações em que a ação é realizada em estado de dúvida, quando o partícipe nutre apenas suspeitas acerca da possibilidade de o autor principal cometer um crime, a solução para Roxin será, como regra geral, a atipicidade da conduta, na medida em que essas ações estarão acobertadas pelo princípio da confiança.[36]

---

[29] TAVARES LOBATO, José Danilo. *Teoria geral da participação criminal e ações neutras*. Curitiba: Juruá, 2010. p. 92.
[30] Ibid.
[31] Luís Greco. Cumplicidade através de ações neutras, op. cit., p. 81.
[32] Ibid.
[33] Claus Roxin. *Derecho penal*, op. cit., p. 292.
[34] Ibid., p. 293.
[35] Luís Greco. Cumplicidade através de ações neutras, op. cit., p. 82.
[36] Ibid.

Nesse sentido, diz o professor Roxin que "*En muchos casos ocurrirá que el sujeto externo no tiene conocimiento de una resolución delictiva del autor, sino que sólo pondera la possibilidad de un empleo delictivo de su aportación*".[37] Nesses casos, segundo Roxin,

> *Hay que ponderar si en tales supuestos concurre o no una complicidad con* dolus eventualis. *Esta és en si misma posible, pero debe ser rechazada en virtud del principio de confianza, conforme al mismo todo el mundo puede licitamenteconfiar en que otros no cometerán delitos dolosos en tanto no haya una "reconocible inclinación al hecho" el en otro que deje sin fuerza esa suposición.*[38]

Ou seja, em regra, nos casos em que o partícipe apenas nutre suspeitas acerca das intenções criminosas do autor principal, a solução será a atipicidade em virtude do princípio da confiança. A exceção de Roxin nesses casos, sustentando a possibilidade de participação punível, será verificada quando "o partícipe estiver diante de uma pessoa reconhecivelmente inclinada a praticar o fato, se houver indícios concretos de que fato será cometido".[39]

Trazendo a aplicação da proposta de Roxin para a problemática que envolve a prática de atos cotidianos por parte dos profissionais da advocacia, Gabriel Adriasola e Raúl Cerivini esclarecem o seguinte:

> Segundo o mestre alemão, para resultar punível, o profissional deve ter um "conhecimento seguro" do plano delitivo do autor, não bastando o dolo eventual para eliminar a neutralidade da atuação. Somente se ao profissional contasse a intenção de seu cliente de cometer um delito, ocorreria uma verdadeira concausação do resultado. A razão de excluir ao dolo eventual como fator que exclua a neutralidade radica, para Roxin, no "princípio da confiança", que induz normalmente a pensar que o terceiro não cometerá um delito doloso na medida em que não exista nele uma "tendência reconhecível ao fato".[40]

---

[37] Claus Roxin. *Derecho penal*, op. cit., p. 299.
[38] Ibid., p. 300.
[39] Luís Greco. Cumplicidade através de ações neutras, op. cit., p. 83.
[40] ADRIASOLA, Gabriel; CERVINI, Raúl. *Responsabilidade penal dos profissionais jurídicos*: os limites entre a prática jurídico-notarial lícita e a participação criminal. São Paulo: Revista dos Tribunais, 2013. p. 121-122.

A posição do professor Roxin também pode ser verificada na jurisprudência alemã. Nesse sentido, Roca de Agapito traz em sua obra decisão proferida pelo BGB (similar ao nosso Superior Tribunal de Justiça), em que a Corte alemã diz o seguinte:

Si la acción del autor principal tende exclusivamente a cometer una acción punible, y el que presta la ayuda lo sabe, entonces hay que valorar su intervención ál hecho como una acción de complicidad (véase BGHR StGB §327 I Hilfeleisten 3). En este caso su hacer pierde el "carácter de cotidiano", hay que valolarlo como "solidariedade" com el autor (Roxin, LK, §27/19) y entonces tampoco puede ser considerado ya más como "socialmente adecuado" (véase Löwe-Krahl, wistra 1995, 201, 203). Si por el contrario el que presta la ayuda no sabe como la contribución que él oferece va há ser utilizada por el autor principal, y simplemente considera posible que su actuar sea utilizado para la comisión de un delito, entonces su conducta normalmente no puede juzgarse como complicidad punible, a no ser que el riesgo por él percebido de apoyar com su conducta un delito fuese tan elevado que haya assumido que con su ayuda e "estaba favoreciendo a un autor reconociblemente inclinado al hecho".[41]

A solução proposta por Claus Roxin, como se verifica, muito se aproxima daquelas puramente subjetivas. E, assim como aquelas, também foi objeto de considerações críticas por parte da doutrina sobre o tema.

Nesse sentido, Blanco Cordero disse o seguinte:

Una primera crítica de caráter sistemático que es preciso plantear a la elaboración de Roxin —también formulada com carácter general a la teoria de la imputación objetiva—, es precisamente que procede a valorar el tipo subjetivo previamente al tipo objetivo. En su formulación el tipo subjetivo condiciona la concurrencia o no del tipo objetivo. De aceptar esto, la teoría de la imputación objetiva dejaría de ser una categoría objetiva. Esto ha de ser rechazado. No se puede proceder al juicio de la imputación objetiva tras haber valorado previamente si concurre o no el dolo. La imputación objetiva es un juicio previo al tipo subjetivo.[42]

---

[41] Luis Roca de Agapito. Las acciones cotidianas como problema de la participación criminal, op. cit., p. 131-132.
[42] BLANCO CORDERO, Isidoro. *Limites a la participación delictiva*: las acciones neutrales y la cooperación en el delito. Granada: Comares, 2001. p. 74.

Luís Greco[43] também assevera que não se poderia fazer qualquer distinção de tratamento entre o conhecimento seguro e a mera suspeita, da forma como proposta por Roxin. Assim, fazendo referência às críticas lançadas contra as propostas de Otto, a mera diferença entre as modalidades do dolo não poderia justificar tratamentos penais tão diversos.

Já com relação à adoção do critério da referência de sentido delitivo, Greco também sustenta que "A ideia do sentido delitivo tem o grave problema da imprecisão".[44] Seria necessário, portanto, um conceito mais concreto acerca da ideia de sentido delitivo para que esse critério pudesse solucionar os casos de cumplicidade por meio de condutas neutras.

Da mesma forma, Robles Planas[45] sustenta que a ideia de referência de sentido delitivo é muito aberta, assim como a referência à reconhecível inclinação para o fato também seria muito ampla, restringindo demasiadamente a liberdade de ação.

4.4 Propostas que buscam resolver o problema a partir do tipo objetivo

Em contraponto às propostas anteriormente apresentadas, relevante setor da doutrina formulou propostas que buscam resolver o problema da cumplicidade por meio das ações neutras a partir do tipo objetivo.

Nesse sentido, Rodrigo Sánchez Rios chamou a atenção para o fato de que o problema deve ser tratado na base objetiva da conduta. Assim, com apoio nas lições de Frisch, sustentou o seguinte:

> Desse modo, sobre a base objetiva da ação deverá recair o referencial do sentido delitivo "não porque o sujeito queira possibilitar ou facilitar o atuar delitivo alheio, e desde logo a referência de sentido delitivo não desaparece porque falte essa disposição. Pelo contrário, a referência do sentido delitivo é um dado objetivo e se dá se a ação tem sentido somente na sua propriedade de possibilitar

---

[43] Luís Greco. Cumplicidade através de ações neutras, op. cit., p. 86.
[44] Ibid., p. 79.
[45] Ricardo Robles Planas. Las conductas neutrales en el ámbito de los delitos fraudulentos, op. cit., p. 43.

ou facilitar o comportamento delitivo alheio ou que pelo menos apareça como preenchimento de uma necessidade delitivamente definida, satisfazendo-a".[46]

Na construção de Frisch, a referência de sentido delitivo, mencionada por Rodrigo Sánchez Rios, designa as condutas que só podem ser explicadas delitivamente, ou seja, "*las conductas que poseen precisamente una relación funcional con el possibilitar o facilitar el comportamiento delictivo ajeno, de ahí reciben su sentido y por su contenido se agotan en facilitar o possibilitar el comportamiento delictivo ajeno*".[47]

E como já observamos, as condutas cotidianas, neutras, não são dotadas, em si, de conteúdo de sentido delitivo. E aqui Frisch esclarece que sobre essas condutas, ainda que possibilitem a prática de delitos por terceiros, estarão descartadas da criação de riscos desaprovados:

Dicho en positivo, esto significa que sobre todo los "negócios normales de la vida cotidiana", aun cuando posibiliten la comisión de delitos o faciliten a terceiros su ejecunión, quedan descartados del ámbito de las creaciones de riesgo desaprobadas y por tanto del comportamiento típico en sentido amplio; al menos, en lo que respecta a la fundamentación del comportamiento típicamente prohibido desde el punto de vista de la referencia de sentido delictiva de la conducta.[48]

Prossegue o autor afirmando que não se pode fundamentar por essa via uma criação de risco juridicamente desaprovado nos casos de venda, aluguel ou empréstimo de objetos aproveitáveis delitivamente, quando esses mesmos objetos puderem ser obtidos em qualquer outro lugar.[49]

Ao expor as considerações de Frisch, Rodrigo Sánchez Rios afirma que, diante da inexistência de sentido delitivo nos "negócios normais da vida cotidiana", eles não poderiam ser proibidos pelo direito penal "pois não representam um meio idôneo para lesar um bem jurídico".[50]

---

[46] Rodrigo Sánchez Rios. *Advocacia e lavagem de dinheiro*, op. cit., p. 157.
[47] Ibid., p. 300.
[48] FRISCH, Wolfgang. *Comportamiento típico e imputación del resultado*. Tradução de Joaquin Cuello Contreras e José Luis Serrano Gonzáles de Murillo. Madri: Marcial Pons, 2004. p. 316.
[49] Ibid.
[50] Rodrigo Sánchez Rios. *Advocacia e lavagem de dinheiro*, op. cit., p. 158.

Mais adiante Sánches Rios destaca, ainda, que a prática da conduta independeria da intenção do prestador de serviços, "pois dificilmente esse aspecto subjetivo será demonstrável no âmbito do processo. O dado funcional da atividade se esgota no facilitar ou possibilitar a conduta de terceiro, tendo a circunstância funcional uma explicação justificada na perspectiva objetiva".[51]

Em síntese, para Frisch, a referência de sentido delitivo é um dado eminentemente objetivo, de forma que em nada altera o fato de o cooperador saber das intenções delitivas ou querer facilitar a prática do crime pelo autor do fato principal, na medida em que este pode facilmente, em qualquer momento, dirigir-se a outras pessoas e adquirir, sem esforço, os objetos ou serviços oferecidos pelo cooperador.

A proposta de Frisch, portanto, tem seus méritos em trazer a solução para o tipo objetivo, quebrando a sequência de propostas que solucionam o problema diretamente no tipo subjetivo, sem antes constatar o preenchimento completo da tipicidade objetiva. Ademais, Frisch toma como reitor de sua proposta a necessidade de que a proibição deve ser idônea para a proteção de bens jurídicos, afastando a tipicidade nos casos em que a conduta não ultrapassa o filtro da imputação objetiva.

No entanto, a proposta apresentada por Frisch foi objeto de críticas da doutrina, notadamente no que diz respeito ao conceito de sentido delitivo, que, como expusemos no item referente à proposta de Roxin, se trata de um conceito muito aberto, não trazendo, pois, a concretude e segurança necessárias para a resolução de todos os casos.

A formulação de Frisch, contudo, especialmente no que diz respeito à ideia de idoneidade para a proteção de bens jurídicos, serviu de base para a construção formulada por Luís Greco que, para nós, parece ser a proposta que melhor soluciona a problemática da cumplicidade por meio de ações neutras.

Luís Greco elaborou a sua proposta de solução dos casos de cumplicidade por meio de ações neutras também situando a questão como um problema de tipicidade objetiva. Segundo o autor, "um dos maiores progressos trazidos pela teoria da imputação objetiva é o fato de ter retirado ela do tipo subjetivo uma série de problemas que por ele não poderiam receber uma solução adequada".[52] Prossegue o autor, afirmando que "É função do tipo objetivo, e não do subje-

---

[51] Ibid., p. 158.
[52] Luís Greco. Cumplicidade através de ações neutras, op. cit., p. 115.

tivo, definir os limites externos do proibido e do permitido",[53] para concluir que "a partir do momento que se relega ao tipo subjetivo a tarefa de distinguir ações proibidas das não proibidas, corre-se o risco de cair em um direito penal de ânimo".[54]

Situada a questão no âmbito do tipo objetivo, prossegue o autor sustentando que a questão deve ser resolvida, então, a partir da imputação objetiva,[55] na medida em que a cumplicidade por meio de ações neutras já atende os demais elementos da tipicidade objetiva da cumplicidade (conduta, nexo causal e resultado).

Nesse ponto, Luís Greco sustenta que "Não é preciso muita perspicácia para observar que também nos casos de ações neutras há sempre esta criação de risco"[56] e, a partir dessa constatação, conclui que, "Se há criação de risco, para que o tipo objetivo esteja realizado basta somente que este risco seja declarado proibido, juridicamente desaprovado".[57]

A partir dessas premissas, Luís Greco considera que a proibição da prática de certas condutas deve ser idônea. E uma proibição poderá ser considerada idônea "se a não prática da ação proibida servir de meio para alcançar determinado fim".[58] E esse fim, sustenta o autor, é "obviamente, a proteção do bem jurídico".[59] Luís Greco avança nesse critério da idoneidade, afirmando que a exigência de idoneidade diz respeito à proteção do bem jurídico em concreto e que "não é preciso que a não prática da ação proibida salve o bem jurídico; basta que ela melhore, de alguma maneira, a situação deste".[60] E por melhorar a situação do bem jurídico, o autor pressupõe uma melhora relevante,[61] sustentando que, "quanto mais fácil obter um substituto não iniciado que se proponha a realizá-la, tanto menos idônea será a proibição para melhorar a situação do bem jurídico"[62] e, por outro lado, "quanto mais difícil seja obter a contribuição noutro lugar ou sem despertar a desconfiança de um terceiro, tanto mais idônea será a proibição para proteger o bem jurídico".[63]

---

[53] Ibid.
[54] Ibid., p. 116.
[55] Ibid., p. 116-117.
[56] Ibid., p. 118.
[57] Ibid., p. 119.
[58] Ibid., p. 140.
[59] Ibid.
[60] Ibid., p. 141.
[61] Ibid., p. 142.
[62] Ibid.
[63] Ibid.

Em síntese, conclui Luís Greco que "a exigência da idoneidade da proibição significa que só haverá risco juridicamente desaprovado se a não prática da ação proibida representar uma melhora relevante na situação do bem jurídico concreto".[64]

Em trabalho mais recente, e voltando ao presente tema, Luís Greco resumiu a sua construção nos seguintes termos:

> Neste trabalho, não posso analisar cada um destes e dos muitos outros critérios propostos — o que faço noutro estudo, ao qual remeto o leitor —, mas me limitarei a mencionar de que modo o problema deve a meu ver ser solucionado: por meio do critério da idoneidade da proibição para melhorar a situação do bem jurídico concreto. [...] Ele declara, em suma, que os riscos criados por ações de cumplicidade só serão juridicamente desaprovados se a hipotética recusa da prática dessas ações dificultasse de alguma maneira o cometimento da ação principal pelo autor. Ou seja, se o autor puder conseguir a mesma contribuição de outra fonte, sem ter a necessidade de revelar o seu plano e sem que isso dificulte a sua agressão ao bem jurídico, não há por que considerar o risco criado pelo padeiro ou pelo bancário um risco proibido. [...] Isso quer dizer que, no caso do padeiro, se for possível ao autor comprar o pão noutro lugar próximo, sem ter de revelar as finalidades desta compra, o padeiro não criará risco proibido ao realizar a venda ainda que saiba das finalidades que movem o autor. Mas o motorista de táxi que espera na porta de um banco enquanto o autor principal termina de cometer seu roubo cria risco juridicamente desaprovado, porque seria necessário iniciar outro motorista nos planos criminosos para que ele pudesse realizar a contribuição, e isso o critério considera uma dificuldade.[65]

O critério da idoneidade da proibição para melhorar a situação do bem jurídico concreto, proposto por Luís Greco, parece atender a todas as necessidades para a resolução dos problemas da cumplicidade por meio de ações neutras. Esse critério se afasta das soluções puramente subjetivas, de modo que não esbarra em todas aquelas críticas já expostas. Da mesma forma, o critério não apresenta a amplitude verificada nas demais soluções propostas pela doutrina, como se viu quando expusemos os conceitos de referência de sentido delitivo, que são

---

[64] Ibid., p. 142-143.
[65] Ibid., p. 80-81.

demasiadamente abertos. Por fim, a solução proposta por Luís Greco se mostra comprometida com a finalidade reitora do direito penal, a proteção de bens jurídicos, afastando, portanto, as proibições que não sejam idôneas para sua proteção.

Nesses termos, podemos voltar ao caso objeto do nosso estudo, cotejando o quanto lá decidido com o critério da idoneidade da proibição para melhorar a situação do bem jurídico concreto, cumprindo, assim, com o que afirmamos no início do presente trabalho sobre a necessidade de uma maior aproximação entre a ciência e a jurisprudência.

5. Análise do caso estudado

Como visto, o critério proposto por Luís Greco exclui a imputação objetiva, por ausência de desaprovação jurídica do risco nos casos em que a proibição da conduta analisada for inidônea para a proteção do bem jurídico.

A inidoneidade será verificada quando a hipotética recusa da cooperação dificultar, de alguma maneira, a realização do fato principal. Para tanto, Luís Greco assevera que, se a contribuição puder ser obtida de outra pessoa, sem que essa saiba dos seus planos delitivos e sem que isso dificulte a sua agressão ao bem jurídico, o risco criado pela cooperação não poderá ser considerado um risco proibido pelo direito.[66] E, aqui, esse critério pode ser utilizado para a nossa problemática da consultoria jurídica prestada pelo advogado que acaba por contribuir para a prática do crime de lavagem de dinheiro de seu cliente.

Não há dúvidas que as atividades realizadas diariamente pelos advogados, representando seus clientes, elaborando contratos etc., situam-se dentro do conceito de ações neutras. Por outro lado, a contribuição profissional do advogado pode, como vimos no nosso caso, colaborar para a prática do crime de branqueamento por parte de seus clientes. Quando, então, poderemos afirmar que a proibição da atuação do advogado se mostra inidônea para a proteção do bem jurídico?

A partir de tudo o que já fora exposto, podemos concluir que, quando os serviços prestados pelo advogado puderem ser obtidos, com facilidade, de qualquer outro profissional da advocacia, sem que essa mudança de profissional di-

[66] Ibid.

ficulte a realização do fato principal, pode-se concluir que a ação praticada pelo advogado, em que pese criadora de risco, não ultrapassa o filtro do risco permitido, na medida em que este não é juridicamente proibido e, portanto, não se pode imputar objetivamente a contribuição ao cúmplice. A solução, portanto, é a atipicidade objetiva da conduta do cúmplice.

Sabemos também que a análise quanto à obtenção da mesma prestação jurídica de outro profissional não é tão simples quanto parece. Afinal, se por um lado a compra de um pão pode ser facilmente realizada em qualquer outra padaria, a obtenção de serviços de consultoria jurídica também pode ser obtida com semelhante facilidade? Qual parâmetro, então, deve ser utilizado para se saber exatamente se a contribuição prestada pelo advogado (ainda que com conhecimento das intenções delitivas de seu cliente) poderia ser obtida de qualquer outro profissional que não saiba dos planos delitivos do cliente?

Nesse ponto, relevante setor da doutrina esclarece que se deve buscar a existência de normas que regulamentam o específico ramo profissional objeto da conduta em análise. Em obra sobre a advocacia e o crime de lavagem de dinheiro, Rodrigo de Grandis destacou o seguinte:

> Consoante declinado, a teoria da imputação objetiva assenta-se sobre dois fundamentos: (i) a criação de um risco juridicamente desaprovado ou proibido e (ii) a realização desse risco no resultado. Sendo assim, adotando-se o critério desenvolvido por Luís Greco, tem-se que a ação deverá ser considerada perigosa mediante a utilização do critério de prognose póstuma objetiva, ou seja, um juízo formulado antecipadamente (*ex ante*) em face dos dados conhecidos no momento da perpetração da ação, de acordo com a concepção de um homem prudente, diligente. Dessa forma, "uma ação será perigosa ou criadora de risco se o juiz, levando em conta os fatos conhecidos por um homem prudente no momento da prática da ação, diria que esta gera uma possibilidade real de lesão a determinado bem jurídico". A imputação penal dependerá, ainda, da consideração que o risco criado através da conduta revelou-se proibido ou desaprovado. A convivência em uma sociedade complexa apresenta, naturalmente, riscos tolerados, admitidos socialmente à vista do interesse público que contemplam, como, por exemplo, a direção de veículos automotores pelas ruas, o transporte aéreo, a exploração de fontes de energia nuclear etc. Um dos critérios para se verificar se determinado risco encontra-se, ou não, desaprovado, reside na existência de normas — escritas ou mesmo consuetudinárias — que regulamentam

um específico ramo profissional no contexto da qual o agente desenvolve sua conduta. É esse o critério que adotamos — pelo menos para os fins do presente trabalho — seja por melhor se adaptar à natureza das atividades desempenhadas pelos advogados, seja por encontrarmos, no ordenamento jurídico, um conjunto de normas delineadoras da advocacia.[67]

Rodrigo Sánchez Rios também destacou que a atuação pautada no cumprimento das regras deontológicas exclui a conduta do âmbito do risco não permitido:

> A atuação do advogado não cria nenhum risco penalmente desaprovado, ao não revelar, com sua conduta, nenhum sentido objetivamente delitivo, situando-se dentro dos limites do risco permitido. [...] Com isso, deixa-se patente a opção pelos postulados da teoria da imputação objetiva. No âmbito do tipo, especificamente em seu aspecto objetivo, é que deverá recair a discussão das condutas neutras ou *standard* (incluídas a do advogado), visando constatar se, com o seu comportamento, foram superados ou não os limites do risco permitido. [...] Uma atuação pautada no cumprimento das regras deontológicas da profissão, atinentes à normativa extrapenal referente às suas prerrogativas, capaz de demonstrar a inexistência de qualquer liame de instrumentalidade com a conduta do agente do delito principal, revela-se suficiente para se interpretar restritivamente a figura típica da lavagem, optando-se pela solução do tipo objetivo e defendendo-se a atipicidade da conduta conforme o magistério de Pérez Manzano.[68]

Esse também é o magistério de Javier Sánchez-Vera Gómez-Trelles:

> *Un comportamiento profesional como el ejercicio de la abogacía puede constituirse en un denominado "acto neutral": no es punible como participación aunque suponga una contribución fáctica (que no normativa) a la realización de un delito de blanqueo de capitales, cuando pueda mantenerse que dicho comportamiento queda*

---

[67] GRANDIS, Rodrigo de. O exercício da advocacia e o crime de "lavagem" de dinheiro. In: DE CARLI, Carla Veríssimo; MENDONÇA, Andrey Borges de. *Lavagem de dinheiro*: prevenção e controle penal. Porto Alegre: Verbo Jurídico, 2011. p. 138-139.
[68] Rodrigo Sánchez Rios. *Advocacia e lavagem de dinheiro*, op. cit., p. 329-331.

plenamente cubierto por el rol social lícito en el que se interactúa, el de letrado, es decir, que supone un simple acto neutral ínsito en dicho rol.[69]

Luís Greco, por sua vez, destaca que: "Para avaliar se um risco é ou não juridicamente desaprovado, o instrumento mais importante é a existência de normas de segurança que regulam a prática de determinada atividade perigosa".[70] Nesse ponto, o autor aborda a distinção entre normas jurídicas e normas não jurídicas, também designadas de normas técnicas.[71]

Segundo Luís Greco, "A violação de uma norma jurídica de segurança – exemplo seriam as normas de trânsito – é um relevante indício de que o risco criado é juridicamente desaprovado. Mas, tendo em vista que essas normas se referem a situações genéricas, da qual a realidade pode diferir consideravelmente, nem sempre a violação da norma fundamentará risco proibido, e nem tampouco a obediência sempre fará do risco algo permitido".[72] Por outro lado, acerca das normas técnicas ou não jurídicas, Luís Greco ensina que "Estas normas são elaboradas, em regra, por representantes da indústria ou do esporte, daí resultando um enorme déficit de legitimação democrática, de maneira que não se poderá conferir-lhes a mesma relevância que se conferiu às normas jurídicas",[73] destacando, ademais, que "muitas vezes, a norma não tem por finalidade a proteção de determinado bem jurídico".[74]

Mesmo após essas considerações, Luís Greco sustentou que "Ainda assim, não se pode desconhecer que as normas técnicas continuam a ser o ponto de partida para o exame do caráter juridicamente desaprovado da ação perigosa".[75]

Em sentido semelhante, Pérez-Manzano também difere os casos em que há norma jurídica em sentido estrito regulamentando determinada atividade, quando há tomada de posição pelo legislador, dos casos em que há apenas autorregulação, sustentando, acerca desse último caso, que: "*cuando sólo nos encontrarmos ante normas de autorregulacción no deben considerarse definitivas sobre los límites del riesgo permitido*".[76]

---

[69] Javier Sánchez-Vera Gómez-Trelles. Blanqueo de capitales y abogacia, op. cit., p. 36.
[70] Luís Greco. Cumplicidade através de ações neutras, op. cit., p. 54.
[71] Ibid.
[72] Ibid., p. 55.
[73] Ibid., p. 56.
[74] Ibid., p. 58.
[75] Ibid., p. 59.
[76] PÉREZ MANZANO, Mercedes. Neutralidad delictiva y blanqueo de capitales: el ejercicio de la abogacía y la tipicidad del delito de blanqueo de capitales. In: FERNANDEZ, Miguel Bajo;

Pode-se extrair, assim, um critério que reside na existência de normas que regulam determinada atuação profissional. Assim, a partir da regulamentação profissional, pode-se estabelecer o *standard* de atuação do profissional, permitindo, desse modo, a verificação acerca da possibilidade de obtenção do mesmo serviço ou da mesma contribuição partir de qualquer outro profissional.

Dessa forma, podemos responder o questionamento acima formulado da seguinte maneira: se a atuação do advogado se pautar pelo cumprimento das regras deontológicas que disciplinam o exercício da advocacia, situando-se dentro do *standard* de atuação profissional, pode-se considerar que o serviço por ele prestado poderia ser obtido de qualquer outro profissional da advocacia.

Do contrário, se a atuação do advogado se pautar com desrespeito às regras estabelecidas pelo marco regulatório profissional, com violação daquilo que se espera do profissional jurídico como padrão, como *standard* de atuação, não há dúvidas que sua conduta, ao propiciar, facilitar, ajudar ou assegurar o sucesso da empreitada criminosa de seu cliente, não poderia ser obtida de outro profissional da advocacia e, dessa forma, estaria legitimada a proibição da conduta, pois idônea para melhorar a situação do bem jurídico.

Diante dessas considerações, podemos agora analisar[77] o caso narrado no início do presente texto, com apoio nas premissas teóricas que acabamos de expor.

Como se viu no caso objeto de exame, o advogado foi denunciado por ter, nessa condição, constituído a empresa utilizada para a posterior lavagem de dinheiro por seus clientes e, na condição de contador, por ter procedido à escrituração contábil que, segundo a denúncia, continha diversas irregularidades, o que também teria propiciado o crime de branqueamento de capitais.

Com relação à constituição de empresa que posteriormente foi utilizada para o crime de lavagem de dinheiro pelos clientes do advogado, pode-se considerar que se trata de uma conduta neutra e, pois, não manifestamente punível. Isso porque a elaboração de um contrato social se insere entre as atividades pra-

---

BACIGALUPO, Silvina (Ed.). *Política criminal y blanqueo de capitales*. Madri: Marcial Pons, 2009. p. 176.

[77] Aqui, cumpre esclarecer que o presente trabalho não tem qualquer pretensão de efetivar um julgamento do caso em análise. O que se busca com a presente análise é tão somente o cotejo entre os fundamentos adotados na solução do caso pelo Poder Judiciário com aqueles fornecidos pela doutrina.

ticadas diariamente por advogados que atuam nessa área e, em princípio, não exterioriza qualquer ilicitude.

Constatado esse caráter cotidiano, o próximo passo seria verificar o atendimento da tipicidade objetiva (conduta, resultado, nexo causal e imputação objetiva). Da análise tão só dos termos das decisões proferidas, verifica-se presente a conduta (a elaboração do contrato social), o resultado (as decisões consideraram consumado o crime de lavagem) e o nexo causal (a lavagem, segundo a imputação, deu-se através de empresa constituída pelo advogado). Resta identificar, portanto, se o risco criado com a conduta do advogado era permitido ou proibido.

Aqui, aplicando os conceitos expostos, para verificarmos se a conduta do advogado ultrapassa o limite do risco permitido devemos analisar se sua atuação se pautou com obediência às normas que disciplinam a advocacia, notadamente o Estatuto da Ordem dos Advogados do Brasil[78] e o Código de Ética e Disciplina da Ordem dos Advogados do Brasil.[79]

Sobre esse aspecto, a constituição de empresa a partir da simples elaboração de contrato social não denota, *a priori*, qualquer violação das normas indicadas. Aqui, poderia se afirmar que o serviço prestado pelo advogado poderia ser obtido com qualquer outro profissional da advocacia sem que os planos delitivos do autor fossem revelados. A proibição, portanto, não se mostraria idônea para a proteção do bem jurídico tutelado pelo crime de lavagem, no caso concreto e, dessa forma, não haveria desaprovação do risco criado pela conduta do advogado.

Da mesma forma, a análise da conduta do acusado na condição de contador deveria passar pela identificação de se a sua conduta (escrituração contábil das empresas utilizadas para a lavagem) ultrapassou o limite do risco permitido para a prática do crime de lavagem de dinheiro. Aqui, seria de rigor uma análise na normativa inerente aos profissionais de contabilidade para se verificar se a conduta do acusado, na condição de contador, ultrapassou ou não os limites do risco permitido. Nesse ponto, cumpre apenas indicar que o acórdão esclareceu que "O próprio conselho de contabilidade não exige do contador a obrigação de fiscalizar a veracidade das informações que lhe são repassadas pelos seus clientes". A sentença, da mesma forma, indicou que: "não restou provado se os dados

---

[78] Brasil. *Lei n. 8.906, de 4 de julho de 1994*. Disponível em: <www.planalto.gov.br/ccivil_03/leis/l8906.htm>. Acesso em: 4 abr. 2014.

[79] Código de Ética e Disciplina da OAB. Disponível em: <www.oab.org.br/visualizador/19/codigo-de-etica-e-disciplina>. Acesso em: 21 maio 2014.

por ele utilizados na contabilidade oficial foram falsificados por ele mesmo ou se ele apenas registrou os dados que lhe foram passados pelos acusados, o que é o que normalmente acontece na relação cliente/contador". Ou seja, ainda que verificadas irregularidades da escrituração contábil, essas, em princípio, não poderiam ser imputadas ao acusado, na condição de contador. Assim, também nesse ponto, o caso parece narrar uma conduta que não ultrapassa o limite do risco permitido, nos termos do critério por nós adotado.

Todas essas considerações indicam que o caso merecia uma análise a partir da tipicidade objetiva. Cumpria às autoridades que tomaram conhecimento do caso verificar se a conduta preenchia os critérios de imputação objetiva para só então se preocupar com o tipo subjetivo. O que se percebe, contudo, é que a denúncia e as decisões proferidas no caso, ainda que não tenham declarado expressamente, partiram da premissa de que o tipo objetivo da cumplicidade se esgotaria em uma causação dolosa. Daí porque a discussão restou centrada tão somente no tipo subjetivo, eis que verificada a relação de causalidade entre os serviços prestados pelo acusado e o crime de lavagem de dinheiro, nada mais haveria a ser discutido no âmbito da tipicidade objetiva.

Como se viu, ao apreciarem a imputação formulada contra o advogado, a sentença, o acórdão proferido no julgamento da apelação e o acórdão proferido no julgamento dos embargos infringentes se limitaram a aferir a existência ou não do dolo. Primeiro a sentença o absolveu por entender inexistir provas de que o causídico atuou com o dolo do crime de lavagem. Após, em sede de apelação, o Tribunal Regional Federal da 4ª Região reformou a sentença afirmando existir elementos concretos apontando com segurança para o fato de que ele (o advogado) sabia da altíssima probabilidade de que os valores tivessem origem no tráfico ilícito de entorpecentes. Disse o tribunal que assim mesmo o acusado teria agido, configurando o dolo na modalidade eventual. Por fim, o acórdão proferido em sede de embargos infringentes absolveu o advogado por considerar inexistentes elementos de prova que atestassem a ciência dos fins ilícitos da assessoria prestada.

Ou seja, cabem aqui todas as críticas formuladas quanto à adoção do conceito de tipicidade objetiva da cumplicidade como uma mera causação dolosa. Cabem, também, as críticas relacionadas com a solução do tipo subjetivo, no sentido da inadequação da análise da tipicidade subjetiva sem antes ter por completa a tipicidade objetiva. Ademais, confirmaram-se as dificuldades anunciadas quanto à demonstração do elemento subjetivo no curso de um processo criminal.

E, como se viu, fosse constatada a inexistência de imputação objetiva na conduta do advogado/contador, sequer o mesmo seria denunciado, pois estaríamos diante de conduta manifestamente atípica. Cumpria às autoridades que tomaram contato com o caso, portanto, analisar se, no caso concreto, a proibição da conduta do advogado/contador se mostrava idônea para a melhora do bem jurídico protegido pelo crime de lavagem de dinheiro. E constatada a inidoneidade da proibição para a melhora do bem jurídico, de rigor seria o reconhecimento da atipicidade da conduta, a partir do critério proposto por Luís Greco e por nós adotado no presente estudo.

6. Conclusão

O presente trabalho buscou tratar da problemática da advocacia e lavagem de dinheiro a partir do estudo de um caso concreto. Dessa forma, a partir da identificação de um caso julgado pelo Tribunal Regional Federal da 4ª Região, no qual um advogado/contador foi acusado de ter concorrido para a prática do crime de lavagem de dinheiro levado a cabo por seus clientes, buscou-se identificar a problemática jurídica por trás da imputação. Assim, pode-se identificar que, em verdade, o problema tratado dizia respeito a um problema de parte geral, notadamente, um problema relacionado com a cumplicidade delitiva e que, se bem solucionado, poderia resolver a problemática verificada no caso concreto.

Ou seja, fixado o problema de pesquisa como um problema de cumplicidade por meio de condutas neutras, o trabalho se preocupou em expor as teorias até então propostas para resolver essa problemática para, a partir da identificação da melhor resposta oferecida pela doutrina, fazer um cotejo dos fundamentos doutrinários com os fundamentos adotados pelo Tribunal Regional Federal da 4ª Região. As primeiras soluções propostas resolvem a problemática das ações neutras a partir do tipo subjetivo. Com algumas diferenças, elas se preocupam em identificar os aspectos subjetivos do cooperador para se concluir por sua punibilidade ou não. Em síntese, a punibilidade dessas ações dependeria dos conhecimentos do cooperador acerca dos planos delitivos do autor principal. A mera suspeita (ou dolo eventual) não autorizaria a proibição dessas condutas.

Também pudemos expor a proposta elaborada por Claus Roxin, classificada como uma proposta mista, na medida em que leva em consideração aspectos da tipicidade objetiva (imputação objetiva), mas também dados eminentemente subjetivos para concluir pela existência ou não de referência de sentido delitivo e, em última análise, pela proibição ou não das condutas. Essas construções, contudo, foram amplamente criticadas pela doutrina, na medida em que (i) centram a análise no tipo subjetivo sem antes verificarem se a tipicidade objetiva encontra-se integralmente atendida; (ii) utilizam conceitos demasiadamente abertos; (iii) diferem o tratamento penal para condutas levadas a cabo com dolo direto e dolo eventual quando a legislação não o faz; e (iv) corre-se o risco de cair em um direito penal de ânimo.

A partir daí, foram expostas as propostas doutrinárias que solucionam o problema a partir do tipo objetivo, notadamente as soluções indicadas por Frisch e Greco, que centram a discussão na análise a partir dos critérios de imputação objetiva, especialmente nos critérios de aprovação ou reprovação do risco, adotando-se, ao final, o critério proposto por Greco, na medida em que atende a todas as necessidades para a resolução dos problemas da cumplicidade por meio de ações neutras, se afasta das soluções puramente subjetivas, não esbarrando, pois, nas críticas já formuladas, e, principalmente, por se mostrar o critério mais comprometido com a finalidade reitora do direito penal, a proteção de bens jurídicos, rejeitando, portanto, as proibições que não sejam idôneas para sua proteção.

Expostas as propostas doutrinárias e identificado o melhor critério oferecido pela ciência do direito penal para a solução dos casos de cumplicidade por meio de ações neutras, concluiu-se, após o cotejamento desse critério com os fundamentos adotados pelas decisões proferidas pelo Poder Judiciário no caso do contador/advogado narrado no início do presente trabalho, que, se a atuação do advogado se pautar pelo cumprimento das regras deontológicas que disciplinam o exercício da advocacia, situando-se dentro do *standard* de atuação profissional, pode-se considerar que o serviço por ele prestado poderia ser obtido de qualquer outro profissional da advocacia, tratando-se, portanto, de conduta atípica. Do contrário, se a atuação do advogado for pautada com desrespeito às regras estabelecidas pelo marco regulatório profissional, com violação daquilo que se espera do profissional jurídico como padrão, como *standard* de atuação, estará atendido o elemento da reprovação jurídica do risco, já que sua contribuição não poderia ser obtida facilmente de qualquer outro profissional da advocacia e, dessa forma, estaria legitimada a proibição da conduta, pois idônea para melhorar a situação do bem jurídico.

Referências

ADRIASOLA, Gabriel; CERVINI, Raúl. *Responsabilidade penal dos profissionais jurídicos*: os limites entre a prática jurídico-notarial lícita e a participação criminal. São Paulo: Revista dos Tribunais, 2013.

ASSIS, Augusto; LEITE, Alaor. O erro. Especial foco no erro de proibição. In: BUSATO, Paulo César (Org.). *Teoria do delito*: direito penal baseado em casos. Curitiba: Juruá Editora, 2012. p. 297-312.

BAR, C. L. Von. Gesetz und Schuld im Strafrecht, t. II ("Die Schuld nach dem Strafgesetze"). Berlim, 1907 apud: ROCA DE AGAPITO, Luis. *Las acciones cotidianas como problema de la participación criminal*. Valencia: Tirant lo Blanch, 2013.

BLANCO CORDERO, Isidoro. *Limites a la participación delictiva*: las acciones neutrales y la cooperación en el delito. Granada: Comares, 2001.

BRASIL. *Decreto-Lei n. 2.848, 7 de dezembro de 1940*. Disponível em: <www.planalto.gov.br/ccivil_03/decreto-lei/del2848compilado.htm>. Acesso em: 4 abr. 2014.

____. *Lei n. 8.906, de 4 de julho de 1994*. Disponível em: <www.planalto.gov.br/ccivil_03/leis/l8906.htm>. Acesso em: 4 abr. 2014.

____. *Lei n. 9.613, de 3 de março de 1998*. Disponível em: <www.planalto.gov.br/ccivil_03/leis/l9613.htm>. Acesso em: 4 abr. 2014.

____. *Lei n. 12.683, de 9 de julho de 2012*. Disponível em: <www.planalto.gov.br/ccivil_03/_Ato2011-2014/2012/Lei/L12683.htm#art2>. Acesso em: 4 abr. 2014.

FRISCH, Wolfgang. *Comportamiento típico e imputación del resultado*. Tradução de Joaquin Cuello Contreras e José Luis Serrano Gonzáles de Murillo. Madri: Marcial Pons, 2004.

GHIRARDI, José Garcez; DE PALMA, Juliana Bonacorsi; VIANA, Manuela Trindade. Posso fazer um trabalho inteiro sobre um caso específico? In: FEFERBAUM, Marina; QUEIROZ, Rafael Mafei Rabelo (Coord.). *Metodologia jurídica*: um roteiro para trabalhos de conclusão de curso. São Paulo: Saraiva, 2012. p. 175-190.

SÁNCHEZ-VERA GÓMEZ-TRELLES, Javier. Blanqueo de capitales y abogacia. Un necesario análisis crítico desde la teoria de la imputación objetiva. *Indret* — Revista para el Análisis del Derecho, Barcelona, n. 1, 2008. Disponível em: <www.indret.com>.

GRANDIS, Rodrigo de. O exercício da advocacia e o crime de "lavagem" de dinheiro. In: DE CARLI, Carla Veríssimo; MENDONÇA, Andrey Borges de. *Lavagem de dinheiro*: prevenção e controle penal. Porto Alegre: Verbo Jurídico, 2011. p. 115-146.

GRECO, Luís. *Cumplicidade através de ações neutras*: a imputação objetiva na participação. Rio de Janeiro: Renovar, 2004.

____. *Um panorama da teoria da imputação objetiva*. São Paulo: Revista dos Tribunais, 2013.

GRECO FILHO, Vicente; RASSI, João Daniel. Lavagem de dinheiro e advocacia: uma problemática das ações neutras. *Boletim IBCCrim*, v. 237, 2012. Disponível em: <www.ibccrim.org.br>.

OTTO, H. "Vorgeleistete Strafvereitelung" durch beruftypische oder alltäglische Verhaltensweisen als Beihilfe" FS-Lenckner, 1998 apud: ROCA DE AGAPITO, Luis. *Las acciones cotidianas como problema de la participación criminal*. Valencia: Tirant lo Blanch, 2013.

PÉREZ MANZANO, Mercedes. Neutralidad delictiva y blanqueo de capitales: el ejercicio de la abogacía y la tipicidade del delito de blanqueo de capitales. In: FERNANDEZ, Miguel Bajo; BACIGALUPO, Silvina (Ed.). *Política criminal y blanqueo de capitales*. Madri: Marcial Pons, 2009. p. 169-206.

RASSI, João Daniel. *Imputação das ações neutras e o dever de solidariedade no direito penal brasileiro*. São Paulo: LiberArs, 2014.

ROBLES PLANAS, Ricardo. Las conductas neutrales en el ámbito de los delitos fraudulentos — Espacios de riesgo permitido en la intervención en el delito. In: SILVA SÁNCHEZ, Jesús-María (Dir.). ¿Libertad económica *o fraudes punibles?* — Riesgos penalmente relevantes e irrelevantes en la actividad económico-empresarial. Madri; Barcelona: Marcial Pons, 2003. p. 17-65.

ROCA DE AGAPITO, Luis. *Las acciones cotidianas como problema de la participación criminal*. Valencia: Tirant lo Blanch, 2013.

ROXIN, Claus. *Derecho penal* — Parte general — Tomo II: Especiales formas de aparición del delito. Tradução de Diego-Manuel Luzón Peña, José Manuel Paredes Gastañón, Miguel Díaz y García Conlledo e Javier de Vicente Remesal. Madri: Thomson-Civitas, 2003.

SÁNCHEZ RIOS, Rodrigo. *Advocacia e lavagem de dinheiro*: questões de dogmática jurídico-penal e de política criminal. São Paulo: Saraiva, 2010.

TAVARES LOBATO, José Danilo. *Teoria geral da participação criminal e ações neutras*. Curitiba: Juruá, 2010.

4
Análise de casos examinados pelo Tribunal Regional Federal da 5ª Região

Fernando Barboza Dias

1. Introdução

As disposições da Lei nº 9.613/1998 receberam significativas alterações com a Lei nº 12.683/2012, a qual foi editada pelo legislador com o fim declarado de alinhar a estrutura normativa brasileira do crime de lavagem de dinheiro com os padrões normativos internacionais, e assim tentar buscar maior eficiência na persecução penal desse delito.

Diversas dúvidas despontam à vista dessa novel legislação, havendo intensa controvérsia na parte que toca ao estabelecimento de obrigações de colaboração na investigação desse crime a profissionais não ligados a atividades financeiras, como são exemplo os advogados.

Dada a ampla mudança que a novel legislação propõe trazer à realidade profissional dos advogados, este trabalho se dedica à análise dos limites e efeitos que tal alteração legislativa pode implicar para essa categoria profissional. Esse objetivo será realizado à luz da análise de caso judicial, cujo trâmite ocorre no Tribunal Regional Federal da 5ª Região.

Vale aduzir, desde logo, que o tema desperta séria atenção — além de fundado temor —, na medida em que afeta traços essenciais desta atividade: a relação entre advogados e clientes se inicia, evoluiu e tem continuidade a depender de confiança mútua entre as partes. Confiança nas capacidades do profissional, e que erros e dados pessoais confessados serão mantidos em sigilo, e, se revelados, apenas nos limites necessários à defesa da causa. Por isso que, como se verá, afirma-se ser o dever de sigilo do advogado indeclinável, mesmo nas hipóteses em que autorizado seu levantamento pelo cliente, pois estatuído não apenas em benefício deste, mas no interesse da administração da justiça (artigo 125 da Constituição da República).

A novel legislação, no mais, trouxe de novo à tona a questão da possibilidade de o advogado ser censurado penalmente pelo recebimento de honorários, em pagamento por serviços jurídicos de fato prestados, com direitos, bens ou valores que sejam oriundos da prática de infração penal. A dúvida que atinge os estudiosos, nacionais e internacionais, é se haveria adequação dessa hipótese a algum dos tipos penais da lei de lavagem de dinheiro, em especial a lavagem por recebimento (artigo 1º, §1º, inciso II, da Lei nº 9.613/1998).

Esses dois debates comportam infinitas possibilidades de ocorrência no mundo fenomênico, daí que a solução de casos judiciais assume relevância, pois, apesar de simples precedentes não constituírem fonte de direito,[1] permitirão saber quais parâmetros serão considerados lícitos pela Justiça e, por segurança jurídica, adotá-los no dia a dia.

Nesse sentido, o grupo coordenado pela professora Heloísa Estellita pesquisou na justiça brasileira casos ou precedentes já julgados, nos quais um advogado houvesse recebido a imputação por lavagem de dinheiro, em razão do pagamento de seus serviços com patrimônio oriundo de infração penal.

A busca, de início, estava voltada a identificar o número de casos, em aberto ou ainda em trâmite, no Poder Judiciário, com tais características. Caso um número relevante fosse encontrado, o trabalho se desenvolveria na análise de grupo de julgados (pesquisa quantitativa). Sendo poucos, destinar-se-ia ao estudo de processo individual (pesquisa qualitativa).

O resultado dessa busca, efetuada nos tribunais estaduais, nos cinco tribunais federais regionais, e ainda no âmbito dos tribunais superiores, revelou um diminuto número de casos nos quais o réu fosse advogado, e que a imputação versasse de crime de lavagem de dinheiro, seja por conta do recebimento de honorários maculados, seja pelo envolvimento no delito em questão.

Por divisão aleatória entre os pesquisadores, coube a este trabalho analisar caso originário do Tribunal Regional Federal da 5ª Região.

---

[1] Este trabalho não deseja se enveredar pela importante, mas interminável, controvérsia sobre fontes de direito. É certo, porém, que no direito brasileiro se devem considerar fonte de direito apenas a lei e os demais critérios mencionados pela Lei de Introdução ao Código Civil, sem deixar, é verdade, de considerar a crescente importância que os precedentes passaram a ter no direito interno, por vários motivos, fáticos, jurídicos ou de simples conveniências.

No feito encontrado, houve a prolação de sentença condenatória, tendo se considerado que o advogado desbordara da atuação ética e pautada pela legalidade. Nada obstante, sem qualquer juízo de valor, a premissa tomada para os fins deste trabalho será que a versão dos fatos dada pelo advogado seja a correta representação do contexto ocorrido.

Tendo essa premissa em mente, foi possível divisar, no caso estudado, os dois problemas anteriormente destacados: tanto a questão da existência do dever de colaboração por parte do advogado como o recebimento de valores resultantes de infração penal.

Assim, no desenvolvimento deste trabalho, após breve exposição acerca do caso, analisaremos os dois temas postos, enfocando, primeiro, a questão do tipo penal imputado, bem ainda se a situação examinada satisfaz a tipicidade, objetiva e/ou subjetiva. Na sequência, analisaremos o sigilo na profissão de advogado e as hipóteses de restrição desse direito/dever, fazendo apontamentos à atual conjuntura legal em face das alterações introduzidas pela Lei nº 12.683/2012, terminando com subitem no qual se estudam os possíveis efeitos que podem advir do não cumprimento do dever de colaboração pelos profissionais atingidos por essa normativa.

No item final, apresentaremos nossas conclusões acerca da análise do caso encontrado, bem ainda as respostas às perguntas que este trabalho se propôs a responder, quais sejam: (i) o recebimento de produto de crime, como pagamento de uma relação jurídica de prestação de serviços legais, configura a lavagem por aquisição?; (ii) há obrigação de o advogado, sabendo o paradeiro de produto de crime, informá-lo às autoridades (encerramento do dever de sigilo, em razão de interesse social mais importante)? Caso haja essa obrigação, a não observância atrai a incidência de qualquer dos tipos de lavagem de dinheiro?

Antes, contudo, para fins de justificação científica, expõe-se no próximo item o método voltado a encontrar o caso com as características desejadas.

2. Método para se encontrar o caso analisado

Segundo o dicionário de Aurélio Buarque de Holanda, o verbete método significa "caminho pelo qual se atinge um objetivo".[2] Na hipótese, o objetivo proposto

---

[2] FERREIRA, Aurélio Buarque de Holanda. *Novo Aurélio século XXI*: o dicionário da língua portuguesa. 3. ed. totalmente rev. e ampl. Rio de Janeiro: Nova Fronteira, 1999. p. 1328.

era encontrar um caso judicial com os traços exigidos pelo propósito de trabalho. O caminho, por sua vez, está na atividade de pesquisa por encontrar tal caso no âmbito do Tribunal Regional Federal da 5ª Região.

Os diversos tribunais do país, estaduais, federais ou superiores, não disponibilizam ao público sistema de pesquisa de processos por critérios de matéria.

Sem exceção, em todos os sítios eletrônicos de tribunais pátrios a busca processual se dá por meio de algum dos seguintes critérios: número do processo, nome da parte, documento da parte (autor ou réu), nome do advogado, ou inscrição na Ordem dos Advogados do Brasil do advogado da parte, o que dificulta qualquer pesquisa tendente a encontrar caso com determinadas características processuais. Por outro lado, os tribunais pátrios não possibilitam pesquisa de processos por critérios diferentes dos oferecidos na internet.

Assim, principiou-se a busca pelo sistema de jurisprudência, único que permite pesquisa por palavras e/ou expressões, a partir de casos já julgados em segunda instância.

A pesquisa de precedentes nesse sistema pôde ser realizada mediante seis formas de busca: "pesquisa livre", "número" do processo, "Relator", "Órgão Julgador", "Ementa/Indexação" e "Legislação". Cada uma delas pode ser efetivada independentemente da outra.

Dado o objetivo deste trabalho, isto é, analisar ações penais nas quais o réu seja advogado e esteja sendo processado por lavagem de dinheiro, o caminho mais adequado foi utilizar a "pesquisa livre", campo aberto à pesquisa por palavras e/ou expressões. Os caracteres escolhidos foram (i) ["lavagem de dinheiro" e "advogado"], inclusive sinônimos; (ii) ["branqueamento" e "advogado"], inclusive sinônimos; (iii) ["penal" e "advogado"] e ["honorários" e "lavagem"]; (iv) ["penal" e "honorários" e "advogado"].

No primeiro grupo de resultados (i), foram encontrados 12 precedentes, porém, nenhum possuía, na condição de réu, a figura de ao menos um advogado, apesar de examinarem efetivamente imputações por lavagem de dinheiro. No segundo, constou apenas um precedente, já presente nos primeiros resultados. Com os termos da terceira sequência, o sistema não listou quaisquer precedentes. O quarto conjunto apresentou 26 itens, nove deles relacionados com matéria penal, mas todos sem interesse para o presente trabalho.

O insucesso dessa forma de busca pode ser explicado pela circunstância de que o sistema de jurisprudência não é alimentado com todos os casos julgados pelo tribunal. A inclusão de precedentes cabe à Comissão Permanente de Jurisprudência, conforme atribuição regimental (artigo 34, I, alínea "a", do Regimento Interno). Não há, contudo, critério prefixado para se determinar os casos que devem ser incluídos, cabendo aos integrantes dessa comissão tal decisão discricionária. Apenas os artigos 91 e 140, ambos do Regimento Interno, preveem hipóteses obrigatórias de inserção no sistema, e ainda publicação na *Revista do Tribunal*, as quais são atinentes ao julgado em incidente de uniformização de jurisprudência, e à decisão colegiada na arguição de inconstitucionalidade de lei ou ato normativo do poder público.[3]

Enfim, dado o insucesso na busca do precedente almejado na busca pela jurisprudência, migrou-se para a consulta de jurisprudência do sítio eletrônico do Superior Tribunal de Justiça, na expectativa de se verificar eventual precedente em grau recursal especial ou ordinário, que fosse originário da 5ª Região.

Desta feita, na conjugação dos caracteres ["lavagem" e "dinheiro" e "advogado"] se encontrou precedente com fatos relativos ao ano de 2005, em que, na via recursal especial, o Ministério Público Federal logrou reformar acórdão da 2ª Turma do Tribunal Regional Federal da 5ª Região, proferido em sede de *habeas corpus*, para "destrancar" ação penal desenvolvida em face do advogado, por suposto crime de lavagem de dinheiro.

Consultado o caso no "acompanhamento processual", extraímos o número de origem para nova consulta no sítio eletrônico do tribunal federal nordestino, entre os feitos de segunda instância. Feito isso, encontrou-se a ação penal de primeira instância, a qual teve trâmite na 11ª Vara Federal da Seção Judiciária do Ceará, especializada para processar e julgar crimes contra o sistema financeiro e de lavagem ou ocultação de bens, direitos e valores.[4]

O conhecimento do conteúdo do caso foi possível uma vez que ele se encontrava inteiramente digitalizado e disponível para *download* no site do Superior Tribunal de Justiça para qualquer advogado, com certificação digital, não estando protegido por segredo de justiça.

---

[3] Ainda a propósito, somente na Seção sobre "Divulgação da Jurisprudência do Tribunal", artigos 98 e seguintes, há disposição esclarecendo que "O Desembargador Federal Diretor da Revista, *com a colaboração da Comissão de Jurisprudência*, selecionará os acórdãos que devem ser publicados, em seu inteiro teor, na Revista do Tribunal Regional Federal, *preferidos os que o Relator indicar*" (art. 105).

[4] Resolução n. 10-A/2003, do Tribunal da 5ª Região.

Dessa maneira, no item seguinte analisaremos quais os fatos levantados contra o advogado, e ainda identificaremos qual o tipo penal de lavagem de dinheiro imputado na denúncia.

3. Resumo do caso

Conforme verificado nos documentos acessados, o advogado recebeu a imputação por lavagem de dinheiro em decorrência de suposto envolvimento em atos subsequentes ao caso conhecido como "assalto ao Banco Central",[5] o qual ocorreu em agosto de 2005 e ganhou ampla repercussão na mídia,[6] vez que nele foram furtados, aproximadamente, R$ 164 milhões de reais em espécie.[7]

Na sequência a esse furto, a Polícia Federal deflagrou amplas investigações, por meio das quais se identificaram diversos grupos de agentes teoricamente envolvidos. Conforme os documentos a que se teve acesso, descobriram-se tanto autores diretos do ilícito bem como pessoas envolvidas em atos criminosos subsequentes.

Assim, a imputação estudada versa sobre fatos posteriores ao assalto. Consta que, dias depois do furto, um dos autores diretos do ilícito fora sequestrado por policiais civis de São Paulo, que o extorquiram para obter parte do resultado que obtivera com o delito. Dada a necessidade de alguém para intermediar e organizar o pagamento da extorsão, além de buscar o resgate do agente onde

---

[5] Apesar do nome pelo qual ficou conhecido, o episódio em si caracterizou um furto qualificado. O vocábulo assalto, no dicionário jurídico, pressupõe a "violência praticada, seja sobre a coisa, seja sobre a pessoa, seja para o roubo, seja para a ofensa pessoal e física ao assaltado" (SILVA, De Plácido e. *Vocabulário jurídico*. Atualização de Nagib Salibi Filho e Gláucia Carvalho. Rio de Janeiro: Forense, 2006. p. 147), melhor se assemelhando a figura típica do roubo (art. 157, do Código Penal).

[6] Como, até a corrente data, menos da metade do valor subtraído foi recuperado/encontrado, ainda nos dias atuais se vê divulgação nos canais de mídia. Disponível em: <http://noticias.uol.com.br/cotidiano/ultimas-noticias/2011/07/23/nao-ha-como-recuperar-mais-dinheiro-do-assalto-ao-bc-diz-delegado-dois-estao-foragidos.htm>.

[7] A ação dos agentes envolveu planejamento complexo, sendo impossível deixar de ser exposta neste trabalho: conforme pesquisa, os autores diretos tiveram acesso a tal numerário através de buraco aberto no chão do cofre onde se encontravam depositados. O aludido cofre estava no subsolo do prédio sede do Banco Central em Fortaleza (CE). A aludida abertura foi feita como ponto da saída de túnel escavado pelos agentes, cujo início estava em imóvel locado nas imediações da autarquia. Também por meio desse túnel é que se fez o transporte do papel moeda, que, somado, totalizava a referida quantia.

ele se encontrasse, requisitou-se a presença e auxílio/colaboração de terceiro, o qual veio a ser figurado por um advogado. Apesar disso, a leitura da denúncia não nos esclarece dois pontos relevantes para a caracterização de como se deu a relação desse profissional no caso.

O primeiro ponto relevante é a falta de informações acerca da necessidade de se chamar terceiro com conhecimentos legais, e/ou experiência forense, ou então pessoa que simplesmente fosse confiável, e que deveria manter segredo sobre os fatos.

O segundo está na ausência de elementos para se saber quem efetivamente decidiu pela pessoa do terceiro escolhido, se os sequestradores, ou se a vítima, circunstância de vital importância à pesquisa realizada, vez que imprescindível à caracterização da relação jurídica de clientela. A acusação afirma que o advogado possuiria escritório próximo ao Distrito Policial dos policiais sequestradores, bem ainda que teria afirmado, em sede policial, que "'recebeu ligação de [policial envolvido][8], para interceder junto aos 'meninos' (os bandidos do Banco Central), para receber o restante do dinheiro do acerto". Por outro lado, também segundo a acusação, o profissional escolhido prestara serviços de assessoria jurídica à parente da vítima, de modo a ser razoável concluir pela existência de conhecimento mútuo e que, assim, teria sido definido pelo extorquido.

O texto da denúncia não esclarece esses dois pontos. A sentença prolatada, por sua vez, filia-se à tese de que o advogado teria sido escolhido pelos próprios policiais civis, afastando a questão do histórico do advogado com a vítima da extorsão.

Conforme a premissa anteriormente informada, este trabalho considera que o profissional fora escolhido pelo extorquido, que nele havia confiança de receber auxílio e ainda de manter segredo acerca das informações que viesse a conhecer. Assim, a imputação pode ser delimitada no recebimento pelo advogado "em sua conta parte do dinheiro da extorsão atribuída aos policiais civis de São Paulo".

Ao lado desse fato, a denúncia censura o advogado afirmando que o conjunto de elementos apurados revelariam distanciamento do normal exercício das prerrogativas e direitos advocatícios, posto que teria havido envolvimento no *"submundo do crime"*, exemplificado pelo conhecimento da existência de di-

---

[8] Omite-se o nome citado pela denúncia vez que desnecessária a nomeação dos supostos envolvidos para os fins deste trabalho.

nheiro produto do crime, "fora do alcance das autoridades", a propiciar outras ações delitivas. Essa circunstância implicaria "interesse social mais alto, devendo cessar o dever de sigilo do profissional do Direito e o devido comunicado às autoridades constituídas, o que não aconteceu".

Essa tese acusatória foi acatada na sentença prolatada, sendo o advogado condenado pela prática do ilícito penal previsto no artigo 1º, §1º, II, c.c. art. 1º, VII, ambos da Lei nº 9.613/1998.

Portanto, em vista dessas informações, podemos resumir as condutas imputadas como: (i) o recebimento em conta, como honorários advocatícios, de parte de dinheiro obtido ilicitamente e utilizado no pagamento de extorsão; (ii) abuso das prerrogativas e dos direitos da profissão; (iii) conhecimento da existência de produto de crime e o encerramento do dever de sigilo, em razão de interesse social mais alto.

3.1 Informações adicionais sobre o caso e a situação processual

Feita a exposição dos fatos enfocados pela denúncia e o enquadramento jurídico formulado a esses fatos, a exposição deve ser complementada com duas informações relevantes. A primeira diz respeito a *habeas corpus* impetrado no Tribunal Regional Federal da 5ª Região pela defesa do advogado denunciado.

Distribuído à 2.ª Turma, relatoria do à época desembargador federal Napoleão Nunes Maia, hoje ministro do Superior Tribunal de Justiça, o pedido do *writ* acenava para a revogação da prisão preventiva decretada em prejuízo do advogado, o que se pleiteava por extensão aos efeitos de ordem já concedida pela Turma, em julgamento anterior.

Nas informações prestadas pelo Juízo Impetrado, assinalou-se que os diálogos interceptados pela Polícia Federal revelariam indícios de que a relação entre os investigados e o advogado ultrapassaria os limites profissionais, dando o tom de "cumplicidade"[9] com as pretensões ilícitas deles.

---

[9] Cumplicidade possui significado jurídico penal específico, que se liga à figura de participação. Nesse sentido, Luis Greco leciona que as formas de participação poderão ser "a provocação no autor principal da decisão de praticar o fato, que chamaremos de instigação; ou o auxílio, a facilitação, material ou psíquica para que o auto principal pratique o fato, que chamaremos de *cumplicidade*" (GRECO, Luís. *Cumplicidade através de ações neutras*: a imputação objetiva na participação. Rio de Janeiro: Renovar, 2004. p. 6).

Embora não pedido no remédio constitucional, a 2ª Turma houve por bem conceder a ordem para trancar a ação penal, daí ensejando a interposição de embargos declaratórios pelo Ministério Público Federal, que, depois de rejeitados, motivaram recurso especial ao Superior Tribunal de Justiça, órgão judicante que, por sua vez, optou por reverter a decisão de segunda instância, determinando o prosseguimento do processo penal.

A segunda informação relevante diz respeito à situação processual do policial civil envolvido no caso analisado: o agente público foi condenado não por extorsão mediante sequestro (artigo 159, do Código Penal), mas por concussão (artigo 316, do Código Penal), em concurso formal com a hipótese delitiva do artigo 1º, §1º, II, c/c artigo 1º, VII, da Lei nº 9.613/1998.

Conforme pesquisado, a base fática para a acusação de lavagem de dinheiro em face desse agente público se erigiu no próprio recebimento da vantagem indevida que se obteve com a concussão e que se sabia ser proveniente de delito anterior.

De seu lado, o "cliente" do advogado recebeu as reprimendas previstas no artigo 155, §4º, inciso I, artigo 288, combinado com artigo 1º, da Lei nº 9.034/1995, e artigo 1º, VII, da Lei nº 9.613/1998.

Em sede de apelação, segundo se verificou, o "cliente" sustentou, entre outros argumentos, que os fatos entendidos como lavagem seriam, na verdade, mero exaurimento do crime anterior. No acórdão proferido em segundo grau de jurisdição, apontou-se, no entanto, que o réu adquiriu diversos bens, móveis e imóveis, em diversas localidades, exemplo da cidade de Alto Alegre (MA), na qual fez aquisições com notas de R$ 50,00, conforme depoimento testemunhal. Nesse acórdão, não há menção sobre o ato de lavagem envolvendo o advogado processado.

4. Pontos teóricos a serem estudados e questões a serem respondidas

Tendo em vista as imputações deduzidas na acusação estudada, o primeiro ponto a ser analisado diz respeito ao tipo penal de lavagem de dinheiro atribuído ao advogado na denúncia, o histórico dele em diplomas internacionais, positivação no direito nacional, bem ainda características típicas. Somente com a análise do âmbito de proibição da norma é que se pode estudar sua eventual adequação aos fatos apreciados pelo Ministério Público Federal.

O segundo consiste no estudo dos deveres do advogado no que toca ao sigilo profissional, as hipóteses de levantamento desse sigilo, e as recentes alterações no artigo 9º da Lei nº 9.613/1998. Essa análise visa a fixar a existência ou não de legitimidade no estabelecimento do dever de colaboração na lavagem de dinheiro.

O seguinte consiste em delimitar se há cumplicidade quando terceiros não comunicam a infração do cliente.

Apenas ao final, teceremos nossas considerações acerca das três condutas descritas no término do item II, com vistas a examinar eventual subsunção ao delito que embasou a acusação.

A exposição dos itens anteriores deverá subsidiar a resposta de duas perguntas que este trabalho se propõe a elucidar, todas formuladas à vista do caso concreto analisado, as quais, como visto, são as seguintes: (i) o recebimento de produto de crime, como pagamento de uma relação jurídica de prestação de serviços legais, configura a lavagem por aquisição?; (ii) há obrigação do advogado, sabendo o paradeiro de produto de crime, informá-lo às autoridades (encerramento do dever de sigilo, em razão de interesse social mais alto)? Caso haja essa obrigação, a não observância atrai a incidência de qualquer dos tipos de lavagem de dinheiro?

4.1 Artigo 1º, §1º, inciso II, da Lei nº 9.613/1998

A necessidade da criminalização da lavagem de dinheiro emergiu por força da iniquidade gerada a partir da utilização de proveitos obtidos com delitos especialmente graves, como o tráfico de drogas e ilícitos praticados por meio de organizações criminosas, cuja prevenção e repressão eram de interesse da comunidade internacional.[10] Utilizando-se do exemplo da mercancia de entorpecentes, o resultado dessa atividade trouxe a certos agentes vultuosos patrimônios,[11] os

---

[10] Nesse sentido, como exemplo, o controle do tráfico de narcóticos em cada país é fiscalizado pela Junta Internacional de Fiscalização de Entorpecentes, órgão independente ligado ao Escritório de Drogas e Crimes das Nações Unidas. Cite-se como exemplo ainda de organismo internacional com atenção dedicada ao controle do tráfico de drogas a Comissão Interamericana para o Controle do Abuso de Drogas, ligado à Organização dos Estados Americanos e responsável pela edição do "Regulamento Modelo sobre Delitos de Lavagem Relacionados com o Tráfico Ilícito de Drogas e Delitos Conexos", o que bem demonstra a sensibilidade da comunidade internacional ante os desafios da lavagem de patrimônio obtido por meio da mercancia de drogas.

[11] Disponível em: <www.forbes.com/sites/seankilachand/2012/03/21/forbes-history-the-original-1987-list-of-international-billionaires/>.

quais, contudo, eram a princípio inutilizáveis, e, por isso, intransmissíveis,[12] vez que ligados diretamente à ilicitude cometida. Transformados como oriundos de outras atividades, resolvia-se esse problema.

Atenta a isso, a comunidade internacional elaborou a Convenção Contra o Tráfico Ilícito de Entorpecentes e Substâncias Psicotrópicas de 1988,[13] na qual, além de se reforçar os meios de repressão ao tráfico de entorpecentes, os Estados signatários se comprometeram a incriminar em suas respectivas ordens jurídicas condutas típicas de lavagem.

Assim, tem-se que os tipos constantes do artigo 1º da Lei nº 9.613/1998 atenderam certos parâmetros estabelecidos na citada convenção. É fácil perceber que o *caput* desse artigo se inspirou no artigo 3º, *b*, *ii*, do referido documento internacional, uma vez que este determina a incriminação da conduta de ocultar ou encobrir a natureza, origem, localização, destino e movimentação ou propriedade verdadeira de bens, desde que se saiba procederem de delitos relacionados com o tráfico, ou que sejam oriundos de participação nela.

Diversamente, o artigo 1º, §1º-II, da Lei nº 9.613/1998 (*tipo imputado ao advogado no caso analisado*), parece não remontar a qualquer das previsões da referida convenção. Há similitude com o artigo 3º, *c*, *i*, pelo qual se deve incriminar a ação de "aquisição, posse ou utilização de bens, tendo conhecimento, no momento em que os recebe", de que tais bens provêm de ilícitos ligados ao tráfico, ou participação neles.[14]

Ambos os dispositivos tratam de condutas similares, mas, a rigor, são diversas, vez que o tipo legal[15] nacional censura, por equiparação ao *caput*, as condutas de quem adquire, recebe, troca, negocia, dá ou recebe em garantia, tem em

---

[12] Pode-se afirmar que o patrimônio de qualquer indivíduo é composto pelo conjunto de relações obrigacionais de que ele seja titular, ativa ou passivamente, ou, por outras palavras, pelo conjunto de bens, direitos (reais ou não) e obrigações que a ele atinem. Por premissa, só se pode ser titular de direito caso ele esteja de acordo com a ordem jurídica. O que for contrário a esta, não ingressa o patrimônio do indivíduo.
[13] Assinada pelo Brasil, e ratificada em âmbito nacional pelo Decreto nº 154/1991.
[14] Essa previsão se cuidava de claro tipo de receptação, razão pela qual a adoção pelos países signatários deveria estar conforme com os princípios constitucionais e conceitos fundamentais do ordenamento jurídico de cada Estado, de modo a se evitar a colisão com princípio da desnecessidade da intervenção penal, pela formulação de tipos idênticos.
[15] Bacigalupo conceitua o tipo como "um instrumento conceitual para a identificação do comportamento proibido". BACIGALUPO, Enrique. *Direito penal*: parte geral. Tradução do espanhol. 2. ed. Buenos Aires: Hammurabi, 1999. p. 196.

depósito, movimenta ou transfere patrimônio advindo de infração penal,[16] *para ocultar ou dissimular sua utilização*.

A diferença, portanto, reside no estabelecimento do elemento subjetivo específico,[17] o qual restou fixado na hipótese delitiva nacional, embora inexistente no modelo consubstanciado na convenção.

Essa incongruência desperta curiosidade, sobretudo quando se verifica que o legislador nacional não apresentou justificações para a diferenciação. A exposição de motivos do Ministério da Justiça encaminhando o projeto de lei de autoria do Executivo à Câmara dos Deputados apenas aduz que as condutas do parágrafo primeiro, incisos I e II,[18] recebem no esboço do texto legal o mesmo tratamento daquelas dispostas no *caput*, e que essas modalidades de lavagem estariam da mesma forma previstas no direito comparado, citando o exemplo de Alemanha, Argentina, Bélgica, Portugal, França, Itália, México e Suíça.[19]

Apesar da menção à existência de tipos semelhantes na legislação externa, o estudo dos tipos penais de lavagem nos países citados não nos leva a essa realidade.

Na Argentina, a censura a atos de lavagem está, atualmente, prevista no Código Penal, nos artigos 277 e 303, conforme se vê do resumo da modificação legislativa operada pela Lei nº 26.683, de junho de 2011. No primeiro dispositivo, sob o *nomen iuris* de "*encubrimiento*", é punível a ação de adquirir, receber, ou ocultar, coisas ou "*efectos*" provenientes de um delito, havendo temperamento na punição, se o autor podia suspeitar da origem ilícita.[20]

Em Portugal, o artigo 2º, alínea c, do Decreto-Lei nº 325/1995, apenas reprova a aquisição ou recebimento, a qualquer título, de bens ou produtos provenientes de crimes listados no *caput*, ou quem os utiliza, detém, ou conserva.[21]

---

[16] À época do caso analisado, a incriminação recai somente para patrimônios provenientes da lista de infrações penais constitutivas dos delitos antecedentes à lavagem de dinheiro.

[17] Fragoso explica que, para determinados casos, o tipo condiciona a ilicitude à existência de uma determinação específica para o agir. Essa condicionante não compõe o dolo, o qual se limita à consciência e vontade para o fato, mas sim repousa em paralelo a ele, com vida própria. FRAGOSO, Heleno Cláudio. *Lições de direito penal*: parte geral. 5. ed. Rio de Janeiro: Forense, 1983. p. 177.

[18] O inciso III recebeu considerações em parágrafo separado da exposição, por conta da querela acerca das especificidades do tipo subjetivo dessa hipótese.

[19] Página 3873, do Diário da Câmara dos Deputados, da edição de quinta-feira, 6 de fevereiro de 1997 (<http://imagem.camara.gov.br/Imagem/d/pdf/DCD06FEV1997.pdf#page=97>).

[20] Disponível em: <www.infoleg.gov.ar/infolegInternet/anexos/15000-19999/16546/texact.htm#27>.

[21] Disponível em: <www.igf.min-financas.pt/leggeraldocs/DL_325_95.htm>.

Na França, o artigo de lei mencionado na exposição de motivos do Ministério da Justiça, qual seja o artigo 222-38, inserido na Seção 4, intitulada "*Du trafic de stupéfiants*", tipifica apenas as condutas de facilitar a justificação da origem de bens ou acréscimos patrimoniais oriundos de infrações previstas na mesma Seção, ou de prestar auxílio em uma operação de ocultar, dissimular ou converter o produto de uma dessas ilicitudes.[22] Na Seção dedicada aos delitos de "*blanchiment*", também não se vê figura típica similar à nacional, apenas se prevendo também as ações de facilitar, por qualquer meio, a falsa justificação da origem de bens ou de recebimentos do autor de um crime ou ofensa que lhe trouxe benefício direto ou indireto, e também a conduta de prestar auxílio a uma operação de ocultação, dissimulação ou de conversão do produto direto ou indireto de crime ou ofensa.[23]

O Código Penal italiano prevê no artigo 648 como formas especiais de receptação o "*Riciclaggio*" e o "*Impiego di denaro, beni o utilità di provenienza illecita*", correspondentes às figuras nacionais do *caput* e do §2º do artigo 1º, da Lei nº 9.613/1998.[24]

No México, o artigo 400 do Código Penal não dispõe sobre qualquer conduta similar à do artigo 1º, §1º, II, da Lei nº 9.613/1998. Com efeito, nas disposições desse artigo, inscritas no Título sobre "Encubrimiento Y Operaciones Con Recursos de procedencia Ilícita", há apenas um tipo de receptação, o qual pressupõe "*ánimo de lucro*", e o qual está redigido da seguinte maneira: "*Con ánimo de lucro, después de la ejecución del delito y sin haber participado en éste, adquiera, reciba u oculte el producto de aquél a sabiendas de esta circunstancia*".[25]

Portanto, em que pese a afirmação constante na exposição de motivos, a figura típica inserida no projeto de lei encaminhado ao Legislativo, a qual veio a ser positivada sem alteração no direito nacional, não encontra tipo que se possa dizer exatamente similar na legislação externa aqui examinada, já que nela estabelecida a necessidade de o agente obrar com o elemento subjetivo específico de ocultar ou dissimular a utilização do produto de crime, que venha a adquirir,

---

[22] Disponível em: <www.legifrance.gouv.fr/affichCode.do;jsessionid=59260CB71A-D2712092E41FFBA8B1C9D9.tpdjo14v_2?idSectionTA=LEGISCTA000006165284&cidTexte=LEGITEXT000006070719&dateTexte=20131123>.
[23] Disponível em: <www.legifrance.gouv.fr/affichCode.do;jsessionid=59260CB71A-D2712092E41FFBA8B1C9D9.tpdjo14v_2?idSectionTA=LEGISCTA000006165345&cidTexte=LEGITEXT000006070719&dateTexte=20131123>.
[24] Disponível em: <www.altalex.com/index.php?idnot=36775>.
[25] Disponível em: <www.cddiputados.gob.mx/POLEMEX/leyes/Ley09.html>.

receber, trocar, negociar, dar ou receber em garantia, ter em depósito, movimentar ou transferir.[26]

Isso, contudo, não conduz à conclusão de ser inviável, na experiência internacional, o ajuizamento de denúncias em face de advogados que receberam patrimônio de origem criminosa. Isso porque, conforme ressai da exposição supra, a qual é corroborada pelos ensinamentos de Ambos,[27] na experiência internacional o tipo que veio a ser positivado a partir do artigo 3º, *c*, *i*, da Convenção de Viena, incrimina a mera aquisição de produto de crime, desde que o agente esteja ciente dessa origem.[28] À vista dessa tipificação, próxima à nossa figura da receptação (artigo 180 do Código Penal), de fato se mostra viável o ajuizamento de denúncias em face de advogados pelo simples recebimento de honorários com patrimônio advindo de atividades criminosas, desde que com ciência dessa proveniência.

Da mesma forma, não podem essas considerações conduzir à conclusão de ser impossível, no direito interno, a criminalização do recebimento de honorários maculados, seja qual for a situação deparada.[29] Antes de se proferir opiniões precipitadas, cabe analisar a tipicidade do delito estudado, bem ainda buscar as hipóteses em que aplicado pela jurisprudência nacional.

Entre os estudiosos nacionais, sustenta-se que as condutas do artigo 1º, §1º, II, da Lei nº 9.613/1998, apenas se voltam aos produtos obtidos diretamente com o delito antecedente, já que a redação da hipótese delitiva deixou de contemplar a adjetivação diferenciadora de "direta ou indiretamente", tal como se fez constar no *caput*.[30]

---

[26] Deve-se registrar, não obstante, a opinião de Silva (apud AMBOS, Kai. *Lavagem de dinheiro e direito penal*. Tradução, notas e comentários sob a perspectiva brasileira de Pablo Rodrigo Alflen da Silva. Porto Alegre. Sérgio Antonio Fabris, 2007. p. 53), o qual escreve que a conduta típica analisada remonta sua origem no delito de intenção previsto na Convenção de Viena. Independentemente dessa análise histórica, De Carli também tece seus comentários acerca desse tipo destacando a necessidade de elemento subjetivo específico (DE CARLI, Carla Veríssimo (Org.). *Lavagem de dinheiro*: prevenção e controle penal. 2. ed. Porto Alegre: Verbo Jurídico, 2013. p. 246).

[27] Kai Ambos. *Lavagem de dinheiro e direito penal*, op. cit., p. 68.

[28] A propósito, ver os estudos de Ambos, em que analisa os tipos penais imputados a advogados em igual situação à analisada (ibid.).

[29] Portanto, antecipando nossa conclusão que será apresentada no subitem seguinte, temos que não se pode dizer, *prima facie*, que a aquisição, ou recebimento de produto de crime para pagamento de determinada relação jurídica, no âmbito interno, possa caracterizar lavagem de dinheiro. Em determinadas situações, contudo, em que constatados desvios nessa aquisição, ou recebimento, poderá haver a caracterização do delito.

[30] Nesse sentido, Cezar Roberto Bitencourt e Luciana de Oliveira Monteiro (Lavagem de dinheiro segundo a legislação atual. *Revista Brasileira de Ciências Criminais*, n. 102, p. 193), e Gustavo Henrique Badaró e Pierpaolo Cruz Bottini (*Lavagem de dinheiro*: aspectos penais e pro-

Barros escreve que o tipo em comento constitui modalidade de receptação dos delitos antecedentes, mas com o especial fim de ocultar ou dissimular o uso do produto criminoso.[31]

Menegaz[32] aponta a importância desse tipo enquanto relacionado com os caminhos de que se pode valer o agente para apagar os sinais de ativos ilícitos. Contudo, como bem destaca o autor, esses caminhos devem ser percorridos com a especial finalidade de ocultar ou dissimular a utilização do patrimônio ilícito.

Moro parece compartilhar apenas parcialmente desse entendimento, pois se refere à necessidade de estar clara a intenção de ocultar ou dissimular citando apenas as ações típicas de guardar ou transportar.

Cabe mencionar Sánchez Rios, o qual aduz que a ação de receber compreendida no tipo examinado só deverá ser reprovada se ligada ao fim de ocultar ou dissimular. Ou seja, receber para ocultar ou dissimular a proveniência ilícita.[33]

Entendem Badaró e Bottini[34] que as condutas previstas nos incisos do §1º, por si sós, são idôneas a esconder o patrimônio obtido com a infração penal. O inciso II, escreve o autor, trata-se de tipo de ação múltipla, e a prática de adquirir, receber e receber em garantia possui relevância penal quando realizada por pessoa diversa da responsável pelo delito antecedente, exceto hipóteses complexas, nas quais o agente se desfaz do bem ilícito e o recebe depois de diversas operações, hipótese também admitida por Bitencourt e Monteiro.[35]

Parece-nos que a melhor interpretação foi dada por Vilardi,[36] o qual, acertadamente, não perde de vista que a lavagem de dinheiro constitui um processo

---

cessuais penais: comentários à Lei 9.613/1998, com alterações da Lei 12.683/2012. São Paulo: Revista dos Tribunais, 2012, p. 108).

[31] BARROS, Marco Antonio de. *Lavagem de capitais e obrigações civis correlatas*: com comentários, artigo por artigo, à Lei 9.613/98. 2. ed. rev., atual. e ampl. São Paulo: Revista dos Tribunais, 2007. p. 161 e 184.

[32] MENEGAZ, Daniel da Silveira. *Lavagem de dinheiro*: os mecanismos de controle penal na justiça federal no combate à criminalidade. Curitiba. Juruá, 2012. p. 77.

[33] SÁNCHEZ RIOS, Rodrigo. *Advocacia e lavagem de dinheiro*: questões de dogmática jurídico-penal e de política criminal. São Paulo: Saraiva, 2010. p. 187-188 (Direito penal econômico. GVlaw).

[34] Gustavo Henrique Badaró e Pierpaolo Cruz Bottini. *Lavagem de dinheiro*: aspectos penais e processuais penais: comentários à Lei 9.613/1998, com alterações da Lei 12.683/2012, op. cit., p. 109.

[35] BITENCOURT, Cezar Roberto; MONTEIRO, Luciana de Oliveira. Lavagem de dinheiro segundo a legislação atual. *Revista Brasileira de Ciências Criminais*, São Paulo, n. 102, p. 203, 2013.

[36] VILARDI, Celso Sanchez. O crime de lavagem de dinheiro e o início de sua execução. *Revista Brasileira de Ciências Criminais*, São Paulo, v. 47, p. 11-30, maio/jun. 2004.

de atos, que, mediante alguma falsidade/fraude, visam a dar aparência lícita a patrimônio obtido por meios delituosos. Por isso, entende que as condutas tipificadas no §1º se voltam à ocultação ou dissimulação da utilização do patrimônio constituído com a infração penal antecedente (processo final da lavagem), o que corresponde a dizer que a censura incide em momento no qual já ocultada a proveniência ilícita, estando-se na fase de reintegração dos direitos, bens ou valores ao sistema econômico legal, pois, mesmo nesse estágio, o agente há de continuar escondendo a verdadeira origem daquilo que se utiliza.

Bem por isso, pertinente ao caso a opinião de Pitombo,[37] de acordo com o qual o intérprete deve saber apartar as situações de mero proveito do patrimônio escuso das hipóteses destinadas a ocultar ou dissimular a origem ilícita dos bens.

Por derradeiro, citamos julgado da 1ª Turma do Tribunal Regional Federal da 3ª Região, no qual os julgadores refutaram imputação que atribuiu ao agente a ação de dissimular o proveito criminoso, quando o objeto material do delito antecedente (mercadorias de descaminho) estava na posse do réu, pois havia sido apreendido.

No entender dos julgadores, contudo, seria possível a imputação pela intenção de ocultar, pois as mercadorias estavam mantidas em depósito, o que, nada obstante, não nos parece correto, na medida em que o mero depósito, sem um ato que distanciasse as mercadorias de sua real origem (aposição de informações falsas em caixas, por exemplo), não possuiria o condão de apagar, ou iludir a origem delitiva.

Ante o exposto, podemos encerrar este subitem indicando que o tipo penal do artigo 1º, do §1º, II, da Lei nº 9.613/1998, constitui delito particular da legislação brasileira, a qual exige que as ações nucleares nele descritas se deem com o objetivo específico de ocultar ou dissimular a utilização de bens, seja na fase final do processo de lavagem do patrimônio, isto é, quando já exista algum mascaramento da origem escusa, distanciando-a ainda mais (posição de Vilardi), seja em qualquer fase, mas desde que se pratiquem as ações proibidas acompanhadas de alguma circunstância objetiva qualquer pela qual se denote tal intenção.

---

[37] PITOMBO, Antônio Sérgio A. de Moraes. *Lavagem de dinheiro*: a tipicidade do crime antecedente. São Paulo. Revista dos Tribunais, 2003. p. 38 e 108.

4.1.1 Adequação do tipo penal a honorários profissionais recebidos

Logo de partida, externamos nossa opinião no sentido de ser inviável, à vista da legislação nacional, estabelecer a tipicidade do recebimento de honorários maculados no tipo penal do artigo 1º, §1º, II, e tampouco em alguma das demais formas delitivas da Lei nº 9.613/1998.[38]

Isso porque o pagamento de honorários, realizado no seio de relação jurídica contratual, feito pelo contratante, valendo-se de patrimônio ilícito na exata forma em que obtido (o dinheiro furtado, por exemplo), não leva *per si* à caracterização da lavagem de dinheiro tal como criminalizada pela legislação, por inexistir nesse fato, analisado de forma objetiva, *ocultamento*, ou *dissimulação* da identidade do patrimônio utilizado.

É verdade que a mudança na posse dos direitos, bens e valores criminosos, que se dá pela saída das mãos do agente da infração penal antecedente para aqueles que, na utilização, recebem, adquirem, recebem em depósito, guardam, trocam e demais condutas tipificadas, distancia o proveito ilícito de seu titular originário. Mas é certo que a *ratio* da lavagem é incriminar a mudança da natureza, origem, localização ou disposição do bem, e não a simples alternância declarada de posse, o que já é censurado pela receptação (artigo 180 do Código Penal).

Por essa razão, a menos que o benefício criminoso já tenha sofrido alguma mutação, as ações típicas podem ocorrer sem implicar a ocultação ou a dissimulação da origem delituosa, a exemplo do pagamento de obrigação jurídica com o dinheiro obtido por prevaricação. Vale dizer, o recebimento de pagamento com patrimônio ilícito, que se encontre no estado bruto originário, não implica ocultação ou dissimulação, pois não desnatura o estado do bem.

Assim, em resumo, temos que, na hipótese de quitação regular, feita de acordo com as normas civis e efetuada pelo próprio cliente, é perfeitamente sustentável a posição de que não há a tipicidade da lavagem.

Contudo, havendo a quitação do débito por terceiros, parentes ou não da pessoa com que se tem relação de clientela, ou estipulação de valor maior do que

---

[38] Costa e Grandis possuem entendimento em igual sentido, externado em posição feita em mesa de debates do Instituto Brasileiro de Ciências Criminais, em 14 de dezembro de 2011. COSTA, Regina Lobo da; GRANDIS, Rodrigo de. Lavagem de dinheiro e o recebimento de honorários. Auditório do Instituto Brasileiro de Ciências Criminais. In: MESAS DE DEBATES DO INSTITUTO BRASILEIRO DE CIÊNCIAS CRIMINAIS, 2011, São Paulo. DVD.

práticas de mercado, daí se poderá falar que, objetivamente, a situação poderá configurar a ocultação ou dissimulação do uso de proveito de crime. Mas isto não é suficiente, pois estamos no plano da tipicidade objetiva,[39] devendo, ainda, a investigação descer à análise se houve a intenção de ocultar ou dissimular a utilização desse patrimônio escuso, tal como exige a tipicidade subjetiva de acordo com a legislação nacional.[40]

Nada obstante, deixando-se de lado a posição adotada anteriormente, deve-se perquirir se mesmo na simples hipótese do recebimento de honorário maculado, sem qualquer desvio constatável, haveria espaço para a incidência do artigo 1º, §1º, II, da Lei nº 9.613/1998. Mesmo que atendesse à tipicidade objetiva, estaria também configurada alguma antijuricidade nesse caso?

A questão é pertinente, pois, além de possuir eco na experiência internacional, se relegarmos a definitiva aferição da tipicidade dessa conduta ao plano do tipo subjetivo, nada impedirá a instauração de investigações policiais em face de advogados. Portanto, o que se busca é a construção de exegese mais consistente ao âmbito de proteção da norma penal, não podendo as diversas condutas nucleares terem aplicabilidade para qualquer situação, em especial a modalidade de receber.[41]

Sem prejuízo do exposto anteriormente, a conduta tipificada pressupõe que o agente possua conhecimento da origem criminosa do patrimônio recebido, pois, do contrário, obrará em erro de tipo (artigo 20 do Código Penal). Note-se que o conhecimento da origem criminosa não se identifica, necessariamente, com a intenção de ocultar ou dissimular a utilização, conforme observam Monteiro e Bitencourt.[42]

---

[39] Esses exemplos não colidem com a interpretação dada pela doutrina nacional, segundo a qual o tipo estudado compreende apenas a utilização do proveito direto do crime antecedente.

[40] Kai Ambos. *Lavagem de dinheiro e direito penal*, op. cit., p. 113; Cezar Roberto Bitencourt e Luciana de Oliveira Monteiro. Lavagem de dinheiro segundo a legislação atual, op. cit., p. 204.

[41] A propósito, vê-se na doutrina que a ação de receber se configura pela aceitação do que foi oferecido ou entregue, com a mudança de titularidade da posse do proveito criminoso (Ibid, p. 202), havendo posição no sentido de que a aceitação desse patrimônio escuso já é punível pela tentativa, havendo a consumação pela posse tranquila (MAIA, Carlos Rodolfo Fonseca Tigre. *Lavagem de dinheiro (lavagem de ativos provenientes de crime)*. Anotações às disposições criminais da Lei n. 9.613/98. 2. tir. São Paulo: Malheiros, 2004. p. 97).

[42] Cezar Roberto Bitencourt e Luciana de Oliveira Monteiro. Lavagem de dinheiro segundo a legislação atual, op. cit., p. 204. Os autores, contudo, entendem que haverá tipicidade na ação de receber produto de crime, nos casos de pagamento por uma prestação, se o recebimento se der também com o intuito de encobrir ou dissimular a procedência ilícita, com o que se aproximam de uma solução dessa situação pela aferição do dolo direto, a qual, conforme exposto, não traz

Feita essa ponderação, voltamos à nossa questão que busca saber se o mero recebimento de honorários com valores oriundos de infração penal caracteriza o delito estudado, isto é, se constitui ação típica e/ou antijurídica.

No plano da antijuridicidade, conforme Ambos,[43] a regra é que inexiste direito algum à escolha de defensor fazendo uso de patrimônio maculado. Ou seja, mesmo que o patrimônio ilícito seja suficiente a fazer o agente ser listado na relação de pessoas mais ricas do mundo, como foi o caso de Pablo Escobar,[44] o direito de defesa não tem a amplitude de assegurar que ele possa utilizar essa fortuna para contratar seu defensor, seja o preço baixo ou elevado, pois ela sequer poderia integrar o patrimônio dele.

No entanto, levada às últimas consequências, essa regra esvazia sim o conteúdo do direito de defesa e seu corolário, o direito de escolha a um advogado,[45] devendo, assim, eventuais causas de proibição no ordenamento jurídicos serem interpretadas de forma restritiva.

Nesse desiderato, Ambos descreve as três formas abordadas no contexto alemão para se sustentar essa interpretação restritiva: a solução de tipo, de justificação ou de dolo, sendo a primeira e a terceira alheias ao plano da antijuridicidade. Bem por isso, entre essas três, Ambos opta pela superioridade da solução de justificação,[46] por considerar a primeira *contra legem*,[47] e a última, cujos resultados não impediriam em nenhum caso a instauração de uma investigação, em nítida insegurança aos advogados.[48]

---

segurança jurídica à posição dos profissionais jurídicos, pois não impede, *per se*, a instauração de investigações policiais para verificação dessa hipótese.

[43] Kai Ambos. *Lavagem de dinheiro e direito penal*, op. cit., p. 67.
[44] Disponível em: <http://news.bbc.co.uk/2/hi/americas/7938904.stm>.
[45] O direito do réu de escolher o advogado que ele entenda seja o melhor para seu caso foi sedimentado no julgamento *United States v. Gonzalez-Lopes*, decidido pela Suprema Corte norte-americana. (<www.nytimes.com/2006/06/27/washington/27scotus.html?_r=0>). É notório que essa proibição esmigalha o direito de defesa na exata medida em que, antes de qualquer coisa, aquele que procura assistência judiciária terá que provar ao seu futuro defensor possuir patrimônio lícito para honrar os honorários contratuais.
[46] O OLG Hamburg, tribunal alemão que equivale a um tribunal de segunda instância da justiça brasileira, decidiu, em 2000, caso de aquisição de honorários maculados por advogado, aplicando a solução do tipo, conforme aponta Kai Ambos. *Lavagem de dinheiro e direito penal*, op. cit., p. 108.
[47] Ibid., p. 94.
[48] Ibid., p. 78. O OLG Frankfurt decidiu, em 2001, caso de recebimento de honorários maculados por advogado, aplicando a solução do dolo, conforme aponta Kai Ambos (Ibid., p. 109), exigindo do defensor um saber seguro quanto à proveniência ilícita (dolo direto).

A solução de justificação, na qual inexiste antijuridicidade na aceitação de honorários maculados, pois o direito de defesa, a presunção de inocência e o princípio da boa-fé nas relações jurídicas funcionam como contra direito, satisfaz as explicações do tema, e impede ainda a subsidiariedade do crime de receptação (apesar de seus inconvenientes, como adiante expostos).

Ambos completa seu entendimento dizendo que esse critério não pode ser absolutamente objetivo, enfocado apenas nos valores acima. Assim, não há como se negar que haveria antijuridicidade nos casos em que o defensor possui seguro conhecimento da proveniência ilícita, a exemplo de quando sabe de imputação em face de seu cliente. O mais adequado, portanto, seria adotar solução subjetivada de justificação, na qual o advogado, ao adquirir o pagamento, deve estar convicto da inocência do cliente, ou da credibilidade que ele apresenta, no sentido de que não quitará os serviços prestados com direito, bens ou valores sujos.

Apesar de ser favorável a essa solução, Ambos pontua os inconvenientes a ela inerentes: aproxima-se da solução do dolo, e assim não impede investigações, mas apenas tenta diminuir seu número. Além disso, caso condenado o cliente, haveria espaço para se confiscar o valor passado ao advogado,[49] bem ainda a problemática de fixar as regras de cuidado para se evitar o recebimento de honorários. Ainda, dever-se-ia fixar a caracterização de representação segura da origem ilícita, ligada ao conhecimento do crime antecedente.[50]

Voltando ao panorama nacional, temos que, como regra, o recebimento de honorários no valor pactuado, que sejam pagos pelo cliente beneficiário do serviço, com a emissão do comprovante para fins tributários, constitui fato atípico, sem ofensa à ordem jurídica, não encontrando adequação na hipótese do artigo 1º, §1º, II, da Lei nº 9.613/1998.

De um lado, porque, como afirmado, nessa situação não haverá o menor rastro de se obrar com a intenção de ocultamento ou de dissimulação, porque simplesmente inexistirão essas duas hipóteses. A utilização é feita às claras e não ilude a investigação do caminho do patrimônio.

---

[49] Esse inconveniente nos parece residir tanto na solução de justificação objetiva, como na subjetiva. Em nota de rodapé, permitimo-nos discordar da posição de Ambos, na medida em que a solução de justificação com viés subjetivo só incentiva o estabelecimento de sistema hipócrita, em que o advogado, muitas vezes, nega-se a saber a origem de seu pagamento (Jordan Belfort. *A caçada ao Lobo de Wall Street*, op. cit.).

[50] Kai Ambos. *Lavagem de dinheiro e direito penal*, op. cit., p. 97-101.

Mas caso assim não se entendesse, de outro giro, no direito nacional, além do direito de defesa, a presunção de inocência e o princípio da boa-fé nas relações jurídicas, devemos ter em vista o valor conferido à advocacia pelo legislador constituinte (artigo 133).[51] A solução de justificação, proposta por Ambos, portanto, possui valor jurídico ainda mais pujante no contexto nacional, e prescinde de forma relativa do aspecto das suspeitas sobre a origem delitiva do patrimônio que se utilizará no pagamento dos serviços prestados.

Note-se que a posição sustentada não se aplica aos casos em que se releve de forma inequívoca que o causídico possui ciência da fonte criminosa do pagamento recebido e viabiliza, com o recebimento, a utilização dissimulada desse patrimônio, posição essa que Schorscher indica ser minoritária.[52]

O entendimento esposado se aplica às hipóteses em que, como exposto, inexistem desvios, ou quaisquer incongruências na forma como o pagamento dos honorários é efetuado. Irregularidades no pagamento podem ser exemplificadas pela quitação do profissional por terceiros, pois haverá o risco de esses serem os líderes de grupos criminosos, os quais pagam os serviços do advogado para salvaguardar o antigo colaborador nas empreitadas criminais já incorridas.[53]

Nessas situações, ao contrário, poderá se sustentar que, objetivamente, o causídico anui com o ocultamento ou dissimulação, que se deu pela utilização de bem oriundo de infração penal antecedente no pagamento dos honorários.

De todo o exposto neste item, temos que a solução objetiva-subjetiva de justificação, que se fundamenta nos valores jurídicos envoltos na advocacia, acrescentados por critérios subjetivos, veda se busque imputar ao advogado o crime de lavagem de dinheiro nas hipóteses em que a relação jurídica se dê de maneira absolutamente normal, e na inexistência de dúvida razoável sobre a origem delitiva do patrimônio utilizado para pagamento dos serviços prestados.

---

[51] Kai Ambos. *Lavagem de dinheiro e direito penal*, op. cit., p. 115.
[52] SCHORSCHER, Vivian. A responsabilidade penal do advogado na lavagem de dinheiro: primeiras observações. *Revista dos Tribunais*, São Paulo, v. 863, p. 457, set. 2007.
[53] Nos Estados Unidos, conforme nos dá notícia Orentlicher, o precedente *United States v. Hodge and Zweig* passou a limitar o pagamento de serviços jurídicos por terceiros que não o direto interessado na obtenção da assessoria jurídica. Portanto, mesmo que não houvesse a vedação pela legislação de branqueamento de capitais, esse julgado, por diversas razões, dificultaria o pagamento por pessoas estranhas à relação advogado-cliente. ORENTLICHER, David. Fee payments to criminal defense lawyers from third parties: revisiting United States v. Hodge and Zweig. *Fordham Law. Review*, v. 69, 2000. Disponível em: <http://ir.lawnet.fordham.edu/flr/vol69/iss3/9>.

4.2 Sigilo profissional na advocacia e lavagem de dinheiro

Neste item, analisaremos os fundamentos do sigilo profissional na profissão de advogado, bem ainda as hipóteses que autorizam a restrição desse direito/dever, com olhos ao caso analisado, e por fim dedicaremos atenção às alterações dos artigos 9 a 11, da Lei nº 9.613, que foram introduzidas pela Lei nº 12.683/2012.

O exercício da advocacia encontra sua regulamentação na Lei nº 8.906/1994, diploma que dispõe sobre o Estatuto da Advocacia e Ordem dos Advogados do Brasil. O Código de Ética e Disciplina, editado pelo Conselho Federal da OAB, também constitui instrumento jurídico com parâmetros normativos da profissão.

A existência de sigilo profissional na profissão ressai clara desses documentos legais. O Estatuto prevê o sigilo com dupla face, primeiro como direito do advogado, que pode se recusar a depor em situações que estejam ligadas à apuração, cível ou criminal, de fatos de que teve conhecimento em razão de anterior atuação profissional (artigo 7º, XIX), e depois como dever do advogado, que deve manter as informações lhe passadas, sob pena de praticar infração disciplinar (artigo 34, VII).

De acordo com Farah, citado por Trama, o estabelecimento do sigilo na relação entre advogado e cliente está acima do interesse dessas duas partes, sendo imprescindível ao direito de defesa e à sociedade, razão pela qual constitui princípio de ordem pública.[54]

Além disso, a relação do advogado com o cliente tem início quando este sente confiança no profissional, tanto por acreditar nas capacidades técnicas e forenses como que as confidências serão mantidas em sigilo e manejadas/utilizadas apenas nos limites necessários ao sucesso da defesa, e tampouco serão divulgadas a terceiros.

No entanto, dada a necessidade de temperamentos desse princípio, há atos normativos que preveem as hipóteses em que ele deve ser restringido.[55] Assim,

---

[54] Apud TRAMA, Benedito Édison. O sigilo profissional e o advogado. *Revista do Instituto dos Advogados de São Paulo*, São Paulo, v. 7, p. 22-38, jan. 2001. Mesquita e Lobo também entendem se tratar de princípio de ordem pública. MESQUITA, Rodrigo Octávio de Godoy Bueno Caldas. Do sigilo profissional do advogado: natureza jurídica, extensão, limites e restrições. *Revista dos Tribunais*, São Paulo, v. 869, mar. 2008; LOBO, Paulo. *Comentários ao Estatuto da Advocacia e da OAB*. 5. ed. São Paulo: Saraiva, 2009.

[55] Não seria ocioso relembrar que a violação de segredo profissional sem justa causa, *por leviandade do profissional*, implica sérias consequências. No âmbito profissional, resulta na aplicação de censura ao advogado, nos termos do artigo 36, da Lei nº 8.906/1994, e, por ser um ilícito, pode

o Código de Ética e Disciplina estipula que o sigilo profissional é inerente à profissão (artigo 25), mas prevê que pode ser transgredido com justo motivo nas hipóteses em que haja grave ameaça ao direito à vida, à honra, do advogado ou de terceiros, ou quando o causídico se veja afrontado pelo próprio cliente e, em defesa própria, tenha que revelar o fato de interesse dessa determinada situação (artigo 25).

Diante dessa disposição, Lobo[56] escreve que o dever de sigilo não possui limite temporal e somente cessa no caso de estado de necessidade para a defesa da dignidade ou dos direitos legítimos do próprio advogado, ou para conjurar perigo atual e iminente contra si ou contra outrem, ou, ainda, quando se for acusado pelo próprio cliente. Ainda segundo o autor, o dever deveria se extinguir quando se comunica ao advogado a intenção de se cometer crime, mas o próprio justifica essa hipótese na proteção da garantia à vida, bem jurídico individual e pessoal, e não a outros bens jurídicos, a exemplo do objeto jurídico da lavagem de dinheiro.[57]

Também importa citar a Resolução nº 17/2000, editada pelo Tribunal de Ética e Disciplina de São Paulo, a qual, dispondo sobre sigilo profissional, estabelece que esse não pode ser transgredido mesmo que haja autorização do cliente, porém fixa inexistir violação na divulgação destinada à defesa da vida, de ofensa à honra, ameaça ao patrimônio ou defesa da pátria, ou ainda quando o profissional se veja afrontado pelo cliente (artigo 3º). Note-se que nessa regulamentação há uma hipótese não constante no Código de Ética e Disciplina, qual seja, a ameaça ao patrimônio ou defesa da pátria.

Ainda nessa resolução, o artigo 4º estabelece que o profissional que estiver na contingência de quebrar o dever de sigilo assume a responsabilidade de fazê-lo sem a autorização da Ordem dos Advogados do Brasil. Esse mesmo dispositivo dispõe que essa necessidade se dará diante de justa causa, ou estado de necessidade.

Ao interpretar esse conjunto de regras, Mesquita[58] vê quatro hipóteses legais de justa causa autorizadoras do levantamento do sigilo: (i) grave ameaça à vida; (ii) grave ameaça à honra; (iii) quando o advogado se veja atacado pelo cliente

---

gerar indenização por danos materiais e morais, além de responsabilização penal (artigo 154 do Código Penal). Por todas essas disposições, mais outras não citadas do Código de Processo Civil e Estatuto Processual Penal, bem se vê a importância da questão à vida social.
[56] Paulo Lobo. *Comentários ao Estatuto da Advocacia e da OAB*, op. cit., p. 59.
[57] Acerca da discussão sobre o bem jurídico protegido pela lavagem de dinheiro.
[58] Rodrigo Octávio de Godoy Bueno Caldas Mesquita. Do sigilo profissional do advogado, op. cit.

e, para se defender, necessite apresentar segredo de que tenha conhecimento; e (iv) estado de necessidade.[59]

Em todas essas hipóteses, cabe ao advogado a decisão pela revelação do segredo que lhe foi confiado,[60] bem ainda elas partem do ponto comum de que a restrição ao dever de sigilo se legitimou para a preservação de direito fundamental (vida, honra e segurança, esse último, no caso de estado de necessidade) do advogado, ou de terceiros, os quais podem ser prejudicados pelos intentos do cliente.

Digno de menção, ainda, o entendimento de Sodré,[61] escrito à vista do estatuto anterior à Lei nº 8.906/1994, de acordo com o qual, caso o interesse social conflitasse com o individual, deveria o primeiro prevalecer, daí configurando justa causa para a revelação, devendo essa análise ser feita segundo a casuística.[62]

Esses entendimentos parecem haver norteado a imputação deduzida em face do advogado no caso ora analisado, bem assim a condenação sofrida. Conforme aduzido, entendeu-se que a informação sobre a existência e o uso de produto de crime seria de interesse social, não podendo ser mantida em sigilo pelo profissional, o qual, assim, deveria tê-la informado às autoridades.

Deve-se lembrar que o conhecimento do uso de produto de crime não constituía, à época dos fatos, hipótese legal autorizadora do levantamento do sigilo pelo advogado, bem como frisar que na situação analisada se limitou ao conhecimento mental da possível origem ilícita do valor que seria pago aos policiais, sem a prática de qualquer ato material com o patrimônio ilícito (recebimento, transferência, guarda ou movimentação).

Desse modo, com olhos para o caso analisado, e sempre lembrando que nossa premissa de trabalho acolhe a versão do advogado, surgem as seguintes questões: cabia exigir do advogado a ação de avaliar que deveria prevalecer o interesse social de investigação, em detrimento de dever que lhe era próprio,

---

[59] O Tribunal de Ética e Disciplina da Ordem dos Advogados do Brasil possui precedente ilustrativo, citado por Azevedo, no qual se entendeu legitimada a revelação de segredo profissional, vez que o advogado se viu envolvido em inquérito policial, com possibilidade de vir a ser indiciado por ato criminoso de seu cliente com terceiros (vide ementa do julgado em nota no final). AZEVEDO, Flávio Olimpio de. *Comentários às infrações disciplinares do estatuto da advocacia*. São Paulo: Juarez de Oliveira, 2002. p. 68-69.

[60] Trama (O sigilo profissional e o advogado, op. cit.) entende que a decisão pela revelação do segredo profissional deve caber ao Tribunal de Ética ou ao Poder Judiciário.

[61] SODRÉ, Ruy. *A ética profissional e o estatuto do advogado*. São Paulo: LTR, 1984. p. 404 e 407.

[62] Essa concepção é defendida, mesmo diante do entendimento do autor de que o sigilo seria de natureza pública, ligando-se ao exercício da ampla defesa.

atinente ao sigilo profissional? E, independentemente de lhe caber ou não, a falta de comunicação às autoridades constituiria omissão penalmente relevante (artigo 13, §2º, do Código Penal)?

À primeira pergunta, parece-nos bastante claro que o advogado não possuía o dever de proceder, por si próprio, sem que existisse qualquer comando, legal ou judicial, com semelhante avaliação. Caberia, sim, se estivesse diante das hipóteses legais anteriormente apontadas de afastamento do sigilo (risco à vida do cliente, ou de terceiros, por exemplo), pois lhe dizia respeito ter conhecimento das regras profissionais.

Porém, confrontando-as com a situação analisada, tem-se que os valores jurídicos protegidos pelas regras da profissão se revestiam de maior importância quando em comparação com a função estatal de apuração de infração penal (artigo 144 da Constituição Federal), que de modo algum lhe dizia respeito.

Note-se que a construção constante na denúncia (dever de informar a ocorrência de certo crime, em vista do interesse social na sua apuração) poderia se aplicar para a investigação de qualquer ilícito penal. Os fins deste trabalho, contudo, devem se direcionar ao estudo de sua aplicabilidade na apuração da lavagem de dinheiro.

Acrescente-se que, nos dias atuais, a ponderação de valores entre o dever de sigilo e o interesse social nas investigações desse crime restou decidida pelo legislador em favor desse segundo aspecto.

Com efeito, adotando recomendações e padronizações internacionais,[63] o artigo 9º da Lei nº 9.613/1998, com a alteração promovida pela Lei nº

---

[63] O Grupo de Ação Financeira Internacional (Gafi) edita recomendações típicas de *soft law*. Nesse conjunto de regras, estabelece-se que os países deverão estabelecer normas que obriguem profissões e agentes com atividades não financeiras a colaborarem com a investigação do crime de lavagem de dinheiro. Assim, nas Recomendações 22 e 23, fixou-se que advogados, notários ou outras profissões legais independentes, quando na preparação ou realização de transações para clientes, que sejam concernentes a algumas hipóteses, devem guardar a documentação pertinente e eventualmente informá-la às autoridades competentes. Porém, na nota interpretativa dessa regra, esclareceu-se que esses profissionais atuando como profissionais legais independentes não serão requisitados a comunicar operações suspeitas se a informação a respeito delas fora obtida em circunstâncias em que sujeitos ao sigilo profissional. No âmbito europeu, vige a Diretiva 2005/60/CE, a qual, seguindo a normativa existente desde a Diretiva 2001/97/CE, que, por sua vez, ampliara o rol de agentes obrigados a colaborar na prevenção da lavagem de dinheiro constantes da Diretiva 91/308/CE, impõe aos advogados e profissões legais, entre outros deveres, o de comunicação aos órgãos competentes quando tomarem conhecimento de operações suspeitas, mas os exonerando dessa obrigação quando se soube do fato suspeito na determinação jurídica do cliente ou na missão de defesa ou representação dele, num processo judicial, ou a respeito de um processo

12.638/2012, passou a determinar que profissionais ligados a serviços de assessoria, consultoria ou aconselhamento (inciso XIV), o que abrange sem sombras de dúvidas advogados, cumpram as obrigações constantes nos artigos 10 e 11, da mesma lei.

O artigo 11 da lei estipula que os profissionais anteriormente mencionados deverão comunicar ao órgão de controle de atividades financeiras (Coaf) a proposta ou realização de toda transação econômica que ultrapassar valor limite fixado pelas autoridades competentes (artigo 11, II, "a", c/c artigo 10, II), bem ainda todas as operações que possam esconder ou representar sérios indícios de crime de lavagem de dinheiro (artigo 11, II, "b", c/c artigo 11, inciso I).

Ou seja, diferentemente das hipóteses existentes no regramento da profissão, a Lei nº 9.613/1998, com as alterações da Lei nº 12.683/2012, estabeleceu situação de afastamento compulsório do sigilo, pela criação de obrigação de fazer aos profissionais nela citados. Essa obrigação, embora com ela não se concorde, como adiante será demonstrado, consiste em informar o órgão competente, noticiando se ter tomado conhecimento de fatos ou situações com sérios sinais de lavagem de dinheiro, que se veio a ter contato no exercício do ofício, particularmente no atendimento e/ou acompanhamento de clientes, em determinadas operações previstas de forma expressa e taxativa no diploma legal.

Essa obrigação atinge os profissionais de forma cogente, e não se previram hipóteses que permitam exoneração de cumprimento, o que deveria ter ocorrido, principalmente para os casos em que o atendimento da norma implique diminuição ou anulação de direito.[64]

Portanto, temos que o quadro jurídico do dever de sigilo profissional dos advogados se encontra alterado, não sendo ele contemporâneo à denúncia criminal analisada.

---

dessa natureza, bem ainda quando se trate de conselhos prestados quanto aos meios de se instaurar ou evitar um processo, regra de exoneração que vale independentemente do momento em que se venha a saber do fato que ensejaria comunicação (artigo 23).

[64] Sarlet explica que na consecução do dever de proteção pode o Estado vir a intervir de forma desproporcional, anulando a esfera de exercício de determinados direitos. É nessa hipótese que o princípio da proporcionalidade, por sua vertente da proibição de excesso, possui aplicabilidade como controle de constitucionalidade do ato estatal. Não se pode descartar haver desproporcionalidade na extensão das obrigações do dever de colaboração também aos advogados. SARLET, Ingo Wolfgang. Constituição e proporcionalidade: o direito penal e os direitos fundamentais entre proibição de excesso e de insuficiência. *Revista Brasileira de Ciências Criminais*, São Paulo, v. 47, p. 60-123, maio/jun. 2004. p. 100.

Como exposto, atualmente, além das hipóteses previstas no Código de Ética e Disciplina, editado pelo Conselho Federal, e no regramento dos Tribunais de Ética estaduais, deve-se ter em mente a restrição imposta no artigo 9º, XIV, da Lei nº 9.613/1998, em combinação com o artigo 11, da mesma lei. Segundo esse dispositivo, o advogado possui a obrigação de comunicar ao órgão cabível a existência de operação de cliente com sérios indícios de lavagem de dinheiro, que haja sido realizada ou a se concretizar.

Cabe alertar que não é qualquer operação assessorada, ou aconselhada pelo advogado que enseja o dever de comunicar. Apenas as operações econômicas previstas nas alíneas do inciso XIV, do artigo 9º, da Lei nº 9.613/1998, que implicam a obrigação de informar o órgão cabível.

Demais disso, o mero conhecimento da existência de atos jurídicos que tenham por objeto o produto de crime, e/ou de seu uso pelo agente, em alguma das operações elencadas no inciso XIV também não enseja a comunicação ao órgão fiscalizador.[65] A simples interpretação da lei demonstra a necessidade de o conhecimento decorrer de atuação do advogado em qualquer das operações das alíneas do inciso XIV, do artigo 9º, da Lei nº 9.613/1998.

A comunicação, assim, deve ser realizada quando se toma conhecimento de sérios indícios das condutas previstas no artigo 1º, *caput*, §1º e §2º, as quais não se confundem com o mero uso de produto de crime (artigo 11, *caput*). Ou seja, o profissional deverá fazer a comunicação caso tenha contato ativo com situação que revele sinais de ocultação ou dissimulação da origem de bens, direitos ou valores oriundos de crime, contato esse que decorra de participação profissional nas operações previstas nas alíneas do inciso XIV, do artigo 9º, da Lei nº 9.613/1998.

Tendo em vista que no item seguinte analisaremos quais devem ser os efeitos da falta de comunicação ao órgão competente do contato com fatos que aparentem lavagem de dinheiro, não se pode deixar de abordar a existência de amplo debate no contexto internacional e nacional acerca da legitimidade dessa obrigação aos advogados.

---

[65] Sánchez Rios (*Advocacia e lavagem de dinheiro*, op. cit., p. 122) aduz que as normativas europeias caminham no sentido de abranger o conhecimento da origem ilícita, mesmo que não relacionado com uma atividade de assessoria judicial ou extrajudicial.

A discussão sobre a legitimidade dessa obrigação se dá porque, aplicada ao pé da letra, ela atenta contra a garantia de acesso à assistência jurídica,[66] cuja existência no plano normativo é induvidosa, vez que corolário do direito à ampla defesa (artigo 5º, LV), bem ainda porque, reconhecendo sua importância, o Estado a assegura aos hipossuficientes (artigo 5º, LXXIV).

No mais, sem essa garantia, não há como se viabilizar o direito de inafastabilidade do Poder Judiciário para tutela de ameaça ou lesão a direito, já que a proposição em juízo depende de poderes de representação (artigo 36 do Código de Processo Civil).[67]

Portanto, aplicada à margem de qualquer consideração valorativa, a obrigação fixada aos advogados viola garantias fundamentais. Essa ofensa pode ser explicada, de forma concreta, pelo simples fato de que, num ambiente de inexistência do direito/dever de sigilo na relação com advogados, a pessoa que se consulta possuirá o evidente receio de, expondo determinado fato, motivar a realização de comunicação compulsória, ainda que esse fato não caracterize ilícito algum.

Por outro lado, diante da novel obrigação, o profissional certamente se vê acuado a se aprofundar na entrevista com o cliente, sob o risco de tomar conhecimento de fatos que possam gerar obrigação prejudicial ao interessado em seus serviços.

Por consequência, sem saber a extensão da situação fática do entrevistado, o advogado externará sua opinião jurídica limitada ao quadro lhe apresentado, a qual, certamente, será inexata.[68]

Por tudo isso, na ausência de declaração de inconstitucionalidade dessa norma,[69] deve-se interpretá-la de maneira restritiva, com o fim de evitar apli-

---

[66] Sánchez Rios (*Advocacia e lavagem de dinheiro*, op. cit., p. 17) escreve que a possibilidade de o cidadão conhecer os reflexos jurídicos de sua situação particular constitui uma das garantias ínsitas ao estado de direito.

[67] É nessa linha que se sente haver todo sentido considerar os profissionais que prestam assistência jurídica essenciais à Justiça (artigo 133, da Constituição Federal).

[68] Não por outro motivo, em contencioso no Tribunal de Justiça das Cortes Europeias, travado contra a validade das diretivas que impuseram diversas obrigações de comunicação a profissionais jurídicos, sustentou-se que o sigilo profissional seria intrínseco e indissociável da profissão, sendo impossível limitar sua aplicação a um dos aspectos em que se desenvolve a profissão (Sánchez Rios. *Advocacia e lavagem de dinheiro*, op. cit., p. 115).

[69] A ação direta de constitucionalidade nº 4.841, ajuizada pela Confederação Nacional das Profissões Liberais, busca a declaração de inconstitucionalidade dos artigos 10 e 11, vez que atentariam ao exercício de profissionais incluídos no artigo 9º. A ação constitucional recebeu parecer

cações não razoáveis, que abarquem todas as vertentes em que se desenvolve a profissão (defesa, advocacia consultiva e mera assistência jurídica), pois, se assim o for, haverá ofensa à garantia de ampla defesa e ao exercício de profissão fundamental à Justiça (artigo 5º, LV, artigo 133, da Constituição Federal).

Sánchez Rios, anteriormente à edição da citada lei, escrevia que as normativas acerca de lavagem de dinheiro não poderiam inserir o advogado que atuasse nos conformes deontológicos do ofício.[70] Porém, dado o estabelecimento de obrigação de colaborar a esse profissional, dever-se-ia observar que, para se evitar maios prejuízos do que benefícios, o mais adequado estaria na observância dos dispositivos legais regulamentadores dessa atividade[71] como parâmetro para a existência do dever de comunicar.

Também antes das alterações promovidas pela Lei nº 12.683/2012, mas com vistas ao projeto de lei que lhe deu origem, Grandis já havia externado o entendimento de que somente deveria ser exonerada do dever de notificação a atuação do advogado em procedimentos judiciais, não havendo o mesmo benefício à atividade consultiva.[72] A atividade consultiva, seja em qual disciplina jurídica se desse, estaria abarcada pelo dever de comunicação. Em 2013, com a referida lei positivada, Grandis escreveu que permanece a isenção a advogados representando clientes em processos judiciais, ou que formulam consulta sobre específica condição jurídica ligada a um processo judicial, mas a mesma situação não seria conferida aos advogados com atividade voltada à consultoria.[73]

A posição mais acertada nos parece estar com Badaró e Bottini, os quais entendem que mesmo as atividades de representação ou consultoria, assessoria ou direção jurídica não estão compreendidas nos limites do texto legal, que abarca apenas os advogados que, de alguma forma, prestam assessoria econômica financeira.[74]

---

desfavorável do Ministério Público Federal e aguarda deliberação pelo relator ministro Celso de Mello.

[70] Sánchez Rios. *Advocacia e lavagem de dinheiro*, op. cit., p. 123.
[71] Ibid., p. 128.
[72] GRANDIS, Rodrigo de. O exercício da advocacia e o crime de "lavagem" de dinheiro. In: DI CARLI, Carla Veríssimo (Org.). *Lavagem de dinheiro*: prevenção e controle penal. Porto Alegre: Verbo Jurídico, 2011. p. 129.
[73] Id. O exercício da advocacia e o crime de "lavagem" de dinheiro. In: CARLI, Carla Veríssimo de; MENDONÇA, Andrey Borges de (Coord.) et al. *Lavagem de dinheiro*: prevenção e controle penal. 2. ed. Porto Alegre: Verbo Jurídico, 2013. p. 168.
[74] Gustavo Henrique Badaró e Pierpaolo Cruz Bottini. *Lavagem de dinheiro*, op. cit., p. 139-147.

4.3 Efeitos da falta de comunicação de crime e lavagem de dinheiro

Dada a complexidade do tema, ressaltada desde os argumentos que negam validade à obrigação de colaborar pelos advogados, até as posições que discutem quais setores da advocacia realmente devem ser atingidos, devemos perquirir quais os efeitos jurídicos que podem advir do descumprimento desse dever legal.

Paschoal[75] entende que a falta de comunicação pode ensejar a responsabilização pelo crime de lavagem. E, caso haja a comunicação, entende a autora que haverá a ocorrência de crime de violação de segredo profissional, o que nos parece deveras contraditório, na medida em que o cumprimento de dever legal constitui causa de exclusão da ilicitude (artigo 23, III, do Código Penal).

Sánchez Rios entende que a única sanção cabível ao caso seria multa pecuniária, a qual deveria ser aplicada pelo Conselho de Controle de Atividades Financeiras (Coaf), a quem incumbiria, também, o recebimento dessas comunicações, já que o órgão de classe, a Ordem dos Advogados do Brasil, cumpre duplo papel, processa e julga infrações éticas, mas também tem ação na defesa de prerrogativas profissionais, o que limitaria sua atuação nesse particular.[76]

Segundo Badaró e Bottini, a inobservância do dever de comunicação pode acarretar imputação por infringência ao dever de garante (artigo 13, §2º). No entanto, como observam, para a responsabilização a esse título deve estar demonstrado que o agente tinha conhecimento do processo de branqueamento em curso, ter ciência do seu dever de proteção do bem jurídico, bem ainda ter capacidade de interromper os atos em andamentos.[77]

Nessa medida, e essa nos parece ser a posição correta, exemplifica o autor com o organograma de uma instituição financeira: o diretor de *compliance* não pode ser responsabilizado por uma lavagem cujas informações estão centralizadas na área de contas no exterior. As respectivas áreas de supervisão/responsabilidade devem ser delimitadas para delitos ocorridos mediante o conhecimento de pessoas que possuem o dever de colaboração.

Da mesma forma, admitida a existência do dever de colaborar a advogados, independentemente a qual setores da advocacia recaia essa obrigação, tem-se

---

[75] PASCHOAL, Luana. Advocacia em risco: perigo para a ampla defesa. *Revista Ciências Penais*, v. 16, jan. 2012.
[76] Sánchez Rios. *Advocacia e lavagem de dinheiro*, op. cit., p. 129.
[77] Gustavo Henrique Badaró e Pierpaolo Cruz Bottini. *Lavagem de dinheiro*, op. cit., p. 152.

que, em determinado escritório, somente àqueles que estejam atuando no caso em que haja ocorrido o delito é que se poderá imputar a responsabilidade por omissão.

A nosso ver, contudo, apenas excepcionalmente o não cumprimento desse dever enseja a responsabilidade por omissão na atividade de advocacia. Isso porque não será em todos os casos que o advogado possuirá condições de impedir a prática delitiva, razão pela qual, a depender da situação, essa responsabilidade carecerá de fundamento.

5. Conclusões e respostas às questões

Este trabalho se propôs a responder às seguintes questões, todas formuladas à vista do caso concreto analisado, e que são os seguintes: (i) o recebimento de produto de crime, como pagamento de uma relação jurídica de prestação de serviços legais, configura o delito imputado?; (ii) há obrigação do advogado, sabendo o paradeiro de produto de crime, informá-lo às autoridades (encerramento do dever de sigilo, em razão de interesse social mais alto)? Caso haja essa obrigação, a não observância atrai a incidência de qualquer dos tipos de lavagem de dinheiro?

À primeira questão, deve-se responder que o pagamento por serviços jurídicos prestados por advogado, que seja realizado sem qualquer ocultação ou dissimulação, não caracteriza o tipo de aquisição da legislação brasileira. Caso se entenda que as meras condutas do inciso II, do §1º, do artigo 1º, configurem elas mesmas uma ocultação ou dissimulação, então, por segurança jurídica, dever-se-á considerar, para evitar investigações para apuração do dolo, a solução do tipo, que prega faltar tipicidade a essa hipótese, por uma redução teleológica da norma penal.

Os serviços legais aqui enfocados dizem respeito ao advogado, profissão essencial à Justiça e que representa pessoas físicas ou jurídicas em processos judiciais, ou extrajudiciais, ou que as aconselha ou auxilia a definirem suas situações jurídicas ante a legislação, com ou sem o objetivo de evitarem uma demanda, criminal ou cível. Dessa forma, nossa opinião analisa somente a situação desses profissionais, e não dos demais atuantes no sistema jurídico, como tabeliães.

Quanto à segunda questão, vimos que, antes da Lei nº 12.683/2012, inexistia obrigação de o advogado comunicar, às autoridades competentes, ter tomado conhecimento, no exercício da profissão, de situações nas quais suspeitasse existirem reflexos criminais. Havia apenas a possibilidade de se realizarem comunicações para situações futuras, com o fim de evitar atentados à vida, à honra ou a direitos de terceiros.

Editada a referida lei, estabeleceu-se, para alguns advogados, atuando em certas situações, o dever de comunicar situações passadas que se tenha tido contato na atuação profissional, e nas quais se suspeite da ocorrência de lavagem de dinheiro. Caso tome conhecimento de proveito de crime anterior, que se deseje lavar, há atualmente, para determinados profissionais, o dever de realizar a comunicação.

No entanto, seja antes, seja nos dias atuais, é certo que a falta de comunicação nunca permitiu estabelecer a responsabilidade penal do advogado, pois não lhe cabe nenhum dever de proteção do bem jurídico; tampouco há como se afirmar possuir ele o poder de evitar ataques ao objeto de proteção da norma penal.

Aplicadas essas bases teóricas ao caso concreto, temos que o pagamento do advogado pelo serviço prestado à pessoa que sofria extorsão não pode receber o rótulo de delito de lavagem, pois, objetivamente, o contexto não encerra capacidade de esconder ou mascarar a origem delitiva, bem ainda porque houve a mera transmissão de parte do resultado do crime anterior.

Além disso, esse serviço, embora não jurídico, estava qualificado por uma relação de confiança entre a vítima da extorsão e o advogado, cuja quebra, com base numa ponderação de valores, não poderia ser exigida do advogado. Mais que isso, por óbvio não cabia a ele proteger a efetividade das investigações criminais, muito menos estava ele em condições de assegurar a proteção de qualquer bem jurídico, daí que equivocada qualquer imputação nesse sentido.

Respondidas as questões às quais se propôs o trabalho, fica a esperança de se ter prestado alguma contribuição para o estabelecimento de critérios mais seguros à aplicação da lei de lavagem de dinheiro ao exercício da advocacia, cujas dificuldades, pelo desconhecimento desse fenômeno, são manifestas e podem ser sentidas, inclusive, pelo baixo número de precedentes na justiça nacional.

Referências

AMBOS, Kai. *Lavagem de dinheiro e direito penal*. Tradução, notas e comentários sob a perspectiva brasileira de Pablo Rodrigo Alflen da Silva. Porto Alegre: Sérgio Antonio Fabris, 2007.

ASSALTO ao Banco Central. Direção de Marcos Paulo. 2011. Fox Filmes. 1h44min. DVD.

AZEVEDO, Flávio Olimpio de. *Comentários às infrações disciplinares do estatuto da advocacia*. São Paulo: Juarez de Oliveira, 2002.

BADARÓ, Gustavo Henrique; BOTTINI, Pierpaolo Cruz. *Lavagem de dinheiro*: aspectos penais e processuais penais: comentários à Lei 9.613/1998, com alterações da Lei 12.683/2012. 2. ed. São Paulo: Revista dos Tribunais, 2013.

BARROS, Marco Antonio de. *Lavagem de capitais e obrigações civis correlatas*: com comentários, artigo por artigo, à Lei 9.613/98. 2. ed. rev., atual. e ampl. São Paulo: Revista dos Tribunais, 2007.

BITENCOURT, Cezar Roberto; MONTEIRO, Luciana de Oliveira. Lavagem de dinheiro segundo a legislação atual. *Revista Brasileira de Ciências Criminais*, São Paulo, n. 102, p. 163-219, 2013.

BELFORT, Jordan. *A caçada ao Lobo de Wall Street*. Tradução de Julio de Andrade Filho. São Paulo: Planeta, 2013.

BRASIL. *Código penal. Código de processo penal. Constituição federal. Legislação penal e processual penal*. Organização de Luiz Flávio Gomes; obra coletiva de autoria da Editora Revista dos Tribunais. 15. ed. rev., ampl. e atual. São Paulo: Revista dos Tribunais, 2013.

_____. Tribunal Regional Federal da 3ª Região. *Habeas Corpus 0033971-34.2012.4.03.0000*. Paciente Law Kin Chong. Autoridade Impetrada 2ª Vara Federal Criminal de São Paulo. Relator para acórdão juiz convocado Márcio Mesquita. Disponível em: <trf3.jus.br/NXT/Gateway.dll?f=templates&fn=default.htm&vid=trf3e:trf3ve>. Acesso em: 31 jan. 2014.

COSTA, Regina Lobo da; GRANDIS, Rodrigo de. *Lavagem de dinheiro e o recebimento de honorários*. Auditório do Instituto Brasileiro de Ciências Criminais. In: MESAS DE DEBATES DO INSTITUTO BRASILEIRO DE CIÊNCIAS CRIMINAIS, 2011, São Paulo. DVD.

DE CARLI, Carla Veríssimo (Org.). *Lavagem de dinheiro*: prevenção e controle penal. 2. ed. Porto Alegre: Verbo Jurídico, 2013.

FRAGOSO, Heleno Cláudio. *Lições de direito penal*: parte geral. 5. ed. Rio de Janeiro: Forense, 1983.

GRANDIS, Rodrigo de. O exercício da advocacia e o crime de "lavagem" de dinheiro. In: DI CARLI, Carla Veríssimo (Org.). *Lavagem de dinheiro*: prevenção e controle penal. Porto Alegre: Verbo Jurídico, 2011.

_____. O exercício da advocacia e o crime de "lavagem" de dinheiro. In: CARLI, Carla Veríssimo de; MENDONÇA, Andrey Borges de (Coord.) et al. *Lavagem de dinheiro*: prevenção e controle penal. 2. ed. Porto Alegre: Verbo Jurídico, 2013. p. 153-186.

LOBO, Paulo. *Comentários ao Estatuto da Advocacia e da OAB*. 5. ed. São Paulo: Saraiva, 2009.

MAIA, Carlos Rodolfo Fonseca Tigre. *Lavagem de dinheiro (lavagem de ativos provenientes de crime)*. Anotações às disposições criminais da Lei n. 9.613/98. 2. tir. São Paulo: Malheiros, 2004.

MENEGAZ, Daniel da Silveira. *Lavagem de dinheiro*: os mecanismos de controle penal na justiça federal no combate à criminalidade. Curitiba: Juruá, 2012.

MESQUITA, Rodrigo Octávio de Godoy Bueno Caldas. Do sigilo profissional do advogado: natureza jurídica, extensão, limites e restrições. *Revista dos Tribunais*, São Paulo, v. 869, p. 66-98, mar. 2008.

MORO, Sérgio Fernando. *Crime de lavagem de dinheiro*. São Paulo: Saraiva, 2010.

ORENTLICHER, David. Fee payments to criminal defense lawyers from third parties: revisiting United States v. Hodge and Zweig. *Fordham Law. Review*, v. 69, p. 1083-1110, 2000. Disponível em: <http://ir.lawnet.fordham.edu/flr/vol69/iss3/9>.

PASCHOAL, Luana. Advocacia em risco: perigo para a ampla defesa. *Revista Ciências Penais*, v. 16, p. 333-357, jan. 2012.

PITOMBO, Antônio Sérgio A. de Moraes. *Lavagem de dinheiro*: a tipicidade do crime antecedente. São Paulo: Revista dos Tribunais, 2003.

RODRIGUES, Antonio Gustavo; FERREIRA, Gabriel Jorge. Lavagem de dinheiro: operações suspeitas. In: SEMINÁRIO INTERNACIONAL DO INSTITUTO BRASILEIRO DE CIÊNCIAS CRIMINAIS, 11., 2005, São Paulo. DVD.

SÁNCHEZ RIOS, Rodrigo. *Advocacia e lavagem de dinheiro*: questões de dogmática jurídico-penal e de política criminal. São Paulo: Saraiva, 2010. (Direito penal econômico. GVlaw).

_____. *Direito penal econômico*: advocacia e lavagem de dinheiro: questões de dogmática jurídico-penal e de política criminal. São Paulo: Saraiva, 2010. São Paulo: Saraiva, 2010. (Direito penal econômico. GVlaw).

SARLET, Ingo Wolfgang. Constituição e proporcionalidade: o direito penal e os direitos fundamentais entre proibição de excesso e de insuficiência. *Revista Brasileira de Ciências Criminais*, São Paulo, v. 47. p. 60-123, maio/jun. 2004.

SCHORSCHER, Vivian. A responsabilidade penal do advogado na lavagem de dinheiro: primeiras observações. *Revista dos Tribunais*, São Paulo, v. 863, p. 435-459, set. 2007.

SILVA, De Plácido e. *Vocabulário jurídico*. Atualização de Nagib Salibi Filho e Gláucia Carvalho. Rio de Janeiro: Forense, 2006.

SODRÉ, Ruy. *A ética profissional e o estatuto do advogado*. São Paulo: LTR, 1984.

TRAMA, Benedito Édison. O sigilo profissional e o advogado. *Revista do Instituto dos Advogados de São Paulo*, São Paulo, v. 7, p. 22-38, jan. 2001.

VILARDI, Celso Sanchez. O crime de lavagem de dinheiro e o início de sua execução. *Revista Brasileira de Ciências Criminais*, São Paulo, v. 47, p. 11-30, maio/jun. 2004.

Sites

<www.jfce.jus.br>
<www.jfce.jus.br/consultaProcessual/resconsproc.asp>
<www.stf.jus.br>
<www.stj.jus.br>

<www.trf5.jus.br>
<www.trf4.jus.br>
<www.trf3.jus.br>
<www.trf3.jus.br/NXT/Gateway.dll?f=templates&fn=default.htm&vid=trf3e:trf3ve>
<www.jf.jus.br/juris/unificada/Resposta>
<www.oabsp.org.br/tribunal-de-etica-e-disciplina>
<www.fatf-gafi.org/media/fatf/documents/recommendations/pdfs/FATF_Recommendations.pdf>
<www.nytimes.com/2006/06/27/washington/27scotus.html?_r=0>
<www.forbes.com/sites/seankilachand/2012/03/21/forbes-history-the-original-1987--list-of-international-billionaires/>
<http://news.bbc.co.uk/2/hi/americas/7938904.stm>

5
Análise de casos examinados pelo Superior Tribunal de Justiça

Lara Mayara da Cruz

1. Introdução e metodologia de pesquisa

1.1 Introdução

O presente artigo tem como objetivo analisar a incidência do crime de lavagem de capitais, previsto no artigo 1º, da Lei nº 9.613/1998, em casos de exercício da advocacia no intuito de identificar, dentro do possível, sua casuística e os critérios utilizados pelo Poder Judiciário para analisar o juízo de tipicidade.

Embora exista vasta doutrina internacional,[1] as relações entre lavagem de capitais e exercício da advocacia ainda são recentes nos estudos pátrios, pois foi principalmente a partir do advento da Lei nº 12.683/2012, que incluiu entre as pessoas sujeitas às medidas de controle aquelas que "prestem, mesmo que eventualmente, serviços de assessoria, consultoria, auditoria, aconselhamento ou assistência, de qualquer natureza", em diversas modalidades de operações comerciais e societárias, que tomou fôlego o debate entre os limites do permitido e do proibido no âmbito da advocacia.

---

[1] Diversos doutrinadores como Isidoro Blanco Cordero (*El delito de blanqueo de capitales*. Pamplona: Aranzadi, 1997), Sánchez Javier e Gómez Vera (Blanqueo de capitales y abogacía: um necesario análisis crítico desde la teoria de la imputación objetiva, *InDret* — Revista para el Análisis del Derecho, Barcelona, n. 1, 2008) e Lothar Kuhlen (*La interpretación conforme a la constitución de las leyes penales*. Madri; Barcelona; Buenos Aires: Marcial Pons, 2012), entre outros, já se dedicaram a estudar o tema envolvendo a lavagem de capitais e a advocacia criminal ou consultiva.

Assim, a ideia inicial da pesquisa feita no âmbito da disciplina de orientação para elaboração do trabalho de conclusão de curso era a de levantarem os casos existentes de lavagem de capitais envolvendo a atuação de advogados, para obtermos um panorama geral de como a questão vem sendo abordada no Brasil. Isso foi feito a partir de pesquisas de jurisprudência nos Tribunais Regionais Federais, as quais, todavia, retornaram escassa jurisprudência sobre o tema, o que levou os orientandos do ano de 2013, da professora Heloisa Estellita, a se dedicarem à análise qualitativa de casos de advogados processados por crime de lavagem de capitais por atos ligados ao exercício de atividades profissionais.

1.2 Metodologia

Uma vez que não há banco de dados para acesso de casos em primeira instância, e dado o número elevado de tribunais estaduais, cada orientando ficou responsável pela pesquisa em uma das regiões cobertas pelos cinco Tribunais Regionais Federais, Superior Tribunal de Justiça e Supremo Tribunal Federal.

Iniciei minha pesquisa no Superior Tribunal de Justiça utilizando os operadores ["advogado e lavagem"] (entre aspas e interligadas pelo conectivo *e*) no campo pesquisa livre de jurisprudência do site <www.stj.jus.br> e nenhum documento foi encontrado nas Súmulas, Acórdãos, Decisões Monocráticas e Informativos de Jurisprudência daquele Tribunal.

Em seguida, utilizei os operadores [advogado e lavagem] (sem aspas) nos critérios de pesquisa e obtive o seguinte resultado: nenhuma Súmula encontrada, 37 acórdãos; 1.937 decisões monocráticas e quatro informativos de jurisprudência localizados.

Nas decisões monocráticas, foram achadas diversas decisões onde "advogado" era citado na referência da decisão.[2] Em outras tantas, "advogado" era citado no corpo do texto sem qualquer relação com o crime de lavagem de capitais, vejamos: "[...] a Paciente está assistida por advogado constituído" (HC 261169, ministro Jorge Mussi, publicação: 27/6/2013) ou "Pede o advogado impetrante, liminarmente, que eu suspenda o curso da Ação Penal" (HC 020587, ministro Edson Vidigal, publicação: 7/3/2002).

---

[2] "RECURSO EM HABEAS CORPUS Nº 38.396 — PE (2013/0181212-0); RELATORA: MINISTRA ASSUSETE MAGALHÃES; [...] DECISÃO [...]" (BRASIL. Superior Tribunal de Justiça. Sexta Turma, *DJe* 1/7/2013).

Nos Informativos de Jurisprudência, houve a localização de quatro casos, sendo certo que dois deles em situação parecida com a supracitada (Informativo nº 0447 — período: 13 a 17 de setembro de 2010 e Informativo nº 0391 — período: 20 a 24 de abril de 2009). Já os outros dois casos serão adiante mencionados, pois também foram localizados na pesquisa de acórdãos.

Nas pesquisas de acórdãos, analisei 37 documentos e, desses, apenas seis[3] tinham relação direta com a linha de pesquisa escolhida (atuação do advogado e lavagem de dinheiro).

No entanto, como todos os casos tinham origem em recursos interpostos em feitos também localizados pelos colegas nos Tribunais Regionais Federais, fiquei responsável pela análise do último: Recurso Ordinário Constitucional que visava à reforma de decisão da Terceira Câmara Criminal Extraordinária do Tribunal de Justiça de São Paulo.

Dando continuidade aos estudos e pesquisas, obtivemos a notícia de que uma Ação Penal originária no Superior Tribunal de Justiça (aqui vamos chamá-la de AP/STJ 1) também possuía como tema central a análise de suposta prática do crime de lavagem de dinheiro por advogado no exercício da profissão e desembargador.

Esse caso não havia surgido nas pesquisas antes realizadas, pois (i) a ação penal ainda se encontra em fase inicial e, pelo que foi possível saber, ainda não fora instruída, portanto, também não havia decisão final; (ii) a ação penal tramitava e tramita sob segredo de justiça; e (iii) a ação penal originária do Superior Tribunal de Justiça foi remetida à Justiça Federal de primeiro grau, pois o ex-desembargador do Tribunal Regional Federal da 3ª Região, que possuía a prerrogativa[4] de ser julgado pelo Superior Tribunal de Justiça, perdeu o cargo

---

[3] BRASIL. Superior Tribunal de Justiça. Recurso Especial nº 1046892/CE. Relatora: ministra Laurita Vaz. Quinta Turma, *DJe* 27/8/2012; BRASIL. Superior Tribunal de Justiça. *Habeas Corpus* nº 149008/PR. Relator: ministro Arnaldo Esteves Lima. Relator para acórdão: Napoleão Nunes Maia Filho. Quinta Turma, *DJe* 9/8/2010 RT, v. 905, p. 549; BRASIL. Superior Tribunal de Justiça. *Habeas Corpus* nº 88863/MT. Impetrante: Ordem dos Advogados do Brasil Seccional de Mato Grosso. Impetrado: Tribunal de Justiça do Estado de Mato Grosso. Relator: ministro Napoleão Nunes Maia Filho. Quinta Turma, *DJe* 13/10/2008; BRASIL. Superior Tribunal de Justiça. *Habeas Corpus* nº 50933/RJ. Relatora: ministra Laurita Vaz. Quinta Turma, *DJ* 2/10/2006. p. 294; BRASIL. Superior Tribunal de Justiça. *Habeas Corpus* nº 48300/RJ, Relatora: ministra Laurita Vaz. Quinta Turma. *DJ* 14/8/2006. p. 305 e BRASIL. Superior Tribunal de Justiça. Recurso em *Habeas Corpus* nº 11918/SP. Relator: ministro Gilson Dipp. Quinta Turma, *DJ* 16/9/2002. p. 202.

[4] Conforme previsto no art. 105, inciso I, alínea *a* da Constituição da República Federativa do Brasil de 1988.

em sentença condenatória proferida em outra ação penal (que será adiante denominada AP/STJ 2).

Pois bem. Quando iniciei a pesquisa específica sobre os dois casos escolhidos para análise, encontrei várias dificuldades para obter cópias e maiores informações, pois os casos não são eletrônicos e estão acobertados pelo segredo de justiça.

Sobre a AP/STJ 1, vale informar que, quando do início dos estudos, essa ação penal ainda se encontrava em fase de redistribuição à primeira instância, motivo pelo qual obtive acesso apenas à execução penal da AP/STJ 2 junto à 1ª Vara Federal Criminal da Seção Judiciária de São Paulo. Do que foi possível acessar, se verificou que o Superior Tribunal de Justiça condenou os dois réus por corrupção, e a pena aplicada ao desembargador foi a perda do cargo e, consequentemente, de sua prerrogativa de foro, ocasionando, assim, a remessa da AP/STJ 1 — iniciada para julgar eventual prática do crime de lavagem de capitais — à Justiça Federal de São Paulo para o início da instrução processual.

Sobre o Recurso Ordinário Constitucional, importa destacar que obtive apenas cópias do *habeas corpus* que foi impetrado perante o Supremo Tribunal Federal no próprio sítio eletrônico desse tribunal. Nessas cópias, tive acesso à denúncia e aos termos da última audiência, na qual reconhecida a extinção da punibilidade de todos os réus, determinando-se o arquivamento dos autos, ou seja, não houve análise de mérito. Não obstante, buscando maiores informações para a instrução desta pesquisa acadêmica, tentei junto à 3ª Vara Criminal da Comarca de Campinas conseguir acesso integral aos autos, chegando a despachar petição requerendo vista e cópias. O pedido foi indeferido em virtude do sigilo dos autos da ação penal.

Tendo em vista que um dos orientandos da professora Heloisa Estellita, responsável pela realização de pesquisa junto ao Tribunal Regional Federal da 1ª Região (TRF1), não pôde dar continuidade às pesquisas, optamos por fazer a análise de ação penal que doravante será denominada apenas "Ação Penal" e tramitou na 4ª Vara Federal Criminal da Seção Judiciária de Minas Gerais sob a jurisdição do Tribunal Regional Federal da 1ª Região, em virtude de sua importância, conforme será relatado.[5]

---

[5] Trata-se de ação penal interligada com os fatos apurados em ação penal originária do Supremo Tribunal Federal e única sentença condenatória proferida, até o presente momento na região de competência do Tribunal Regional Federal da 1ª Região, sobre advogado e lavagem de capitais. Tal importância ganha maiores contornos ao verificarmos que a Terceira Turma do Egrégio Tri-

Trata-se de análise de caso, partindo-se de um breve resumo do contexto fático que envolveu as atividades do advogado, condenado por lavagem de capitais perante a 4ª Vara Federal da Seção Judiciária de Minas Gerais, bem como perante o Supremo Tribunal Federal. Em um segundo momento, analisaremos brevemente o delito de reciclagem de capitais, de modo a explorar a função que busca desempenhar no ordenamento jurídico brasileiro e identificar os setores considerados sensíveis para a política de colaboração no combate ao delito de branqueamento de capitais. Por fim, serão destacados os critérios de aferição adotados pelo Poder Judiciário na decisão condenatória da ação penal relativa ao advogado envolvido no caso em estudo, para caracterizar determinados atos de consultoria jurídica como atos ilícitos.

Antes de iniciar a análise propriamente dita, duas observações devem ser feitas.

A primeira justifica o detalhado registro apresentado acerca das dificuldades encontradas para o desenvolvimento das pesquisas quantitativa e, especialmente, da qualitativa. O relato foi feito no intento de evidenciar o quanto o segredo de justiça indiscriminado pode prejudicar a pesquisa aplicada em direito no Brasil. Muito embora o segredo de justiça seja importantíssimo instrumento de proteção de direitos fundamentais individuais, tem sido aplicado aos autos judiciais de forma indiscriminada, cobrindo atos processuais cujo teor não revelaria dados protegidos por tais direitos, o que, evidentemente, não se coaduna com a regra, igualmente constitucional, da publicidade dos atos judiciais (artigo 93, IX, da CF), e que, no que nos interessa, inviabiliza o conhecimento do entendimento de nossas Cortes sobre temas jurídicos da mais alta relevância.

A segunda diz com o conteúdo da análise que será desenvolvida adiante e cujo intuito não é "julgar" a causa, os fatos, as provas e/ou os argumentos de quaisquer partes processuais envolvidas na mencionada ação penal, mas sim verificar qual é o posicionamento do órgão julgador federal quanto ao tema da lavagem de capitais e do exercício da advocacia.

---

bunal Regional Federal da 3ª Região, aos 15 de abril de 2014, deu parcial provimento à apelação do acusado, reformando a sentença apenas no que tange à dosimetria da pena e chancelando tudo quanto exposto na sentença sobre a autoria e materialidade dos ilícitos penais.

2. Contexto fático da atuação de advogado como consultor jurídico (AP/STF)

Antes da descrição e análise da "Ação Penal" é preciso fazer um breve resumo do contexto fático que envolveu a atuação do advogado R. L. T.,[6] já que em diversos trechos da sentença analisada há menção a fatos e diligências realizadas na ação penal originária do Supremo Tribunal Federal (denominada AP/STF).

A denúncia da AP/STF foi oferecida em 30 de março de 2006, ao Supremo Tribunal Federal, descrevendo os fatos e condutas praticadas por integrantes do governo federal, pelo "grupo" de M. V. e do Banco R., parlamentares e outros empresários, caracterizadoras dos crimes de quadrilha, peculato, lavagem de capitais, gestão fraudulenta, corrupção e evasão de divisas.

Para este estudo, importa-nos apenas saber que ao advogado R. L. T. foi imputado, entre outros crimes, o delito de lavagem de capitais por 65 vezes, pois, segundo a acusação, o advogado era sócio oculto da empresa S. C. Ltda.[7] — de propriedade de três outros corréus — utilizada em todas as operações de ocultação e dissimulação da origem e destinação dos recursos oriundos dos ilícitos que vinham sendo praticados.

O advogado, segundo a inicial acusatória apresentada pelo procurador geral da República, também teria realizado empréstimo simulado, através de seu escritório de advocacia R. L. T. & A., junto ao Banco B., no valor de R$ 10.000.000,00. Referida operação teria sido utilizada na tentativa de ocultar parte[8] dos R$ 73.851.000,00 desviados de outra instituição financeira.

---

[6] Visando preservar a imagem e intimidade dos envolvidos nas ações penais em análise, bem como por não serem relevantes para o estudo realizado, optamos por substituir os nomes por iniciais. No entanto, cabe destacar que a AP/STF — diretamente ligada à "Ação Penal" — não está acobertada pelo sigilo e, inclusive, teve seu julgamento televisionado e amplamente exposto pela imprensa nacional.

[7] "A acusação apontou, na denúncia, a prática de 65 operações de lavagem de dinheiro, mas, nas alegações finais, pediu a condenação do réu apenas por 19 vezes, em concurso material, nas sanções do art. 1º, V, VI e VII, da Lei 9.613/1998. Isso porque, ao final da instrução criminal, constatou-se que teria havido 48 operações — e não 65 — por meio de 19 pessoas diferentes. O Parquet pleiteou, ainda, a incidência da causa especial de aumento de pena prevista no art. 1º, §4º, da Lei 9.613/1998. Primeiro, observo que, com relação à acusação de lavagem de capitais realizada por intermédio da S., o Ministério Público não logrou comprovar e nem ao menos identificar a participação do réu nas 48 operações a que alude. Com efeito, tais operações, ainda que imputadas a R. T., foram levadas a cabo pela S., da qual ele não era sócio, mas apenas advogado, segundo consta dos autos." (fls. do referido acórdão).

[8] Segundo a acusação, essa operação visava ocultar a origem de 10 milhões de reais.

A defesa, por sua vez, pretendia demonstrar que a S. C. Ltda. era cliente de R. L. T. há mais de 18 anos e que o advogado não possuía qualquer vínculo societário com essa e outras empresas de M. V.[9] Quanto ao empréstimo realizado junto ao Banco B., afirmou ainda que o contrato celebrado era lícito, tanto assim que foi renegociado mediante pagamento de encargos e fiscalização da Receita Federal. Logo, não havia lavagem de capitais, sendo atípica a conduta do acusado.

No acórdão da AP/STF é possível verificar que o advogado foi condenado pela prática do delito de lavagem de capitais, entre outros crimes, apenas uma vez, pois a maioria dos ministros entendeu que não restou cabalmente comprovado que a atuação de R. L. T. teria ultrapassado os limites do exercício da profissão,[10] no auxílio jurídico à empresa S. C. Ltda.

No entanto, os julgadores vislumbraram provas suficientes de que o advogado, ciente do cometimento de crimes, permitiu que seu escritório de advocacia fosse utilizado em operação de reciclagem de capitais ao realizar, a pedido de M. V., o fictício empréstimo de 10 milhões de reais.

Já na "Ação Penal", julgada pela 4ª Vara Federal da Seção Judiciária de Minas Gerais, R. L. T. foi denunciado apenas pela prática do delito de lavagem de capitais, previsto no artigo 1º, incisos V, VI e VII e §4º da Lei Federal nº 9.613/1998.

Conforme narra a inicial acusatória, parcialmente transcrita na sentença analisada, R. L. T. teria ocultado e dissimulado a natureza, origem, localização, disposição, movimentação e propriedade de R$ 1.600.000,00.

Extrai-se da denúncia que a conduta delituosa teria sido iniciada com o depósito na conta-corrente de R. L. T. de um cheque da S. C. Ltda. no valor de R$ 128.000,00. Este, segundo o Ministério Público Federal, teria sido o primeiro de diversos cheques e depósitos provenientes da empresa S. C. Ltda., do Banco R. e do Tesouro Nacional Brasileiro que foram realizados na conta-corrente do

---

[9] Com exceção da empresa T. e M. A. E., de propriedade dos dois acusados desde 2002, conforme informado pelo advogado naqueles autos.
[10] "Não seria necessário afirmar que advogado não se confunde com o cliente. É o óbvio, incontestável e desnecessário observar! Nisso, aliás, está a nobreza da advocacia, pois o profissional encarrega-se da defesa do autor de crime sem com ele se reunir na prática, sequer aceitá-la, na maioria das vezes sequer entender as razões da conduta do cliente. Também desnecessário afirmar não ser impossível, nem raridade ocorrer a transgressão da advocacia. Tanto se dá pela atuação do profissional do direito que transpõe essa condição e passa a atuar no ilícito com o cliente. Abandona ele, então, a sua condição profissional e passa a situar-se, processualmente, como corréu." (fl. do mencionado acórdão).

denunciado e que, posteriormente, viabilizaram a compra de ações das empresas Petrobras e Vale do Rio Doce.

Após negociação e venda dessas ações, o advogado teria sido beneficiado, em 26 de agosto de 2005, por uma TED (transferência eletrônica disponível) no valor de R$ 1.846.00,00 provenientes da empresa F. D. de T. e V. M.

Em continuidade ao processo de branqueamento, R. L. T. transferiu ao seu filho R. T. o valor de R$1.600.000,00, o qual, imediatamente, remeteu R$1.602.500,00 para a instituição financeira M. S/A C. de C. e V. M.

Nota-se, pela análise das defesas apresentadas em sede de memoriais finais, bem como nos memoriais do Ministério Público Federal, que uma das principais, senão a principal, teses discutidas no caso concreto circundou a questão de serem aqueles valores oriundos de honorários advocatícios ou de ilícitos penais praticados na AP/STF.

O intuito da acusação era provar que todo o dinheiro utilizado nas operações descritas foi obtido ilicitamente pelos chamados "agentes dos núcleos financeiro e operacional" julgados na AP/STF.

A defesa buscou demonstrar que as ações das empresas Petrobras e da Vale do Rio Doce foram adquiridas com recursos provenientes do exercício da advocacia desde 1973 e declaradas no Imposto de Renda de Pessoa Física de 2004 e 2005. Segundo ela, a venda e doação ao filho deu-se por preocupação em face de existência de uma execução judicial movida contra sua pessoa.

No entanto, a fundamentação da sentença condenatória proferida em 30 de agosto de 2010 segue a mesma linha da argumentação do Ministério Público Federal.

O Juiz Federal enfrentou, entre outras questões, a discussão sobre o grau de acessoriedade dos crimes antecedentes, o fato de que o sujeito ativo da lavagem pode ou não ser também autor do crime antecedente e, em seguida, adentrou aos crimes antecedentes do delito de lavagem narrado na denúncia e diretamente nos fatos apurados na AP/STF.

Em continuidade, abordou o tópico de autoria e materialidade do crime de lavagem de capitais destacando que a versão do réu caiu por terra quando foram realizadas as perícias contábeis demonstrando que as ações foram compradas com valores de origem diversa da apresentada por R.L.T. Nas palavras do juiz sentenciante, restou "[...] manifesto o *elo* entre o crime antecedente (dinheiro obtido por meio de atividades criminosas) que é o objeto da ação na Suprema Corte e o crime de lavagem destes valores dinheiro que é o objeto desta ação na Seção Judiciária de Minas Gerais" (sublinhado do autor).

Inconformado, R.L.T. interpôs recurso de apelação (adiante denominada "Apelação") ao TRF1 que, por unanimidade, deu parcial provimento ao apelo, para reformar a sentença apenas no tocante à dosimetria da pena, uma vez que, segundo os julgadores, o acusado tinha plena consciência quanto ao caráter ilícito dos valores que foram movimentados, com o único intuito de dar aparência de lícito, em sua conta e na conta bancária de seu filho.

O caso coloca, pois, a seguinte questão, no que tange ao tema objeto deste trabalho: o exercício da advocacia consultiva, que segundo R. L. T. era licitamente prestada há quase 20 anos, ultrapassou os limites do permitido? O advogado deixou de cumprir com seus deveres profissionais e tornou-se criminoso em conjunto com seus clientes ou o exercício da advocacia deu-se dentro dos limites permitidos pela advocacia consultiva?

3. Problemática analisada

Nas manifestações defensivas de R. L. T., tanto na "Ação Penal" e consequente "Apelação" quanto na AP/STF, argumentou-se, por diversas vezes, que os valores supostamente reciclados seriam fruto de honorários advocatícios. No entanto, nos dois processos criminais, os magistrados refutaram a veracidade dessas afirmações.

Colhe-se da sentença proferida sob a jurisdição do TRF1 que "[...] a origem destes valores não são honorários advocatícios ou quaisquer outras rendas lícitas recebidas pelo acusado no exercício de seu nobre mister de advogado, mas sim os crimes praticados na AP/STF".

Após a análise das provas, o magistrado afirma que

> [...] através da análise contábil das movimentações financeiras (*paper trail* ou *follow the money*) restou demonstrado que vultosas quantias de dinheiros provenientes das empresas envolvidas na AP/STF — e que tiveram seus administradores denunciados (*societas non delinquere potest*) — passaram a ser destinados ao acusado seja por meio de depósitos bancários, cheques nominais à própria emitente e endossados ao acusado ou depósitos de dinheiros em espécie, estes últimos sem identificação [...].

Como se vê, muito embora os argumentos da defesa tenham sido no sentido de que todos os valores mencionados foram recebidos como pagamento de honorários advocatícios, o que poderia suscitar a problemática dos "honorários maculados", destaca-se como assunto central da "Ação Penal" e da AP/STF — especificamente sobre a atuação de R. L. T. — a maneira como a figura do advogado consultor restou emaranhada com as atividades ilícitas exercidas por seus clientes e as empresas envolvidas no grande escândalo nacional.

Desse modo, sob essa ótica proceder-se-á, sem juízo de mérito ou culpa, à análise da advocacia consultiva e seus limites.

4. Considerações sobre o delito de lavagem de capitais

4.1 O que é lavagem de capitais

A lavagem de capitais, criminalizada no ordenamento brasileiro desde 1998,[11] é caracterizada por um "conjunto de operações comerciais ou financeiras que buscam a incorporação na economia de cada país, de modo transitório ou permanente, de recursos, bens e valores de origem ilícita".[12]

Esse processo dinâmico envolvido no branqueamento de capitais[13] divide-se em três distintas fases: colocação (também chamada de ocultação ou *placement*), dissimulação (nomeada de estratificação ou *layering*) e integração (*integration*), as quais, com frequência, podem ocorrer de forma simultânea, graças aos avan-

---

[11] A Lei nº 9613/98 que criminalizou a lavagem de dinheiro, assim como em todos os outros países, teve origem na Convenção de Viena de 1988 que, segundo João Carlos Castellar, provém do desejo de controle dos Estados Unidos, liderando outros países que partilham a hegemonia do poder planetário (CASTELLAR, João Carlos. *Lavagem de dinheiro*: a questão do bem jurídico. Rio de Janeiro: Revan, 2004. p. 195).

[12] O conceito de lavagem é apresentado pelo Conselho de Controle de Atividades Financeiras (Coaf) em seu sítio eletrônico: <www.coaf.fazenda.gov.br/conteudo/sobre-lavagem-de-dinheiro-1>.

[13] Esse termo, utilizado em outros países, não foi utilizado por nosso legislador por conter conotação racista, conforme a Exposição de Motivos nº 692/MJ de 18 de dezembro de 1996: "13. A expressão 'lavagem de dinheiro' já está consagrada no glossário das atividades financeiras e na linguagem popular, em consequência de seu emprego internacional (money laudering). Por outro lado, conforme o Ministro da Justiça teve oportunidade de sustentar em reunião com seus colegas de língua portuguesa em Maputo (Moçambique), a denominação 'branqueamento', além de não estar inserida no contexto da linguagem formal ou coloquial em nosso País, sugere a inferência racista do vocábulo, motivando estéreis e inoportunas discussões."

ços tecnológicos e à globalização[14] que, segundo Grandis, inclusive "acarretou uma maior capacidade de movimentação dos membros das organizações criminosas pelo mundo com um menor risco".[15]

Conforme ensina Sanchez Vilardi, a primeira fase do processo é o momento em que o criminoso distancia o bem, valores ou direito de sua origem criminosa. Em continuidade, já na segunda etapa, o objeto da lavagem assume ares lícitos, mediante fraude e dissimulação. Ao final, já com aparência de licitude, o bem retorna à economia legal e pode ser reintegrado ao sistema.[16] Desse modo, comete a lavagem de capitais aquele que, dolosamente, ao saber que o bem provém de infração penal e que apenas possui aparência de lícito, comete algum dos atos acima expostos, para a utilização daquele bem, valor ou direito na atividade econômica.

No que tange ao bem jurídico tutelado, a doutrina divide-se em três posicionamentos: o mesmo bem jurídico protegido pelo crime antecedente; a administração da justiça; e a ordem econômica. Em seus estudos sobre o tema, Pitombo observa ainda que, em realidade, há no direito alemão uma quarta corrente, fundada na segurança interior do Estado, que consiste na luta contra a criminalidade organizada.[17]

Castellar, porém, afirma que não há propriamente um bem jurídico merecedor da tutela penal na incriminação do branqueamento de capitais, isso porque o que se busca com a criminalização dessa conduta é apenas o apoderamento, por meio de confisco, dos valores e bens que transitam em operações internacionais, cuja origem não é comprovadamente lícita e obediente às regras estatuídas pelos organismos de controle internacionais.[18]

A Lei nº 12.683, de 9 de julho de 2012, trouxe modificações à legislação sobre o crime de lavagem de capitais. Além de excluir o rol de crimes antecedentes,[19]

---

[14] ANSELMO, Márcio Adriano. *Lavagem de dinheiro e cooperação jurídica internacional*. São Paulo: Saraiva, 2013. p. 45.
[15] GRANDIS, Rodrigo de. Considerações sobre o dever do advogado de comunicar atividade suspeita de "lavagem" de dinheiro. *Boletim do Instituto Brasileiro de Ciências Criminais*, a. 20, n. 237, p. 117, ago. 2012. Disponível em: <www.ibccrim.org.br/site/boletim/pdfs/Boletim237.pdf>. Acesso em: 20 nov. 2013.
[16] VILARDI, Celso Sanchez. A ciência da infração anterior e a utilização do objeto da lavagem. *Boletim IBCCRIM*, a. 20, n. 237, p. 17, ago. 2012.
[17] PITOMBO, Antônio Sérgio A. de Moraes. *Lavagem de dinheiro*: a tipicidade do crime antecedente. São Paulo: Revista dos Tribunais, 2003. p. 72.
[18] João Carlos Castellar. *Lavagem de dinheiro*, op. cit., p. 195.
[19] Para Heloisa Estellita e Pierpaolo Cruz Bottini (Alterações na legislação de combate à lavagem: Primeiras Impressões. *Boletim IBCCRIM*, a. 20, n. 237, p. 2, ago. 2012), essa alteração acabou por banalizar o crime de lavagem de dinheiro, eis que atualmente é possível a condenação por

a nova redação suprimiu a expressão "*que sabe*" da terceira modalidade típica (artigo 1º, §2º, inciso I). No entanto, para Sanchez Vilardi essa modificação não trouxe grandes novidades, já que o crime é doloso e, portanto, exige que o agente tenha conhecimento das três fases,[20] conforme exposto.

Outra alteração de destaque, e a que mais nos preocupa neste estudo, foi a ampliação do rol das pessoas obrigadas, pela política de colaboração, a registrar informações de seus clientes e comunicar operações suspeitas, que podem vir a configurar lavagem de capitais.

4.2 Dos setores obrigados pela política de colaboração

O movimento inicial contra o crime internacional de lavagem de dinheiro deu-se na década de 1980, na tentativa de evitar que os criminosos usufruíssem dos ganhos ilícitos. O fortalecimento da política criminal de evitar a acumulação de capital ilícito impôs, em um primeiro momento, ao sistema bancário e aos agentes financeiros a obrigação de colaborar com as investigações sobre as atividades suspeitas.

Essa medida de impor uma obrigação de colaboração com a *persecutio criminis* é chamada na literatura de regime penal administrativo, pois divide o dever de vigilância e de comunicação das operações com os agentes financeiros, notários, bancários, profissionais liberais, entidades públicas e privadas. Em outras palavras, altera-se o papel do agente privado nas funções que essencialmente são do poder estatal.

Mas o dever de colaboração não parou por aí. Essa obrigação, inicialmente restrita aos operadores do sistema financeiro nacional, foi estendida a outros

---

lavagem de dinheiro quando o crime antecedente for mera contravenção penal, que possui pena muito mais branda. Sobre o mesmo ponto, Celso Sanchez Vilardi afirma que a nova Lei perdeu o foco e destaca que "uma lei como essa pode ser considerada moderna — ou de última geração — em alguns países da Europa. No Brasil, pesa dizer, é retrocesso: nosso Judiciário não está preparado para o número de processos novos; as polícias estaduais ainda não sabem investigar o crime de lavagem; e muitos operadores do Direito ainda confundem a ocultação da lavagem com o exaurimento do crime anterior, sem falar que, 14 anos após a edição da Lei 9.613, são poucos os casos que apuraram, de fato, a dissimulação e a reintrodução do bem, direito ou valor no sistema econômico com aparência de licitude" (Celso Sanchez Vilardi. A ciência da infração anterior e a utilização do objeto da lavagem, op. cit.).

[20] Ibid.

profissionais com a nova redação do artigo 9º, parágrafo único, XIV, da Lei nº 12.683/2012.

Como se vê, por entender que os setores privados possuem maior facilidade na verificação de atividades supostamente ilícitas, eis que obrigatoriamente são utilizados em uma fase ou outra do processo de lavagem, o legislador criou um compartilhamento no combate à lavagem de capitais, entre o Estado e os setores da economia que são frequentemente utilizados e também prejudicados com a prática do ilícito penal.[21]

O diploma penal em comento expandiu o dever de participação do setor privado no combate à lavagem de capitais, forçando as pessoas físicas e jurídicas sujeitas à obrigação da lei a identificar os clientes e manter os cadastros atualizados, bem como comunicar às autoridades responsáveis certas operações. Isso porque o termo "assessoria ou consultoria de qualquer natureza" é por demais amplo, podendo abranger, inclusive, em uma primeira análise, o aconselhamento prestado por advogados aos seus clientes.

A esse respeito, Greco Filho e Rassi,[22] ao verificarem que a não comunicação de eventual operação suspeita aos órgãos competentes pode fazer com o que advogado seja responsabilizado administrativamente e ainda responda por participação por omissão no crime de lavagem que foi cometido por outrem, afirmam em seu artigo que "[...] a tutela penal poderá se transformar em um 'dever de vigilância', em que há uma punição generalizada do omitente, numa 'cultura do controle', o que se deve ser combatido com veemência".[23]

---

[21] SAADI, Ricardo Andrade. O combate à lavagem de dinheiro. *Boletim do Instituto Brasileiro de Ciências Criminais*, a. 20, n. 237, p. 8, ago. 2012. Disponível em: <www.ibccrim.org.br/site/boletim/pdfs/Boletim237.pdf>. Acesso em: 20 nov. 2013.

[22] É o quanto exposto em GRECO FILHO, Vicente; RASSI, João Daniel. Lavagem de dinheiro e advocacia: uma problemática das ações neutras. *Boletim do Instituto Brasileiro de Ciências Criminais*, a, 20, n. 237, p. 13-14, ago. 2012. Disponível em: <www.ibccrim.org.br/site/boletim/pdfs/Boletim237.pdf>. Acesso em: 20 nov. 2013.

[23] Sobre essa cultura de controle exacerbado, Carlos Gómez-Jara Díez afirma que "*Para hacer esa persecución más eficiente se acude a un mecanismo conocido: se aumentan el círculo de sujetos sometidos a control y se refuerzan sus deberes. [...] esta técnica de interponer a um tercero entre el Estado y el particular que comete el delito de blanqueo pretende dotar de legitimidad a conductas estatales que no encontrarían fácil justificación si las llevara el Estado directamente. Es decir: si se exigiera a todos los particulares que reportaran directamente al Estado muchas de esas actividades, se consideraría que se traspasa intolerablemente el âmbito de la libertad del ciudadano —esto es, se trataría de um Estado excesivamente intervencionista—. Pero al interponer a un profesional provado entre el Estado y el particular, entonces da la impresión de que el Estado es más liberal*" (GÓMES-JARA DÍEZ, Carlos. El rol del abogado frente al blanqueo de capitales: garante del estado o defensor del cliente? Boletim

No entanto, conforme ensinam Badaró e Bottini, há um fator que diferencia a situação do advogado aos outros profissionais: relação de confiança entre esse operador do direito e seu cliente.[24]

A tentativa de inclusão dos advogados no rol de obrigados trouxe à baila diversos pontos de discussão, pois, ao contrário do atual sistema espanhol de combate à reciclagem de capitais, deixou de especificar claramente se e em quais situações o advogado estará abarcado pela imposição de identificar e comunicar operações que supostamente façam parte de um processo de lavagem. A esse respeito, Carlos Gomes-Jara Díez esclarece que há similitudes entre a legislação espanhola e a atual brasileira, mas que infelizmente se esqueceu o legislador pátrio de incluir um artigo desobrigando da comunicação os advogados que estejam atuando em defesas judiciais, como ocorre no artigo 22[25] da Lei nº 10/2010 do referido país.[26]

Essa discussão sobre a obrigação ou não dos advogados não é recente e já foi objeto de debates em outros países, onde se seguiu a tendência[27] de classificar a atividade do advogado em várias categorias, para poder-se desobrigar aqueles a quem a própria lei proibiu a quebra de confiança e sigilo das informações passadas por clientes.[28]

Nas palavras de Badaró e Bottini, seguindo a tendência internacional, "[...] os profissionais de contencioso ou consultivos voltados ao processo estariam desobrigados, enquanto os demais devem prestar informações sobre atos suspeitos de lavagem de dinheiro que cheguem ao seu conhecimento".[29]

O chamado advogado togado (que representa seus clientes em contencioso judicial ou extrajudicial), portanto, estaria desobrigado, pois ao exercer essa

---

do Instituto Brasileiro de Ciências Criminais, a. 20, n. 237, p. 11, ago. 2012. Disponível em: <www.ibccrim.org.br/site/boletim/pdfs/Boletim237.pdf>. Acesso em: 20 nov. 2013).

[24] Gustavo Henrique Badaró e Pierpaolo Cruz Bottini. *Lavagem de dinheiro*, op. cit., p. 136.

[25] "*Articulo 22. No sujeción. Los abogados no estarán sometidos a las obligaciones estabelecidas en los artículos 7.3, 18 y 21 con respecto a la información que reciban de uno de sus clientes u obtengan sobre él al determinar la posición jurídica en favor de su cliente o desempeñar su misión de defender a dicho cliente en procesos judiciales o en relación con ellos, incluído el asesoramiento sobre la incoación o la forma de evitar un proceso, independientemente de si han recibido u obtenido dicha información antes, durante o después de tales procesos. Sin perjuicio de ló establecido en la presente Ley, los abogados guardarán el deber de secreto profesional de conformidad con la legislación vigente.*"

[26] Carlos Gómes-Jara Díez. El rol del abogado frente al blanqueo de capitales, op. cit., p. 11.

[27] Diretiva 2005/60/CE do Parlamento Europeu e Conselho (2005), Recomendação 22 do Gafi, entre outros.

[28] Gustavo Henrique Badaró e Pierpaolo Cruz Bottini. *Lavagem de dinheiro*, op. cit., p. 136.

[29] Ibid., p. 139.

atividade o profissional "atua como *representante*, categoria distinta porque não apenas *orienta*, mas *fala pela parte* no processo".[30]

Os advogados que prestam assessoria consultiva voltada a processo judicial já em trâmite, também, segundo a doutrina internacional e no entendimento de Badaró e Bottini, não são obrigados a colaborar e prestar informações.

Mesmo para quem entenda que a imposição de colaboração ao advogado não fere a Constituição Federal, em virtude das inúmeras possibilidades de atuação desse profissional, ressalta que a determinação do artigo 9º, da Lei nº 9.613/1998, não poderá ser aplicada ao procurador que esteja atuando em processo penal, civil, trabalhista ou administrativo ou que ainda tenha prestado consultoria sobre situação específica que já esteja relacionada com o processo judicial em trâmite.[31]

No entanto, aquele que presta consultoria dissociada de qualquer litígio se encontra em situação diversa, pois ausente uma relação clara entre o direito de defesa e a prestação de serviço. Seguindo as diretrizes internacionais, esse profissional teria a obrigação de informação, mas para os doutrinadores brasileiros que se debruçaram sobre o assunto esses advogados também estariam exonerados.[32]

Os autores mencionados afirmam que toda consulta, mesmo que não ligada a uma disputa judicial presente, visa um litígio futuro, aproximando-os dos profissionais anteriormente descritos.[33] Mais que isso, afirmam que a Lei de Lavagem de Capitais não revogou expressamente a Lei nº 8.906/1994 que obriga o sigilo ao consultor jurídico e garante-lhe a inviolabilidade de seu domicílio profissional, com o intuito de proteger as informações dos clientes que se encontram sob sua posse.[34]

Restariam obrigados, portanto, apenas os profissionais que, além de atuarem como consultores jurídicos, operam em outras searas, ou seja, os advogados que também atuem como mandatários, administradores de bens, gestores de negócios etc. Nessa hipótese, como se explicará mais detidamente adiante, o advogado que presta consultoria em transações financeiras, imobiliárias ou empresariais oferece seu trabalho em situações que não estariam abarcadas pelo

---

[30] Ibid. Destaques do autor.
[31] Rodrigo de Grandis. Considerações sobre o dever do advogado de comunicar atividade suspeita de "lavagem" de dinheiro, op. cit., p. 10.
[32] Gustavo Henrique Badaró e Pierpaolo Cruz Bottini. *Lavagem de dinheiro*, op. cit., p. 141.
[33] Ibid.
[34] Ibid., p. 143.

dever do sigilo profissional, o que, portanto, tornaria obrigatória a colaboração no combate à reciclagem de capitais.

5. Dos critérios adotados no caso analisado

5.1 Na sentença proferida na "Ação Penal" e na "Apelação"

Feitas essas considerações, analisaremos se, no caso concreto, o Poder Judiciário — representado pelo TRF1 — utilizou os critérios e ditames oferecidos pelas doutrinas nacional e internacionais descritos, no que diz respeito à temática advocacia e branqueamento de capitais.

Da leitura da sentença, depreende-se que o acusado, R. L. T., prestou consultoria jurídica durante vários anos a pessoas que, posteriormente, foram denunciadas e condenadas como operadores de um grande escândalo nacional, envolvendo o desvio de vultosa quantia dos cofres públicos. Mais que isso, segundo consta, R. L. T. participou de viagens para assessorar em negociações comerciais, realizou empréstimos em nome de seus clientes, entre outras atividades.

Desse modo, transportando os ensinamentos citados no tópico anterior, pode-se dizer que R. L. T. exercia a atividade batizada de "parajurídica", denominação dada ao advogado de negócios ou *business lawyer* que presta consultoria legal fora do âmbito judiciário.[35]

Sobre essa categoria de profissionais, Grandis afirma que "[...] a atividade de consultoria jurídica não processual (comercial, tributária, administrativa, sucessória etc.) encontra-se, agora, indiscutivelmente abrangida pelos deveres inerentes ao *know your customer*, sem que daí se possa extrair qualquer inconstitucionalidade".[36]

Isso porque, para ele, em muitas vezes, "[...] a consultoria recai, assim, sobre a melhor forma ou o modo mais eficaz — ou menos suspeito — de ocultar ou dissimular valores obtidos criminosamente".[37]

---

[35] CERVINI, Raúl; ADRIASOLA, Gabriel. *Responsabilidade penal dos profissionais jurídicos*: os limites entre a prática jurídico-notarial lícita e a participação. Prefácio de Gonzalo D. Fernández, apresentação de André Luís Callegari. São Paulo: Revista dos Tribunais, 2013. p. 112.
[36] Rodrigo de Grandis. Considerações sobre o dever do advogado de comunicar atividade suspeita de "lavagem" de dinheiro, op. cit., p. 10.
[37] Ibid.

Já Cervini e Adriasola afirmam que a atividade do advogado em matéria de assessoramento ou conselho extrajudicial faz com que, de plano, estejam excluídas todas as prerrogativas funcionais, pois nessa modalidade não se encontram presentes as justificativas juridicamente relevantes (ampla defesa, por exemplo), aptas a corroborar uma violação a outros bens jurídicos.[38]

Sobre a questão específica de consultoria em questão não jurídica, Badaró e Bottini afirmam que "[...] o advogado não tem o dever de comunicar atos suspeitos de lavagem, mas tem o dever de se abster de contribuir com eles".[39] Portanto, resta claro que o advogado consultivo não poderá exercer suas atividades quando existirem suspeitas sobre a licitude da operação.

Passando adiante e seguindo critérios internacionais,[40] é possível classificar a participação do advogado em operações ilícitas do cliente como "indutor", "ideólogo" ou "dono do fato", como "mero conselheiro" por meio da prática de ações neutras ou, ainda, como copartícipe do plano do autor.[41]

Em apertada síntese, assessor indutor é aquele que possui a autoria intelectual e moral do delito, ou seja, induz o cliente, que não pretendia delinquir, a praticar atos contra a lei. Nessa hipótese, o profissional cria, com base em seus conhecimentos técnicos, o dolo no autor material, antes da ocorrência do fato ilícito.[42]

Já o "dono do fato", em suma, é aquele que aconselha o cliente sem que este tenha pleno conhecimento de que as suas atitudes acarretarão em ilícito penal. Nesse caso, o cliente age sob erro de proibição invencível, já que, sem conhecimentos técnicos específicos, confia cegamente em seu advogado e conselheiro. Essa hipótese, claro, é cabível em situações financeiras, societárias e fiscais, mas jamais se o conselho é para a realização de outros crimes comuns, como lesão corporal ou assassinato.[43]

A figura do "mero conselheiro" é a que enseja maior discussão doutrinária, eis que intimamente ligada às chamadas condutas neutras. Conforme destaca Greco, "[...] quando falamos em ações neutras, a primeira ideia que vem à ca-

---

[38] Raúl Cervini e Gabriel Adriasola. *Responsabilidade penal dos profissionais jurídicos*, op. cit., p. 112.
[39] Gustavo Henrique Badaró e Pierpaolo Cruz Bottini. *Lavagem de dinheiro*, op. cit., p. 144.
[40] Os estudos de Raúl Cervini e Gabriel Adriasola são baseados na legislação uruguaia, que se mostra mais avançada do que a nossa no que tange à responsabilidade penal dos profissionais jurídicos.
[41] Raúl Cervini e Gabriel Adriasola. *Responsabilidade penal dos profissionais jurídicos*, op. cit., p. 113.
[42] Ibid.
[43] Ibid.

beça, quase de modo automático, é a da adequação social. Pois nada há de mais natural que identificar ações neutras com ações socialmente adequadas".[44]

Para Creco, ações neutras são "aquelas contribuições a fato ilícito alheio que, à primeira vista, parecem completamente normais", ou ainda, "aquilo que, num primeiro contato, superficial, é verdade, pareça irrelevante para o direito penal, tenha um aspecto inocente, inofensivo, seja dotado daquela aura angelical do que é socialmente adequado, tudo isso será uma ação neutra".[45]

No entanto, a ação supostamente neutra assume ares de desaprovação e risco quando, segundo a ponderação de um homem comum, situado no momento *ex ante* e munido de conhecimentos especiais, vislumbra uma possibilidade de dano.[46]

Na mesma linha, Rassi afirma que "conduta neutra pode ser entendida como uma ação rotineira própria do exercício profissional ou funcional, dentro do risco permitido, e que seja utilizada para a prática de infração penal alheia", complementando ainda que,

> Outro traço característico das ações neutras é sua ubiquidade: são ações que acontecem a qualquer hora, em qualquer lugar, praticadas por qualquer pessoa. O que diferencia uma ação neutra é o conhecimento, pelo agente, de que a sua ação cotidiana poderá levar a um resultado tido como crime [...].[47]

Retornando ao caso em comento verifica-se que, segundo o judiciário, estamos diante de um *business lawyer* que deixou de ser advogado para se tornar peça de organização criminosa,[48] pois suas condutas, longe de serem neutras, direcionavam a colaboração com o delito de terceiro.

Seguindo essa linha de raciocínio, R. L. T. criou um risco juridicamente desaprovado, pois, após longos anos de amizade e consultoria legal, teria se tornado sabedor, justamente em função de seus conhecimentos jurídicos, de todas as manobras praticadas por seus clientes e empresas — conforme restou comprovado nas duas ações penais — e, mesmo assim, optou por continuar prestando

---

[44] GRECO, Luís. *Cumplicidade através de ações neutras*: a imputação objetiva na participação. Rio de Janeiro: Renovar, 2004. p. 21.
[45] Ibid., p. 110.
[46] Ibid., p. 117.
[47] RASSI, João Daniel. *Imputação das ações neutras e o dever de solidariedade no direito penal brasileiro*. São Paulo: LibeArs, 2014. p. 29. (Coleção Diké, VIII).
[48] À época do julgamento da ação penal em comento, não havia sequer uma definição legislativa para "organização criminosa", que só veio a ser definida com o advento da Lei nº 12.850/2013.

assessoria e participando de negócios jurídicos simulados, aproximando-se do dolo eventual, e contrário à solidariedade nas relações sociais.[49]

Com efeito, os negócios normais da vida cotidiana não poderiam ser proibidos, pois não representam um meio idôneo para lesar um bem jurídico;[50] no entanto, seria possível e razoável considerar que um advogado não suspeite das operações realizadas por seus clientes, mesmo quando se está a se falar de um empréstimo simulado no valor de R$ 10.000.000,00?

No trecho da sentença adiante transcrita, vê-se claramente que o Juízo da 4ª Vara Criminal Federal da Seção Judiciária de Belo Horizonte/Minas Gerais seguiu a mesma linha do quanto anteriormente exposto ao afirmar que

> [...] atua criminosamente aquele que sabe ou podia saber (dolo eventual ou *willful blindness*) que certos valores ou bens têm origem delituosa e age conscientemente visando ocultá-los ou dissimulá-los, buscando deliberadamente separá-los jurídica ou fisicamente de sua raiz criminosa [...].

Por sua vez, no acórdão do TRF1, também restaram consignadas tais assertivas:

> [...] Não é verossímil a alegação de quem atuou em tantas operações, durante razoável período de tempo, de que não percebia do que se tratava a ponto de gerar o desconhecimento do caráter ilícito, notadamente diante do nível de escolaridade e tempo de atuação do apelante como profissional da advocacia.
>
> A meu juízo, restou devidamente demonstrado que o apelante tinha plena consciência da origem ilícita dos recursos que recebia e sua função era justamente a de lavar tais recursos financeiros provenientes das atividades ilícitas do grupo, decorrentes de crimes praticados contra o Sistema Financeiro e contra a Administração Pública.

---

[49] Para João Daniel Rassi, "em sua atividade cotidiana ou laboral, aquele que tem conhecimento de uma conduta ilícita de terceiro e, não obstante esse conhecimento, nada faz para evitar o resultado, manifesta-se, sobretudo, contrário à solidariedade nas relações sociais", portanto, totalmente contrário à atual pulverização do controle social sobre o crime. João Daniel Rassi. *Imputação das ações neutras e o dever de solidariedade no direito penal brasileiro*, op. cit., p. 111.

[50] SÁNCHEZ RIOS, Rodrigo. *Direito penal econômico*: advocacia e lavagem de dinheiro: questões de dogmática jurídico-penal e de política criminal. São Paulo: Saraiva, 2010. p. 151-172.

Aqui vale destacar que, sobre o dolo eventual ou a "cegueira intencional", Cervini e Adriasola em esclarecedora lição citam um conceito definido pelas Cortes dos Estados Unidos, para quem cegueira intencional abarca

> [...] aquelas hipóteses em que o autor do delito de põe ante a possibilidade de verificar a origem dos bens mas com vontade, com intenção, prefere não sabê-lo, ignorá-lo, não verificá-lo, não cumprindo com a obrigação [...] a palavra intencionalmente neste contexto permite afirmar, sem hesitação, que nos encontramos frente a um delito doloso.[51]

Veja-se que, em nenhum momento, o Judiciário ou até mesmo as partes aventaram a possibilidade de estarmos diante de um advogado que tomou conhecimento *a posteriori* do uso ilícito de seus serviços, o que também acarretaria na configuração de um comportamento neutro.

Importante destacar isso, pois o advogado, no exercício de sua profissão, pode, conscientemente ou não, prestar seus serviços e conhecimentos jurídicos a clientes que pretendam lavar capitais obtidos mediante ilícito penal.[52] No entanto, o que separa os criminosos advogados dos advogados utilizados como instrumentos do crime infelizmente é uma linha tênue, eis que não existe regulamentação específica sobre essa modalidade de prestação de serviço no Brasil.

Nesse sentido, Cervini e Adriasola lecionam que, para fixar o risco permitido, "[...] pode ser útil recorrer ao cumprimento das normas jurídicas e sociais próprias no âmbito profissional no qual se desenvolve a conduta" (Cervini, Adriasola, 2013).[53] Desse modo, acompanhando o entendimento de Badaró e Bottini, assim como de outros doutrinadores pátrios, entende-se que seria no mínimo razoável que a Ordem dos Advogados do Brasil elaborasse critérios indicando as hipóteses de atuação possível e as de abstenção.

---

[51] Raúl Cervini e Gabriel Adriasola. *Responsabilidade penal dos profissionais jurídicos*, op. cit., p. 155.
[52] BLANCO CORDERO, Isidoro. *El delito de blanqueo de capitales*. Pamplona: Aranzadi, 1997. p. 549.
[53] Raúl Cervini e Gabriel Adriasola. *Responsabilidade penal dos profissionais jurídicos*, op. cit.

5.2 No Acórdão da AP/STF

Por derradeiro, mesmo que o objeto de nossos estudos seja a posição adotada sob a jurisdição do TRF1, não podemos ignorar a posição do Supremo Tribunal Federal, em virtude da importância do caso e da direta ligação entre os fatos analisados pelo magistrado da 4ª Vara Federal Criminal de Belo Horizonte, desembargadores do Tribunal e também pelos ministros da Corte Suprema do Brasil.

Assim, passemos à breve análise dos principais pontos discutidos na AP/STF, referentes à temática advocacia e reciclagem de capitais.

Conforme se depreende do acórdão, entendeu-se que, mesmo que não tenha restado cabalmente comprovado que o advogado era sócio oculto das empresas envolvidas nos ilícitos, é certo que R. L. T. figurou como "laranja" ao simular empréstimo junto ao Banco B., em nome de M. V., com o intuito de omitir a verdadeira origem e o verdadeiro destinatário do dinheiro utilizado em tal operação.

Como se vê, novamente, entendeu-se que R. L. T. participou de ações criminosas distanciando-se dos ditames previstos no Código de Ética e Disciplina da Ordem dos Advogados do Brasil ao participar de empréstimo simulado e, portanto, distante das prerrogativas de sua profissão.

Sobre a figura do profissional jurídico como "laranja", mandatário ou procurador, Cervini e Adriasola esclarecem que nesses casos "[...] o profissional não está 'assessorando'. Muito pelo contrário, está participando em negócios por conta e ordem de seu cliente [...]".[54]

Não por outro motivo, em julgamento, destacaram os ministros que,

[...] Sobre o réu R. T., o Procurador-Geral da República afirmou que "a sua eventual condição de advogado das empresas jamais justificaria a retirada de valores dos empréstimos simulados. [...] as retiradas sistemáticas comprovaram o que já se sabia: que a estrutura empresarial montada por M. V., C. P., R. H. e R. T. não passava de um instrumento para a consumação de crimes [...]".

E, ainda que:

[...] R. L. T., vinculado a M. V., não manteve a sua relação com este no plano meramente profissional (atuando como seu advogado), passando, no período

---

[54] Ibid., p. 165.

de ocorrência da operação criminosa, a atuar ilicitamente em conjunto com aquele réu.

Antigo era o relacionamento entre R. L. T., M. V. e a S. C. Ltda.

Como afirmado por R. L. T. em seu interrogatório, ele era advogado da S. C. Ltda. "há dezoito anos". Acrescente-se que M. V. e R. L. T. eram sócios da T. e M. Assessoria Empresarial desde 2002 (fl.16.496, interrogatório judicial de R. T.).

Ademais, como observado pelo Ministério Público em suas alegações finais, "provou-se ao longo da instrução que R. T. esteve lado a lado com M. V. em praticamente todos os episódios da trama criminosa descrita na denúncia [...]".

Nesse diapasão, vejamos ainda que o caso concreto, na situação fática julgada pelo Supremo, assemelha-se inclusive com um exemplo dado por Sánchez Rios:

> [...] importante salientar o não impedimento da atuação do profissional do direito em qualquer etapa do delito, por exemplo, no caso de o advogado confeccionar contrato fictício de honorários aplicando o dinheiro recebido para adquirir imóveis em seu próprio nome, quando na verdade tais bens são de propriedade do criminoso. Por óbvio, pelo último exemplo, denota-se que o profissional se despiu de suas prerrogativas funcionais e infringiu dispositivos de seu Estatuto.[55]

6. Considerações finais

Antes de mais nada, importa aqui, mais uma vez, reiterar que o objetivo deste estudo não foi reanalisar as provas e/ou elementos dos tipos imputados a R. L. T., e, sim, de identificar os critérios utilizados pelo Poder Judiciário brasileiro, com base na única sentença penal condenatória proferida, até o término dos

---

[55] Rodrigo Sánchez Rios. *Direito penal econômico*: advocacia e lavagem de dinheiro: questões de dogmática jurídico-penal e de política criminal. São Paulo: Saraiva, 2010. p. 65-66. (Direito penal econômico. GVlaw).

estudos,[56] e mantida pelo competente Tribunal,[57] para aferição dos critérios que diferenciam os advogados que estão exonerados das obrigações previstas na lei de lavagem de capitais daqueles que devem seguir os deveres impostos pela Lei nº 12.683/2012 (artigo 9º, parágrafo único, XIV).

Ao longo deste estudo, foi possível analisar os critérios adotados pela legislação estrangeira e nacional, para diferenciar os advogados togados, advogados consultores para litígios e advogados consultores em operações extrajudiciais.

Ao que se verificou, ainda que prematuro, o entendimento do TRF1, em razão de uma única condenação sobre o assunto, sem fixação de jurisprudência a respeito do tema, é de que, ao advogado que age fora dos limites de representação e afastando-se das prerrogativas de sua profissão, deve ser exigido o dever de comunicar às autoridades competentes os atos suspeitos de lavagem de capitais, pois, se não o faz, age com dolo eventual.

Ainda, de que todos os advogados possuem o "dever de abster-se de colaborar com atos de encobrimento de capital ilícito sob pena de responder a título de participação ou mesmo de coautoria".[58]

Ou seja, a decisão proferida pelo Poder Judiciário brasileiro se aproximou dos critérios adotados pela doutrina nacional e internacional, na medida em que puniu a atuação de advogado que, mesmo não estando ciente dos ilícitos, poderia e deveria sabê-lo. Dessa maneira, o entendimento do Poder Judiciário seguiria a vertente de que, tratando-se de consultoria fora do âmbito judicial, há a obrigação de comunicação, já que, por muitas vezes, a consultoria na área comercial, tributária, imobiliária, entre outras, dá-se com o intuito de melhor ocultar a lavagem.

---

[56] Todos os outros casos localizados em pesquisa e que foram analisados pelos outros colegas orientandos da professora Heloisa Estellita ainda se encontram em fase de instrução processual. No entanto, cabe ressaltar que, como a maioria dos casos envolvendo essa temática tramita sob sigilo processual, pode já ter havido alguma outra decisão final à qual não tivemos acesso e conhecimento.

[57] Aqui, a título de informação, vale destacar que, após parcial provimento da apelação, houve interposição de embargos de declaração, seguidos de Recurso Especial e Extraordinários, que não foram admitidos. Ocorre que, após inadmissão, R.L.T. interpôs agravo de despacho denegatório que, aos 15 de maio de 2015, foi remetido ao Superior Tribunal de Justiça, onde aguarda distribuição e análise.

[58] Gustavo Henrique Badaró e Pierpaolo Cruz Bottini. *Lavagem de dinheiro*, op. cit., p. 148.

Referências

ANSELMO, Márcio Adriano. *Lavagem de dinheiro e cooperação jurídica internacional*. São Paulo: Saraiva, 2013

BADARÓ, Gustavo Henrique; BOTTINI, Pierpaolo Cruz. *Lavagem de dinheiro*: aspectos penais e processuais penais. Comentários à Lei 9.613/1998, com as alterações da Lei 12.683/2012. 2. ed. São Paulo: Revista dos Tribunais, 2013.

BLANCO CORDERO, Isidoro. *El delito de blanqueo de capitales*. Pamplona: Aranzadi, 1997.

CASTELLAR, João Carlos. *Lavagem de dinheiro*: a questão do bem jurídico. Rio de Janeiro: Revan, 2004.

CERVINI, Raúl; ADRIASOLA, Gabriel. *Responsabilidade penal dos profissionais jurídicos*: os limites entre a prática jurídico-notarial lícita e a participação. Prefácio de Gonzalo D. Fernández, apresentação de André Luís Callegari. São Paulo: Revista dos Tribunais, 2013.

ESTELLITA, Heloisa; BOTTINI, Pierpaolo Cruz. Alterações na legislação de combate à lavagem: primeiras impressões. *Boletim do Instituto Brasileiro de Ciências Criminais*, a. 20, n. 237, p. 2, ago. 2012. Disponível em: <www.ibccrim.org.br/site/boletim/pdfs/Boletim237.pdf>. Acesso em: 20 nov. 2013.

GÓMES-JARA DÍEZ, Carlos. El rol del abogado frente al blanqueo de capitales: garante del estado o defensor del cliente? *Boletim do Instituto Brasileiro de Ciências Criminais*, a. 20, n. 237, p. 11-12, ago. 2012. Disponível em: <www.ibccrim.org.br/site/boletim/pdfs/Boletim237.pdf>. Acesso em: 20 nov. 2013.

GRANDIS, Rodrigo de. Considerações sobre o dever do advogado de comunicar atividade suspeita de "lavagem" de dinheiro. *Boletim do Instituto Brasileiro de Ciências Criminais*, a. 20, n. 237, p. 9-10, ago. 2012. Disponível em: <www.ibccrim.org.br/site/boletim/pdfs/Boletim237.pdf>. Acesso em: 20 nov. 2013.

_____. O exercício da advocacia e o crime de "lavagem" de dinheiro. In: DI CARLI, Carla Veríssimo; MENDONÇA, Andrey Borges de (Coord.). *Lavagem de dinheiro*: prevenção e controle penal. Porto Alegre: Verbo Jurídico, 2011. p. 115-146.

GRECO, Luís. *Cumplicidade através de ações neutras*: a imputação objetiva na participação. Rio de Janeiro: Renovar, 2004.

GRECO FILHO, Vicente; RASSI, João Daniel. Lavagem de dinheiro e advocacia: uma problemática das ações neutras. *Boletim do Instituto Brasileiro de Ciências Criminais*, a, 20, n. 237, p. 13-14, ago. 2012. Disponível em: <www.ibccrim.org.br/site/boletim/pdfs/Boletim237.pdf>. Acesso em: 20 nov. 2013.

KUHLEN, Lothar. *La interpretación conforme a la Constitución de Las Leyes Penales*. Madri; Barcelona; Buenos Aires: Marcial Pons, 2012.

MENDRONI, Marcelo Batlouni. *Crime de lavagem de dinheiro*. São Paulo: Atlas, 2006.

MENEGAZ, Daniel da Silveira. *Lavagem de dinheiro*: os mecanismos de controle penal na Justiça Federal no combate à criminalidade. Curitiba: Juruá, 2012.

PÉREZ MANZANO, Mercedes. Neutralidad delictiva y blanqueo de capitales: el ejercicio de la abogacía u la tipicidad del delito de blanqueo de capitales. In: BAJO

FERNÁNDEZ, Miguel; BACIGALUPO, Silvina. *Política criminal y blanqueo de capitales*. Madri; Barcelona; Buenos Aires: Marcial Pons, 2009. p. 169-206.

PINTO, Edson. *Lavagem de capitais e paraísos fiscais*. São Paulo: Atlas, 2007.

PITOMBO, Antônio Sérgio A. de Moraes. *Lavagem de dinheiro*: a tipicidade do crime antecedente. São Paulo: Revista dos Tribunais, 2003.

RASSI, João Daniel. *Imputação das ações neutras e o dever de solidariedade no direito penal brasileiro*. São Paulo: LibeArs, 2014. (Coleção Diké, VIII).

SAADI, Ricardo Andrade. O combate à lavagem de dinheiro. *Boletim do Instituto Brasileiro de Ciências Criminais*, a. 20, n. 237, ago. 2012. Disponível em: <www.ibccrim.org.br/site/boletim/pdfs/Boletim237.pdf>. Acesso em: 20 nov. 2013.

SÁNCHEZ-VERA GÓMEZ-TRELLES, Javier. Blanqueo de capitales y abogacía: un necesario análisis crítico desde la teoria de la imputación objetiva, *InDret* — Revista para el Análisis del Derecho, Barcelona, n. 1, jan. 2008. Disponível em: <www.indret.com/pdf/502.pdf>. Acesso em: 20 nov. 2013.

SÁNCHEZ RIOS, Rodrigo. Alterações na Lei de Lavagem de Dinheiro: breves apontamentos críticos. *Boletim do Instituto Brasileiro de Ciências Criminais*, a. 20, n. 237, p. 3-4, ago. 2012. Disponível em: <www.ibccrim.org.br/site/boletim/pdfs/Boletim237.pdf>. Acesso em: 20 nov. 2013.

_____. *Direito penal econômico*: advocacia e lavagem de dinheiro: questões de dogmática jurídico-penal e de política criminal. São Paulo: Saraiva, 2010.

Sobre os autores

Alvaro Augusto Macedo Vasques Orione Souza é advogado criminal, graduado em direito pela Faculdade de Direito da Universidade Federal de Mato Grosso, pós-graduado *lato sensu* em direito penal econômico pela Escola de Direito de São Paulo da Fundação Getulio Vargas, e pós-graduando *lato sensu* em processo penal pelo Instituto Brasileiro de Ciências Criminais/Instituto de Direito Penal Econômico e Europeu da Faculdade de Direito da Universidade de Coimbra.

Bianca de Britto Festino é advogada do Banco Bradesco. Graduada pela FMU (2006), pós-graduada em direito civil e processo civil pela Unifieo (2010), pós-graduada em direito penal econômico pela FGV DIREITO SP — GVlaw (2012).

Bruno Garcia Borragine é advogado, pós-graduado em direito penal econômico pela Fundação Getulio Vargas — Escola de Direito de São Paulo — GVlaw. E dentro do programa de pós-graduação da mesma instituição efetuou o curso de *Compliance*. É associado ao Instituto Brasileiro de Ciências Criminais (IBCCRIM) e ao Instituto de Defesa do Direito de Defesa (IDDD). Foi acadêmico bolsista da University of Lodz (Polônia). Atuou como consultor do Banco Mundial para o projeto "Doing Business", relacionado a temas jurídicos e sobre o sistema penal no Brasil.

Caio Almado Lima é advogado criminal. Sócio do escritório Kauffmann, Soares e Rebehy Sociedade de Advogados. Formado pela Pontifícia Universidade Católica de São Paulo em 2010. Pós-graduado em direito penal econômico pela Fundação Getulio Vargas em 2012. Expositor no evento "Mesa Redonda: Lavagem de Capitais e Exercício da Advocacia", na Escola de Direito de São Paulo da Fundação Getulio Vargas, em novembro de 2012.

Eduardo Ferreira da Silva é advogado, graduado em direito pela Faculdade de Direito de Curitiba, pós-graduado em direto penal econômico pela Escola de Direito de São Paulo da Fundação Getulio Vargas (GVlaw) e pós-graduando em processo penal no Instituto Brasileiro de Ciências Criminais (IBCCRIM), em parceria com o Instituto de Direito Penal Econômico e Europeu (IDPEE), da Faculdade de Direito da Universidade de Coimbra.

Fábio Roberto Barros Mello é advogado, sócio do escritório Antoniel Ferreira Avelino Advogados Associados, mestrando em direito dos negócios aplicados na FGV DIREITO SP (2015-16), especialista em direito penal econômico pela FGV DIREITO SP (GVlaw) (2011-12), especialista em direito processual civil pela PUC-Camp (2002-03), graduado em direito pela UMC (1998-2002) e membro do Núcleo de Direito dos Negócios Aplicado da FGV DIREITO SP.

Fernando Barboza Dias é advogado do Moraes Pitombo Advogados. Graduado na Pontifícia Universidade Católica de São Paulo (2010). Especialista em direito penal econômico pela Fundação Getulio Vargas de São Paulo (2014). Realizou curso de extensão Direito e Internet na Escola de Direito do Instituto Internacional de Ciências Sociais (2014).

Heloisa Estellita é professora da Escola de Direito de São Paulo — FGV DIREITO SP. Pós-doutoranda na Faculdade de Direito da Universidade Ludwig-Maximilian de Munique e na Universidade de Augsburg com financiamento da Capes e da Fundação Alexander von Humboldt. Doutora em direito penal pela Universidade de São Paulo. Mestre em direito pela Universidade Estadual Paulista. Desenvolve pesquisas na área de direito penal econômico. Foi pesquisadora no Instituto Max Planck para o Direito Penal Internacional e Estrangeiro (Freiburg, Alemanha). Foi *visiting professional* no Tribunal Penal Internacional e assessora da Assembleia dos Estados-Parte do mesmo tribunal. Foi assessora de ministro no Supremo Tribunal Federal.

Lara Mayara da Cruz é advogada do Moraes Pitombo Advogados. Graduada em direito pela Faculdade de Direito da Pontifícia Universidade Católica de São Paulo (PUC-SP), em 2010. Especialista em direito penal econômico pela Fundação Getulio Vargas (FGV-SP), em 2013. Realizou curso de extensão Direito e Internet na Escola de Direito do Instituto Internacional de Ciências

Sociais (CEU-IICS), em 2014. Pós-graduada em direito penal econômico pelo Instituto Brasileiro de Ciências Criminais (IBCCRIM) e Instituto de Direito Penal Econômico e Europeu (IDPEE) da Universidade de Coimbra, em 2015. Membro do Instituto Brasileiro de Ciências Criminais (IBCCRIM).

Luis Gustavo Veneziani Sousa é advogado criminal, formado pela Universidade Presbiteriana Mackenzie em 2010, pós-graduado em direito penal econômico pela Fundação Getulio Vargas em 2012, professor assistente no curso de processo penal na Pontifícia Universidade Católica de São Paulo desde 2010, mestrando em direito penal pela Pontifícia Universidade Católica de São Paulo (2015-2017).

Marcella dos Reis Manes é advogada. Graduada pela Universidade Presbiteriana Mackenzie (2010) e pós-graduada em direito penal econômico pela FGV DIREITO SP — GVlaw (2012). Trabalhou no escritório Viseu Advogados até 2012 como advogada da área de contencioso cível.

Theodoro Balducci de Oliveira é pós-graduado em direito penal econômico pela Fundação Getulio Vargas do Rio de Janeiro, especialista em direito penal econômico pela Fundação Getulio Vargas de São Paulo e pós-graduado em direito penal econômico e europeu pela Universidade de Coimbra. Cursou especialização em crime organizado, corrupção e terrorismo pela Universidade de Salamanca e é, ainda, pós-graduando em direito penal e processual penal pela Pontifícia Universidade Católica de São Paulo e pós-graduando em processo penal pela Universidade de Coimbra. Advogado criminalista, sócio da Balducci & Höfling Sociedade de Advogados.

Este livro foi impresso nas oficinas gráficas da Editora Vozes Ltda.,
Rua Frei Luís, 100 – Petrópolis, RJ.